北京高校中国特色社会主义理论研究协同创新中心
（对外经济贸易大学）阶段性成果

明清丝路贸易与对外开放

赵崔莉 / 著

人民出版社

目　录

上　编
明代丝路贸易与对外开放

下 编
清代丝路贸易与对外开放

序

  赵崔莉博士的《明清丝路贸易与对外开放》的鸿篇大作即将出版，正逢"一带一路"倡议提出三周年之际。三年来，"一带一路"已经实现从愿景到行动，从蓝图变现实，学术界的研究也基本完成顶层设计的探讨，进入以风险和挑战为主的研究新阶段。对于古代丝绸之路，曾有"源于秦汉，盛于唐宋，变于明清"之说。赵崔莉博士正是选择了丝绸之路"变于明清"这一特殊阶段而展开研究的，这一视角的研究对当今推进"一带一路"的风险与挑战研究提供了极为重要的参考，其学术价值和现实意义不言自明。

  从历史的角度考察，无论陆上丝绸之路还是海上丝绸之路，均与中国的对外开放和中国的崛起形影相随。"一带一路"无疑是一个跨越时空的构想，从历史深处走来，甚至早于张骞"凿空西域"，至少可以追踪到"蜀身毒道"的开通。就"丝绸之路"一词而言，无疑是一个中国人引以为豪的历史符号，同时也是沿线各国和地区数千年来不断交往的历史见证。即使"丝绸之路"一词，也是德国地理学家李希霍芬在 1877 年出版的《中国》一书中首次提出的概念。2014 年，中国与哈萨克斯坦、吉尔吉斯斯坦三国联合申报"丝绸之路的东段：长安—天山廊道的路网"世界文化遗产，成为首例跨国合作、成功申遗的项目。"一带一路"融通古今、连接中外，承载着丝绸之路沿途各国发展繁荣的梦想，赋予古老丝绸之路以崭新的时代内涵。

  "丝绸之路"见证了古代中华文明的辉煌，但并没有引领中华帝国融入近代化潮流。世界近代化潮流兴起之时，正是我国明清封建社会大变革的重要历史时期。明朝有过郑和下西洋的壮举，也颁布过禁海令，允许朝贡贸易，而对私人海外贸易一律禁止。满清王朝为了打击反清复明的活动，不仅继续实施禁海令，而且推行闭关锁国政策。但是无论是明朝还是清朝，都不可能做到绝对的闭关锁国，明清两个朝代均出现过禁海与开海，反反复复。这些反复折射出封建统治者面对近代化潮流的无奈。

"一带一路"是一个涉及经济贸易、政治外交、人文交流等诸多领域的复合型国家战略，以政策沟通、设施联通、贸易畅通、资金融通、民心相通等"五通"为核心，其中贸易畅通是不可或缺的重要内容，也是对外开放的重要体现。根据我的理解，赵崔莉博士《明清丝路贸易与对外开放》的鸿篇大作从三个方面对我们研究"一带一路"有重要的参考和借鉴价值。

其一，论著全面梳理了古丝绸之路"变于明清"的发展脉络，坚持以史为据，论从史出，从而提炼出一系列观点性结论。资料收集并合理运用，是做学问的基础，对研究历史问题尤其重要。论著以翔实的资料对明清时期的丝路贸易进行了极具逻辑性的梳理，又以恰当的资料深入研究了朝贡贸易（包括朝贡贸易的鼎盛：郑和下西洋），较为详细地介绍了明清时期中国对东北亚的日本、东南亚诸国、欧美的葡萄牙、西班牙、荷兰、英国、法国、俄罗斯及美洲等国家和地区贸易往来的基本情况。作者还运用马克思主义的国际分工理论、国际价值理论、社会再生产理论来分析明清时期中国对外贸易的史实和对外贸易政策，并由此引出这一时期货币从贱金属铜钱向贵金属白银转换特别是白银货币化对全球化的推动，很好地诠释了古代丝绸之路"变于明清"时代趋势。

其二，论著辩证地厘请了明清丝路国内外的相互关系，重新定义了明清中国的对外开放相关问题。学术界主流观点认为，明朝颁布禁海令，不许民间造大船，片板不得入海，基本禁绝了海外贸易，清朝似乎有过之而无不及，继续推行闭关政策，构筑了隔绝中外的一道堤墙，致使一个开放的中国变成了一个完全封闭的中国。作者认为这种观点不符合中国封建社会的历史实际。自秦汉直至鸦片战争两千多年的漫长时期，只在明代中期以及清代初期有数度的禁海，但也只是部分的禁海，且时而禁海，时而开海，而且明清对外经济文化交流的空间范围大大扩大，除东亚和东南亚外，明清与中亚、西亚、欧洲甚至非洲都已经有比较频繁的商业经济和文化方面的往来。

其三，论著认为研究丝绸之路的关键是把握好主动开放和被动开放的抉择问题，为"一带一路"的推进提供有价值的历史参考。作者认为明清中外经济文化交流开拓了四条渠道，即以民间贸易的丝绸之路渠道、官方派遣使节和留学生渠道、佛教徒和传教士渠道、战争渠道。这一时期，几乎所有亚洲、欧洲、美洲的主要国家都与中国有了直接贸易关系。作者认为，明清丝路贸易和对外开放始终是与世界历史的近代化进程紧密联系在一起的，并有力地促进了欧洲与中国的社会变革。但明清时期的对外开放属于被动的对外开放，独立自主的对外开放才是符合时代发展的对外开放。正如十八大报告所指出的："我国适应经济全球化新形势，必须实行更加积极主动的开放战略，完善互利共赢、多元平衡、安全高效的开放型经济体系。""一带一路"倡议正是适应全球化发展趋势、中国周边环境的新变化和中国经济社会发展的现实，而独立自主地作出的对外开放的重大战略抉择。

赵崔莉博士多年来一直潜心研究明清社会史及明清对外开放问题，著述丰厚，研究成果在学术界产生重要影响，她的合著曾荣获北京市哲学社会科学优秀成果奖一等奖。我作为研究"一带一路"的学者，十分欣喜地看到赵崔莉博士的《明清丝路贸易与对外开放》一书出版，这将为推进"一带一路"的深入研究提供重要学术支撑。我作为赵崔莉博士的同事，与赵崔莉博士有过多次合作研究的经历，平日交流甚多。此篇文字实际上是我与赵崔莉博士的又一次深入交流，也就以此作为她这部鸿篇大作的序言。

王志民

2016 年 7 月 25 日

绪　论

一、选题缘起

（一）开放型经济发展

我国的开放型经济发展伴随着改革开放的不断深化以及中国参与经济全球化进程的不断深入而逐渐发展壮大起来。自党的十一届三中全会正式将对外开放确定为一项基本国策以来，在党中央正确的对外开放战略思想指导下，我国逐步形成了具有中国特色的全方位、多层次、宽领域的对外开放格局，开放型经济发展取得举世瞩目的成就。党的十八大报告进一步提出，中国要"适应经济全球化新形势，必须实行更加积极主动的开放那个战略，完善互利共赢、多元平衡、安全高效的开放型经济体系"，"全面提高开放型经济水平"。[①]

对外开放是我国的一项基本国策。但是，中国走向开放的历史进程却曲曲折折，布满荆棘。在千年的发展史上，中国从历史上的相对开放到近代的闭关锁国，再到西方列强用坚船利炮轰开国门，经过新中国成立后西方国家对我国进行全面封锁，"文化大革命"之后经过对外开放的酝酿和起步，党中央最终在十一届三中全会上形成对外开放的大政方针。

党的十八大报告提出"适应经济全球化新形势，必须实行更加积极主动的开放战略，完善互利共赢、多元平衡、安全高效的开放型经济体系"，适应经济全球化新形势，必须实行更加积极主动的开放战略，完善互利共赢、多元平衡、安全高效的开放型经济体系。如何构建开放型经济体系，全面提升开放型

[①]　李安方：《新阶段·新模式·新格局：全面提高开放型经济发展水平》，上海人民出版社2014年版。

经济发展水平已经成为我国经济面临的重要任务。这是我们新时期开放型经济的战略指导思想和行动指南，也充分彰显了我国实施更加积极主动和互利共赢开放战略的坚定决心和信心。当前，国内外形势深刻变化，对开放型经济发展提出了新的更高要求。

因此，要认真思考历史上经济发展与对外开放的一些关键性、方向性和战略性问题，总结成败得失和经验教训，为进一步推动开放型经济发展，从而为全面建成小康社会和中华民族伟大复兴献计献策。

（二）"一带一路"国家战略

当今世界正发生复杂深刻的变化，国际金融危机深层次影响继续显现，世界经济缓慢复苏、发展分化，国际投资贸易格局和多边投资贸易规则酝酿深刻调整，各国面临的发展问题依然严峻。2013 年 9 月 7 日，习近平主席在哈萨克斯坦发表重要演讲，首次提出了加强政策沟通、道路联通、贸易畅通、货币流通、民心相通，共同建设"丝绸之路经济带"的战略倡议；2013 年 10 月 3 日，习近平主席在印度尼西亚国会发表重要演讲时，明确提出，中国致力于加强同东盟国家的互联互通建设，愿同东盟国家发展好海洋合作伙伴关系，共同建设"21 世纪海上丝绸之路"。

"一带一路"是"丝绸之路经济带"和"21 世纪海上丝绸之路"的简称。它将充分依靠中国与有关国家既有的双边多边机制，借助既有的、行之有效的区域合作平台。"一带一路"不是一个实体和机制，而是合作发展的理念和倡议，是依靠中国与有关国家既有的双多边机制，借助既有的、行之有效的区域合作平台，旨在借用古代"丝绸之路"的历史符号，高举和平发展的旗帜，主动地发展与沿线国家的经济合作伙伴关系，共同打造政治互信、经济融合、文化包容的利益共同体、命运共同体和责任共同体。

"一带一路"的建设不仅不会与上海合作组织、欧亚经济联盟、中国—东盟（10+1）等既有合作机制产生重叠或竞争，还会为这些机制注入新的内涵和活力。共建"一带一路"顺应世界多极化、经济全球化、文化多样化、社会信息化的潮流，秉持开放的区域合作精神，致力于维护全球自由贸易体系和开放型世界经济。共建"一带一路"旨在促进经济要素有序自由流动、资源高效配置和市场深度融合，推动沿线各国实现经济政策协调，开展更大范围、更高水平、更深层次的区域合作，共同打造开放、包容、均衡、普惠的区域经济合作架构。共建"一带一路"符合国际社会的根本利益，彰显人类社会共同理想和美好追求，是国际合作以及全球治理新模式的积极探索，将为世界和平发展增添新的正能量。

共建"一带一路"致力于亚欧非大陆及附近海洋的互联互通，建立和加强沿线各国互联互通伙伴关系，构建全方位、多层次、复合型的互联互通网络，实现沿线各国多元、自主、平衡、可持续的发展。"一带一路"的互联互通项目将推动沿线各国发展战略的对接与耦合，发掘区域内市场的潜力，促进投资和消费，创造需求和就业，增进沿线各国人民的人文交流与文明互鉴，让各国人民相逢相知、互信互敬，共享和谐、安宁、富裕的生活。

当前，中国经济和世界经济高度关联。中国将一以贯之地坚持对外开放的基本国策，构建全方位开放新格局，深度融入世界经济体系。推进"一带一路"建设既是中国扩大和深化对外开放的需要，也是加强和亚欧非及世界各国互利合作的需要，中国愿意在力所能及的范围内承担更多责任和义务，为人类和平发展作出更大的贡献。

（三）古代"丝绸之路"和"海上丝绸之路"

中国古代就诞生出闻名遐迩的"丝绸之路"和"海上丝绸之路"。丝绸之路是两汉时期中国古人开创的以洛阳、长安为起点，连接东西方文明的陆上贸易和文化交流通道，同时也开创了亚欧大陆经济整合战略。西汉时期，张骞（约公元前 164—前 114 年）于公元前 138—前 126 年从长安（今陕西西安）出发，联络大月氏人，共同夹击匈奴。首次开拓丝绸之路，被称为"凿空之旅"。古罗马人征服叙利亚的塞琉西帝国和埃及的托勒密王朝后，通过安息帝国、贵霜帝国和阿克苏姆帝国取得从丝绸之路上传来的中国丝绸。西汉末年，丝绸之路一度断绝。东汉时期，班超从洛阳出发，再次出使西域，他到达了西域，他的随从到达了古罗马。这是东西方文明的第一次对话。同样也是在东汉，印度僧人沿着丝绸之路到达洛阳，将佛教传入中国，从另一个角度拓展了丝绸之路。唐代，洛阳人玄奘沿着丝绸之路历时 19 年到印度求取真经，促进了中华文明与印度文明的交流，写下了《大唐西域记》。

丝绸之路是起始于中国，连接亚洲、非洲和欧洲的古代路上商业贸易路线。从运输方式上分为陆上丝绸之路和海上丝绸之路。丝绸之路是一条东方与西方之间在经济、政治、文化进行交流的主要道路。它最初的作用是运输中国古代出产的丝绸、瓷器等商品。德国地理学家 Ferdinand Freiherr von Richthofen 最早在 19 世纪 70 年代将之命名为"丝绸之路"。

海上丝绸之路是指古代中国与世界其他地区进行经济文化交流交往的海上通道。2000 多年前，一条以中国徐闻港、合浦港等港口为起点的海上丝绸之路成就了世界性的贸易网络。

海上丝绸之路从中国东南沿海，经过中南半岛和南海诸国，穿过印度洋，进入红海，抵达东非和欧洲，成为中国与外国贸易往来和文化交流的海上大通道，并推动了沿线各国的共同发展。在宋元时期，中国造船技术和航海技术的大幅提升以及指南针的航海运用，全面提升了商船远航能力。这一时期，中国同世界 60 多个国家有着直接的"海上丝路"商贸往来，引发了西方世界一窥东方文明的大航海时代的热潮。

中国境内海上丝绸之路主要由广州、泉州、宁波三个主港和其他支线港组成。从 3 世纪 30 年代起，广州已成为海上丝绸之路的主港。唐宋时期，广州成为中国第一大港，明初、清初海禁，广州长时间处于"一口通商"局面，是世界海上交通史上唯一的 2000 多年长盛不衰的大港；宋末至元代，泉州成为中国第一大港，并与埃及的亚历山大港并称为"世界第一大港"，后因明清海禁而衰落，泉州是唯一被联合国教科文组织承认的海上丝绸之路起点；在东汉初年，宁波地区已与日本有交往，到了唐朝，成为中国的大港之一，两宋时，靠北的外贸港先后为辽、金所占，或受战事影响，外贸大量转移到宁波。

明清时期是中国具有三个划时代意义的开端：一是中国从古代社会向近代社会转型的开端；二是与世界融为一体的全球化开端；三是封建统治达到高度集权的时代的开端。因此，在当今全球化和中国社会转型的时代背景下，加大研究明清史研究、尤其是明清丝路贸易史和对外开放史的力度，无疑具有重要的理论意义与现实意义。

二、研究回顾

这方面的研究主要集中在以下几个方面：

1. 郑和下西洋研究

2005 年是郑和下西洋 600 周年，相关成果较为丰富：万明的《明代郑和的塑像——福建长乐显应宫出土彩塑再探》（《故宫博物院院刊》2005 年第 3 期）从明代衣冠制度的角度，配合文献分析，认为显应宫出土的巡海大臣像即郑和塑像。宋岘的《郑和航海与穆斯林文化》（《回族研究》2005 年第 3 期）分析了郑和、马欢等远航领导层的穆斯林文化底蕴。杨怀中的《蕃客东来与郑和出使西洋》（《回族研究》2005 年第 2 期）认为朱棣选择郑和领导下西洋是因为了解回族在航海方面的技术和经验优势，郑和亡于古里可信。万明的《郑和下西洋终止相关史实考辨》（《暨南学报》2005 年第 6 期）对下西洋终止的原因、下西洋在经济上的贡献提出了新的看法，认为在下西洋影响下亚洲地缘政治经济格局的改变是郑和远航终止的客观原因，与明朝的海禁政策没有关系。张施娟、龚缨晏的《〈毛罗地图〉与郑和船队——评孟席斯的〈1421 年：中国发现世界〉》（《史学理论研究》2005 年第 3 期）指出孟席斯所说的关键人物意大利商人康蒂并没有到过中国，有关男岛、女岛的记载实际来源于马可·波罗。郑一钧的《郑和全传》（中国青年出版社 2005 年版），李士厚的《郑和新传》（晨光出版社 2005 年版），吴海鹰的《郑和与回族伊斯兰文化》（宁夏人民出版社 2005 年版），聂作平、李华的《夕阳下的舰队：郑和下西洋 600 周年评判》（巴蜀书社 2005 年版），刘登阁、李正鑫的《海殇：郑和航海六百年祭》（吉林文史出版社 2005 年版），等等，以及万明校注的《明钞本〈瀛涯胜览〉校注》（海洋出版社 2012 年版），李士厚的《影印原本郑和家谱校注》（晨光出版社 2005 年版），郑自海、郑宽涛编著的《咸阳世家宗谱》（晨光出版社 2005 年版），朱鉴秋主编的《百年郑和研究资料索引：1904—2003》（上海书店出版社 2005 年版）等，则为进一步的郑和研究提供了方便。

2. 海禁和海外贸易方面

晁中辰的《明代海禁与海外贸易》认为：朱元璋建立明朝后实行海禁，既不许私人船只出海，也不派官方船只出海贸易，外国商船亦不许来华，中外物品交换被严格限制在规模甚小的朝贡贸易范围内。这实际上是对宋元以来海外贸易发展的阻碍。永乐年间海禁政策有所松动，并出现了郑和下西洋，私人海外贸易在暗中渐有发展。正德年间始行抽分制，使明廷在海外贸易中有了真正的税收。这是一个令人瞩目的重要转变。[①] 刘正刚、何横松的《海洋贸易与清代粤北经济的变化》(《学术研究》2010 年第 6 期)认为粤北山区经济的商业化只是在过境贸易下出现的一种临时性的虚假繁荣。胡铁球《明清贸易领域中的"客店"、"歇家"、"牙家"等名异实同考》(《社会科学》2010 年第 9 期)一文认为"歇家牙行"模式在贸易领域经营方式的内涵上名异而实同。

对外贸易方面，曹雯的《明治时期日本在华的调查状况和对华贸易的调整》(《清华大学学报》2010 年第 4 期)通过对几部中国纪行的整理、分析，揭示出 19 世纪 80 年代末至 90 年代初，日本在华贸易中由盲目出击到有序经营的转变。荆晓燕的《试论康熙时期的对日海外贸易政策》(《社会科学辑刊》2010 年第 2 期)具体探讨了康熙时期对日较为积极的贸易政策。李金明的《广州十三行：清代封建外贸制度的牺牲品》(《广东社会科学》2010 年第 2 期)认为行商在实际的经营中，既得不到国家的支持，又没有法制上的保障，成为清代封建外贸制度的牺牲品。[②] 松浦章的《清代前期的浙江海关与海上贸易》(《史泉》85《史泉》，No. 60，1984 年 8 月)，利用中国第一历史档案馆所藏有关浙江海关的"黄册"资料，以数量分析为主，考察了在沿海贸易和海外贸易中占有重要位置的浙江海关的贸易情形。

汤开建、严忠明的《明中后期广州交易会始末考》(《学术研究》2005 年第 5 期)对葡萄牙商人获准进入广州、广州交易会的开始时间提出了新的看法，并就葡商被迫退出广州后中国代理商的行为作了分析，认为广州是葡商在中国—印度—日本贸易链中的衔接点。颜广文的《晚明时期走私贸易对社会经济发展的危害——以广州府为例》(《华南师范大学学报》2005 年第 4 期)分析了以官绅与奸商相勾结为特征的走私贸易，给广州地方社会发展带来的种种危害。李庆新的《明前期市舶宦官与朝贡贸易管理》(《学术研究》2005 年第 8

---

① 晁中辰：《明代海禁与海外贸易》，人民出版社 2005 年版。
② 王士皓、李立民：《2010 年清史研究综述》，《中国史研究动态》2011 年第 3 期。

期）指出永乐元年在广东、福建、浙江重设的市舶司一开始即由宦官提督，直到嘉靖时才有所改变，宦官提督朝贡贸易对宦官权力的扩大有重要影响。①

夏秀瑞、孙玉琴的《中国对外贸易史》（第 1 册）是中国对外贸易的古代部分，主要阐述了中国古代对外贸易的发生、发展、变化及其规律，重点介绍了从汉代至鸦片战争以前各个历史时期的对外贸易政策、管理制度等。②

孙玉琴和赵崔莉合著的《中国对外开放史》（第 1 卷）一书，涵盖自两汉到鸦片战争前两千余年中国开放与封闭的历史。介绍了各个时期对外开放或封闭的社会经济基础；两汉—隋唐中国早期对外开放孔道的形成、发展、转移及绩效；宋元对外开放与海上丝绸之路的勃兴；对外开放与东南沿海地区经济发展；明清时期中国对外开放政策的逆转，"闭关锁国"政策形成、演变及其宏观经济效应。③

3. 海关史研究

学术界海关史研究成果有：厦门大学陈诗启教授是近代海关史研究领域的权威学者，他对外国使官管理前后的中国海关作过详尽的论述，著有《中国近代海关史》（人民出版社 1993 年版）一书，该著作较系统地考察了中国近代海关与中国政府财政收入变化的关系及其这种关系形成和发展的历史过程。福建师范大学黄国盛教授著有《鸦片战争前的东南四省海关》一书，此书第一次以全面的历史视野考察了海关这一重要机构在东南沿海四省从设立之初到日渐成熟的整个过程，系统地研究了四省海关的组织机构以及运作特点，打破了以往学者仅仅将研究目光集中在某一零散的海域或个别口岸的局限。厦门大学林仁川教授著有《福建对外贸易与海关史》（鹭江出版社 1991 年版）一书，从对外贸易的角度来论述福建海关的演化过程，不同时期的作用与特点，重点阐述了海关与福建社会经济发展的关系。他认为福建海关的设立客观上促进了福建经济的发展，由于外贸的需要，在福建的腹地与沿海形成了一个以内地初级市场到沿海中心市场组成的出口系统，使沿海地区与山区的经济联系更加紧密。

---

① 张金奎：《2005 年明史研究综述》，《中国史研究动态》2006 年第 5 期。
② 夏秀瑞、孙玉琴：《中国对外贸易史》（第 1 册），对外经济贸易大学出版社 2001 年版。
③ 孙玉琴、赵崔莉：《中国对外开放史》（第一卷），对外经济贸易大学出版社 2012 年版。

4. 对外贸易政策和制度方面

万明的《中国融入世界的步履——明与清前期海外政策比较研究》（故宫出版社 2014 年版）对于中国古代与海外的关系进行了全面回顾，集中在明与清前期的海外政策静态与动态的阐述与比较上。修订本将原版六章扩展到七章，其中一些章节增加的内容为近年来的研究成果和思考。

李庆新的《明代海外贸易制度》，以翔实的资料，比较完整地论述了明代海外贸易体制及其从传统制度向现代制度转型的某种趋势，对明代海外贸易史提出诸多原创性见解，成为富有学术价值的基础性专著。主要观点如：明代海外贸易从传统的市舶司贸易向近代的海关贸易转化，实质是从朝贡贸易到商舶贸易的"变态"。明代海外贸易附属于政治的性质特别鲜明，或者说政治色彩非常强烈。[1]

5. 朝贡贸易

日本学者滨下武志所著《近代中国的国际契机：朝贡贸易体系与近代亚洲经济圈》一书以中国传统的朝贡贸易体系为基点，运用国际经济圈的理论分析论述了以中国为中心的近代亚洲经济圈的状况，兼及亚洲经济圈与西欧、美国经济圈的关系，开创了新的研究领域，并对以往的西方学者在研究中国近代化中所采用的"西方冲击论"提出了不同的观点，从中国和亚洲内部的传统因素中寻找中国和亚洲近代化的前提条件及其影响，从而较好地处理了传统与现代的关系问题。[2]

李云泉的《明清朝贡制度研究》（暨南大学 2003 年博士学位论文）指出：明清时期，朝贡制度臻于完善，并以此为手段形成以中国为核心的东亚"华夷秩序"。具体探讨如何把握其发展演变的历史轨迹，探讨其内部结构、运行机制和特征，对于拓展中外关系史的研究领域，揭示古代中国在亚洲乃至世界历史发展进程中的作用和影响，不无理论和现实意义。

以上是相关的几个突出问题的研究介绍，可见，有关对外开放史的研究比较有限。

---

[1] 李庆新：《明代海外贸易制度》，社会科学文献出版社 2007 年版。

[2] ［日］滨下武志著，朱荫贵、欧阳菲译：《近代中国的国际契机：朝贡贸易体系与近代亚洲经济圈》，中国社会科学出版社 1999 年版。

三、理论依据和主要内容

在理论上，马克思的一系列理论和论述，构成了中国发展对外贸易的主要理论依据。研究中国对外贸易发展策略，必须运用马克思主义的国际分工理论、国际价值理论、社会再生产理论，分析中国对外贸易的理论依据，进而从基础和根本上分析中国对外贸易策略。

马克思创立了国际分工理论、国际价值理论以及社会再生产理论，这些理论从不同的角度论述了对外贸易的可能性和必要性，成为中国发展对外贸易的理论依据，分析和研究中国贸易发展策略，应从马克思的这些理论和论证入手。

（一）国际分工理论：中国发展对外贸易的指路明灯

马克思主义国际分工理论指出，国际分工是客观的经济范畴，是生产力发展的必然结果。国际分工不是抽象的，它的形成和发展是建立在资本主义生产关系的基础上的，因而必然带有强制、畸形、剥削和掠夺的性质和特征，发达国家与发展中国家之间的相互分工、互为市场的贸易关系，在很大程度上是一种控制与被控制、剥削与被剥削的不平等关系。

因此，马克思主义的国际分工理论科学地论证了国际分工、国际贸易与生产力之间的辩证关系，并且还揭示了国际分工的性质，是中国对外贸易的理论基础，更是中国对外贸易健康发展的指路明灯。中国作为一个以公有制为基础的社会主义国家，积极参与和利用国际分工，大力发展对外贸易，在同西方资本主义国家的经济贸易关系中一方面存在着相互需要、相互依存、促进双方经济发展的互惠内容；另一方面又存在着控制与反控制、剥削与反剥削的矛盾内容。

（二）国际价值理论：中国对外贸易理论创新的指针

马克思在其国际价值理论中指出，价值规律是商品生产和商品交换的经济规律，只要存在商品生产和商品交换就必然存在价值规律的作用。商品的价值不取决于生产者的主观愿望，更不取决于商品生产者的个别劳动时间，而是取决于生产商品的社会必要劳动时间。而当各国的同一种产品在世界市场上相遇时，其价值显然不能还用某一国生产商品的必要劳动时间或"国民平均水平的强度"来衡量。当各国的产品以个别劳动时间的身份出现在世界市场上，在考虑产品的劳动耗费时，"它的计量单位是世界劳动的平均单位"。也就是国际社会必要劳动时间决定国际价值。马克思还指出，同一种商品具有国内价值和国际价值两种根本不同的价值尺度。商品在国内交换时，以国内价值为衡量尺度，而在国际市场上交换时，则以国际价值为衡量标准。马克思进一步指出：各种不同的商品在这两种不同的价值尺度之间存在着不同的比例关系，即存在着比较差异。

马克思所说的这种比较差异正是对外贸易产生的前提条件。马克思从理论上考察，在正常的平等的贸易条件下，国际交换的双方都可能获利。他一方面充分揭露和批判宗主国打着公平竞争的幌子通过实际上不平等的贸易，对殖民地附属国进行控制、剥削和掠夺；另一方面，又科学地指出，由于存在国内价值和国际价值的差异，在正常情况下，贸易双方都可能通过国际交换，实现以较少的劳动消耗，获得较多的劳动产品。马克思认为，即使经济技术比较落后、劳动生产率比较低的国家，在国际交换中，它们"所付出的实物形态的物化劳动多于它所得到的，但是它由此得到的商品比它自己所能生产的更便宜"，从而节约了社会劳动，获得经济利益。根据马克思主义国际价值理论，假定一国的所有商品的国内价值都高于国际价值，只要本国不同商品的劳动生产率不同，仍可以通过占比较优势的产品进行贸易，从而获得比较利益。这就是长期指导中国对外贸易的基本理论。理论本身是正确的，但在实践中发展中国家越来越陷入了"比较优势陷阱"：在劳动密集型产品和技术密集型产品的贸易中，以劳动密集型和自然资源密集型产品为主的国家总是处于不利的地位，并且强化了其低水平的产业结构，进一步拉大了同发达国家的竞争差距。

应当说，"比较优势陷阱"不是马克思人为设定的，而是中国自己选择的。诚然，中国发挥基于劳动力和资源之上的比较优势，在对外贸易中获取尽可能多的经济利益，这是由本国的生产力发展水平决定的。但是，中国难道只能在大多数商品的国内价值高于国际价值的条件下，利用比较优势来获取贸易利益吗？马克思主义国际价值理论告诉我们，如果一国的多数商品的国内价值低于国际价值，就可以通过国际贸易获取更多的竞争优势。这说明，中国完全可以规避"比较优势陷阱"，发展竞争优势，提高对外贸易竞争力。由此可见，马克思主义国际价值理论是中国对外贸易理论创新的指针。

在研究方法上，本书将采用多学科的研究方法，注意定性分析与定量分析相结合，宏观分析与微观分析相结合，对明清时期中国对外贸易的发展和对外开放进行了研究。此外，采用个案分析法，如以福建月港为个案。此外，还采用图表法、统计法、历史考证法、比较方法，以期再现明清丝路贸易和对外开放的波澜壮阔、云谲波诡的历史。

本书主要从以下方面进行论证：

明清丝路贸易与对外开放重点介绍明代对外贸易的政策演变、对外开放历史的发展、海外贸易和对外开放的区域、

明代对外开放的社会经济基础以及明代对外开放政策的演变，明代对外开放的路径，明代对外开放的绩效四个大问题。

明代的对外贸易和对外开放政策的演变分别从洪武年间、永乐年间、仁宗宣宗及其以后海禁松弛阶段以及嘉靖隆庆年间海禁政策的高度强化四个阶段进行阐述，动态地展示了明代对外开放政策发展演变的过程。

明代的对外贸易分别从陆路和海路两个方面进行介绍，其中海路的贸易涵盖明代与东北亚、东南亚、欧洲、美洲，全面展示了明代通过商品贸易的范围，进而展示对外开放的格局。

明代对外贸易的商品体现在有形商品和无形劳务中，具体表现为进出口商品和华侨下南洋。明代对外开放的成就分为两种：一是对外贸易的成就，二是宏观经济的成就。明代对外贸易的成就表现在东南沿海港口的发展方面；明代宏观经济的成就分为白银的流入及其对明代资本主义萌芽的影响。

明代对外开放的社会影响，具体分为：明代的开放对当时中国社会产生很大的影响；商品经济快速发展，与各国经济交流增多；明代与各国的贸易交流频繁；对外贸易促进明代货币财政制度的确立。

清代（清前期）对外开放史介绍了清前期海外贸易的国内环境和对外贸易政策的演变、清代"对外开放"与"闭关锁国"政策的历史演变、清代对外贸

易和开放格局、清代的外贸管理机构——海关和广州十三行、清代对外开放及其社会经济影响。

清前期"对外开放"与"闭关锁国"政策的历史演变重点介绍了顺治朝的开海到海禁；康熙年间对外贸易政策的演变；乾隆嘉庆年间的禁海。清前期对外贸易的路径分为海上贸易和陆上贸易，展示了清代对外开放的范围和格局。清代海上贸易包括清代与欧洲、东北亚、东南亚、美洲的贸易。清代陆上贸易包括中俄、中朝以及中国与南部周边国家的贸易。

清代的外贸管理机构则重点介绍海关和广州十三行。清代海关管理海外贸易涉及其职能、原因、管理的方式及其经济效益；广州十三行则重点介绍其设立的过程、经营特点。清代对外开放的成就包括东南沿海港口的发展，商帮崛起及其对外贸易、美洲粮食作物传入中国等方面。

四、研究目标和学术价值

本书的研究目标如下：

首先，对学术界中流行的许多传统观点提出了异议，在历史学、经济学和国际贸易学方面提出了一些新的见解。比如，关于闭关自守是不是中国封建社会的历史传统问题。史学界有一种传统的看法，认为中国封建社会的历史是闭关自守的。这种观点不符合中国封建社会的历史实际。实际是，中国自秦汉直至鸦片战争两千多年的漫长时间里，只在明代中期以及清代初期有过数度禁海，但也只是部分的禁海。明清时期，对外开放的格局逐渐形成。

其次，明清是中国古代对外开放和对外交往的重要时期，本书系统地研究明清对外开放的途径、对外交往的渠道。对外开放的范围涉及朝鲜、日本、东南亚，以后逐渐扩展到印度、波斯、阿拉伯，最后到欧洲、东非和北非。此时期我国对外经济文化交流的空间范围大大扩大，除东亚和东南亚外，中亚、西亚、欧洲甚至非洲都已经有比较频繁的商业经济和文化方面的往来。

最后，可以系统地了解明清中外经济文化交流的四条渠道。其中，最重要的渠道是贸易，这又包括官方贸易和民间贸易两种形式。著名的丝绸之路以民间贸易为主。第二条渠道是官方派遣使节、留学生等。第三条渠道是通过佛教徒和传教士来实现的。第四条渠道是战争，战争在客观上也曾为中外交流创造了条件。

从中可以进一步了解到明清时期的中国和外国间的影响是互相的。在世界历史的发展过程中，各个国家、各个民族都创造出了具有自己特色的经济和文化。各个国家、各个民族在发展过程中，都或多或少要受到外来影响，同时在一定程度上又对外界发生影响。中国的政治制度和文化艺术对亚洲各国，尤其是对朝鲜、日本等国产生过巨大的影响，值得我们引以为豪。当然我们也应该看到世界各国对中国也产生了一定的影响。例如，中国种植的玉米、马铃薯、西红柿、烟叶、向日葵，最早是由美洲印第安人培育出来的。18世纪，中国风在欧洲风靡一时。可见，世界文明史，是在各国人民共同学习、互相促进中不断演化、完善的。在中国古代历史上，越是政治稳定、经济繁荣的时期，对外交流就越频繁，而频繁的对外交流，也促进了中国经济文化的发达，这给我们以启示：凡是善于向外国学习，同时又富于创新精神的民族，就可以取得本民族经济和文化的飞速发展。

这是第一部系统研究明清对外开放史的著作。明清是我国对外开放和海外贸易发展的重要时期，这已是学界共识，毋庸多说。明清时期的海外贸易在国际贸易中长期居于主导地位，是贸易制度创新的时期，其贸易政策的演变，社会效益和经济效益的多元，贸易途径的多方面，在学术界具有较大的研究价值。但明清对外发展过程曲折波动，史料驳杂浩繁，其内容涉及考古、历史、民族、宗教、人口、文化、艺术等多学科领域，因此要在此领域中做出突破性的成果，难度自然非同一般。一方面，长期以来流传的明清闭关锁国说在一定程度上阻碍了明清对外开放史研究发展，另一方面又少有在此领域中具有突破性和综合性的专著出版，这就形成了一个令人急切盼望高水平新著出现的局面。大概也正是因此之故，近年来在明清对外开放史研究方面少见有新观点推出，本书希冀在这方面有所贡献。

本书所涉及的内容和领域展示了明清时期中国具有深厚的历史文化底蕴，彰显出中国在中韩、中日、中菲、中俄、中美等漫长交往中的重要地位，反映了海上丝绸之路、陆上丝绸之路及文化交流史、国际关系史等方面研究的最新成果与动态，具有一定的学术价值。

　　本书贯穿了"对外开放"的思想，在充分吸收了当今国内外学术界成果基础上，以大量精确的史料，大视野、多角度拓展了"对外开放"的内涵和外延，极大程度上丰富和深化了以往的研究范围，努力将明清丝路贸易史、对外开放史、中外文化交流史、中西交流史等研究推进一步。

上　编
明代丝路贸易与对外开放

第一章　明代丝路贸易的国内环境

元末明初几十年的战乱，使得人口流散，土地荒芜，城市萧条，社会经济受到极大破坏。明初，颁行一些有利于生产的措施，使社会经济恢复而发展起来，这为明代实行对外开放奠定了一定的社会经济基础。

第一节　明代丝路贸易政策形成的国内环境

明代海外贸易政策的确定受到多种因素的影响，在不同时期和不同阶段，其影响因素也有差异，如自然条件、生产力和科学技术以及国际分工等诸多因素。下文就生产力和科学技术重点谈一谈。因为，海外贸易以生产力发展为前提，社会生产力的提高是促进分工发展的内在原因。科学技术作为生产力，对海外贸易的形成起着巨大的推动作用。

一、明代的农业

明代前期，采取休养生息的政策，鼓励垦荒，进行屯田，农业有所恢复和发展。明代农业的发展主要表现在四个方面：

（1）大量荒地垦辟，耕地面积不断扩大。明初荒地极多，随处可见。而到明成祖末年，荒地则大部被开垦耕种。明太祖多次下令招民垦荒，允许各处流亡人民开垦荒田，并对开垦荒田的农民实行赋税优惠政策，个别的甚至还可以免税。垦荒的措施在明成祖时期也得到很好的推行，并取得很好的效果。这样，全国的荒地已大部分开垦无遗。这就为提高农作物产量提供了大量的土地。

（2）水利的兴修。明太祖时曾治理黄河，并兼治淮河和大运河。明成祖时又修筑江苏和浙江的海塘，使沿海一带的农田免受海潮的破坏。这也是一项大的工程。黄河屡次泛滥成灾。淮河和南北大运河受其影响，也随之梗塞不通。统治阶级任用水利官员负责治河，先后完成了许多重要工程，使河患大致平息，黄河和淮河各归其道，大运河南北畅通，被淹没的农田也退水可耕。

（3）粮食亩产量的提高。如江苏和湖南、湖北、四川及东南沿海一带都是稻米高产区。一般亩产二石或三石，多者可达五石或六石。这时高产作物如玉米和番薯的推广，对于粮食增产有重大影响。玉米原产美洲，在明朝中叶传入我国，渐次种植于南北许多地方。番薯原产于美洲，在明朝后期传入我国，先是种植于福建等沿海地区，后来推广到北方。玉米的产量远比麦类为高，番薯更是每亩可产数千斤。这对于养活更多人口发挥了重要作用。

（4）经济作物种植面积的扩大。棉花的种植已经遍及全国，其中江苏、浙江、湖北、河南、河北、山东都是著名的产棉区，这些地方的棉花大量外销。甘蔗的种植在广东、福建、台湾等地都很普遍。这时候烟草也传入我国。植桑养蚕事业也很兴盛，如浙江和江苏的一些地区，植桑养蚕已成为农民的重要生产项目。经济作物种植面积的扩大，是商品经济发展的反映，同时又促进了商品经济的发展。

二、明代的手工业

明初，手工业以棉纺织业、制瓷业、矿冶业和造船业等的发展最为迅速。明代手工业的发展，主要表现在三个方面：

（1）纺织业中的丝织业，在明代有了更好的发展。苏州和杭州是明代的丝织业中心。如苏州东城"比户习织，专其业者不啻万家"；杭州东城也是"机杼之声，比户相闻"。棉织业也有发展。松江、苏州、无锡都是棉织业的重镇。松江出产的棉布不但数量多，而且质量好，畅销全国各地。苏州的城乡普遍生产棉布，行销遍于天下。棉布的加工业，在苏州也很发达。

（2）制瓷业也有新的发展。江西景德镇仍是全国制瓷业的最大中心。景德镇所产的瓷器供应全国各地，并且大量输出国外。明朝的制瓷技术比前代更有进步。

（3）矿冶业也有进一步发展。主要有云南的铜矿开采业和广州佛山镇的冶铁业。矿石开采规模扩大，所铸铁器多而且质量上乘，不仅行销国内各地，而且大量输出国外。

此外，制糖、制盐、造纸、造船、印刷等业也都有所发展。

在农业和手工业发展的基础上，明代的商业也十分繁荣。农产品和手工业品越来越多地变为商品，如粮食、棉花、棉布、蚕丝、铁器以及烟、茶、糖等都是重要商品，商品的流通范围更加广泛，行销于全国各地。

明朝城市的发展又超过了前朝。特别是东南一带，工商业城市普遍兴盛。苏、杭二州，人烟稠密，作坊店铺林立，非常繁华。沿海城市如广州因对外贸易，日益繁荣。北京、南京已经成为全国性的商业城市。此外，南北方农村的集市贸易也更加兴盛。由于商业的发达，明代出现了许多大商人，如淮商、晋商、粤商等。他们往往拥金数十万乃至数百万，愈加变成巨富。

随着社会经济的恢复发展，商品经济的活跃，资本主义萌芽也在缓慢地增长起来。江南苏州等地出现一些经营规模较大的机户，"机户出资，机工出力"，这是资本主义方式的生产关系。但在这个时期，资本主义虽然有所萌芽，但非常微弱。在当时明代的社会条件下，资本主义的发展受到重重阻碍。这首先是由于中国的封建土地所有制造成的，以小农经济为基础的自然经济的顽强存在，使商品经济很难发展。其次是封建政府多对内实行重农抑商的政策，对外实行闭关锁国政策，严重地阻碍了工商业及贸易的发展。再次，封建地主把商业资本多用于购置土地，很少投之于手工业生产。所有这些都是影响资本主义萌芽产生发展的根本性原因。

明代社会经济恢复和发展以后，纺织、陶瓷各方面，都比以前有了不同程度的提高；造船业的发达，航海技术的进步（包括罗盘针的使用，航海经验的积累，航海知识的提高），大批航海水手的养成，使得明成祖时期有条件进行航海活动。为了宣扬国威，加强与海外诸国的联系，也可能是为了寻找失踪的建文帝，明成祖朱棣在1405—1433年间先后七次派郑和下西洋。"海上丝绸之路"在汉代已经开辟，那时候最远才到达印度半岛南端。而郑和的航程就更远了。1405年，郑和第一次率领2万多人，几百只船舰浩浩荡荡地从刘家港出发了。他们经过东南亚、南亚，并与当地居民发生友好关系，把从中国带去的特产分给当地居民，也从他们那儿获得了珍宝以及珍稀动植物，如长颈鹿、狮子、海棠、宝石、沉香、芙蓉等。

明代处于封建社会后期，社会演变剧烈，矛盾错综复杂，经济转型尚未形成，是一个承上启下的时代。这个时期的经济发展状况，对后来清朝及民国时期的经济状况都具有一定的影响。

第一，明代封建土地所有制的演变农民与土地的依附关系削弱。首先是官田向民田转化。一般官田，自嘉靖以来，江浙及江西、广东等省，开始施行官民田"扒平科则"的政策，到了万历初年福建施行"一条鞭法"，取消了官民田的科则差别，一体征粮。"这样，封建朝廷所征收的田赋已经是根据它的君王资格征收的赋税，而不再是土地所有者的资格征收的地租。"[①]无怪时人指出，承佃官田既久，乘佃者"自认为已业，实与民田无异"。他们实际上已成为自耕农。其次是土地买卖盛行，自由性和私有性加强。从前"普天之下，莫非王土"的名义上属于皇帝所有即官有土地的观念，明中叶以后也开始变化，皇帝使用土地，一样需要出价购买。史称："(明)武宗幸扬州，买民舍自居，仍以契付税课局批税藏之。"[②]土地买卖自由化程度加强，说明宋元时期土地买卖契约中的"抑配租佃"和"随田佃客"的情况已基本消失了，佃农取得了基本的人身自由，人身依附关系也开始松弛。再次是赋役、地租的货币化。随着商品经济的发展，明政府只要有货币，就可以随时在市场上买到所需的行政物品和军需品，也可以在市场上雇人服役。同时，为了简化征收手续和麻烦，明政府向人民征发的赋役亦由实物改为货币，由劳役制改为雇役和代役制。总之，随着封建土地所有制的演变，有的佃农演变为自耕农，如上述官田上的佃农，有的虽然仍是佃农，但比较从前佃农对地主严格的隶属关系来看，其人身依附关系进一步削弱或解除，他们社会地位有所提高，和自耕农一样，经济独立性日益增强，生产的积极性有所提高。他们积极改良土壤，改进生产技术，提高了产量，促进了农业生产的发展。

第二，明代商品经济的发展结果：以劳役制为基础的官营手工业走向衰落，以雇佣劳动为核心的民营手工业走向发展。明中叶以后，商品经济的发展，已促使"自然经济基础"在某些商品经济发达的地区开始分解，这就势必

---

① 伍丹戈：《明代的土地制度和赋税制度的发展》，福建人民出版社1982年版，第115页。

② 吴俊、扬仪：《明良记》(续说郭丛书本)，第2页。

导致以劳役制为基础的工匠制度和官营手工业的衰落。列宁曾指出:"商品经济的发展是和工役制度不相容。……商品经济和商业性的农业的每进一步发展都破坏这一制度实现的条件。"[①]其次是民营手工业的发展。商品经济快速发展,小商品生产者在市场上发生激烈竞争,竞争的结果则是出现了劳动力市场。此时"机户出资,机工出力"的资本主义萌芽顺理成章地产生了。他们之间不存在封建的依附关系,机工完全是"自食其力之良民",有出卖劳动力自由的,技术型机工能得到较高的工资。可见,他们是一种资本主义性质的自由雇佣劳动关系。明代官营手工业的衰落,反映了中央专制权力的削弱;资本主义萌芽,震撼了封建主义的社会结构,动摇了封建统治的基础,标志着封建社会的没落。

　　第三,传统的地主经济的式微和宗族地主经济的兴起。明代传统的地主拥有大量的土地,主要采取租佃制,单纯地收取地租。而随着商品经济的发展,封建所有制逐渐崩溃,封建社会逐渐没落,地主家族的经济也随之衰落下去。为了挽救地主家族经济的衰落,巩固自然经济的基础,有的缙绅地主大搞宗法组织和宗族经济活动,从而形成严密的宗族组织制度和宗族经济的兴起。宗族所控制的族田和圩田的经济,即宗族经济。著名的明清史专家郑天挺教授称之为"乡镇经济"。他说:这种经济是掌握在地主乡绅族长手中的地主集团经济。[②]族田名义上属宗族共同所有,但由于族田多为乡绅捐献,他们有权支配和控制族中的经济大权,实际上在绝大多数情况下,族田为族中地主乡绅所把持。族田由于打着宗族共有旗号,又禁止买卖,因此,能够保持相对的稳定性。这就极大程度上避免了土地的买卖,使地主经营的土地长久安全。族田的发展,使封建宗法关系已呈松弛化的土地关系又来一次反复,封建土地关系再次被强化,成为封建社会延续的因素之一。这种做法严重阻滞了商品的流通,保持自然经济不变,严重阻碍了资本主义萌芽在中国的发展。因此,缙绅地主热衷于经营和增置族田,族田成为地主阶级保持和维护封建土地所有制的重要手段之一。

---

① 《列宁全集》第3卷,人民出版社1984年版,第177页。
② 郑天挺:《鸦片战争前清代社会的自然经济与资本主义萌芽》,《中国社会经济史研究》1982年第1期。

明代商业的发展也不容忽视。明初承战乱之后，城市残破，市场萧条，商业衰落。明太祖重在恢复农业，对民间经济活动，多加限制。明太祖着意打击江南豪富，富商多被迫迁徙或遭抄没，使商业活动更加难以发达。明太祖至明宣宗 70 年间，随着社会的稳定和农业的恢复，商业贸易才逐渐得到发展。南北两京尤其繁荣。南京地处长江三角洲西端，在政治、军事、经济上都有重要地位，是六朝古都。明朝建都后，城中聚集了大批官员和新贵，也不能不出现为消费生活服务的工商业人口。城中匠户多达四万五千多户，担任运输工作的"仓脚夫"两万多户，从南方各省强制迁来的富户也有一万四千多户。南京城区人口，多至四十七万三千多人，是当时全国人口最多的都市。原来金陵的旧城区，仍是繁荣的商业区，居民的生活几乎都要依赖市场的商品供应。北京作为元代的大都，其政治意义多于经济意义，是非生产性的消费城市。同时除南北两京外，宋元以来形成的一些商业城市，也随着农业经济的恢复而逐渐复兴，如杭州、苏州、扬州等地已恢复为纺织业及其交易中心。

明代是中国封建社会末期一个承上启下的发展时期，出现了资本主义萌芽，商品经济迅速发展，自然经济逐渐开始解体，中国经济发展的新时期从这时开始即将来临。

第二节　政策与制度：明代丝路贸易与对外开放

明代是我国对外贸易史上一个重要的朝代，它经历了我国海外贸易由盛转衰的主要过程。明初实行海禁，严禁民间私人贸易，在明朝开国以后一个很长的时期内，中外贸易基本上限定在"朝贡贸易"的框架之内进行。明中期，日益严重起来的东南沿海倭患促使明朝对外政策进一步向着内向和保守的方向发展，最终导致了嘉靖年间的全面海禁。

一、洪武年间的对外政策

朱元璋建立明朝后并没有马上实行海禁政策。明初沿袭宋、元制度，在沿海口岸长江口的太仓黄渡镇设立市舶提举司作为主管对外贸易的机构。洪武元年（1368 年）还设立市舶司来管理对外经济关系，第一个市舶司出现说明存在一个短暂的允许私人海外贸易关系的时期。洪武三年（1370年），由于黄渡市舶司过于接近南京被停罢，另于浙江宁波、福建泉州及广东广州三处传统口岸设置市舶司机构，其中宁波通日本，泉州通琉球，广州通占城、暹罗及后来的西洋诸国。市舶司负责查验来华贡使身份、安排贡使食宿、管理口岸互市及抽分征税。其后，因沿海不靖，一度关闭对外口岸并实行海禁，至永乐初复置浙、闽、粤三市舶司。但此后这一政策发生了重大的改变。

（一）明洪武年间海禁政策的施行过程

洪武四年（1371年）开始颁布一系列的诏令实行海禁政策。朱元璋曾三次下令海禁，规定除明廷允许者外，"国初立法，寸板片帆不许下海，百八十年以来……每遇捕黄鱼之月，巨艘数千，俱属于犯禁，议者每欲绝之，而势有难行，情亦不忍也。与其绝之为难，孰若资之为用"[①]。所谓海禁，就是官府禁止私人海外贸易的政策。朱元璋实行海禁，并采取有力的禁海措施，除朝廷通过海道的对外交流，对民间则片板不许下海，诏令极严，只允许一定数量的朝贡贸易活动的存在。就其实质来看，海禁和朝贡贸易是极端封建专制主义在对外经济活动中的体现。

洪武四年（1371年）十二月，明太祖"诏吴王左相靖海侯吴桢籍没方国珍所部温、台、庆三府军士……隶各卫为军，仍禁濒海民不得私出海"[②]。明太祖"命靖海侯吴桢籍方国珍所部温、台、庆元三府军士及兰秀山无田粮之民，凡11万余人，隶各卫为军，且禁沿海民私出海"[③]。可见在此之前明廷就实行禁海了。

洪武十四年（1381年）十月，明太祖"禁濒海民私通海外诸国"[④]。禁令明载，凡造船者，私自下海贩卖者，皆在被处罚之列。

洪武十七年（1384年），明太祖"派信国公汤和巡视浙闽，禁民入海捕鱼"。[⑤]

① 王忬：《王司马奏疏》卷1《条处海防》，载《明经世文编》卷283。
② 《明太祖实录》卷70。
③ 张廷玉等：《明史》卷91《兵志三》。
④ 《明太祖实录》卷139。
⑤ 《明太祖实录》卷159。

洪武二十三年（1390年）十月，明太祖"诏户部严交通外番之禁。上以中国金银、铜钱、段匹、兵器等物自前代以来不许出番；今两广、浙江、福建愚民无知，往往交通外番私贸货物，故禁之。沿海军民官司纵令相交易者，悉治以罪"①。

洪武二十三年（1390年），因两广、浙江、福建军民"往往交通外番，私易货物"，又诏令户部申严交通外番之禁，若"沿海军民官司纵令私相交易者，悉治以罪"。

洪武二十七年（1394年）正月，明太祖"禁民间用番香、番货，先是上以海外诸夷多狡诈，绝其往来。唯琉球、真蜡、暹罗斛入贡，而缘海之人往往私下诸番，贸易香货，因诱蛮夷为盗，命礼部严禁绝之。敢有私下诸番互市悉治重法，凡番香、番货皆不许贩鬻，其见有者，限以三月销尽。民间祷祀止用松柏枫桃诸香，违者罪之。其两广所产香木听土人自用；不许越岭货卖，虑其杂市番货，故并及之"。②

后来明太祖又制定严格的海禁法规，违法者处以重刑。为保证海禁政策的有效实施，除了以上诸多严禁出海的明令之外，洪武年间颁布的《大明律》中也明确规定违例运货出境的惩罚条例："凡将马牛、军需、铁货、铜钱、段匹、绢丝锦私外境货卖及下海者，杖一百。挑担驮载之人，减一等。物货船车，并入官，于内以十分为率，三分付告人充赏，若将人口、军器出境及下海者，绞。因而走泄事情者，斩。其拘该官司及守把之人，通同夹带，或知而故纵者，与犯人同罪。失觉察者，减三等，罪只杖一百，军兵又减一等。"③"擅造三桅以上违式大船，将带违禁货物下海，前往番国买卖……正犯比照己行律处斩，仍枭首示众，全家发边卫充军。其打造前项海船，卖与夷人图利者，比照将应禁军器下海者"。同时，对持有和使用、买卖海外产品的百姓和商人，实行了严厉的制裁。如前所说于洪武二十七年禁止民间使用及买卖番香、番货等物一条，就有对应的制裁政策："敢有私下诸番互市者，必置之重法，凡番香、番货皆不许贩鬻，其现有者，限以三月销尽""番货到来，私买贩卖苏木、胡

---

① 《明太祖实录》卷205。
② 《明太祖实录》卷231。
③ 《大明律》卷15《兵律》三，《关津·私出外境及违禁下海》。

椒至一千斤以上者……发边卫充军。"

　　明王朝建立前，社会动荡不安，连年战乱，致使国民生产遭到严重破坏，商品经济的发展受到严重阻碍。及至明朝建立，国民生产才有所恢复，但商品经济的发展仍处于低下水平，这一点从明初商税的征收可以看出。[1] 与此同时，受传统重农抑商思想的限制，明太祖朱元璋力行海禁政策，下令"片板不许入海"。[2] 在海禁政策的指导下，朝贡贸易进而产生。朝贡贸易是一种"厚往薄来"指导原则下的贸易方式，违背了传统的"自愿平等"的贸易原则。它的产生是统治阶级"天朝上国"思想的集中体现，如朱元璋所说"其朝贡无论疏数，厚往而薄来可也"。[3]

　　明朝对贡品及贡年实行了限制与规定，并推行勘合制以验证真伪，这样将海外贸易有效地控制在明朝的手中，使得海外贸易全面官营化。这种被严格控制的朝贡贸易给明王朝带来诸多好处，可以继续保持与海外各国的友好关系，树立明朝天子"统驭万国"的对外形象；可以建立与海外各国的经济往来，互通有无；可以通过贸易往来建立良好的外交与安定的国际环境。同时，可以节省军费开支，使国家垄断海外贸易，专享海外贸易的利权，并巩固海外国家的宗藩关系。从这些禁令所颁布的内容上看，出现逐渐向经济方面转化。洪武二十三年（1390年），明确规定严禁民间对外经济往来，甚至在洪武二十七年（1394年）规定两广所产的香木不能到外地去卖。这说明，明王朝的海禁政策根据形势的变化而改变政策的内容。

　　（二）明朝海禁政策实施的动因

　　明朝初年海禁制度究竟受到哪些因素的影响和制约呢？

　　首先，明朝初年实行海禁政策出于政治需求。明王朝建立后，专制制度空前强化，对内事务中，朱元璋采取了一系列强化中央集权与君主专制的措施，使大权一归朝廷和君主，主要表现为皇权的空前集中、对地方控制的空前强化等方面。对外事务中，中央集权集中体现在朝贡贸易的加强与海禁的实施。为垄断对外贸易，必须限制或禁止各种非官方渠道的对外贸易，将海外贸易严格

---

[1]　晁中辰：《明代海禁与海外贸易》，人民出版社2005年版。
[2]　《明史》卷250《朱纨传》。
[3]　《明太祖实录》卷71。

限制在朝贡范围内。因此，海禁政策是明王朝建立君主专制与中央集权强化的结果，海禁政策的实施势在必行。

其次，出于国家安全的需求，消除东南沿海海盗对明王朝的威胁。明初海禁政策出台主要针对"海盗横行，并勾结倭人，到处寇掠"，即所谓"海疆不靖"。在东南海上对明王朝构成威胁的主要有两种势力：一是被朱元璋击溃的张士诚、方国珍的余部。另一威胁是倭寇问题。可以说，明初海禁政策的初衷主要是为了靖卫海疆。

东南海上对明王朝构成威胁的主要来自张士诚、方国珍余部。洪武初年，明朝建立不久，政权还未稳定，疆域安全和政治稳定是统治者急需考虑的问题，是防止国内外力量勾结的需要。明朝建立后，天下初定，张士诚、方国珍等残余势力仍盘踞在沿海岛屿。这两人的余党在东南沿海肆虐，导致朱元璋于洪武四年（1371年）第一次颁布海禁诏令，曰："禁濒海民不得私出海。"[1] 洪武十四（1381年）年再次重申："禁濒海民私通海外诸国"[2]，"禁滨海民不得私入海，时方国珍余党多入海剽掠故也。"[3]

张士诚、方国珍起初都是以贩海贩盐为业。在元末农民大起义中，他们各雄踞一方，长期与朱元璋对抗。张士诚以三吴为根据地，盘踞江浙，割据势力北到山东济宁，南到浙江绍兴，西至安徽北部，东到大海，"带甲兵数十万，沃野数千里"，势力极大。方国珍盘踞浙东，势力亦相当可观。他拥有一支颇为壮观的水军，时而陆上，时而入海，进退自如。张、方的部队大都是熟悉海上情况的沿海百姓。在张、方两股势力陆续被朱元璋攻灭以后，其余部大都逃亡海上，继续与朱明王朝为敌。史载："及张士诚、方国珍分据东南海上，而遗孽窜岛中，两浙、淮阳驿骚矣。"他们的活动范围不仅限于东南海上，还有时到达山东沿海。《明史·日本传》载"方国珍、张士诚相继诛服，诸豪亡命，往往纠岛人入寇山东滨海州县"。明代，山东分南北两部分，南部相当于现在的山东省，北部大体相当于现在的辽宁省。所谓"山东滨海州县"，还包括从山海关到鸭绿江口漫长的濒海地区。张、方余部仍有相当大的势力，并时刻

---

① 《明太祖实录》卷70。

② 《明太祖实录》卷139。

③ 谷应泰：《明史纪事本末》卷55《治海倭乱》。

准备卷土重来。据《明太祖实录》记载，元年（1368年）四月，上海人钱鹤皋"遂结张士诚故元帅府副使韩复春、施仁济，聚众至三万人，攻府治，剽掠财物"。朱元璋极为震怒，立即派徐达亲往镇压。洪武六年（1373年），"张汝厚、林福等在海上自称元帅，聚众反明，反被占城（含越南南半部）军攻破"，"汝厚溺死，获其舟十二艘，苏木七万斤"。这股反明势力在"环海千里"的广阔海域上"交舶万艘，常候风潮，毒机矢以待"。这些海上武装在广阔的海域里神出鬼没，巧与明军周旋，一度给新建立的朱明王朝造成很大的威胁。所以，有的史书上说，明初"禁滨海民不得私出海，时方国珍余党多入海剽掠故也"。海上的各种敌对势力给明王朝造成了极大的威胁，朱元璋对此十分担忧和警惕。他感到后患一时难以消除，便采取了海禁这种消极的办法。朱元璋说过一句可称为泄露天机的话："朕以海道可通外邦，故尝禁其往来。"朱元璋实行海禁，就以"祖训"的形式为后世皇帝所遵行，成了既定国策，长期延续了下来。

二是所谓"倭寇"的威胁。张、方余部还经常与其他国家的海上势力相勾结，共同反明。他们经常与日本海盗相联络，并纠集海寇与外国势力伺机卷土重来。"初，方国珍踞温、台、处，张士诚踞宁、绍、杭、嘉、苏、松、通、泰，诸军皆在海上，方、张既降灭，诸贼豪强悉航海，纤岛倭入寇。"[1]

洪武十四年（1381年）的胡惟庸案，其中一条罪名就是私通倭寇。可见，私通番国成了朱元璋的一块心病，担心臣民与外国势力联合对朱明王朝构成严重威胁。"国初禁海之例，始因倭夷违谕而来，继恨林贤巨烛之变，故欲闭绝之"[2]。朱元璋也毫不掩饰地说："朕以海道可通外邦……苟不禁戒，则人皆惑利而陷于刑宪矣，故尝禁其往来。"[3]"张士诚、方国珍余党导倭寇出没海上，焚民居，掠货财，北自辽海、山东，南抵闽、浙、东粤，滨海之区无岁不被其害。"当时人郑茂在《靖海纪略》附《全城志》中就说："国初，既降张士诚，灭方国珍，其余烬亡入海者，每诱岛倭入掠。……高皇特遣重臣视要地，筑城严防戍"。他们不仅与国外势力相勾结，而且和国内的反明势力相联络，共谋

---

[1] 郑晓：《吾学编》卷67《皇明四夷考》上卷，《日本》。

[2] 王圻：《续文献通考》卷31《市籴考》。

[3] 《明太祖实录》卷70。

反明。史载，他们"东借日本诸岛悍夷为爪牙，而西南接交趾、占城、阇婆、暹罗为遳薮……而又内接山寇，以为腹心之患"。他们在东南海上建立许多据点，内外结合，使明王朝百法难防，剿不胜剿。直到永乐时，这股反明势力仍然相当活跃。明成祖曾特地下了一道敕谕，只要这些人回乡为良，便赦免其罪过，不予追究，但收效甚微。永乐元年（1403年）六月，泉州卫将捕获的一些逃民送往京师，明成祖亲自询问："尚有逃聚未归者乎？"对曰："有多之。"足见明初逃到海外的敌对势力人数是很多的。这些顽固的反明势力使明王朝十分头痛，于是"闭其关听其自服而不之讨，戒启衅也"。海禁就成了重要的国策。

日本人为得到中国货物，在元代就不断到中国沿海进行抢劫。入明以后，为祸更烈，"四出剽掠扰濒海之民"，给沿海人民的生命财产造成很大的危害。洪武十三年（1380年）胡惟庸案发，朱元璋认为日本人要帮助胡惟庸夺取帝位，故十分恼火，"怒日本特甚，决意绝之，专以防海为务"。为此，朱元璋经常派大员到沿海巡视，一方面追剿倭寇，一方面大规模修筑城堡。永乐初年恢复了日本的朝贡贸易资格。永乐十七年（1419年），总兵刘荣在辽东望海埚取得了剿倭的胜利，从此以后，倭寇的骚扰才大为减轻，但始终未根除。这显然也是明王朝推行海禁的重大原因之一。"明太祖初有天下，国基未定，亡命奸豪往往纠结岛人入寇山东滨海州县，事在洪武二年正月……三月，帝遣行人杨载诏谕其国，且诘以入寇之故……日本王良怀不奉命，复寇山东，转掠温台。四月又侵苏州、崇明，杀略居民，劫夺货财，沿海之地皆患之。"

另外，蒙元残余势力也是值得一提的因素。元朝在名义上是四大汗国的宗主，虽被推翻，北走沙漠，但对各汗国仍有一定的影响力。四大汗国虽经过一连串的分化、瓦解和重新组合的过程，力量有所削弱，但仍不容忽视。在中亚和西亚一带，它们仍控制着大片区域。洪武年间，帖木儿帝国在中亚兴起，盛极一时，并一度占领了印度北部。蒙元不仅是一个陆上强国，而且还曾一度称雄海上。明朝建立后，蒙元余部在印度洋以至南海一带仍有一定的影响力。原来镇守福建的陈友定集团就是元朝的坚定支持者，当明军压境时，他"义无反顾，杀使，盟诸将，婴城自守，誓死报元"。后虽失败，其余部也多逃亡海上，继续反明。他们和张、方余部一样，经常打着元朝的旗号进行反明活动。

再次，出于经济方面考虑。明代仍是自给自足占主导地位的自然经济体系，进口商品需求有限。明王朝统治者认为实行海禁虽然会阻塞海路，影响海上贸易，但其后果不足以对国民经济造成较大影响。而明代的海上对外贸易形式主要是采取朝贡政策，初期对其他一切海上私人贸易严厉禁止。明皇帝以"天朝上国"的心态把其他邻国看作中国的藩属，构成一种藩属国向宗主国的朝贡关系。朝贡政策的主要作用是政治方面，其经济作用是次要的，从长远看其附属的朝贡贸易其实是一个"赔本的买卖"。

朱元璋这种狭隘思想的反映，在《皇明祖训》中就有："四方诸夷皆限山隔水，僻在一隅，得其地不足以供给，得其民不足以使令。"他不知海外情势，自恃中国是"天朝上国"，无所不有，不需要外国物品。他本人又很俭朴，不尚奢华，对海外的奇珍异宝也不感兴趣。有了"朝贡贸易"这个渠道，既可以满足他"万邦来朝"的虚荣心，又可以获得必要的海外之物，似乎没必要让私人出海贸易。

明代实行军屯，规模庞大且行之有效，因而明初的国家财政不需要负担军费的支出。正因如此，所以朱元璋才能自豪地说："朕养兵百万，不费百姓一粒米。"在封建时代，军费的支出是国家沉重的财政负担。明初不仅没有这种负担，而且疆域也比宋代大得多，故农业税收也比宋代多得多。明代官员的队伍也不像宋代那么庞大，官员的俸禄也很低，国家财政主要依靠农业的收入即可维持，不需要依靠海外贸易的税收。明代财政上的这一特点也是实行海禁的一个原因。

明代实行海禁，还有深刻的思想文化根源：一是传统的重本抑末思想；二是朱元璋的小农意识，狭隘而不务远略。朱元璋不准商人穿"绸纱"等华丽衣服，对商人经商严加控制，到处设关卡盘验，而且商税很重。海外贸易作为一种商业活动，自然也要处在严格控制之下，这就出现了所谓海禁政策。正如恩格斯所说，航海事业"毕竟在根本上与封建制度格格不入"。所以"明祖（朱元璋）定制，片板不许入海"，并把海禁政策载于《大明律》中。

最后，还有其他非主要因素。如明代海禁政策的制定与实施跟朱元璋个人自卑与不自信的心理及其后代的不违祖制的心理，以及朝贡国多诈及防止铜钱等外流等原因，所有这些原因造成了明朝实行海禁政策。

　　为了"海禁"这个"片板不许入海"愚蠢的闭关锁国政策，明朝政府强行毁掉了本国数以十万计的百姓的家园，花费莫大的费用，百姓们被迫背井离乡损失惨重迁入内地。强制内迁沿海居民称为"迁海"，最出名的是清初在东南沿海为对付郑成功海上势力而实施的残酷政策。但在明朝，这种政策的雏形早已产生。但因历代官府的文书档案散佚，地方志又不敢议论当朝的过失，所以留下可供研究当时海禁徙民及其给沿海人民带来灾难的史料甚少。由史料可知，这次海禁徙民运动开始于洪武年间的福建。洪武二十年（1387 年）七月十一日，明太祖下令：徙福建海洋孤山断屿之民，居沿海新城，官给田耕种，从左参议王锐请也。这种对福建海岛居民进行"迁海"的举动，在方志文献中也有记载。可结果却是给海盗和倭寇造就了便利条件。

二、永乐年间朝贡贸易政策

　　明成祖朱棣即位后，派遣郑和七次下西洋，但继续奉行海禁政策。朱棣即位时，得悉张、方余部还经常与其他国家的海上势力相勾结，共同反明。例如，他们就经常与日本海盗相联络，在东南海上建立了许多据点，内外结合，使明王朝百法难防，剿不胜剿。明成祖曾特地下了一道敕谕，只要这些人回乡为良，便赦免其罪过，不予追究，但收效甚微。永乐元年（1403 年）六月，泉州卫将捕获的一些逃民送往京师，明成祖亲自询问："尚有逃聚未归者乎？"对曰："有多之。"足见明初逃到海外的敌对势力人数是很多的。这些顽固的反明势力使明王朝十分头痛，于是"缘海军民人等近年以来往往私自下番，交通外国"，立即下令海禁，"一遵洪武事例禁治"，"闭其关听其自服而不之讨，戒启衅也"。海禁就成了重要的国策。又明文规定，"禁民下海"，"禁民间海船，原有海船者悉改为平头船，所在有司防其出入"。 从《明实录》上看永乐年间到宣德八年（1433 年）以前明政府所颁布的海禁令并不多，仅见两处，即明成祖的即位诏书中明确规定："缘海军民人等，近年以来往往私自下番，交通外国，今后不许。所司一遵洪武事例禁治。"[①]永乐二年（1404年）正月又进一

---

① 《明成祖实录》卷 10 上。

步规定，"禁民下海，禁民间海船，原有海船者悉改为平头船，所在有司防其出入"。[①] 郑和首次下西洋后的永乐五年（1407 年）六月诏告天下："不许军民人等私通外境，私自下海贩鬻番货，依律治罪。"在郑和下西洋时期，严行海禁一仍其旧。

从永乐二年（1404 年）正月以后，永乐帝没有再颁布禁海令，似乎出现宽弛的局面。其实不然，永乐帝即位之初继承了朱元璋的海禁政策，而且变本加厉。从永乐二年的诏令中可见一斑：将原来的海船改为平头船，这是釜底抽薪之法，平头船无法在远洋中航行，这样断绝了国内军民与海外各国的主动联系，从而保证了官方的朝贡贸易的畅通无阻，实际上永乐二年以后不再颁布禁海令正说明了这时期的海禁政策的有效实施，而且这时期的朝贡贸易达到了最高峰。

实行海禁的同时，明廷还设有市舶司，专管"朝贡贸易"，即外国通过朝贡的形式与中国进行少量的物品交换。明成祖刚登位，便于永乐元年（1403年)"依照洪武初制，于浙江、福建、广东设市舶提举司"[②]，恢复广州等地的市舶提举司，并不断派遣使臣到安南、占城、琉球、暹罗、真腊、西洋、苏门答腊等国作友好访问，如派出使臣马彬前往爪哇、苏门答腊等国，李兴前往暹罗，尹庆前往满剌加（今马来西亚）、柯枝（今印度西部），邀请他们来中国进行贸易，还派遣规模空前的郑和使团七下西洋，"通西南海道朝贡"，自是蛮邦绝域，前代不宾者，亦皆奉表献琛，接踵中国，使朝贡贸易达于极盛。招徕贸易，并增发"勘合"，扩大和海外各国的联系。

所谓朝贡贸易，就是通过两国官方使节的往返，以礼物赠答进行交换的贸易方式。其中，由官府统制的对外商业交往形式，即官府特许前来进贡通好的外国"贡舶"附带一定数量的商货，在官府指定的地点与中国做买卖。根据记载，洪武时海外各国与中国往来的"凡三十国"。明代官府对于东南亚各国的来华贸易不作限制，"任其时至入贡"[③]。洪武初先开市舶，接着因倭寇不断骚扰沿海又实行海禁，成祖即位后重置市舶司实行"朝贡贸易"。

为了便于各国通使和朝贡贸易，又专门设立了宁波、泉州、广州三市舶

---

① 《明成祖实录》卷 27。
② 《明太祖实录》卷 28。
③ 《明史》卷 81《食货志·钱钞》。

司，目的在于"通夷情，抑奸商，俾法禁有所施，因以消其衅隙也"。通过这些措施，防范了倭寇与奸民勾结作乱，保持了社会稳定。

永乐三年（1405 年），以外国人来华渐多，在三市舶司分别建造专门接待外国商使的馆驿，福建曰"来远"，浙江曰"安远"，广东曰"怀远"。贡使团到达京师后，除朝见皇帝、进行"贡"与"赐"的礼品交换外，还被允许在隶属礼部的会同馆与中国商人进行一定规模的互市，也属朝贡贸易的组成部分。从永乐三年起，先后 7 次派遣郑和率领声势浩大的舰队，前往东南亚、南亚、西亚和东非，历时 28 年，访问了 30 多个国家，从而使我国对外贸易日益兴旺。这时，前来的外舶逐渐增多。永乐三年，政府在广州城外西关十七甫设怀远驿，构屋 120 间，建筑十分华丽，接待海外贡使。

明代设立市舶司的目的正如《明史·食货志》所说，是"置提举官以领之，所以通夷情，抑奸商，俾法禁有所施，因以消其衅隙也"。所谓"通夷情"，是要了解海外敌对势力的动向；所谓"抑奸商"，就是禁止私人出海经商谋利；所谓"法禁有所施"，就是要有效地推行海禁。因此，海禁是朱元璋抑商思想在海外贸易中的体现。洪武时期，明政府一方面实行海禁，另一方面为了与朝鲜、日本、东南亚等国开展贸易往来，在浙江明州（今宁波市）设立市舶司。明朝政府为了防止倭寇伪冒日本使臣和商人，对日本实行"勘合贸易制"，即日本商船队来中国，必须持有官方所颁发的"勘合"（即贸易凭证），才准许进入中国进行贸易。中日双方还协定，每隔十年贸易一次，限"人止二百，船止二艘"，但实际上从日本来中国贸易的船只及人员，都远远地超过条约的规定，而且"贡物外所携私物增十倍"[1]。日本商船输出的是倭刀、折扇、硫黄、铜、漆器等；中国输出的则是绸缎、布匹、陶瓷、白银、铜钱等。明朝政府对于东南亚各国的来华贸易也"任其时至入贡"[2]。

明成祖派遣郑和下西洋，海禁稍有松弛，但还在继续执行。郑和下西洋本身具有招抚海外逃民之责。这样谁还敢私自下海对外贸易？官方贸易的发达之时正是海禁政策的有效实施之日。官方的朝贡贸易与海禁政策的有效实施是

---

[1] 晁中辰：《论明代实行海禁的原因——兼评西方殖民者东来说》，《海交史研究》1989 年第 5 期。

[2] 《明史》卷 81《食货志·钱钞》。

相得益彰的。私人的海外贸易几无存在空间，况且郑和下西洋的庞大队伍本身就是对民间海外贸易的巨大威慑。

从元末明初开始，倭寇就不断在中国沿海各地出没。永乐年间，明朝政府一方面允许日本诸侯十年一次来华贸易，并让他们停止武装骚扰；一方面又整饬军备，加强海防，对来犯的倭寇予以沉重的打击。永乐十七年（1419 年），明军在总兵刘荣的领导下，于辽东望海埚的战役中，一举歼灭了全部登陆的倭寇[①]。倭寇从此不敢再作大规模的骚扰。

明清人在言及当时中国海外贸易所涉及的国家时曾说："东西洋通贩诸国，西洋则交趾、占城、暹罗、下港、加留吧、柬埔寨、大泥、旧港、麻六甲、亚齐、彭亨、柔佛、丁机宜、思吉港、文郎马神；东洋则吕宋、苏禄、猫里雾、沙瑶、美洛居、文莱、鸡笼、淡水。"[②]从这条记录来看，西洋主要指今马六甲海峡一带，环太平洋和印度洋的国家和地区。

（一）朝贡贸易的鼎盛：郑和下西洋

从永乐三年（1405 年）六月，至宣德八年（1433 年），郑和使团前后七次率队远航，历时 28 年，共经历 30 余个国家和地区，最远到达红海沿岸，谱写了中国古代对外开放史的重要篇章。郑和下西洋，是一个具有重要国际意义的开拓性创举，是明代前期对外开放的重要组成部分，是明朝政府作出的一项意义重大、影响深远的决策，有利于开展与东南亚、西亚各国的经济贸易关系，也增进了科学技术与文化交流，推进航海术的发展，的确是世界航海史上的盛举。

郑和宝船中携带了大量瓷器、丝绸、金银、漆器、麝香、樟脑、干鲜果品等，用它们换回大量西洋各地的土特产和手工艺品，如象牙、香料、胡椒、硫黄、宝石等。从双方交易的对象来看，是对明代以前贸易的继承和发展。在过去，西洋诸国很难得到中国的丝绸和瓷器，郑和船队加强了双方贸易的直接往来，有助于双方对外贸易联系的进一步加强。郑和下西洋使命之一就是发展与亚非各国的经济联系。在七下西洋的具体过程中，郑和使团开展了多种形式的

---

① 严从简：《殊域周咨录·日本》，载余思黎点校：《中外交通史籍丛刊》，中华书局 2000
　年版。
② 黄叔璥：《台海使槎录》卷二，丛书集成初编本。

贸易活动，既以大量商品厚赠各国，也以中国商品和各地商人贸易。此次郑和下西洋带有海外贸易的性质，从而也从客观上推动了中国海外贸易和社会经济的发展。

"朝贡贸易"是郑和下西洋贸易活动的基本形式。其贸易方式通常是船队到达某地后，便秉承明朝廷旨意向当地国王或酋长颁发"赏赐"，同时就地接受当地的"贡纳"或由当地政府事后遣使到中国朝贡。在"赐"和"贡"的过程中，实际上已经蕴含着两国之间一种特殊的物物交换关系。这类贸易形式在史料中常有记载，可以说，郑和七下西洋所经各国和地区，几乎都存在这种贸易形式。譬如，郑和第一次下西洋到达古里国时，即代表成祖向其国王沙米地敕赐诰命银印，并赏赐给国王和大臣们锦、绮、纱、罗及金币等珍贵礼物，沙米地也以 50 两黄金和大量的珍珠、宝石制成一条堪称稀世珍宝的金带回赠。这种贸易形式不仅体现在郑和船队的旅途中，事后，海外诸国也是"各具方物及异兽珍禽等件，遣使领赍，附随宝舟赴京朝贡"。[1] 永乐二十一年（1423 年），甚至出现了 16 个国家同时派遣多达 1200 余人的使节远涉重洋来访的盛况[2]，朝贡贸易达到空前的规模。值得注意的是，海外各国前来朝贡，除了朝贡物品，还有附搭来华的商贸交易物资，这部分物品是海外国家带到中国进行贸易的。由于明朝方面给价优惠，进贡国从交易中获利极大。这较之于以前禁止海外商人来华贸易来说已是一个重大的突破。

"互市"贸易是郑和下西洋贸易活动的重要内容。所谓互市就是到被访问的国家和地区做买卖。这种大规模的贸易活动，不仅与各国的官方进行，而且还深入到民间，这也是明政府扩大海外贸易的重要途径之一。每次下西洋，郑和船队均携带大批瓷器、丝绸、银、漆器、麝香、樟脑等物品，贡赐之后，即在当地进行互市交易，以换取或购买中国所需的物品。为适应双方贸易的需要，当时，郑和还在占城、满剌加、苏门答腊、忽鲁谟斯、古里等亚非交通枢纽上建立贸易基地或中转地，在出使各国的过程中，郑和使团甚至还派洪保等7 人，携带麝香、瓷器等物，搭乘古里国船只专程去天方国贸易[3]。这也说明郑

---

①　巩珍：《西洋番国志》，载《中外交通史籍丛刊》，中华书局 2000 年版。
②　郑一均：《郑和全传》，中国青年出版社 2005 年版。
③　郑一钧：《论郑和下西洋》，海洋出版社 1985 年版，第 387 页。

和出使有明显的经济目的。

郑和下西洋过程中开展的贸易活动有互通有无的一面。通过朝贡贸易，明王朝获得了一些国内没有或缺乏的物品，对国计民生有一定的积极意义。据统计，在这一时期各国进贡的 168 种贡品中，珍宝仅占 23 种，其他皆为五金、香料、药品之类[①]。也就是说，明朝通过朝贡贸易获得的物品大部分是老百姓日常生活所需，互市贸易就更是可想而知了。不仅如此，郑和下西洋的贸易活动给明朝廷带来了经济上的收益。因为通过交易得来的药品、布匹、香料等日常用品，一些经过变卖，为国家增加了收入。至于下西洋官员和随船队一起从事航海贸易的人员，则更能从贸易中获得巨额财富。

同时，由于明初政府奉行"厚往薄来"的交换原则，因此，在朝贡贸易中获益的往往是纳贡国。如永乐十年（1412 年），满剌加国王入贡，明英宗赐其王金龙衣二袭，麒麟衣一袭，金银器、帷幔衾裯悉具。临行时，又赐玉带、仪仗、鞍马，黄金百两、白金五百两、钞四十万贯、钱二千六百贯，锦绮纱罗三百匹、帛千匹、浑金文绮二、金织通袖膝裯二。妃及子侄陪臣以下宴赐有差[②]。如此丰厚的赏赐，换回的却只是其土产而已。这样厚往薄来的贸易对当时整个贸易的经济效益是不利的。

郑和下西洋也有其自身的弱点。从管理的角度看，郑和下西洋表现出明初的对外开放缺乏系统的机制。从周期上看，明初的对外开放没有实现开放层次的递进性。从效益上看，明初的对外开放忽视了开放的回报性，明初的开放是一种有代价的开放。正是由于这些薄弱环节才使明初盛极一时的对外开放骤然冷却。

郑和下西洋，是我国古代传统对外贸易的鼎盛阶段，将中国古代的官方对外贸易推向了顶峰，扩大了中国在西洋地区的影响，增进了我国与西洋地区的友好关系。所有这些，都为中国当时的海外贸易创造了极好的发展条件，为海外贸易开拓了新的广阔天地。总之，郑和下西洋有扩大对外贸易的内容。新开拓的海外贸易，主要采取朝贡贸易的形式并且多服务于政治，但与此同时，它

---

① 束世澂：《郑和南征记》，青年出版社 1941 年版。

② 《明史》卷 325《满剌加传》。

仍然有其自由贸易的一面，这对于各国经济的发展也有着一定的积极意义。

（二）郑和下西洋在中国开放史中的意义

一方面，"朝贡贸易"作为海外贸易的唯一合法形式，确保了明朝政府以朝贡为名把对外贸易牢牢置于官府的控制之下，以保证海禁政策的顺利进行；另一方面，明政府试图以朝贡来维护自身的专制统治，以海外诸国的频繁入贡来造成一种"万国来朝""四夷威服"的太平假象，以迷惑国内人民；另外，以朝贡作为一种"羁縻"手段，以控制海外诸国，消除"衅隙"，防止侵扰边境的战争。

然而，明朝统治者为了达到这种政治目的，付出了巨大的经济代价。首先，对诸国的贡物以高出几倍的价值给予赏赐，对一些没有贡物的使者，亦从"怀柔"的角度出发予以赏赐，对进京的使者不仅供应来回途中的车船食宿，而且要处处设宴招待，一再强调筵宴"戒毋苟简""务令丰洁"，而来贡使者少则几百人，多则千余人，其耗费之大是可以想象的。有的还分别赐予棉被、寒衣及路费，如《允澎人唐记》中关于日本贡使的记载：当他们在宁波将解缆启程回国的时候，还由"市舶司给海上三十日大米，人各六斗"。上述说明，明政府实行朝贡贸易的目的之一是保证海禁的顺利进行。朝贡贸易同海禁的实行是相辅相成的，是一种做法的两个方面：一方面，明朝统治者为了实行海禁，但又不能断绝海外贸易，起码不能放弃对海外奢侈品、香料等的需求，于是不得不留下朝贡贸易这一条路，把朝贡贸易作为海外贸易的唯一合法形式；而另一方面，明朝统治者为了维护朝贡贸易，又不能不实行海禁，堵住一切私人可能在外海同外商进行贸易的渠道，以迫使海外诸国走上朝贡贸易这一唯一途径。

明朝的对外贸易是伴随着海禁而来的一种对外贸易制度，其实质是明朝统治者以"赏赐"的方式来向朝贡国家购买"贡品"，这些"贡品"一般由进贡方物、国王附进物和使臣自进物、附进物三个部分组成。明朝可以从朝贡贸易中获得很大的政治利益和一定的经济利益。

在明成祖朱棣执政的 15 世纪初，西欧处于由封建社会向资本主义社会过渡的前夜，时代要求人们逐渐打破地域和民族区域的界限。与稍后西方殖民者不同的是，明成祖朱棣加强中国与海外诸国的联系，不是奉行殖民掠夺的方针，而是传承文明，发扬中华民族热爱和平、历来就愿与外界友好交往的优良传统，对海外诸国实行睦邻友好的方针。明朝永乐年间，中国这个文明古国，礼仪之邦，进入封建社会后期的鼎盛时期；又充分利用了中国和海外诸国间长期进行政治、经济、文化等交流的成果，在中国造船业、航海技术高度发达和具有悠久航海传统的基础上，当明成祖朱棣将自己在海外谋求发展的宏图全权委托郑和去实施之际，郑和作为世界大航海时代的先行者就应运而出现在历史的舞台上。下文即以郑和下西洋为例，阐述朝贡贸易的意义。

1. 经济意义

永乐三年（1405 年）开始，郑和奉使七下西洋（1405—1433 年），与亚非各国建立了友好关系，并且带去了很多当地缺少的商品，为当地经济的发展和文明的进程作出了巨大贡献。郑和在东南亚国家留下了永不磨灭的友谊足迹，后来，东南亚各国人民把郑和奉为神灵，建庙供奉。伟大的航海家、外交家、友好使节郑和，乘巨舶出使，"涉沧溟十万余里，观夫海洋洪涛接天，巨浪如山，视诸夷域，迥隔于烟雾缥缈之间。而我之云帆高张，昼夜星驰，涉彼狂澜若履通衢"[①]。

在西洋之行中，郑和将中国周边沿海国家的利益，通过船队与海外各国间开展的经济交流，发展互惠互利的贸易得以整合。这样的交流模式，适应了各国经济发展的需要，也推动了海外各国社会的进步与发展。永乐初年，中国的粮食、棉花、布匹供给充裕，手工业兴旺发达，造船、冶金等产业发展比较成熟，与当时仍然比较落后的东南亚、南亚国家，形成了鲜明对比。郑和下西洋后，带去了中国精美的工业制品，据《瀛涯胜揽》、《东西洋考》、《西洋番国志》等书记载：这些物品包括青花瓷器、青瓷盘碗、麝香、烧珠、樟脑、橘子、茶叶、漆器、雨散金、银、铁鼎、铜钱、湖丝、绸缎、丝锦、铁制农具以及金属制品等。在按国之礼仪谒见国王后，郑和便将带来的商品与当地人进行交易，中国的丝绸、瓷器等深受他们的欢迎，郑和船队所到之处，各种先进的生产技术和生产工具源源不断地传入，对东南亚的当地垦荒和经济发展发挥了重要作

---

① 巩珍：《西洋番国志》，《附录二·长乐南山寺天妃之神灵应记》，载《中外交通史籍丛刊》，中华书局 2000 年版。

用。久而久之，这种以物易物的交易形式，很快就盛行起来，在东南亚各国产生了"中国货"的品牌效应，对经营着的当地华侨来说，无疑是在免费为他们打广告，培植了当地华人的发展能力，打开了中国货的市场空间。广大的华人移民也通过各种途径，直接从中国进货，使他们所在的地区，很快就成为当地重要的经济和商业、贸易中心，对当地社会经济发展起了举足轻重作用。

2. 政治意义

15世纪初，中国古代伟大的航海家、明朝永乐皇帝朱棣对外开放政策的忠实执行者、大明帝国航海外交官正使郑和，率领200多艘远洋巨舶，27800多名官兵和船员，"云帆高张，昼夜星驰"，往返于印度洋和太平洋，遍访亚非30多个国家，历时17载，连续完成六次下西洋的壮举，于1422年八月载誉回国。这次大明帝国已进入永乐之治的承平时代。

永乐皇帝根据形势的变化，调整了国家的对外政策，采取对外开放，稳定周边，把中国的稳定和发展与世界尤其是周边的环境结合起来，想争取一个长治久安的和平局面。其对外开放、郭睦邦交的政策，赢得了海内外人民的崇敬和怀念。也正是由于海外贸易，对外开放，朝贡贸易的展开形成了"四海宾服、万邦来朝"的盛世局面，同时也为后来的永乐盛世奠定了坚实的物质基础。

郑和船队七下西洋，每次都装满了从民间和国库里集中来的各色丝绸、布匹、瓷器、金银、铜钱等，用以赏赐、笼络西洋各国。郑和使团竭尽全力执行使命，出色地完成任务。郑和常常自励："上荷圣君宠命之隆，下致远夷敬信之厚，统舟师之众，掌钱帛之多，夙夜拳拳，唯恐弗逮，敢不竭忠于国事，尽诚于神明乎！"[①] 郑和是明成祖对外友好政策的忠实执行者和出色实践者。

郑和下西洋的政治意义多于经济意义，即为了巩固明成祖封建政权，"宣德化、柔远人"的意义，大于互通有无、友好往来的意义。这七次远洋也蕴含了"和平崛起"之意，是以和平的手段促发展的远航，符合海外国家和人民的

---

① 巩珍：《西洋番国志》所附碑文，《长乐南山寺天妃之神灵应记》，载《中外交通史籍丛刊》，中华书局2000年版。

根本利益，因而得到了海外诸国的拥护；同时，中国在海外的威望也随之树立起来。郑和下西洋的目标——与海外各国"共享太平之福"，由此基本上是实现了。

由于郑和的西洋之行打开了明朝海禁政策的缺口，其令人瞩目的航海成就，以及在西洋执行的和平的外交政策，对日后华人华侨的社会也产生了深远的影响。

3. 文化意义

郑和七次下西洋，将中华文明远播南亚、东非、波斯湾、太平洋、印度洋，又输入各种植物、动物、药物、生产原料等，极大地开阔了中国人的眼界，增进了明代中国对国外的了解，促进了中外文明的交流，在中外文明交流史上谱写了崭新的篇章，在世界文化交流史上产生了深远影响。

诚如金国平、吴志良所说，"唐、宋与东非的联系显然是通过阿拉伯世界的转接"，"从阿拉伯人和中国人在西印度洋航行终极点的一致及阿拉伯人早期开发东非海岸的事实来看，郑和船队是举世壮举，但不是发现，原因是他并未开辟新航路，只是循着阿拉伯人的足迹，亲自核实了唐、宋以来对东非的认识"[①]。由郑和下西洋开启的世界大航海活动，是由西方航海家绍其绪的。尽管如此，郑和下西洋第一次连续性地直接贯通了中国经南海、印度洋、红海直至非洲东岸的航线，结束了前此中国与非洲之间的联系由阿拉伯人中转的航海历史。

4. 航海意义

郑和七下西洋的壮举，拉开了15世纪世界大航海活动的序幕，为世界航海事业作出了卓越贡献。中华民族面向海洋，探索海洋，不断谱写了海洋文化的新篇章。郑和下西洋这一世界航海史上的壮举，既是中华民族千百年来海洋活动的巍巍丰碑，又是15世纪世界大航海活动的序幕，就其具体内容和表现形式而言，实质上是15世纪中华民族向海洋的一次大进军。诚如金叔平、吴志良所言："郑和下西洋是世界早期全球化的尝试，对人类文明的发展和交流

---

① 《海底簿》手抄本，见庄为玑：《古刺桐港》上册，第80页，转引自郑鹤声、郑一钧编：《郑和下西洋资料汇编》下册，齐鲁书社1989年版，第252页。

作出了不可磨灭的贡献。"①郑和下西洋以后，葡萄牙亨利王子的航海探险，哥伦布的美洲冒险，达·伽马的绕过好望角，麦哲伦的环球航行，前后继起，影响日益深远。而所有这一切带来历史新纪元的世界大航海活动，正是由郑和下西洋肇始其端。郑和七下西洋，庞大的船队，遥远的航程，精湛的航海技术，出色的组织水平，有效的后勤保障，完善的港口设施，珍贵的航海结晶《郑和航海图》等，都体现了郑和下西洋对世界航海事业和海洋文化的贡献，也促进了世界航海技术特别是中国与阿拉伯航海技术的交流。

郑和满怀热爱祖国的热忱，以其卓越的才能、英勇无畏的献身精神，开创了七下西洋的伟大壮举。郑和下西洋不仅在科学航海上达到了当时世界航海事业的最高峰，其航海活动比欧洲人要领先许多年，而且在睦邻友好、发展中国与亚非国家间在政治、经济、文化上的友好关系方面，作出了伟大的贡献，在15世纪初期人类文明发展史上写下光辉的篇章。

郑和下西洋有利于开展与东南亚、西亚各国的经济贸易关系，也增进了科学技术与文化交流，推进了航海术的发展。

朝贡贸易是明前期唯一准许进行的合法对外贸易，"贡舶"允许带一定量的其他商品来华贸易，属于市舶司管理，并在官牙行的中介下进行互市。但是朝贡贸易作为明初外交活动的一部分，政治色彩远大于经济色彩。当时明王朝初建，一统全国，军事比较强大，经济逐步恢复并且得到初步发展，正处于国势蒸蒸日上的时期，因此愿意招徕海外各国遣使通好，以壮大国声威。其时四海仰慕，遣使来朝，明朝的统治者感到无比的荣耀。为了吸引外国遣使来华，明初统治者在中外贸易中只重政治效果而不重经济实惠，实行厚待贡舶的"优值"及"免税"政策。明初朝廷不但每年都要花费大量金钱接待外国贡使，而且对其带来的贡品一律本着"薄来厚往"的原则回赠价值更高的中华礼品（锦缎、纱罗、金银、铜币等）。对贡使团附带来华贸易的商货，虽例有抽分，但往往特旨免税，并由政府出高价收买其大部分。

对贡使免税就意味着国家在对外贸易中时不以征税得利为目的，而是要服

① 金国平、吴志良：《〈1421年中国发现世界〉中葡萄亚史源之分析》，《九州学林》第2卷1期，2004年春季号，第311、399—340、345、315页。

从朝廷厚待远客政策。显然，当时与朝贡联系在一起的对外贸易是被当作朝廷外交活动的一部分来看待和进行的，即贸易从属于外交，重政治而轻经济。此为当时朝贡贸易的一大特色。

在明初优惠政策的招徕下，洪武时期有东洋、南洋的十几个国家和地区来华通好并进行贸易。永乐以后，随着郑和下西洋船队的广泛外交活动，海上贸易的范围扩大到西亚及非洲东海岸，前来进贡通好的国家和地区增加到数十个，朝贡贸易达到了空前的规模。虽然朝贡贸易的规模空前扩大，但是由于只重政治而轻经济，明初政府从朝贡贸易中所得经济好处有限，而财政负担却不小。

然而，朝贡贸易对当时明朝经济的负面影响要远远大于其所产生的政治成就。贡使前来，不仅口岸及进京沿途的地方官府都要负责接待、护送，到京师后的接待及赏赐礼物也花费巨大。尤其郑和下西洋以后，随着各国贡船及附舶商队人数大量增加，明朝廷每年接待贡使的花费也不断增大，且有应接不暇之感。

如前所述，朝贡贸易违背了最为根本的经济法则，从而大大阻碍了商品经济的发展。按照西方传统贸易理论，长期的不对等的贸易对一个国家的内部经济的打击是不可估量的。而当时的情况是，弘治帝对撒马尔罕王遣使来贡，"特赐番王阿黑麻并伊妻男，各色纱罗绢布，数又不资。似此从厚赏赍，各夷犹且心无厌足，节次讨扰不已，又蒙钦赐路费银两"。[1] 在这种贸易体制下，民众的生产积极性受到严重打击，而大量的国民财富也伴随着明政府的挥霍而枯竭。在朝贡贸易兴盛的明朝前期，白银呈外流趋势。七下西洋的郑和为了"招徕诸番，仅前六次下西洋即用去了白银六百万两"。他原"赍银七百余万"，剩了百余万两用来修了南京大报恩寺。这种慷国家之慨的朝贡贸易进一步加重了人民的负担。

为减轻财政负担，自永乐时起，渐对朝贡的国家和地区实行认定资格，颁给"勘合"的制度，即发给允许来华朝贡的国家或地区特许凭证，没有这种凭证的外国船只不许入口。后来，主要是在明中期以后，更对贡期、贡船数目、

---

① 倪岳:《止夷贡疏》，载《明经世文编》，中华书局 1962 年影印本。

随船人数、进境路线及停泊口岸等也都作出限制性规定。对朝贡贸易的限制趋严，说明明初那种大力招徕外国来朝的热情已经消退。朝贡贸易的政治色彩也有所减弱，外番货品免税政策渐改为按例抽分（注：正德三年规定番舶附载货物除贵重者如象牙、犀角、鹤顶之类仍解京外，其余十抽二，抽分后即允许入市交易。次年改为十抽三，但后来又改回十抽二。明后期，到口外番货物十抽二为常例）。

由此可见，明代初期的对外开放是一种主动的开放。明政府在这一活动中占据了主导地位，掌握了对外开放的游戏规则，控制着政治交往和贸易往来的节奏。这是明初对外开放的主流。

明朝建立后，在外贸立法方面，主要实行了海禁法、朝贡贸易经营管理法。通过这些相关的立法，明朝建立了一套完整的朝贡贸易体系。但国外进贡的贡品大多是为满足统治阶级奢侈生活的日用品。此外，史书也大量记载了明代从国外进贡的海外珍奇等奢侈用品。据《明会典》、《外夷朝贡考》的记载，明代海外诸国进贡的供品主要有以下几类：香料、药材、漆器、纺织品、珠宝、珍禽异兽、金银器皿、玻璃器皿、手工业原料、军用品等。这些贡品中奢侈生活品所占比例很大，如暹罗所贡的石碗。由于获利丰厚（每斤给价250贯），到正统九年（1444年），一次就运来8000斤。由此可以看出，朝贡贸易的贸易量是十分巨大的，但是这种贸易形式仅仅是为了满足朝廷官员的需要，而与百姓生活无关。此外，贡使获准进京后，到了会同馆，一切由明政府安排，受到盛情款待。宣德元年（1426年）春正月，礼部奏请宴请外国朝贡使臣时，宣宗皇帝说："四夷宾服，世所贵也，其使者今不远万里来者，皆有慕于中国，饩廪宴赐必丰，庶昭朝廷优待之意。"皇帝亲自下令盛待贡使，这充分体现了明朝政府不计经济利益的怀柔思想。住在会同馆里的贡使或其随从人员如果有人生了病，则由会同馆的医生给他们看病开药，药材由太医院支给。[1] 这体现了明朝政府对朝贡贸易的重视，但也在另一方面说明朝贡贸易对朝廷财政巨大的消耗。

---

① 凌文峰：《明代朝贡贸易衰败的经济原因探析》，《株洲师范高等专科学校学报》2006年第3期。

综上所述，可以看出，明前期外贸法确立的朝贡贸易体系以强大封建经济为后盾，不具有持续发展的内在经济动力，只能在短期内靠专制力量勉强维持。在明朝盛世之时，无可否认，朝贡贸易是辉煌的，使海外各国与中国和睦相处。但当封建经济走向衰落、专制力量减弱时，它必然要走向解体——这种贸易体系到隆庆元年（1567 年）漳州月港开放时已经基本崩溃。

三、仁宗、宣宗及其后的海禁松弛阶段

宣德八年（1433 年），自郑和最后一次下西洋返航之后，朝廷就迫不及待地令行在都察院严私通番国之禁，"近岁官员军民不知遵守，往往私造海舟，假朝廷干办为名，擅自下番，扰害外夷，或诱引为盗，比者已有擒获，各置重罪，尔宜申明前禁，榜谕缘海军民，有犯者许诸人首告，得实者给犯人家赀之半，知而不告及军卫有司纵之弗禁者一体治罪"。[1] 尽管在此之后仍多次下达海禁之令，然而收效甚微，民间私人海外贸易逐渐兴盛起来。

随着朝贡贸易的衰弱，民间私人海外贸易日益冲破海禁的束缚。再加上明朝政府的日益腐朽与塞防的吃紧，海禁政策也随之松懈。民间的海外贸易的发展正说明了这一点。史籍这方面的记载也颇多。"成、弘之际，豪门巨室间有乘巨舰贸易海外者。"[2] 而私人海外贸易中心的月港有"小苏杭"的美誉。到了 15 世纪后期、16 世纪初，朝廷进一步放宽海禁。主要表现为对海外来华船只不管是官方贡舶还是商民商舶，无论有无朝廷所颁"勘合"，是否合乎朝贡期限，都允许进行互市、贸易往来，并且还对海外商船实行抽分制。正德四年（1509 年），有暹罗船只遇风漂到广东"镇巡官合议，税其伙"，[3] 以备军需。宣德五年（1430 年），地方上奏"盗贼连年为乱，军饷不支，乞将正德三年、四年抽过番货，除贵若象牙、犀角、鹤顶之类解京。其余粗重如苏木等物，估价该银一万一千二百有奇，宜变卖留充军饷"。[4] 随着海禁的松弛，民间的海外贸易迅速发展。正德九年（1514 年），广东布政司参议惊呼"近许官府抽

---

[1] 《明宣宗实录》卷 103。
[2] 张燮：《东西洋考》卷 7《饷税考》。
[3] 《明武宗实录》卷 48。
[4] 《明武宗实录》卷 67。

分，公为贸易，遂使奸民数千，驾造巨舶，私置兵器，纵横海上"。[1]

而这时朝廷内部也出现了要求开禁与发展海外贸易的思想。15世纪后期，曾任内阁大学的丘浚在上于明孝宗的《大学衍义补》中明确提出，反对国家抑商与对商业活动干预过多，公开主张开放朝贡以外的民间正常对外贸易，并明确向朝廷建言，开放海禁。以上可以看出，朝廷的最高层已出现此类思想，那时对海禁的松弛可想而知了。

翻开《明实录》，15世纪初明永乐、洪熙、宣德朝是朝贡贸易发展到新阶段的历史时期，下面将这一时期来华的东南亚主要国家和地方首脑使臣，列简表如表1-1所示：

表1-1　东南亚主要国家和地方首脑使臣来华次数

国名	来朝次数	国名	来朝次数
安南	11	暹罗	31
占城	29	真腊	8
古麻剌朗	1	缅甸	53
满剌加	22	苏禄	4
苏门答腊	19	冯嘉施兰	3
浡尼	10	吕宋	1
婆罗	3	彭亨	3
爪哇	36	喃渤利（南巫里）	9
览邦	2	阿鲁	4
老挝	14	那孤儿	2

明孝宗甫即位，当时掌国子监事礼部右侍郎丘浚奏上《大学衍义补》。此书虽名为南宋真德秀的《大学衍义》的补编，却不同于"主于理"的《大学衍义》，而是"主乎事"，专论经世致用之学。丘浚直接上书皇帝，代表了明中叶民间要求开放海禁，发展海外贸易的呼声。

丘浚一反传统重本抑末思想，提出农商同等重要以及商业与朝廷的重要关系，指出"食货者，生民之本也。以其所有易其所无，要求得其所欲而后退，

---

[1] 《明武宗实录》卷113。

则人无不足之用。民用既足，则国用有余矣"。以"财者，人心所同欲也"，论证了民间从事商业活动的必然性，并提出允许私人求利和从事商业活动对整个社会有利，"而天下平矣"的观点。

丘濬公开提出要求朝廷鼓励民间从事商业活动，给商人以经营自由。他尖锐地抨击了历史上官府的官营专卖，如桑弘羊的平准法和王安石的市易法，提出："天生众民，有贫有富。为天下王者，惟省力役，薄赋敛，平物价，使富者安其富，贫者不至于贫，各安其分，止其所得矣。"主张"民自为市"，认为朝廷控制，干涉私人商业活动，"以人君而争商贾之利，可丑之甚也"。还进一步认为，社会财富"非专用之以奉一人"，百姓财物"非君所得而私有也"。这种思想已具有限制君权的启蒙意义。

关于海外贸易，丘濬认为"利之所在，民不畏死"，指出私人海外贸易存在的必然性，并进一步提出了具体建议："倘以臣言为可尔，乞下有司详论以闻，然后制下滨海去处，有欲经贩者，俾其先期赴舶司告知，行下所司审勘，果无违碍，许其自陈自造，舶舟若干料数，收贩货物若干种数，往行某处等国，于何年月回还，并不敢私带违禁物件。及回之日，不致透漏。待其回帆，差官封检，抽分之余，方许变卖。如此，则岁计常赋之外，未必不得其助。"丘濬明确对朝廷建言开放海禁，允许民间海外贸易交往。

丘濬《大学衍义补》的出现，显然得到了皇帝的赞许。虽然在孝宗朝未能得到全部实施，但孝宗朝明显收缩官方朝贡贸易，规定抽分之法，并出现从以政治为重心向经济为重心的贸易政策转变。

对外贸易的收入，是地方重要财源之一。明武宗正德末年（1521 年）以前，"广东文武官月俸，多以番货代"。这"番货"就是市舶提举司从"抽解"得来的。而且，地方军费开支也要靠"番货"。正德五年（1510 年），朝廷经过讨论，同意两广镇巡官的请求，把正德三年、四年广州市舶提举司"抽解"的"番货"，除贵重的象牙、犀角、鹤顶之类上交京都，其余粗重的苏木等物，估价该银 11200 多两，留下变卖作为军饷[①]。这也是明朝放松海禁政策的表现之一。

---

① 《明史·外国传》。

四、嘉靖隆庆年间海禁政策的高度强化

（一）海禁政策的高度强化

明朝中期以后，朝贡贸易的政治色彩有所减弱，外番货品免税政策渐改为按例抽分。这一改革一般被看作明代对外贸易政策的一个进步，但是由于明中期日益严重起来的东南沿海倭患，促使封建王朝的对外政策进一步向着内向和保守的方向发展，最终导致了嘉靖年间的全面海禁。

其实，倭寇之患从元末明初就开始了，洪武初先开市舶，接着又实行海禁，即因倭寇不断骚扰沿海而起。这是因为明初经济军事等还未达到非常强盛的程度，到明成祖朱棣即位，永乐皇帝很有作为，他励精图治，在此期间明王朝军备整饬，海防严密，国力极为强大，外国不敢觊觎中国，倭寇也无机可乘。又值日本北朝足利氏称霸，愿与明王朝维持较为正常的贸易关系，故在明初倭寇尚未成为大的祸患。

日本与周边其他国家一样，与明朝维系着朝贡贸易，朝贡船队必须持有明朝礼部颁发的"勘合"（通行证），才可以在浙江市舶司所在地宁波上岸，再在安远驿的嘉宾堂歇脚。一面上岸进行贸易，一面等候朝廷的入京许可。一旦获得许可，使节一行携带国书、贡品以及携带的货物，在明朝官员的护送下前往北京，下榻京师的会同馆。在向朝廷递交国书、贡献方物后，携带的货物可以在会同馆附近进行交易，买入非违禁货物。据田中健夫《倭寇与勘合贸易》的研究，从建文三年（1401 年）到嘉靖二十六年（1547 年），将近一个半世纪内，日本遣明使节所率领的船队，共计十八批。到了 16 世纪初，倭寇之患愈演愈烈，尤其在嘉靖年间更是登峰造极。由于嘉靖二年（1523 年）日本大内氏与细川氏两大集团在宁波发生"争贡"事件，使朝贡贸易出现危机，成为"后期倭寇的发端"。

到了嘉靖年间（1522—1566 年），由于倭寇、海盗侵扰日益严重，海禁措施更加严厉，如浙江巡抚朱纨"下令禁海，凡双橹余皇，一切毁之，违者斩"①。

---

① 谷应泰：《明史纪事本末》卷 55《沿海倭乱》。

同时这时的海外贸易也由于限制的放宽与商品经济的发展而日益兴盛。嘉靖二年（1523 年）在宁波发生的日本争贡事件引发了朝廷的进一步忧虑。基于这点与其他种种原因，嘉靖政府屡下禁海令，使得这时的海禁的深度与广度远远超过了各个时期。

嘉靖三年（1524 年）四月："凡番夷贡船，官未报视而先迎贩私货者，如私贩苏木、胡椒千升以上例；交接番夷互市、称贷、绍货、构衅及教诱为乱者，如川广云贵陕西例；私交番夷收买禁物者，如会同馆内外军民例；揽造违式海船私鬻番夷者，如私将应禁军器出境因而事泄律，各论罪。"[1]

嘉靖四年（1525 年）八月："浙福二省巡按官，查海船但双桅者即捕之，所载虽非番物，以番物论，具发戍边卫。官吏军民知而故纵者，具调发烟瘴。"[2]

嘉靖八年（1529 年）十二月出给榜文："禁沿海居民勿得私充牙行，居积番货，以为窝主。势豪违禁大船，悉报官拆毁，以杜后患。违者一体重治。"[3]

嘉靖十二年（1533 年）九月："一切违禁大船，尽数毁之，自后沿海军民私与赋市，其邻舍不举者连坐。"[4]

此外，嘉靖二十九年（1550 年）颁布《嘉靖问刑条例》，有详细的禁止下海的种种规定。到嘉靖中期朱纨任闽浙地方官时更是变本加厉地实行海禁，"牵渡船，严保甲，搜捕奸民"[5]，并且针对当时日益严重的倭患进行重大打击，但由于朝廷的内部斗争与沿海豪门的诬陷，朱纨被杀。朱纨死后，海禁松弛，再加上嘉靖年间持续十几年的倭寇之乱，同时也宣告了嘉靖时期的海禁政策的失败。

嘉靖三十一年（1552 年）"壬子之变"是"嘉靖倭难"的导火线。陷黄岩攻郭巨的主犯是林碧川集团，而不是王直集团，更不是日本海盗。朱纨捣毁国际走私基地双屿港后，舟山的走私海商分裂成主张通商的互市派与铤而走险的

---

① 《明世宗实录》卷 38。

② 《明世宗实录》卷 54。

③ 《明世宗实录》卷 108。

④ 《明世宗实录》卷 154。

⑤ 张廷玉等:《明史》卷 205《朱纨传》。

寇掠派。嘉靖三十二年（1553年）明廷恢复浙江巡抚，加强海上取缔工作后，互市派的王直集团逃避日本平户后，四年不再回国；而寇掠派的林碧川、萧显、徐海等集团则据舟山群岛为寇据地，四出流劫，以后更蔓延成海寇、土贼与客兵的复合性社会矛盾并发的社会大动乱。嘉靖三十五年（1556年），总督胡宗宪从全国各地增调客兵二十万后，三教九流拼凑的客兵，成分参差不齐，生活习惯各异，思想不统一，毫无纪律，因而造成"外寇未宁而内忧益甚"的严重社会问题。此后，所有"倭酋"林碧川、萧显、徐海、王直等全都被歼后，寇乱仍然再蔓延了近十年。

明代海禁政策持续二百余年，给当时与后世造成了巨大影响。虽然在明初这一政策曾起到一定积极作用，如较为有效地遏制了盘踞在东南沿海岛屿的方国珍、张士诚残余势力，为明朝巩固北疆解除后顾之忧，以及促进官方朝贡贸易发展等，但对明政府统治的危害也很大。具体危害性主要体现在以下几个方面：

首先，海禁并未真正消除倭寇的威胁，反而加剧了沿海边患。沿海地区耕地面积少、土壤贫瘠，当地人民无法依靠农业生存。永乐以后，海禁虽未明令废止，但也没有得到认真贯彻，沿海商民纷纷走私，一些地方官员对此也听之任之，如广东布政使吴廷举"谓缺上供香物，不问何年，来即取货。致番舶不绝于海澨，蛮人杂遝于州城"[1]，私人海外贸易活动由此急剧发展，形成"片板不许下海，艨艟巨舰反蔽江而来；寸货不许入番，子女玉帛恒满载而去"[2]的局面。嘉靖年间，为平倭患而再次加强海禁，"闽人资衣食于海，骤失重利，虽士大夫家亦不便也"[3]，海商们无法继续从事贸易活动，失去生活依靠，因而不少人转为海盗骚扰沿海地区，甚至与倭寇勾结起来，形成边患，即所谓"寇与商同是人，市通则寇转为商，市禁则商转为寇，始之禁禁商，后之禁禁寇，禁越严而寇愈盛……于是海滨人人为贼，有诛之不可胜诛者"[4]。一些有识之士看到了海禁与海寇之间的关系，便主张使海上贸易合法化并进行必要的控制和

---

① 张廷玉等：《明史》卷325《佛郎机传》。
② 谢杰：《虔台倭纂》上卷《倭原》。
③ 张廷玉等：《明史》卷205《朱纨传》。
④ 谢杰：《虔台倭纂》上卷《倭原》。

管理。

其次，海禁使国家财政收入大量减少。在海禁松弛的时期，禁令几乎成为一纸空文，但没有废止，政府便不能设关收税，巨额的海外贸易税从此大量失去。明代南有倭寇、北有蒙古侵扰，军费开支巨大，"1552 年户部上报，用于帝国和边境防卫的费用每年总计支付银子已达 5950000 两，而每年收入的银两，由于免征和拖欠税款，总计不足这个总额的一半"。嘉靖三十六年（1557年）紫禁城发生火灾，"在紫禁城的几座主要朝觐大殿和南边的门楼于 1557 年 5 月被焚毁以后，情况变得更加严重。它们必须马上重建，而宫殿的修建费用很大（1596 至 1598 年间重建紫禁城内两座主要寝宫花费的银子超过 730000 两）"。① 再加上政府和皇宫的奢侈生活以及官吏贪污腐化，明政府面临严重的财政危机，开海收税是增加政府收入、解决财政危机的一大良策。

在这种情况下，开放海禁已成为必然的趋势。

明代许多皇帝在对外贸易中。经常要求外国贡使进贡奢侈生活用品，如香料、宝石、象牙等。《明世宗实录》中记载，嘉靖三十四年（1555 年），皇帝命采访龙涎香，10 多年都未获得，后来令"户部差官住沿海各通番地方，设法访进"。嘉靖三十五年（1556 年），皇帝再次诏谕户部，令官员仔细考察龙涎香产地，以便取用。户部只好再次派官员到"沿海番舶可通之地。多方寻访，勿惜高价"。从此可以看出，嘉靖皇帝要求设法访进番香满足其奢侈生活。

可见，为了将贸易维持在官方体系内，在郑和下西洋之后的很长一段时间内，明朝政府实行了海禁，企图阻止私人贸易，但海上私人贸易（走私贸易）却日盛一日。乾隆《潮州府志》卷 40《艺文》引明代文献对当时海上私人贸易的记载说："闽粤之人，驾双桅船，挟私货，百十为群，往来东西洋。"在海上贸易这样的一个发展趋势的推动下，明王朝不得不于 1567 年废止推行已久的海禁政策。史载："隆庆元年，福建巡抚徐泽民请开海禁，准贩东西二洋。"② 这样更促进了中国对外贸易的发展。以中国与日本之间的贸易为例，"自嘉靖三十六年（1557 年）至长崎岛明商不上三十人。今不及时年，且两三千人矣。

---

① 崔瑞德等：《剑桥中国明代史》第 8 章《嘉靖时期·财政危机》。

② 张燮：《东西洋考》卷 7。

合诸岛计之，约有二三万人。"① 明时中国对外贸易之盛，可见一斑。

（二）明代从严格海禁到有限制开海的转折："隆庆开海"

明代海禁政策持续二百余年，给当时与后世造成了巨大影响。首先，海禁并未真正消除倭寇的威胁，反而加剧了沿海边患。沿海地区耕地面积少、土壤贫瘠，当地人民无法依靠农业生存。永乐以后，海禁虽未明令废止，但也没有得到认真贯彻，沿海商民纷纷走私，一些地方官员对此也听之任之，如广东布政使吴廷举"谓缺上供香物，不问何年，来即取货。致番舶不绝于海澨，蛮人杂遝于州城"②，私人海外贸易活动由此急剧发展，形成"片板不许下海，艨艟巨舰反蔽江而来；寸货不许入番，子女玉帛恒满载而去"③ 的局面。嘉靖年间，为平倭患而再次加强海禁，"闽人资衣食于海，骤失重利，虽士大夫家亦不便也"④，海商们无法继续从事贸易活动，失去生活依靠，因而不少人转为海盗骚扰沿海地区，甚至与倭寇勾结起来，形成边患，即所谓"寇与商同是人，市通则寇转为商，市禁则商转为寇，始之禁禁商，后之禁禁寇，禁越严而寇愈盛……于是海滨人人为贼，有诛之不可胜诛者"⑤。一些有识之士看到了海禁与海寇之间的关系，便主张使海上贸易合法化并进行必要的控制和管理。

其次，海禁使国家财政收入大量减少。在海禁松弛的时期，禁令几乎成为一纸空文，但没有废止，政府便不能设关收税，巨额的海外贸易税从此大量失去。明代南有倭寇、北有蒙古侵扰，军费开支巨大，"1552 年户部上报，用于帝国和边境防卫的费用每年总计支付银子已达 5950000 两，而每年收入的银两，由于免征和拖欠税款，总计不足这个总额的一半"。嘉靖三十六年（1557年）紫禁城发生火灾，"在紫禁城的几座主要朝觐大殿和南边的门楼于 1557 年5 月被焚毁以后，情况变得更加严重。它们必须马上重建，而宫殿的修建费用很大（1596 至 1598 年间重建紫禁城内两座主要寝宫花费的银子超过 730000

---

① 朱国帧：《涌幢小品》卷 30，《侯官倭岛》。
② 张廷玉等：《明史》卷 325《佛郎机传》。
③ 谢杰：《虔台倭纂》上卷《倭原》。
④ 张廷玉等：《明史》卷 205《朱纨传》。
⑤ 谢杰：《虔台倭纂》上卷《倭原》。

两)"。① 再加上政府和皇宫的奢侈生活以及官吏贪污腐化，明政府面临严重的财政危机，开海收税是增加政府收入，解决财政危机的一大良策。

再次，明代许多皇帝在对外贸易中，常需要外国贡使进贡奢侈生活用品，如香料、宝石、象牙等。《明世宗实录》中记载，嘉靖三十四年（1555年），皇帝命采访龙涎香，十多年都未获得，后来令"户部差官住沿海各通番地方，设法访进"。嘉靖三十五年（1556年），皇帝再次诏谕户部，令官员仔细考察龙涎香产地，以便取用。户部只好再次派官员到"沿海番舶可通之地。多方寻访，勿惜高价"。从此可以看出，嘉靖皇帝要求设法访进番香满足其奢侈生活。

最后，为了将贸易维持在官方体系内，在郑和下西洋之后的很长一段时间内，明朝政府实行了海禁，企图阻止私人贸易，但海上私人贸易（走私贸易）却日盛一日。乾隆《潮州府志》卷40《艺文》引明代文献对当时海上私人贸易的记载说："闽粤之人，驾双桅船，挟私货，百十为群，往来东西洋。"在海上贸易这样的一个发展趋势的推动下，明王朝不得不于1567年废止推行已久的海禁政策。史载："隆庆元年，福建巡抚徐泽民请开海禁，准贩东西二洋。"②这样更促进了中国对外贸易的发展。以中国与日本之间的贸易为例，"自嘉靖三十六年（1557年）至长崎岛明商不上三十人。今不及时年，且两三千人矣。合诸岛计之，约有二三万人"③。明时，中国对外贸易之盛，可见一斑。

继明世宗禁海之后，明穆宗"隆庆开海"并不意味着全面解除海禁，只在漳州月港（今福建省龙海市海澄镇）一地开放中国商民出海贸易之禁，且朝廷对海外贸易有着种种限制。在这种情况下，开放海禁已成为必然的趋势。

1."隆庆开海"的缘由

明代前期，朝廷实行严厉的海禁政策，使沿海商民陷入灭顶之灾，民间的私人海上贸易成为非法的行为，这对福建这样一个有海外贸易传统的区域打击很大。在宋元海贸开放时期初步形成的海上贸易往来遭到明初中央政权的强有力遏制。

---

① 崔瑞德等：《剑桥中国明代史》第8章《嘉靖时期·财政危机》。
② 张燮：《东西洋考》卷7。
③ 朱国帧：《涌幢小品》卷30《侯官倭岛》。

明朝廷对走私贸易的打击决不留情。朝廷武力镇压走私贸易的结果是走私商人转变为海寇，他们勾结倭人劫掠沿海地区，武力对抗朝廷的高压政策。明代的倭寇中有许多中国人，这在明代已是常识，"夫海贼称乱，起于缘海奸民通番互市，夷人十一，流人十二，宁绍十五，漳泉福人十九，虽概称倭夷，其实多编户齐民也"[①]。

福建是一个在宋元时期即有海上贸易传统的区域，海上贸易带来的收入，使福建的各行各业受惠良多。用明朝流行的话说："海者，闽人之田也。"海禁后舟楫不通，福建与海外的贸易联系大大萎缩，人民生计萧条，只好冒禁出洋市贩，以走私形式维持宋元以来的海上私商贸易。这一阶段海上贸易的形式多样，一些商人冒充明朝的使者出海贸易。成化七年（1471年），"福建龙溪民邱洪敏，与其党泛海通番，至满喇加及各国贸易，复至暹罗国，诈称朝使，谒见番王，并令其妻冯氏谒见番王夫人，受珍宝等物"[②]。也有将外国走私商船引至沿海走私港进行交易者。"有日本夷船数十只，其间船主水梢，多是漳州亡命，谙于土俗，不待勾引，直来围头、白沙等澳湾泊。"[③]当然，更多的海商是私下出洋贩运，明代赵文华说："福建遂通番舶，其贼多谙水道，操舟善斗，皆漳泉福宁人。漳之诏安有梅岭，龙溪海沧、月港，泉之晋江有安海，福鼎有铜山，各海澳僻，贼之窝，向船主、哈喇、火头、舵工皆出焉。"[④]由于明朝厉行海禁，原有的通商港口悉被严查，中国海商将货物集散地、交易场所、仓储、补给基地等转移到沿海小岛与偏僻澳湾之处，形成从浙江至广东沿海地区的走私港网络。

到了嘉靖后期，随着倭寇问题的基本解决，明代的对外贸易进一步发展起来，海禁政策已完全成为一种障碍。社会各阶层要求开禁的呼声也越来越高。隆庆元年（1567年），福建巡抚上书要求开禁，并得到同意。这样进行了近二百年的海禁开始走向开放。但是，隆庆开禁并不是完全开放，而是十分有限

① 《明世宗录》卷422。
② 《明宪宗实录》卷97。
③ 《安海志》(新编)卷12《海港》，1983年，第127页。
④ 沈廷芳：乾隆《福建续志》卷74，傅衣凌：《明清时代商人及商业资本》，人民出版社1980年版，第109页。

的，地域上仅仅限于东西洋，而且还不包括日本。而且在以后的几十年里针对不同的情况也颁布了许多禁海令。

到 16 世纪 60 年代，经历了嘉靖年间倭寇骚扰沿海的大动乱时代之后，朝廷终于认识到：大海是闽人赖以生存的基础，在福建禁止海外贸易是不可能的。如许浮远说："看得东南滨海之地，以贩海为生，由来已久，而闽为甚。闽之福、兴、泉、漳，襟山带海，田不足耕，非市舶无以助衣食。其民恬波涛而轻生死，亦其习使然，而漳为甚……当事者尝为厉禁。然急之而盗兴，盗兴而倭入。嘉靖之季，其祸蔓延，攻略诸省，荼毒生灵。"[①] 为了缓解上述矛盾，有识之士提出取消海禁。沿海地方督抚士绅基于守土或本地利益，也不断上疏要求开放海禁。在这一背景下，一些官员提出：废除过时的禁海令，允许通商，以求化寇为民。"福建巡抚御史涂泽民请开海禁，准贩东西二洋"，[②] 终得"奉旨允行"。《东西洋考》中记载称："隆庆改元，福建巡抚都御史徐泽民，请开海禁，准贩东西二洋。"明穆宗隆庆元年（1567 年），明朝政府采纳各方意见，开放海禁，实行有条件的海上贸易。海禁开放后，私人海商贸易合法化，为加强管理，政府对出海私商活动实行"引票"制。所谓"引票"就是一种用于记录商业活动的凭证。没有领取引票的海外贸易依然被视为非法活动，要受国家制裁。恪守了约两百年的海禁政策终于被打破，开禁地点即在福建漳州月港。这次开禁在中国古代经济史和对外贸易史上占有重要地位，史称"隆庆开海"。

海禁开放后，出洋经商者骤然增多。到 17 世纪初，每年从月港扬帆的船舶多达 300 余艘，多达 116 种外国商品及更大量的中国商品，通过闽南海商水手在月港进出口，这些商船遍历东西洋的 47 个国家，西班牙、葡萄牙、荷兰也各自通过其贸易转运港马尼拉、澳门和西爪哇的万丹与月港间接贸易。[③] 17 世纪初，以月港为中心，北起日本，包括各主要的中国港口，南至印尼群岛的贸易网络建立起来。

在海禁利弊的比较之下，明朝廷内部关于重开市舶的呼声一直不断（主张

① 许浮远：《敬和堂集》，《疏通海禁疏》，明刊本，第 25 页。
② 《明经世文编》卷 400，许孚远：《疏通海禁疏》，《述涂泽民奏议》。
③ 张燮：《东西洋考》卷 7《饷税考》，中华书局 1983 年版。

者多为与海外贸易有利益关系的闽、浙籍官僚），市舶的罢与复、开与闭的争论时起。随着嘉靖末年沿海倭患基本肃清，明政府在隆庆初部分开放了海禁，本国商船准赴除日本以外的东西洋国家贩货，日本以外国家的商船也被允许随时进入中国口岸贸易[1]。万历二十七年（1599年），恢复广州、宁波二市舶司，算是正式开放了海禁。但这时距离明朝灭亡已经不远，市舶制度已经演变成市舶太监和地方官吏通过抽分恣意勒索、掠夺的手段，纲纪荡然，漫无法度，中外商人和正常贸易都深受其害。不过，重开海禁毕竟使海外贸易有了合法开展的空间。尤其是民间私人海上贸易，自从明后期海禁开放以后，早就蓄积的能量得到释放，一时蓬勃发展起来，成为当时对外商业交往中十分突出的景观。

其实私人海上贸易即使在明初森严的禁令下也始终存在。明中期以后，随着国内工商业特别是东南沿海地区工商业的发展，开拓海外市场已日益成为不可遏制的客观经济需求。只是由于当时倭患严重，统治者实行了闭关禁海的政策，这种需求不可能以正当形式得到满足，才演化为大规模的走私贩海活动。嘉靖时期，浙、闽、广沿海一些府县人民及徽州商帮不顾政府禁令造船出海，走洋成风，"富家以财，贫人以躯，输中华之产，驰异域之邦"[2]。当时中国海商的足迹遍及日本、吕宋及南洋各地，许多人长期侨居国外，形成中国人的聚落。嘉靖初年，侨居日本的中国人"不下数千，居成里邑，街名大唐"，福建前往吕宋贸易的华商"至数万人，往往久居不返，至长子孙"，在今马来半岛有的地方，华人流寓者"踵相接"。更南边的爪哇也有华人客居成聚，称为"新村，约千余家"。

虽然开放了海禁，但是明朝统治者还是害怕自己的统治地位受到威胁和挑战，特别是开放海禁以后，民间私人海上贸易更如开闸之水不可遏止。隆庆初，仅福建漳州府的月港（嘉靖时著名的海上走私贸易中心）一地，出海者每年所贸金钱即"无虑数十万"[3]。为了对日益扩大的民间海外贸易活动进行管理，明政府在开海后以月港为治所设立海澄县，建督饷馆专门管理海商并收取税饷。明政府规定，凡出海者都要向政府领取船引（出海执照，每船一引）并

①　张燮:《东西洋考》卷7《饷税考》。

②　乾隆《海澄县志》卷15《风俗》。

③　张燮:《东西洋考》,《周起元序》。

缴纳引税。船引有定额，初为88张，以后逐渐增至100张、210张。引税数额，初定赴东西洋之船每引税银3两，赴台湾鸡笼、淡水者每引1两，后来前者增至6两，后者增至3两。商船出洋，船主必须严格按照船引开列的贸易目的地前往，所载货物不得违禁及超过规定的数量，要在规定的日期内返回，凭引进港，违者法办。引税之外，又征水饷、陆饷和加增饷。水饷征于进口商船，按船只大小抽收。陆饷为货物进口税，从量或从价计征。加增饷专征于从吕宋回来的商船。当时赴吕宋贸易的中国商船货物大多由西班牙人转贩于墨西哥及南美洲各地（即所谓"大帆船贸易"），以墨西哥银元作为支付手段，是以由吕宋返回的商船无货税可抽，乃改抽加增饷银，每船150两（后减为120两）。[①]

　　开放海禁并允许私人商船出洋是明朝官府海外贸易政策的一个转变，是顺应时代与资本主义萌芽的发展要求的，但是来得太晚。其时明王朝早已不是处在蒸蒸日上的历史阶段。相反，由于国内社会矛盾、阶级矛盾的发展和尖锐化，它的统治正在日趋腐朽、没落，已经日薄西山，气息奄奄，因此无法赋予这种转变以本来应该具有的更加积极的意义。明政府这时允许私人出洋，实际是在禁止无效情况下的一种无奈之举，其目的仍然是对海外贸易进行控制而不是主动开拓本国的海外市场，因此是保守的而不是积极进取的。对出洋商船加以种种限制，数量有限制，货品种类有限制，贸易地点有限制（到日本贸易仍为非法），海外逗留时间有限制，等等，就说明当时对私人海外贸易的态度仍然是尽量控制并防范对自己不利的影响，而非如同当时的西方国家那样予以大力支持和鼓励。明后期蓬勃开展的私人海外贸易是在没有国家力量做后盾的情况下由民间独自向前推进的。政府在这里所起的作用，除了力所能及的控制，就只有出于财政目的的税收而已，而在明后期的腐败吏治下，这种税收只能是对出海贸易商人的掠夺和勒索的同义语，对中国海外贸易的发展有害而无益。

　　2."隆庆开海"的举措：月港开禁

　　在明代以前的历史上，漳州是一个动荡不安的地区。漳州位于福建与广东交界的地方，远离各朝代的统治中心。唐代漳州设州后，这里官军与当地少数民族的战斗一直未停过；宋代，漳州南部是畲族的天下，朝廷对其"以不治治

---

① 张燮：《东西洋考》卷7《饷税考》。

之"；元代，漳州境内的畲族起义——如陈吊眼起义，是元朝廷长期深感头痛的问题。这里的人民有长期的反抗传统，朝廷的禁令在这里被接受的程度是可疑的。明代到漳州的官员，每每惊异当地的"奇异"风俗，"（海）澄，水国也，农贾杂半，走洋如适市。朝夕之皆海供，酬酢之皆夷产……殊足异也"[①]海澄即月港，说明这是一个与海外有广泛联系的市镇。据《海澄县志》记述，其地"饶心计者，视波涛为阡陌，倚帆樯为耒耜。盖富家以财，贫人以躯，输中华之产，驰异域之邦，易其方物，利可十倍。故民乐轻生，鼓枻相续，亦既习惯，谓生涯无此耳"[②]。走私贸易俨然为沿海人民所全力支持，大家趋之接济，三尺童子，亦视海贼如衣食父母，视军门如世代仇。走私规模之大，令严厉打击走私贸易的浙闽海道巡抚朱纨惊叹不已。

漳州地区远离福建政治中心，不为朝廷官府瞩目，沿海多偏僻港口，又临近走私猖獗的粤东地区，因此在嘉靖万历年间，成为中国沿海走私贸易的中心区域。漳州最大的市镇是著名的月港。

月港位于贯穿漳州平原的九龙江下游入海口，以其"一水中堑环绕如偃月"而得名。福建地区有重山与内地相隔，距内陆商品货源地远，交通不便。月港既没有直接的出海口，又不是深水良港，但由于地处海隅，不为朝廷所注意，统治阶级鞭长莫及，早在成化（1465—1487 年）、弘治（1488—1505 年）年间就成为海外走私贸易活动猖獗之地，出现了"风向帆转，宝贿填舟，家家赛神，钟鼓响答，东北巨贾竞湾争驰"[③]的局面，正德年间（1506—1520 年）"豪民私造巨舶，扬帆外国交易射利"[④]，嘉靖年间"漳州月港家造过洋大船往来暹逻、佛郎机诸国通易货物"[⑤]，渐渐发展成为福建沿海的最大的走私贸易中心港口。

隆庆元年（1567 年），明朝政府在福建漳州月港开放海禁，准许私人海外贸易商申请文引，缴纳饷税，出海至东西洋贸易，月港遂成为闻名中外的私人

---

① 肖基：《东西洋考小引》。
② 《海澄县志》卷 15《风土志·风俗考》。
③ 《海澄县志》卷 11。
④ 《海澄县志》卷 15。
⑤ 顾炎武：《天下郡国利病书》卷 96。

海外贸易港。据《漳州府志》记载，月港周围有月港、卢沈港、普贤港、海沧港、鸿江港等一大批港群。而其中的海沧港、鸿江港现在都属于厦门港，可见当时的厦门港已是月港的外港了。月港的发展有一个过程，明宣德年间，当地已开始出现走私贸易。迨至明中叶，月港就因走私贸易的发达而成为南方有名的市镇，被人称为"小苏杭"①。葡萄牙人来到东方后，月港商人的经营更上一层楼。嘉靖年间，月港已是"两涯商贾辐辏，一大镇也"②，成为闻名中外的走私贸易港。

明朝政府之所以选择在月港开禁，一方面是顺应闽南人以海为生，非市舶无以助衣食的文化习俗；另一方面是沿袭开禁前大量船只皆由此出洋的习惯。月港开禁后，私人海外贸易随即迅速地发展起来。当时主要的海外贸易的地点是菲律宾，这之中的原因除了马尼拉与月港的距离比较近外，更主要是西班牙殖民者开辟了从马尼拉至墨西哥阿卡普尔科的大帆船贸易航线，把墨西哥银元载运至马尼拉，以换取中国的手工业品。中国商船在美洲银元的利诱下，大量涌向马尼拉。大量的中国商品经福建商船从月港载运至马尼拉，然后由西班牙大帆船转运到拉美和欧洲各地，中国货物已成为拉美人民生活中不可缺少的一部分。

明政府也注意到了月港频繁的走私活动，加强了对月港的控制，开始在这里设立防海机构、设县以镇压走私活动，但这些措施并不见效。"隆庆开海"选择此地，只是政府对月港地区海上走私贸易的被迫承认，"于通之之中，寓禁之之法"③，即通过有限地开放，更好地贯彻海禁政策，稳定福建南部统治秩序。

月港虽然开禁，但并非任何商民都有资格由月港出海进行贸易活动。商人须向海防机构申请"船引"（又称"商引"），即合法出海的凭据。

"商引填写限定器械、货物、姓名、年貌、户籍、住址、向往处所、回销限期，俱开载明白，商众务尽数填引，毋得遗漏。海防官及各州县仍置循环号簿二扇，照引开器械、货物、姓名、年貌、户籍、住址、向往处所、限期，技

---

① 陈瑛等：乾隆《海澄县志》卷15《风土》，乾隆二十七年刊本。
② 刘天授：嘉靖《龙溪县志》卷1《地理》，《月港》。
③ 陈子龙等：《明经世文编》卷400，许孚远：《疏通海禁疏》。

日登记。贩番者，每岁给引，回还责道查覆，送院复查；贩广、浙、福州、福宁者，季终责道查覆，送院复查。"① 从这一规定可见，只有漳州、泉州商人出海通番在合法的范围之内，其他地区的商人都无权直接参加海外贸易。

船主须缴纳"引税"，严格地按照船引开列的贸易目的地前往（往日本贸易为非法），所载货物不得违禁，不得超过规定的数量，要在规定的日期内返回，凭引进港，违者法办。② "凡走东西二洋者，制其船只之多寡，严其往来之程限，定其贸易之货物，峻其夹带之典型，重官兵之督责，行保甲之连坐，慎出海之盘诘，禁番夷之留止，厚举首之赏格，蠲反诬之罪累。"③

3. "隆庆开海"的积极意义

隆庆元年（1567年），明朝政府在福建漳州月港开放海禁，厉行近两百年之久的海禁政策终于被打破。这次开海在中国古代经济史和对外贸易史上占有重要地位，史称"隆庆开海"。它对中国乃至世界经济发展都产生一定的影响。

明朝实行严厉的海禁，虽然民间时有突破禁令违禁下海之举，但因为违法，遭到官方严厉打击和无情镇压，其规模和实力总属有限，民间航海势力得不到正常和应有的发展。直到隆庆年间，深悉地方民情的海澄县令罗青霄，目睹民间从事海外贸易的实况，吁请开海禁，福建巡抚涂泽民上奏朝廷获得批准，在福建漳州海澄月港开港，"准贩东西二洋"，唯前往日本经商仍在禁止之列。从此，实行了近两百年的海禁政策才作出了调整。"隆庆开海"后，民间海外贸易特别是中国到"西洋"各国的贸易出现了前所未有的兴旺景象。曾任应天巡抚的福建人周起元称颂说："我穆宗时，除贩夷之律，于是五方之贾，熙熙水国，刓艅舻，分市东西路。其捆载珍奇，故异物不足述，而所贸金钱，岁无虑数十万。公私并赖，其殆天子之南库也。"很显然，开海以后民间前往南洋各国的贸易活动是极为活跃的。

明代的走私贸易归根结底是海禁政策的直接产物。随着"朝贡贸易"的衰落，民间海外贸易日趋兴盛，然而，商人贸易所带来的丰厚利益却受到了海禁政策的严重阻碍，在巨大的利益诱使下，走私贸易诞生了。所谓"小民宁杀其

---

① 陈子龙等：《明经世文编》卷400，许孚远：《疏通海禁疏》。
② 张燮：《东西洋考》卷7《饷税考》。
③ 陈子龙等：《明经世文编》卷400，许孚远：《疏通海禁疏》。

身，而通番之念愈炽也"。特别是在江浙闽粤地区，走私活动始终猖獗不已且屡禁不止。

学术界对走私贸易大多持否定观点，这是与历史唯物主义相背离的。相反，走私贸易的产生适应了当时的历史条件。其深刻意义在于：使统治者意识到海禁政策的不可行，从而直接促进了"隆庆开海"局面的产生。

明前期的海禁政策，既未能阻止百姓出海贸易，也未能消弭外敌寇扰，反而导致沿海民众纷纷武装走私，倭寇更是凭借中国沿海武装走私集团的协力大肆掠夺。嘉靖倭患时期，明朝已经有不少人认识到"倭患"与明廷的海禁政策有关，如有人指出"严禁商道，不通商人，失其生理，于是转而为寇"。[1]1567年，隆庆登基，开海贸易的呼声四起，福建巡抚涂泽民上书，力陈海禁政策的种种弊端和开海贸易的好处，请求开放私人出海贸易。终于，明王朝宣布开放海禁，允许民间商人领引后从福建漳州月港出海贸易。月港出海贸易具有如个意义：

其一，促进了民间海外贸易的发展，扩大了商品流通和市场，从而促进了国内生产的发展。例如闽南一带的纺织业有了很大发展，"凡倭缎制起东夷，漳泉海滨效法为之。丝质来自川蜀，商人万里贩来，以易胡椒归里"[2]；制糖业也十分兴盛，"甘蔗干小而长，居民磨以煮糖，泛海售焉。其地为稻利薄，蔗利厚，往往改稻田种蔗者"。[3]海外贸易还促进了造船业的发展，"龙溪嵩屿等处，地险民犷，素以航海通番为生，其间豪右之家，往往藏匿无赖，私造巨舟"[4]。海外贸易的发达，还促进了沿海城镇的繁荣。

其二，增加了明政府的收入。"隆庆开海"之后，明朝在月港设立了督饷馆，不但征收引税，还征收水饷、陆饷、加增饷等名目的海外贸易商税。朝廷每年在月港的商税收入就多达29000两银，"海澄洋税，上关国计盈虚，下切商民休戚"。明后期边疆不靖，农民起义此起彼伏，财政开支巨大，唯有广开利源，因此尽管朝廷数度重申海禁，最后也不得不允许民众下海贸易以收取高

---

① 宋应星：《天工开物》卷2《乃服》。
② 陈懋仁：《泉南杂志》上卷。
③ 张居正等：《明世宗实录》卷189。
④ 张燮：《东西洋考》卷7《饷税考》。

额税饷。

其三，输入了大量的白银。在海外贸易中，有大量的外国银币流入中国，每年由月港进口的外国银币超过数十万。[1] 张居正改革实行"一条鞭法"，朝廷和民间都需要大量的白银，而国内白银有限。从海外输入白银有利于资本的原始积累，促进社会经济的发展。

其四，促进了海外一些地区、国家的经济发展。晚明中国与世界有着重要的互动关系。16 世纪下半叶，东亚海域局势发生了巨大变化，月港就是在这种特殊的形式下应运而生，它一开始就与国际贸易接轨，对中国乃至世界经济发展都产生一定的影响。

月港开放后，明朝的海外贸易遍及东西洋各地，在当地经济生活中占据了十分重要的地位，如吕宋（今菲律宾群岛中的吕宋岛），"如果没有中国人的商业和贸易，（西班牙）这个属地（吕宋）便不能存在"。[2] 这些地区不但得到大量的中国的手工业品，还得到许多先进的中国生产工具，如在吕宋，"则我人百工技艺，有挟一器以往者，虽徒手无不得食，民争趋之"。[3] 此外，还有很多华人移居到当地，带去了生产技术和科技知识，尤其是在对南洋群岛的开发中贡献极大。

月港贸易也促进了拉美地区的经济繁荣，作为大帆船贸易终点的阿卡普尔科随着大帆船的到来而逐渐繁荣。在世界形成一个整体的历史进程中，通过月港中国市场与世界市场连接起来，滚滚而来的世界白银，推动着正在进行之中的中国白银货币化的最终完成。作为当时世界上最大的经济体，中国银本位制的确立，促使白银成为世界货币，围绕白银形成了一个世界贸易网络。丹尼斯·弗莱恩和阿拉图罗·热拉尔德兹提出，世界贸易在 1571 年即明隆庆五年诞生[4]。

当世界逐渐形成一个整体之时，一个世界经济体系不是西方创造的，明代

---

[1] 张燮：《东西洋考》周起元序。

[2] 陈翰笙等：《华工出国史料》4 辑，中华书局 1985 年版。

[3] 顾炎武：《天下郡国利病书》卷 96。

[4] Dennis O. Flynn and Arturo Giraldez："Born with a'Silver Spoon'：the Origin of World Trade in 1571"，*Journal of World History*，Vol.6，No.2，1995.

中国曾积极参与了世界经济体系的初步建构，为经济一体化的出现作出了重要的贡献。

4."隆庆开海"局限性

"隆庆开海"是明政府海外贸易政策的重要转变，但是其指导思想是限制防范，而非鼓励支持，目的仍然是对海外贸易进行控制而不是积极主动开拓本国的海外市场，因此具有很大的局限性，注定了当时的海外贸易不可能有太大的发展。明穆宗接受了嘉靖年间"倭寇之患"的教训，刚即位就宣布部分开放海禁。既然有了"隆庆开海"，中国沿海的商人们也无须再通过与官府对抗的走私贸易来牟利了，换句话说，走私贸易得到了政府的妥协。但是"隆庆开海"仍然存在很大局限，如仅仅开放了漳州月港；中国海商的通商地点多有限制；贸易商品受到很多限制；海商出海次数也受到限制。所以，"隆庆开海"并不能改变明代闭关锁国的总体局面。具体的局限性如下：

首先，朝廷对海外贸易的管理中，管、卡、防范色彩浓重，有诸多苛刻的限制，如商船数量、货物种类等，却没有为商人提供任何有利的贸易条件。明中后期正是地理大发现及之后国际贸易大发展时期，正在形成的世界市场竞争十分激烈。但是，中国海商在国际贸易中没有国家实力作后盾，难以扩张贸易规模与得到本国政府支持的西方殖民势力竞争，因而失去了一个加入竞争、进一步带动国内经济发展的极好机会。

其次，外贸口岸限定在月港这一远离内陆商品货源地的港口，使开放海禁对内陆地区的影响降到最小。许多内地出产的优质产品不能通过月港流向海外，就大大降低了月港开放对全国经济发展的意义。

再次，月港以外绝大部分沿海地区继续实行海禁，且排斥漳、泉以外地区的商民参与月港的海外贸易，因此没能达到消除海盗根源的目的，反而更激起走私贸易的大规模泛滥，武装走私商人和海盗的活动盛极一时，反过来损害了月港的合法海外贸易。

最后，明后期吏治腐败，海外贸易税的征收逐渐变成对商民的勒索掠夺，给海外贸易的发展造成很大危害。

然而开放民间海禁的好景并不长。万历二十年（1592 年），日本丰臣秀吉出兵侵略朝鲜，中国海防吃紧，明廷即于次年下令禁海。万历二十六年（1598

年），日本自朝鲜退兵，明廷才于次年二月复开市舶于福建（论者以为此间海禁为时仅一年，不确），东西两洋贸易方又为合法，而对日贸易仍行禁止。万历末年，明朝海防日益废弛，海道不靖，随着葡萄牙人、荷兰人的先后东来，横行海上，劫夺船货，明廷又出于海防安全考虑，第三次禁海。崇祯元年（1628年）三月，福建巡按御史赵荫昌请"禁洋（舟工）下海"，令有司定议。崇祯十二年（1639年）三月，给事中傅元初代表福建公论上奏，请求朝廷下令福建地方讨论是否应该重行开海征税，未有结果。上述明朝海禁和开海的反复过程，从未见人叙述其详。如此算来，明廷自隆庆年间的开海禁，实际上前后不到50年。东南沿海民间海上贸易的兴盛局面只是昙花一现，就在明廷海禁政策的控制下和欧人东来的干扰下，再次步入海外贸易的萧条境地。

由此得出，明朝的私人贸易发展道路十分曲折，受正在飞速崛起的日本和西欧国家的不断侵略，明朝实行了严厉的海禁政策，以保护国家海防安全。这种闭关锁国的政策严重影响了私人对外贸易的贸易量。但是民间很多商人还是不断偷偷从事着外贸活动，因为海外贸易既然作为一种社会经济的必然要求，就非统治阶级的意愿所能阻挡。

综观有明一代的海外贸易政策，可以说是"禁"多于"放"，限制、防范多于鼓励、支持。早期的朝贡贸易政治、外交色彩重于经济色彩，基本是得不偿失的赔本买卖，于国家经济发展并无多大好处。中期以后，朝贡贸易的政治色彩有所减弱，外番货品免税政策渐改为按例抽分（注：正德三年规定番舶附载货物除贵重者如象牙、犀角、鹤顶之类仍解京外，其余十抽二，抽分后即允许入市交易。次年改为十抽三，但后来又改回十抽二。明后期，到口外番货物十分抽二为常例）。这一改革一般被看作明代对外贸易政策的一个进步，问题是实行不久，就又迎来了嘉靖时期的海禁，使正常的中外贸易受到极大影响。隆、万开海以后，外国商船来华已不限于有朝贡关系的国家，贡期、船只数量等限制也已放松，基本是来船都可以进口，照例抽分纳税后便可入市交易。但这在任何意义上都不是自由贸易。来华外商必须通过官牙行的中介才能进行买卖，而不能与民间商人直接交易。明后期，市舶太监和地方官吏在口岸贸易中恣意抽分和掠夺，极大地损害了中外贸易正常发展的环境。民间私人海外贸易的开放只是在不能有效禁止情况下的无可奈何之举，并且仍有诸多限制，管、卡和防范的色彩浓重，完全谈不上主动推动、大力支持。这与当时西方国家的做法是大有区别的。

可以说明朝的海外贸易政策与宋元时期大不相同，明代对于海外贸易的态度是消极的，对海外贸易是禁止多、开放少，这也是明朝封建专制制度空前强化在海外贸易和对外开放上的体现。

5."隆庆开海"的终结：重申海禁

"隆庆开海"的有限性不仅表现在地域等方面的限制，而且在开海后的数十年中，明政府又数次下达禁海令。如隆庆六年（1572 年）"兵部复吏科给事中裴应章条陈辽东善后事宜……一、严海禁。将商贩船通行禁止，片板不许下海，仍严督沿海官军往来巡哨。……俱依拟行"①；万历十七年（1589 年），福建巡抚周寀提议：严格防范漳州沿海居民勾引倭夷，劫掠商船，实行"定限船之法"与"薄税银之征"②；万历四十一年（1613 年），巡按直隶御史薛贞……请申饬越贩之禁："……今直隶浙江势豪之家私造双桅沙船，伺风越贩，宜尽数查出，不许违禁出海，则通倭无具……"得到许可。③ 天启、崇祯年间也曾多次实行海禁，出现了"引船百余只，货物亿万计，生路阻塞，商者倾家荡产，佣者束手断餐，阖地呻嗟，坐以待毙"④ 的现象。

重申海禁的原因主要是海疆边患。第一，倭寇经过嘉靖朝的打击，还没有完全被消灭，在黄海、日本海一带仍给中国与朝鲜带来一定威胁。第二，除了倭寇，一些西欧国家如葡萄牙（佛郎机）、荷兰（和兰）开始侵扰我国东南沿海广东、福建、浙江等地，葡萄牙人占据澳门，荷兰人侵入台湾。明政府无力积极应对西方列强的侵扰，只能做出消极反应，禁止商民出海，以免与外来侵略者勾结。

明代的海禁政策的实施给当时与后来产生了巨大影响。

首先看正面影响。明代初期，海禁政策的实施，比较有效地遏制了盘踞在东南沿海岛屿的方国珍、张士诚残余势力的骚扰，为明王朝北疆抗元提供了良

---

① 周延儒等：《明神宗实录》卷 8。
② 周延儒等：《明神宗实录》卷 21。
③ 周延儒等：《明神宗实录》卷 513。
④ 陈子龙等：《明经世文编》卷 400，许孚远：《疏通海禁疏》。

好的后方环境；同时也促进了官方朝贡贸易的发展，促进了以中国为中心的天朝礼治天下的东亚、西太平洋国际政治体系的发展，这促进了中国的周边环境的相对安定，促进了以朝贡贸易为基础的官营手工业的发展，也促进了国内经济的发展。

但是明代海禁的影响主要还是消极的。首先，海禁政策并没有真正起到防范倭乱的作用，实际结果则相反，加剧了"倭患"。据研究发现，"倭寇"其实大多数是中国人，他们由于明朝的海禁政策而不能从事正常的海外贸易活动，而且沿海少地、多贫瘠，无法依靠农业生存，从而转向走私、转为海盗，或假借倭寇名义骚扰沿海地区。正如张燮所说的："顾海滨一带，田尽斥卤，耕者无所望岁，只有视渊若陵，久成习惯，富家征货，固得稇载归来；贫者为佣，亦博升米自给。一旦戒严，不得下水，断其生活，若辈悉健有力，不肯抟手困穷，于是所在连接为盗溃裂以出。其久潜综于外者，既触纲不敢归，又连接外夷，乡导以入。"海禁政策反而造成了逼民为盗的副作用。

其次，造成沿海居民地生活贫困与国家财政收入锐减。海禁政策的实施，使得大量的安分的沿海人民失去生活的依靠，仅仅靠少得可怜的贫瘠土地以求生存。而且由于缺乏与海外的正常贸易，政府的财政收入也失去了一大块。每年的巨额的海外贸易税额从此大量失去。并且由于海外政策的收缩，使得明代从事大量外贸的手工业的萎缩，加剧了人民生活的困苦。

再次，由于明朝政府实施海禁政策，禁止民间的私人海外贸易。加上官方贸易的逐渐萎缩，在东亚、东南亚、南亚等地区的海外贸易权拱手让与其他国家与地区。先是转返于中国、日本、琉球、东南亚各国及南亚的海盗走私的大量兴起，接着的是欧洲的近代殖民者，从而丧失了在这些地区的贸易主导权。而且隆庆时期的有限开禁也仅仅争得部分利权，贸易也仅限于东西洋，并且还不包括日本。明代实行海禁的这段时间恰恰是世界东西方联系日益密切的关键时期，是中国走向世界得最佳时期。而明代的海禁政策恰恰使中国失去了这一良好时机，不能不令人扼腕痛惜。

明代的海禁政策的消极影响并不仅仅限于此。它为后来的清朝所沿袭，而且有过之而无不及，演变成完全封闭的锁国政策，使得中国更加封闭，更加孤立于世界，长期游离于世界之外。

第二章　明代丝路贸易范围与开放格局

按照国际贸易学中商品的运送方式分类，主要分为陆路贸易和海路贸易。陆路贸易是指通过陆路运送货物方式而进行的贸易。海路贸易是指通过海路运送货物方式而进行的贸易。而这些也大致反映出明代海外贸易和丝路贸易的范围和发展格局。

朱元璋对外采取了睦邻友好政策，在《皇明祖训》中规定子孙不能对外"无故兴兵，致伤人命"，并从陆、海两条线上遣使四出与邻邦交结通问。明成祖登基后，更加积极恢复和发展与各国政府的关系以及官方贸易。由于朱棣的开拓思想与积极态度，促成了郑和1405年至1433年的20多年间七次下西洋的伟大壮举，使中国海上丝绸之路延伸扩展，达到了鼎盛辉煌时期。

明代的海外贸易空前发展，其方式已经不再像前一时期只是采取消极的招邀和奖励外商来华进行贸易，而是主动派高级官员，率船队往海外各国访问，并以丝绸、瓷器为主进行贸易交换，这时丝绸贸易已经和政治、经济、军事、外交以及和各国的友好往来、文化交流交织在一起。

郑和下西洋时间之长、规模之大、范围之广都是历史空前的。它不仅在航海活动上达到了当时世界航海事业的顶峰，而且对发展中国与亚洲各国家政治、经济和文化上友好关系，作出了巨大的贡献。然而，撇开成祖的主要目的是否为搜寻失踪了的建文帝不论，这一次航海也带有过于强烈的"宣示国威"的用意，它在开辟海上交通、发展国际贸易方面的应有的价值受到了限制，这样的远航也因此未能继续下去。农业经济的自足性和封建统治者的保守心理使中国在历史机缘的大门前停止了脚步。自此之后，明朝长期实行海禁封闭政策，不许民间进行海外贸易。直到隆庆元年（1567年），明朝才宣布解除海禁，准许百姓到东、西二洋经商。但一些商人为利不惜用武力与朝廷对抗，甚至与倭寇勾结扰害海疆。嘉靖末年，在戚继光等人领导下，明军平定倭患。

中国海上丝绸之路由于郑和庞大船队的远航而达到繁荣与盛极一时的局面，可惜在中西交通史上为期太暂短了，很快便由于政府的破坏行为而衰败了。永乐以后的明王朝对海外贸易的政策，始终是保守的、摇摆不定的，时开时禁，而禁多于放。这也是造成中国封建社会处于静止、停滞以至于最后落后于西方的重要根源。

第一节　明代海上丝绸之路

一、明代与东北亚、东南亚国家的贸易

1. 明代中日官方贸易的发展

（1）明太祖时期中日的贸易往来

中日两国的友好来往由来已久，然终元之世，日本与中国不再通使。明朝建立后，朱元璋为了修复两国友好关系，遂于洪武二年（1369 年）遣行人杨载出使日本，次年又派莱州府同知赵秩赴日，详细解释了明朝的睦邻友好政策。日本怀良亲王知道明朝与元不同，遂于第二年遣使奉表贡马，并送还在明州和台州掠去的华人七十余。明太祖宴赏使臣，并命僧人祖阐等八人送日本使者回国，回赐良怀文绮纱罗。胡惟庸案后，明太祖疑胡惟庸"欲藉日本为助"，"怒日本特甚，决意绝之"。自此以后。终洪武朝日本贡使未再来。直至明成祖即位后，两国又恢复了贡使往来。

明初，在宁波设市舶司，日本商人必须持明朝发给的"勘合"（即凭证）贸易。永乐初成祖定议日本十年一贡，人只二百，船止二艘，毋得夹带刀枪，如越例违贡，并以寇论。所谓"贡"，是日本使者以土产来，明政府亦以土产"回赐"，是一种官方贸易，这种贸易对日本是十分有利的。但是十年一次，又限定人数船数，远远不能满足日本的需要，因此不但入贡时间不按中国规定，而且人数船数都超出。宣德元年（1426 年）申增格例，放宽限制，仍限人不得过三百，船不得过三艘，十年一贡之例不变。而如此严格的贸易规定并不是没有原因的，终明之世，一直存在倭寇问题。

明朝建立之初，即遣使外夷，诏谕四海，"使者所至，蛮夷酋长称臣

入贡"①。为了改变元朝统治者对海外大肆扩张、穷兵黩武的做法，在对待海外贸易的问题上，明太祖作出了明确的规定：（一）对内力行海禁，民间海上的私人贸易一律禁止。他认为，"尽力求利，商贾之所为，开边启衅，帝王之深戒，今珍奇异产，中国岂无。腾悉闭绝之，恐此途一开，小人规利，劳民伤财，为害甚大"②。（二）有限制地进行朝贡贸易，史载："帝以海外诸国多诈，绝其往来，惟琉球、真腊、暹罗许入贡。而缘海之人往往私下诸番，贸易香货，因诱蛮夷为盗，命礼部严禁绝之。"此后，中外海上贸易就在这一既定政策的框架中进行。中日之间的贸易也不例外。③

自元末以来，业已出现的倭寇不时对中国沿海侵扰。明代立国之初，倭寇更是入寇山东海滨郡县，掠民男女而去。鉴于国内的政治经济状况以及元军两次征日战争失败的历史教训，明太祖力图避免以武力解决倭寇问题，而企图通过和平的外交途径，"以允许贸易为交换条件，使日本主动地禁止海寇"④。在这种外交政策指导下，明廷从"天朝上国"的传统观念出发，提出只要日本取缔倭寇、向明朝纳贡，就可以恢复中日两国邦交和官方贸易。⑤

洪武二年（1369 年），明太祖派遣杨载出使日本。当时日本正处于南北战争时期，南朝的怀良亲王杀了使者中的 5 人，拘留了杨载、吴文华 2 人，拒不接受明朝的和解倡议。洪武三年（1370 年），明太祖再遣莱州府同知赵秩出使日本。最终，怀良亲王同意派僧人祖来随之入明朝贡，且送还明州、台州被虏男女七十余口，从此开始了中日两国之间的贸易往来。但在与日本交往的过程中，明太祖逐渐认识到，与之打交道的怀良亲王并非日本的君主，而博多、太宰府亦非日本之京城，在京都另有朝廷和天皇。怀良亲王的征西府和一些地方封建领主所派的这些朝贡者，常假冒日本国使赴明进行朝贡贸易，以获取巨大利益。明太祖认为他们既非日本正统，又无力制止倭寇，而是从中国牟取暴

① 《明太祖实录》卷 17，洪武五年正月甲子条。

② 《明太祖实录》卷 114，洪武十五年四月辛巳条。

③ 谢必震：《明清时期的中琉贸易及其影响》，《南洋问题研究》1997 年第 2 期。

④ ［日］木官泰彦：《日中文化交流史》，商务印书馆 1980 年版。

⑤ 黄尊严、王芳：《浅议古代中日官方贸易的特点》，《青岛大学师范学院学报》2004 年第 4 期。

利，因此不愿和他们继续贸易交往。洪武二十年（1387年），明左丞相胡惟庸及其党羽林贤勾结怀良亲王及日僧如瑶谋反事件被揭露后，朱元璋大怒，下令断绝与日本的一切交往，同时，改变了原先寄希望于日本方面抑制倭寇侵扰的消极做法，转而实行加强海防，积极防御倭寇的政策，历行海禁，以武力围剿倭寇①。

明洪武初年的政权在对外经济交往方面持较为开放的态度，在与琉球的贸易中也持比较积极的姿态。洪武九年（1376年），明太祖遣刑部侍郎李浩齐到琉球赐纹绮，并且带去陶器七万、铁器千件到琉球国互市马和硫黄。此后，明廷类似此举的主动贸易行为不再发生。其主要原因是琉球国小地贫，无法消化明朝运去的商品，而使明朝方面这一主动的商品交易行为从此终止。但是另外两类贸易却照常进行着。其一为中方的册封使进行的琉球贸易，另一类为琉球贡船到明中国的贸易。自永乐二年至崇祯二年，明朝派往琉球的册封使共为15次，如果按照洪武间过海五百人、行李各百斤与琉球人贸易著为条令的会典性条文看，明朝到琉球的人数共为7500人左右，贸易货物量约5万斤。如果照康熙甲午年使行人员一次所得货币量共为1万两白银计算，则明朝自永乐二年后从事琉球的册封使贸易所得货币量约为15万两白银，如果参照康熙二十二年（1683年）使行人员所得货币量为6000两白银计算，也得9万两白银。当然由于资料的欠缺，以及每次贸易所得资金不尽相同，每次肯定有所出入，但在总数上应该是接近的，即肯定能在9万至15万两左右。明朝中方的贸易与琉球相比，当然要小得多了。琉球在明朝来中国朝贡以最保守的数据计算为178次，以乐观的数据计算为486次。如果按照最保守的数据即178次，每次运送1万两白银的货物计算（参照康熙乾隆年间，琉球每年报册为1万两白银货物量计算）②，明朝琉球到中方所从事的贸易额为178万两白银；如果按照较乐观的每次贸易额为10万两白银计算（康熙乾隆年间，琉球每年报册为1万两白银，但实际的贸易额到了乾隆时期多达10万两白银）则为1780万两白银。如果按照最乐观的次数和最乐观的贸易额算则为4860万两白银。当然，

---

① 李金明：《明朝对日本贸易政策的演变》，《福建论坛（人文社会科学版）》2007年第2期。

② 参见中国第一历史档案馆：《清代中琉关系档案选编》，中华书局、中国档案出版社1993年版，第19页。

贸额总算不可能达到 4860 万两白银的。但肯定在 178 万至 4860 万两白银之间，这数据远远地超出明代中方的 9 万至 15 万两白银数据。即从明朝与琉球的对比贸易额看，琉球方面从明朝所得到的贸易利益比明朝所得到的利益要多得多。而且琉球在明朝从事朝贡贸易也无任何关税科征，因此它为琉球在贸易中提供了其他非朝贡国所难以享受的待遇，它将中国的丝绸等产品运往日本等东南亚各国，从中得到巨额的利润，俨然成为垄断中国货物之海商王国。正是因为这样，引起日本特别是萨摩藩对琉球贸易利润的贪心，意图控制琉球以此得到同中国贸易中所获得的利益。

（2）永乐帝时期：勘合贸易时期

1402 年，朱棣通过靖难之变夺取皇位，为明成祖。

明成祖即位之初，希望通过加强对外关系，"招徕绝域"，使各国派遣使者入明朝贡，以树立自己的威信，并借此消弭对他以非正当手段夺取帝位的不满心理。为此，即位不久就改变了明太祖的对外政策，并告谕礼部大臣说："太祖高皇帝时，诸番国遣使来朝，一皆遇之以诚。其以土物来市易者，悉听其便；或有不知避忌而误干宪条，皆宽宥之，以怀远人。今四海一家，正当广示无外，诸国有输诚来贡者听。尔其谕之，使明知朕意。"① 一时间，"四方宾服，受朝命而入贡者殆三十国。幅员之广，远迈汉唐"。②

此时，日本与中国断交已有多年。由于明太祖采取的加强海防、武力围剿政策，倭寇的活动范围大大缩小，骚扰、侵略活动有所收敛，但日本九州南部等岛屿的倭寇仍不时在中国沿海为患。明成祖认为，防御围剿只能减少倭患，却不能杜绝倭患，应当恢复中日邦交关系，开展两国贸易，通过贸易使日本获取厚利，日本政府为了维护贸易利益，必然要主动抑制倭寇。而此时的日本政府，由于正常的贸易渠道被堵死，加上明廷采取禁海政策，加强海防，使日本统治阶级上层难以获得所需要的铜钱和奢侈品，也使日本商人无法继续同中国进行海上贸易以获得巨利。这样就使日本方面迫切要求改变这种被动因中国断绝其贸易往来。③ 中日双方很快一拍即合。于是，日本政府于 1401 年和 1403

① 《明太宗实录》卷 12 上，洪武三十五年九月丁亥条。
② 张廷玉等：《明史》，中华书局 1983 年版。
③ 时晓红：《明代的中日勘合贸易与倭寇》，《文史哲》2002 年第 4 期。

年两次遣使节入明廷表示愿意称臣纳贡，以换取与明的通商贸易机会，明朝政府也于 1402 年派使臣回访。这样，中日两国政府再次建立起外交关系。

伴随着两国官方交往的再次建立，官方贸易也得恢复和发展。为防止倭寇冒充政府的使节和商人，保证贸易的正常进行，明朝政府与日本政府之间于 1404 年缔结《永乐条约》，实行勘合贸易制度。即明廷每次颁发日字勘合 100 道，底簿 2 册；本字勘合 100 道，底簿 2 册。将日字勘合 100 道及日字、本字底簿各 1 册，收于礼部，将本字 100 道勘合及日字底簿各 1 册交于日本政府保存，将本字底簿 1 册交浙江布政司收存。日本贡舶的登陆地点指定为宁波，贡舶抵达后，须先将所携本字号勘合上岸，与存放在浙江布政司的本字号底簿相核对；等贡使一行到达北京，再将勘合与礼部所存的底簿相核对。[①] 这两次核对都符合，才算完毕；如无勘合，或比对不同者，即系伪诈，本人将受处罚。日本得到勘合，实际上也就是取得了与中国通商的权力。

勘合贸易建立后，两国使节频繁交往，以足利义持时代的断交为界，这次勘合贸易，大体分为前后两期：

1404 年（明永乐二年，日应永十一年）至 1419 年（明永乐十七年，日应永二十六年），前后共 16 年，为前期勘合贸易时期。其间，日本派遣勘合贸易船六次，明使东渡日本七次。

在前期的勘合贸易中，日本政府大获其利。日本在足利义满在位时，明成祖虽然在勘合之初相约 10 年一贡，船毋过 2 艘，人毋过 200，但双方均未严格执行。因为日本幕府为了保持其既得利益，迎合明廷对倭寇不断进行围剿，几度献俘，这满足了明成祖借助日本政府抑制倭寇的目的，所以明廷对日本超出规定的行为并未加以抑制。而日本幕府为了在同中国的贸易中获取利益，几乎每年都遣使入贡，甚至一年数次，而且每次入贡的船只和人数都超出了规定。这说明，中日勘合贸易是建立在双方互惠互利的基础上的。

足利义满去世后，中日的勘合贸易开始出现裂痕。原因一是因为中日双方对勘合贸易的理解不一样。对于明朝来说，实行勘合贸易是对海外国家的一种"羁縻"手段，目的是消除倭寇，抑制骚扰侵略事件的发生；而日本却视其为

---

① 汪向荣、汪皓：《中世纪的中日关系》，中国青年出版社 2001 年版。

一种营利之机，甚至成为他们国家重要的财政收入来源，如日本学者臼井信义在《足利义满》一书中写道："义满鼎盛期的北山时代最重要的财政收入来源，实际就是和明王朝的贸易。"①过重的财政负担成为明廷的包袱。二是义满之子义持在争夺王位时，主要依靠拥有一定势力的武士，而作为倭寇活动的直接受益者，这些武士不满意政府垄断对明贸易和限制倭寇的行动，因此，义持继立为将军后，出于其支持者武士的利益，立即改变了对明朝的外交贸易政策。出于这两方面的原因，永乐九年（1411 年），中日勘合贸易中断。

1432 年（明宣德七年，日永享四年）至 1547 年（明嘉靖二十六年，日天文十六年），前后共 116 年，为后期勘合贸易时期，其间，日本派遣勘合贸易船 11 次，明使东渡日本一次。

中日勘合贸易断绝后，双方政府的利益都有所损失。对日本而言，虽然组织倭寇劫掠的各大武士获得了巨大利润，义持以此得到他们的支持，但政府本身却失去了与明廷贸易获取厚利的机会。因此，义持死后，新任将军义教有意着手恢复与明廷的贸易关系。而对明朝而言，面对倭寇的不断侵扰，也在考虑与日本恢复关系，以解决倭寇扰边问题。因此，明宣宗宣德八年（1433 年），中日双方订立了《宣德条约》，规定：日本每十年来中国朝贡一次，每次"人毋过三百，舟毋过三艘"②。同时，明政府重申日本应制止倭寇，严禁倭寇船下海。中日勘合贸易再次建立起来。

同前期的情况相同，日本由于从勘合贸易中获得了巨大利润，因此，并未严格执行《宣德条约》，而是不断增加来华次数以及船、人的数量。财物的外流成为明廷财政的沉重负担，引起明廷的不满。明廷与日本进行勘合贸易的目的，是希望能够借助日本政府抑制倭寇，但是并未达到预期的效果。因为随着日本国内各方力量的变化，勘合贸易船的控制权由政府转移至地方封建地主手中，主要由细川氏与大内氏把持。由于幕府已徒有虚名，加上地主着眼于追求利润的最大化，因此勘合船所载除少数贡品外，绝大多数是商品。特别是"应仁之乱"后，各地封建领主分成关东与关西两大对立集团，对勘合船控制权的

---

① ［日］田中健夫:《东亚国际交往关系格局的形成与发展》，载中外关系史学会编:《中外关系史译丛》第二辑，上海译文出版社 1985 年版。

② 张廷玉等:《明史》，中华书局 1983 年版。

争夺更加激烈。两者的通商道路不同，往往各行其是，于是同一时期会有持有不同年号的勘合日船，勘合贸易呈现出混乱的局面。同时，赴明贸易的商人也分成两派，分别依附于大内氏与细川氏。鉴于这两个情况，幕府及武士大名逐渐从直接组织勘合贸易演变成从贸易中提取抽分钱，将勘合船承包给依附于自己的商人。这些商人虽然仍是作为使节入明，但实际上已成为一种掩盖在官方贸易招牌下的民间贸易往来，追寻利益的目的性更强。而这种组织上无序的状态下，一些倭寇也开始鱼目混珠，冒充勘合，"九州海滨以贼为业者五船十船，号日本使而入大明，剽掠沿海郡县"①，倭寇对中国边境进行劫掠抢夺，滥杀无辜，严重危及社会安定。②

鉴于勘合贸易中经济严重亏损，财政负担越来越重，以及未能通过勘合贸易抑制倭寇等诸多原因，嘉靖年间，中日勘合贸易彻底断裂。

明代中日官方贸易的影响如下：明太祖时期中日之间的政治外交活动，事实上未能达到"以允许贸易为交换条件，使日本主动地禁止海寇"的目的。但是明代政府使日本了解到了自己广交邻邦，对朝贡国家友好接待，积极促进国际间贸易关系发展的友好态度和热切希望，为后来中日复交和勘合贸易的建立创造了有利条件。同时，由于中国断绝贸易往来，正常的贸易渠道被堵死，使日本除以倭寇方式劫掠和走私贸易外，基本没有获取明朝商品的途径。而明太祖采取加强海防、武力围剿政策，又使倭寇的活动范围大大缩小，走私贸易也随之减少。日本统治阶级和商人无法获得利益，开始迫切希望改变这种被动局面，为后来中日复交和勘合贸易的建立铺平了道路。③

勘合贸易时期中日之间的经济贸易活动，是以双方的互惠互利为基础建立的，然而却并未达到这个效果。由于明廷始终把政治外交因素放在首位，为显示大国的尊严地位和强大富庶，经常薄来厚往，所得到的贡物与回赐的赏物价值失衡，这就为财政带来了极大的包袱，削弱了明廷的经济实力。同时，由于倭寇之患始终未能去除，沿海边境时而发生倭寇烧杀抢掠事件，给民众的生命及财产带来危害。但通过勘合贸易，中日两国加深了对彼此的认识和交流。一

① 张振声：《中日关系史》，吉林文史出版社 1996 年版。
② 时晓红：《明代的中日勘合贸易与倭寇》，《文史哲》2002 年第 4 期。
③ 黄尊严：《中日关系史专题要论》，天津社会科学院出版社 1996 年版。

方面大量的先进科学文化技术从明朝传入日本，加速了日本经济、文化的发展，促进了日本生产力的进步，丰富了日本人民的物质生活和精神文化生活。另一方面，日本反过来在一定程度上也给中国以积极的影响。[①] 勘合贸易虽有诸多弊端，但仍在一定程度上密切了两国间的友好关系，促进了社会进步，推动了历史发展。

明初，日本一些在国内失意的土豪与浪人，在中国沿海地区，武装走私，抢掠商民，当时称为"倭寇"，这与官方贸易不同，尤其是嘉靖年间，"倭患"成为举国震动的大事。但是明前期和嘉靖时期的倭寇问题有着不同的特点，性质也有所不同。

明朝初年，从辽东经山东和浙江到广东漫长的海岸线上，"岛寇倭夷，在在出没"[②]，甚至登岸剽掠。洪武朝为防倭寇，先后在辽东到广东沿海设置五十余卫，计有士兵 20 余万。

永乐时，成祖一面与日本修好，同时仍加强沿海防御。永乐十七年（1419年），与倭寇的望海埚之役，明军"生擒数百，斩首千余"[③]，倭寇受此沉重打击，不敢再大规模侵扰。

明代，我国与日本的海上贸易坎坷，虽然双方商人和普通民众都有较大的贸易需求，但是明朝的封建统治者严格限制着双方的贸易往来，甚至实行海禁，对我国沿海当时的资本主义萌芽也极大地抑制，因此激起了一定的反抗，嘉靖年间商盗勾结的"倭乱"就是典型的例子。由明朝中日的贸易情况也可以大致看出中国封建统治阶级对于海外贸易的态度，认为中国地大物博，无所不有，因此闭关自守。明政府因侵略性的倭患而畏倭、拒倭，又将贸易商人与之混为一谈一并抵制，不恰当地实施海禁和弛禁，再加上中后期政局腐朽，对中日贸易的正常进行和发展都有所阻碍。

倭寇不同于一般的海盗，据黄仁宇的《万历十五年》所述，"倭寇入侵的原因，与国际贸易有不可分割的关系"。明朝初年虽然采取开放的对外政策，但是却禁止民间贸易，对外贸易只能由官方经营。这实质上依然是中国封建社

---

① 王勇：《日本文化》，高等教育出版社 2001 年版。

② 张廷玉等：《明史》卷 91，《兵志》。

③ 谷应泰：《明史纪事本末》卷 55《沿海倭乱》。

会藏富于国、与民争利的做法。但明政府虽然禁止民间的海运通商，但实际上却很难执行，因为走私贸易是无孔不入的。东南沿海的走私贸易由来已久，许多走私商人所用的船只甚至超过了中国战舰的规模。《万历十五年》中提到，"由于走私贸易也会产生纠纷，但却没有一个机构可以解决纠纷，于是一些有力量的中国船主便充当了仲裁者，久而久之，即成为了海盗的头目"。这些海盗头目和日本方面的海寇结合，就成了倭寇。因此，表面看来是政治矛盾产物的倭寇，其实还是经济矛盾的产物。而且，即使开放海禁也不能从根本上避免倭寇的出现。

明代政府积极推行官方贸易，却严禁民间通商贸易。自洪武元年（1368年）开始，就多次下令禁止民间入海"通番"，"禁濒海民私通海外诸国"①。虽然政府三令五申，但闽浙、两广等地的沿海百姓仍冲破重重阻力，不断"交通外番，私易货物"。东南沿海地区的地方官员，为牟取利益，亦时有"遣人出海"从事走私贸易的事件发生②。

这类走私贸易，至嘉靖年间，势力越来越强大。先是由"番夷佛郎机假朝贡、占据屯门的海澳"，被当地的官兵及百姓驱赶出境后，转向福建、浙江沿海地区进行走私贸易。嘉靖十九年（1540年），葡萄牙殖民者与日本浪人及中国海盗李光头、许栋等互相勾结，在舟山双屿港建立据点，展开大规模的走私贸易活动，一度而成为国际最繁华的东方走私港口。鉴于走私活动危及到明政府的海防安全，嘉靖二十七年（1548年），朝廷派遣重兵进攻双屿港，摧毁了据点，并"聚木石、筑塞港口"③，葡萄牙人遂弃地南下，占据了广东澳门，并强行向明政府租借，致使澳门蒙受屈辱四百余年。

在下西洋的作用下，民间私人海外贸易迅速崛起。根据记载，宣德以后东南沿海地区的私人海外贸易就兴盛起来。远航船队刚刚返回，明宣宗即迫不及待地命行在都察院严私通番国之禁，颇能说明问题："近岁官员军民不知遵守，往往私造海舟，假朝廷干办为名，擅自通番，扰害外夷或诱引为寇。比者已有擒获，各真重罪。尔宜申明前禁，榜谕缘海军民，有犯者许诸人首告，得实者

---

① 《明太祖实录》卷70。
② 《明太祖实录》卷70。
③ 郑若曾:《筹海图编》卷5《浙江倭变记》。

给犯人家赀之半，知而不告及军卫有司纵之弗禁者，一体治罪。"与此同时，福建沿海海商已开始发展起来，漳、泉二州违禁下海者使明廷不得不"复敕漳州卫同知石宣等严通番之禁"就是证明。到明中叶成化、弘治年间（1465—1505年），东南沿海地区民间私人海外贸易已经冲破朝贡贸易与海禁的樊篱，极其迅速地发展起来。"成、弘之际，豪门巨室间有乘巨船贸易海外者。"广东市舶太监韦眷"纵党通番"，番禺知县高瑶"发其赃银巨万"。当时广东"有力者则私通番船"已成为相当普遍的现象。福建漳州"饶心计与健有力者，往往就海波为阡陌，倚帆樯为耒耜。凡捕鱼纬萧之徒，咸奔走焉。盖富家出赀，贫人以佣，输中华之产，骋彼远国，易其产物以归，博利可十倍，故民乐之"。随民间私人海外贸易发展，荒野海滨兴起的漳州月港，在成、弘之际已享有"小苏杭"的盛誉①。

明代倭寇的成分十分复杂。其中既有日本因内战失败而丧失军职的南朝武士，即流亡在海上无业浪人和活动于日本九州的濑户内海以及附近海面上的走私商人，也有东南沿海一带从事私人海上贸易的民间商人和因统治阶级残酷剥削而破产的沿海农民、渔民、盐民等，甚至还有少数名落孙山的落魄书生，罢免职务的失意官吏等。从大量材料来看，当时倭寇的主要成分是中国人而非日本人，如侵犯浙江沿海的倭寇，"多江南人或漳人"，福建沿海与浙江一样，倭寇的主要成员是沿海居民，而非日本人。《嘉靖东南平倭通录》记载：有一次，泉州官兵出海巡逻，抓获倭寇"四十余人，则皆临海漳拊、揭阳等县人"。"盖江南海警，倭居十三，而中国叛逆者十七也"，这话是很有道理的。再看广东沿海地区也存在同样情况。"广之贼，半多闽人"，嘉靖三十七年（1558年）倭寇侵犯潮州，"大船十三艘，其徒八百余人，皆漳州、温、绍产也"。

总之，嘉靖时的很多目击者，当事人都众口一词地认为活动于浙江、广州、福建沿海的"倭寇"，除一部分是真倭寇外，其余绝大部分是中国东南沿海居民，所以屠仲律在《御倭五事项》中正确地指出："夫海贼称乱，起于负海奸民通番互市，夷人十一，流人十二，宁绍十五，漳、泉、福人十九，虽既称倭夷，其实多编户齐民也。"

---

① ［美］施坚雅：《郑和下西洋与东南亚区域贸易网的建构》，载《南洋问题资料译丛》。

嘉靖以前，私人海上贸易虽然屡有发生，且呈现发展的趋势，但当时的海商尚未拥有庞大武装的贸易船团，也未结成朝野相通的走私网。到嘉靖时，由于东南沿海商品经济的高度繁荣，资本主义萌芽的出现，私人海上贸易才得到飞速的发展，主要表现在：第一，规模庞大，福建"素通帆船，其贼多谙水道，操舟善斗"，嘉靖时，下海通番之人遍布沿海各地。第二，人数众多。嘉靖时的私人海商比以前大大增加，如吕宋岛的"商贩者至数万人"。第三，出现了新的私人海上贸易中心。宋元官方朝贡主要在宁波、泉州、广州等城市，而明代私人海上贸易，由于初期是非法的、秘密的，为了躲避官兵的追捕，海商不得不在港汊曲折，明朝政府难以驾驭的港湾岛屿开辟新的贸易中心。第四，形成资本雄厚、船多势大的私人海上贸易集团。

倭寇对中国沿海的侵扰，到嘉靖时又猖獗起来。明朝中期以后，国势日益衰落，尤其到嘉靖时，海防废坏，倭寇"剽掠辄得志，益无所忌"[1]，倭患日益严重。嘉靖二年（1523 年）四月，日本左京兆大夫内艺兴遣宗设，右京兆大夫高贡遣僧瑞佐及宋素卿先后至宁波。"舟抵宁波，互争勘合真伪，宗设杀瑞佐，焚其舟，追素卿至绍兴城下。所过焚掠，劫持指挥袁琏，夺船出海，备倭都指挥刘锦追至海上，战殁。"[2]嘉靖帝闻讯大怒，听从了夏言的建议，认为"倭患起于市舶，遂置之"[3]。于是，撤销了市舶司，海禁更加严厉，从此贡路不通。这也是嘉靖时期倭患严重的主要原因。

当时，日本需要的中国商品很多，据胡宗宪《筹海图编》卷三所载《倭好》：即日本人爱好的中国东西如下：

衣料有：丝、丝棉、布、锦绸、锦绣、红线。

工业原料有：水银等。

日用器物有：针、铁链、铁锅、瓷器、毡毯、漆器、古文钱、小食箩、搽面的粉。

药材有：川芎、甘草。

食品有：醋。

---

① 张廷玉等：《明史》卷 205《朱纨传》。

② 参考严从简：《殊域周咨录》卷 2《日本》。

③ 谷应泰：《明史纪事本末》卷 22《沿海倭乱》。

书籍有：古医书、佛经、五经中的《书》《礼》，四书中的《论语》《大学》《中庸》等。

同时，日本则向中国提供倭刀、剑、倭扇、盒子、屏风、砚台等，工业原料则有铜、硫黄、苏木等。

在中日通贡使的时候，日本入贡，除官方贸易外，还可以互市。《明会典》规定：正贡例不给价，正副使自进的货物，并官收买贡品，官方不收买或官方给价少不愿卖的，就可以拿到市场出卖，这样就有互市或私市。互市时，两国人民互通有无，各取所需，两方面都有利。禁绝贡市，不但日本人民的生产和生活受到影响，中国东南沿海特别是浙、闽及其邻近地区人民的生产和生活也受其害。

在这种情况下，部分破产农民、手工业者、市民不顾海禁擅自往日本、东南亚南海各国从事贸易，他们知明政府"畏倭如虎"，就伪装倭寇，袭倭服饰旗号，伪装真倭，同时中国部分巨商和海盗又与倭寇相勾结，亦商亦盗，兼行劫掠。"大奸臣汪直、徐海、陈东、麻叶辈，素窟其中，以内地不得逞，悉逸海岛为主谋。倭听指挥，诱之入寇，海中巨盗，遂袭倭服饰、旗号，并分艘掠内地，无不大利，故倭患日剧。"[1]

其实，在当时"倭患"中真倭的并没有多少，根据明代各种史籍的记载，对所谓倭寇中的真倭所占的人数，最高估计不过是十分之三。"壬子岁（即嘉靖三十一年（1552年）），倭寇初犯漳泉，仅二百人，其间真倭甚寡，皆闽浙通番之徒，髡颅以从。"[2]

嘉靖三十五年（1556年）、嘉靖三十六年（1557年），胡宗宪虽然诱杀了海盗许海、汪直等人，但"新倭复大至"[3]，对闽、浙沿海地区侵扰如故。东南沿海展开了艰难的抗倭战争，直至嘉靖四十三年（1564年）倭患才得以解除，战争消耗很大，因此有人指出："由于倭寇的侵扰，明朝东南沿海富庶之区，人民的生命财产，农工商业生产，都遭受了极其严重的破坏。"[4]

---

① 张廷玉等：《明史》卷 322《日本传》。

② 胡宗宪：《筹海图编》卷 3《广东倭变记》。

③ 谷应泰：《明史纪事本末》卷 55《沿海倭乱》。

④ 郝毓楠：《明代倭变端委考》，《中国史研究》1981 年第 4 期。

不过，由此也使越来越多的人认识到开放海禁的重要性和必要性。明朝廷也借鉴于嘉靖时"倭乱"的教训，到隆庆时开始部分开放海禁。

2. 明代中国与暹罗、爪哇国、满刺加的贸易

当时与明朝民间贸易往来比较密切的东南亚国家主要有暹罗、爪哇国、满刺加。

与暹罗的民间贸易并未因明朝的海禁令而断绝。郑和下西洋时，已有很多华侨在暹罗经商，暹罗对前来贸易的中国商人也是欢迎备致，史称其对华商"甚挚，备于他夷"，并为华商在暹罗交易提供诸多便利。如华商"所至关，辄听与其近地交易，不必先诣王也"。前往暹罗的中国商人众多，嘉靖年间"漳州月港家造过洋大船，往来暹罗诸国通易货物"。著名武装走私商人汪直也"造海舶，制硝黄、丝帛等违禁货物抵暹罗……来往贸易"。明后期月港开禁后，明政府规定前往暹罗的船只每年可达四艘，数量居西洋国家的第一位，而实际并不限于此数。据西方学者研究"当时来自闽南的华人，每年都运载相当大批的各种中国货物到该国，然后运回大宗苏木、铅及其它货物"。[1]

明后期中国商人到爪哇国主要是与荷兰、葡萄牙等欧洲商人展开贸易，贸易规模空前扩大。明万历三十七年（1609 年）西方人记载："在万丹的中国人，在全印度也没见过经营这样盛大的贸易，他们每年两次乘着自备的中国帆船来航，带来中国出产的珍异物品和高价商货"。[2]

满刺加国，是公元 14 世纪末兴起的一个国家，也与明朝有着密切的贸易关系，1511 年被葡萄牙占领，从此与明王朝的朝贡关系中断。而民间贸易不断发展，早在朝贡贸易兴盛之时，已有不少中国海商私自远航满刺加贸易。16 世纪初，中国商人到满刺加贸易已经相当普遍了，时人称：中国商船"夏去秋来，率以为常"。[3]

历史发展到明初，随着科学技术的发达，海上运输日益显示出比陆上运输更大的优越性，海上国际贸易的需求也逐渐增大，海上丝绸之路的恢复和兴盛成为各国的共同愿望所在，明初发生了对外交往通道从陆路向海路的重大转

---

[1] ［美］施坚雅：《古代的暹罗华侨》，《南洋问题资料译丛》1962 年第 2 期。

[2] ［日］岩生成一：《下港（万丹）唐人街盛衰变迁考》，《南洋问题资料译丛》1957 年第 4 期。

[3] 谢肇淛：《五杂俎》。

折。更重要的是，郑和远航廓清了东西方海上交通道路，沟通了东西方经济贸易、文化交流，建构了东南亚区域贸易网。由此，史无前例的众多中国人走出国门，走向海洋，开阔了眼界，极大地扩展了对外部世界的认识，开展了前所未有规模的海外贸易。

3. 明代中菲贸易

对于明代中国与菲律宾的海上贸易问题，前人已经有很多学术研究，并有了一些成果。海内外对明代中菲贸易的研究在广度和深度上展开。山东大学李曰强的硕士论文《明代中菲贸易研究》中就对中菲明代不同时期的贸易及其影响做了完整的研究，河北经贸大学曹琳的论文《明代华商对菲律宾经济发展的影响》中也对明代菲律宾的华商贸易情况做了研究。具体研究专著有，陈荆和的《十六世纪之菲律宾华侨》（香港新亚研究所东南亚研究室 1963 年版），刘芝田的《中菲关系史》（中正书局 1978 年版），陈台民的《中菲关系与菲律宾华侨》（朝阳出版社 1985 年版），黄滋生的《菲律宾华侨史》（广东教育出版社 1987 年版），金应熙的《菲律宾史》，周南京的《菲律宾与华人》（菲律宾华裔青年联合会 1993 年版），张恺的《中国与西班牙关系史》（大象出版社 2003 年版）等。这些著作吸收了前人研究成果，在通论基础上对明代中菲贸易都有所论述。

16、17 世纪，欧洲社会发生巨变，新航路开辟、海外殖民地的扩张、文艺复兴、宗教改革等，开启了西方近代化的进程。此时中国是明王朝统治的后期，处于封建社会晚期，整个社会虽然一度繁荣，却难有大的突破。西欧国家对通往东方航道的孜孜追求，最终变成了现实，到 16 世纪时西方人已经活跃于中国的东南沿海。明朝后期，中国海外贸易的繁荣并不亚于西方，大量白银流入中国，江南地区也曾产生资本主义萌芽，但最终未能像西方那样走上近代化的道路。

明代随着经济的快速发展，航海、造船技术日益发达，明朝对东南亚海岛国家的影响与日俱增，与诸国贸易也不再局限于"西洋"各国，地处"东洋"的菲律宾岛各国与明朝的关系也日渐密切频繁。无论是官方朝贡往来或民间贸易都甚于前朝各代。菲岛考古发现也可为证，从北吕宋沿着吕宋岛南下，一直到苏禄,几乎每一个地方都有明朝的瓷器出土。[1] 证明在明朝初期,中国和菲律宾就已存在着颇具规模的贸易关系。在明代史籍或著述中有关于菲岛主要国家吕宋、苏禄和中国进行朝贡贸易的记述。[2] 明代前期中菲关系的建立与发展,与当时明王朝的对外政策是密切相关的。明太祖、明成祖时期,中国对外奉行"怀柔"政策,"厚往薄来",尤其是成祖时期积极开拓海外。明初中国与菲律宾地区就是在这一大背景下建立起联系的。

明代前期,中菲贸易主要是传统的朝贡贸易。明王朝厉行海禁政策,禁止私人通番,朝贡贸易在官方支持下获得发展。永乐年间,朝贡贸易达到顶峰,苏禄等国与明朝建立了良好关系,双方政治经济联系大为加强。但"厚往薄来"的朝贡贸易违背了基本的经济规律,重政治轻经济,缺乏持久的发展动力。永乐以后,中菲之间的朝贡贸易陷入停顿状态。与此同时,东南沿海也存在私人海外贸易,但只能在海禁的压抑下艰难发展。[3]

明朝后期,国力渐衰,倭患日甚。嘉靖二年(1523 年),明廷因发生"争贡之役",曾罢市舶、厉海禁,自此禁令如雪片般飞来。而此后长达 15 年的嘉靖"壬子之患"(1552—1567 年)迫使明廷重新考虑海外政策,故隆庆元年(1567 年),依福建巡抚涂泽民奏请部分开放海禁,准许私人出海贸易,当时情形如时人周起元所记"我穆宗(隆庆)时,除贩夷之律,于是五方之贾,熙熙水国,剡舻艒,分市东西路。其捆载珍奇,故异物不是述,而所贸金钱,岁无虑数十万。公私并赖,其殆天子之南库也。"[4]

万历朝始,明朝已更见衰微,经济上财政匮乏,"岁入不能充岁出之半",政治上亦受到国内农民起义的打击,以后又受到崛起于东北的满族势力威胁,明廷朝不保夕,也更无力顾及海外事务。正是在万历年间(1573—1619 年),中菲关系发生了根本性的变化。1565—1571 年间,以黎牙实比为首的西班牙殖民远征队凭借着战刀与十字架,侵占了菲律宾岛中北部为其殖民据点,菲律宾社会的政治、经济、外交事务已直接由西班牙殖民政府把持,因此,万历年

---

[1] 段妍:《明万历年间中菲关系初探》,《东南亚》2000 年第 2 期。
[2] [菲]陈台民:《中菲关系与菲律宾华侨》,香港朝阳出版社 1985 年版。
[3] 李日强:《明代中菲贸易研究》,山东大学 2007 年硕士学位论文。
[4] 张燮:《东西洋考》,第 17 页。

间的中菲关系表现为明朝与西属菲律宾殖民政府间的关系。①

万历三年（1575年）由驻菲律宾的西班牙殖民者开辟了中国—菲律宾—墨西哥贸易航线。这条航线通过广州和福建的海商，供给马尼拉丝绸、瓷器、绵纱、棉布等物，再由马尼拉大帆船运到墨西哥和秘鲁，从马尼拉起航的大帆船每艘满载中国丝绸多至1200百箱，②所以被称为太平洋上的"丝绸之路"。这条丝绸之路发展很快，据记载到18世纪末，在墨西哥的进口总值中，中国丝绸等商品就占63%。③据外文资料统计，1575年至1583年间，中国船每年输往马尼拉的货物价值20万比索，到了1603年贸易额突破133万比索，前后不过28年时间，贸易额差不多增长了7倍。④西班牙本土包括所属的拉丁美洲和菲律宾拿不出任何能够为中国人民所欢迎的商品，只好向中国输出白银。据统计，从16世纪下半叶开始，每年由菲律宾输入中国的白银为数10万西元，到了16世纪末已经超过100万西元，到了17世纪，增至200万或200余万西元⑤。明代后期，中菲贸易呈现出一派兴盛景象。西班牙占领菲律宾从根本上改变了中菲之间的传统关系。一方面，西方的介入破坏了传统的朝贡贸易体系；另一方面，落后的菲律宾又因西班牙人的到来形成了对中国商品的强劲需求，由此推动着中菲贸易更深层次的发展。西班牙占领菲律宾后，中菲贸易事实变为中国与西班牙之间的贸易。与前期相比，这一时期的中菲贸易主要是私人海外贸易，呈现出规模大、水平高、影响深远等特点。太平洋上的"大帆船贸易"甚至将中菲贸易延伸到了美洲、欧洲，明代后期的中国市场已经与世界市场联系在一起。大量美洲白银经菲律宾流入中国，加速了明代后期白银货币化进程，促进了东南地区商品经济的发展，在一定程度上催生了中国资本主义萌芽。

明代中菲贸易在中国海外贸易史上占有重要地位，产生了极为深远的影

---

① 段妍：《明万历年间中菲关系初探》，《东南亚》2000年第2期。

② E.H.布莱尔、J.A.罗伯逊：《菲律宾群岛（1493—1898）》第27卷，第269—270页。

③ ［墨西哥］迭戈·G.洛佩斯·罗萨达：《墨西哥经济史教程》，1963年，第99—100页。

④ 沙丁、杨典求、焦震衡等：《中国和拉丁美洲关系简史》，河南人民出版社1986年版，第63页。

⑤ 全汉升：《明清间白银的输入中国》，载《中国经济史论丛》第一册，香港新亚研究所1972年版。

响。尤其是明代后期，中菲贸易通过太平洋上的大帆船贸易获得了延伸，使中国与世界市场联系了起来。白银大量流入中国，加速了中国国内白银货币化的进程；海外贸易刺激了国内生产，在一定程度上催生出了中国的资本主义萌芽；海外作物大量传入中国；明代的福建正因与吕宋等地的海外贸易而得以兴盛。同时在文化上也开始出现了新倾向，如李贽、黄宗羲、顾炎武和王夫之等人的进步思想，他们注重实学，反对空谈，并对君主专制统治进行了批判。由传教士开启的西学东渐开阔了文人士大夫的视野，倡导实用之学，这与明末清初的实学思潮颇为相合。徐光启等人翻译了欧几里得的《几何原本》，利玛窦、汤若望等传教士将西方天文、历法等知识介绍到了中国，佛朗机、红夷大炮等先进军事技术也相继传入中国，对中国历史产生了深远影响。伴随着中菲贸易的往来，东西方文化也获得了交流，加深了相互之间的了解。1575年西班牙传教士拉达就曾跟随明朝官员出使福建，对中国社会进行了细致的观察，并从福建带回大量中国书籍，有一部分被译成了西班牙文。根据拉达写成的此次出访报告，门多萨完成了著名的《大中华帝国史》，成为当时西方认识中国的重要途径。而随着交往的加深，关于中国的著作亦不断出现。同时，基督教也伴随着中菲贸易传播到了福建等地，1621年多明我会士高奇和黎玉范经菲律宾来到福建传教，其后方济各等教会也相继前往福建传教。虽然因中西文化的不同而产生中西礼仪之争，但并未能断绝双方文化的交流，时至今日，福建地区仍是信仰基督教的重要地区。[①]

明代中菲贸易还开辟了新的航线。(1)葡萄牙人开辟了由欧洲经印度果阿、南洋群岛、澳门至日本的航线。(2)万历三年（1575年）由驻菲律宾的西班牙殖民者开辟了中国—菲律宾—墨西哥贸易航线。(3)荷兰人占据台湾后开辟了荷兰—爪哇—中国台湾—日本贸易航线，即南洋贸易航线。

总而言之，明代中菲两国之间的贸易前后有历史性的飞跃，这与新航路的开辟有着直接联系。西班牙人占领菲律宾以前的中菲贸易是简单的南海区域贸易，主要是朝贡贸易。菲律宾群岛与文化昌盛的中国隔海相望，经济文化落后。而"厚往薄来"的朝贡贸易违背了基本的经济规律，重政治轻经济，缺乏

---

① 李曰强：《明代中菲贸易研究》，山东大学2007年硕士学位论文。

持久的发展动力，致使中菲贸易因缺乏经济动力而发展缓慢。新航路开辟后，西班牙人占领马尼拉等地，打通了菲律宾与美洲等地的联系，马尼拉由此亦成为东西方交流的重要中心。为维持并巩固在菲律宾的统治，西班牙人带来了大量美洲白银，形成了强劲的购买力，由此推动了中菲贸易的迅速发展。明代后期的中菲贸易在一定程度上已经被卷入世界市场，亚洲、美洲、欧洲市场也以之为纽带联系了起来。

二、明代与欧洲的贸易

1. 明代与葡萄牙

16 世纪时，欧洲的一部分国家，进入了资本主义原始积累的时期。作为资产阶级前驱的殖民主义者，已经开始了海外的掠夺。首先来到东方的是葡萄牙、西班牙，其次是荷兰和英国。

武宗正德六年（1511 年）葡萄牙人攻占了满剌加，随即骚扰我东南海面，劫夺商旅，掠卖人口，贩运违禁物品，甚至用武装袭击广东沿海地区。这种海盗的行为，立即遭到明朝政府的反击。倭寇和西方殖民者的侵扰，带来了严重危害。正德十二年（1517 年），葡萄牙国王曼努埃尔一世遣使臣托梅·皮雷斯（Tome Pires）抵达广州以后，欧洲商人相继扬帆东来，欧洲、美洲与中国的直接贸易从无到有，逐渐发展到了可观的规模。中国对外贸易由于获得广阔的新市场而急剧扩张。但是不久，葡萄牙人在广州贸易时恣意横行，被驱逐出境，广州禁止一切外舶进港。

明世宗嘉靖二年（1523 年），明朝在广东新会海面击败了葡萄牙商船，并缴获其佛郎机炮[①]，从这年起，明朝政府即严禁与葡人贸易，并封锁了全部通商口岸，以备一战。

葡萄牙人与倭寇勾结，又在中国浙、闽地区进行各种骚扰，在浙江双屿等地也受到明朝军队的沉重打击。

正德年间，市舶提举司则迁往高州府电白县。由于电白地方偏僻，人烟稀少，因而在嘉靖十四年（1535 年）再迁往广州府香山县濠镜澳（今澳门）。嘉

---

① 严从简:《殊域周咨录》卷 9《佛郎机》条。

靖三十二年（1553 年）葡萄牙人用欺骗贿赂的手段，买通了明海道副使汪柏，佯言商船遭遇风暴，请求准其在澳门居住，晾晒货物。不到十年，在澳门的葡萄牙人逐渐增多，以至于"筑室千区"，"夷众万人"[1]

嘉靖四十四年（1565 年），西班牙海军将领米盖尔·洛佩斯·德·利雅实比（Miguel Lopez de Legaspi）率舰队自墨西哥出征菲律宾；当时菲律宾群岛社会经济发展水平较低，本地物产甚至难以维持殖民当局开支，利雅实比给新西班牙总督的报告就称殖民当局能从当地所得的"唯有肉桂而已"。而中国所产手工业品价廉物美，在欧、美及南洋各国素负盛誉。菲律宾殖民当局欲获资本原始积累之利，唯有从事对华转口贸易一途，甚至日用消费品也不得不就近仰仗中国供给。在菲律宾立足甫定，西班牙人就于 1575 年从马尼拉派遣两名传教士和两名军官前往漳州，希望与中国缔结商约。为吸引华人来菲移垦经商，殖民当局也对华人商旅、华货采取了一些保护、奖励、优待措施。[2]

沿海地方官因切身利益，一再要求取消海禁。早在嘉靖八年（1529 年），广东巡抚林富上奏朝廷，他认为广东公私开支多靠商税，外舶不来，则公私皆窘。如果允许葡萄牙通商，有四大好处：一、按照祖宗成规实行"抽解"，可以供应皇室需要；二、两广连年用兵，库藏耗竭，借此可以补充军饷；三、广西经费一向靠广东供给，小有征发，就难以措办，如果外舶前来贸易，可以上下交济；四、小民靠买卖为生，手中有一文钱货物，就可以辗转贩易，解决衣食。助国裕民，两有所赖。朝廷同意林富的意见，从此葡萄牙人得以进入澳门贸易。[3]

2. 明代与西班牙

明朝重开海禁之日，恰值马尼拉帆船贸易发端之时。环球航海体系建立后，西班牙是当时占据殖民地最多的国家，在亚洲据有菲律宾，在美洲占有从墨西哥到南美的广大地区，建立了地跨南北美洲并远至亚洲的海上帝国。为了开拓国际市场，西班牙开辟了塞尔维（西班牙）—阿卡普尔科（墨西哥）—马

---

[1]　万历《南海县志》卷 12，庞尚鹏：《抚处濠境澳夷疏》。
[2]　转引自何芳川：《澳门与葡萄牙大商帆》，北京大学出版社 1966 年版，第 63 页。
[3]　《澳门与葡萄牙大商帆——葡萄牙与近代早期太平洋贸易网的形成》，北京大学出版社 1996 年版。

尼拉（菲律宾）—月港（中国）的大帆船贸易航线，这也是中国与美洲之间联系的主航线。

从 1565 年第一艘大帆船横渡太平洋，到 1815 年最后一次航行，历时 250 年。西班牙人据有马尼拉之后，立即与那里的中国商人发生贸易往来，并着手寻找与中国建立直接贸易的门路。1575 年，马尼拉殖民当局首次派两名传教士与两名军官访问福建漳州。这是有关中国与西班牙最早接触的记录①。嘉靖四十五年（1566 年）福建置漳州府海澄县，翌年正式开放海禁，前往马尼拉进行贸易的中国商人人数日增。

3. 明代与荷兰

万历二十九年（1601 年），荷兰殖民主义者继葡萄牙、西班牙之后率舰队来到东方，先后于万历三十一年（1603 年）和天启四年（1624 年）偷袭我澎湖地区，但都被明朝福建军民击败。荷兰殖民者强占澎湖的阴谋不逞，又转而侵我台湾。

台湾是我国的领土，早在东汉时期就与大陆有频繁的经济联系，元朝在台湾正式设立了澎湖巡检司。明朝建立以后，继续保持着管理台湾军务的澎湖巡检司。同时林道乾、袁进、李忠、颜思齐、郑芝龙等人又先后对台湾进行统治。明代后期在台湾的汉人已有十余万，他们和高山族人民一起对台湾的开发作出了重大的贡献。万历十八年（1590 年），葡萄牙的商船经过台湾海峡，见其山川秀丽，称之为"福摩萨"，这是西方人知道台湾之始。

天启四年（1624 年），荷兰人侵入台湾，以后，在这里建立了赤嵌城。荷兰殖民者在台湾征收高额的人头税，把土地收归东印度公司所有，无休止地搜刮台湾的一切富源。

但是台湾人民从来没有中断过反对荷兰殖民者的斗争。1662 年，台湾人民终于在郑成功的领导下，把荷兰殖民者赶出台湾②。

与殖民主义者在我沿海地区进行武装掠夺同时，传教士也来到明朝从事宗教活动。万历八年（1580 年），一部分耶稣会士来到了澳门，以后又陆续

---

① 张维华：《明史欧洲四国传注释》，上海古籍出版社 1982 年版。

② 参见刘大年等：《台湾历史概述》，生活·读书·新知三联书店 1956 年版，第 10、14、18 页。

有传教士来到中国，其中有利玛窦、庞狄我、龙华民、熊三拔等人。利玛窦等人善于结交中国的士大夫和官吏，测绘地图，搜集情报，又买通了宦官马堂，于万历二十九年（1601 年）来北京朝拜明神宗，并得到神宗皇帝的允许在北京建立教堂。这些传教士除了传播西方宗教以外，还带来了一些先进的西方科学知识。利玛窦等人带来的有关历算、测量、水利等技术和原理的著作，曾经由明朝官僚徐光启、李之藻等人翻译过来，对当时科学的发展起过积极的作用。

自正德十二年（1517 年）葡萄牙国王曼努埃尔一世遣使臣托梅·皮雷斯（Tome Pires）抵达广州以后，欧洲商人相继扬帆东来，欧洲、美洲与中国的直接贸易从无到有，逐渐发展到了可观的规模。中国对外贸易由于获得广阔的新市场而急剧扩张，其内容也在相当程度上发生了质的变化。

三、明代与美洲

明代中国与美洲间的贸易航线起点是福建月港（今龙海海澄）、厦门和广州等地，以马尼拉为中转口岸，终点在墨西哥阿卡普尔科（Acapulco），澳门则扮演了中欧贸易枢纽的角色。

明嘉靖四十四年（1565 年），西班牙海军将领米盖尔·洛佩斯·德·利雅实比（Miguel Lopez de Legaspi）率舰队自墨西哥出征菲律宾；1571 年在马尼拉建立殖民首府；1585 年设都护府，归新西班牙总督区（今墨西哥、中美洲、加勒比地区）遥领。当时菲律宾群岛社会经济发展水平较低，本地物产甚至难以维持殖民当局开支，利雅实比给新西班牙总督的报告就称殖民当局能从当地所得的"唯有肉桂而已"。[①] 而中国所产手工业品价廉物美，在欧、美及南洋各国素负盛誉。菲律宾殖民当局欲获资本原始积累之利，唯有从事对华转口贸易一途，甚至日用消费品也不得不就近仰仗中国供给。西班牙人在菲律宾立足甫定，就于 1575 年从马尼拉派遣两名传教士和两名军官前往漳州，希望与中国缔结商约。为吸引华人来菲移垦经商，殖民当局也对华人商旅、华货采取了

---

① E.H.Blair & J. A. Robertson, *The Philippine Islands*, 1493-1898, Vol.3, p.299, Clifland, 1903. 转引自何芳川：《澳门与葡萄牙大商帆》，北京大学出版社 1966 年版，第 63 页。

一些保护、奖励、优待措施。在此前后，明军御倭战争亦进入最后阶段。至嘉靖四十五年（1566 年），自嘉靖二年（1523 年）"争贡之役"以来荼毒中国沿海多年的"倭患"平息，为隆庆元年（1567 年）福建巡抚涂泽民上疏开放海禁，准贩东、西二洋，明廷重开中断四十余年的海外贸易创造了良好的环境和前提。

嘉靖四十四年（1565 年），"圣巴勃罗"号从菲律宾返航美洲，从而开辟了墨西哥与菲律宾之间的往返航线。万历二年（1574 年），两艘马尼拉大帆船满载中国丝绸、棉布、瓷器等货物驶向墨西哥阿卡普尔科，标志着著名的马尼拉大帆船贸易正式投入运营。[1] 马尼拉—阿卡普尔科贸易线活跃于 1574 年至 1815 年，历时 240 年之久。受马尼拉贸易厚利吸引，福建漳、泉二州商人纷至沓来。隆庆五年（1571 年）马尼拉殖民首府建立之初，华人仅有 150 多名。万历十年（1582 年），龙其虑总督在马尼拉市区东北部巴石河畔开设了专门的华人社区——八连（Parian）。万历十七年（1589 年）八月九日，菲利普二世训令菲律宾总督，准许对中、葡、日等国商人输入的粮食、军需品、军需品制造原料等物资予以免税待遇，进一步刺激了中菲贸易的发展。

到 16 世纪 90 年代，马尼拉华人数目已达二万余人，而包括军队在内的西班牙人仅有 2000 名。[2] 关于对华贸易的重要性，1595—1603 年间任菲律宾最高法院院长、代理总督的安东尼奥·德·莫伽（Antonio de Morga）感叹道："倘若没有中菲贸易，菲律宾群岛便无法维持。"[3] 依靠对华转口贸易，马尼拉成为亚洲最大贸易中心之一。此外，1580 年，西、葡两国合并。根据合并时订立的《八项和平条款》，原葡萄牙各属地（包括澳门）可以自由地同西班牙各属地（包括马尼拉）贸易，西班牙各属地则不拥有对等权利。两艘澳门商船于当年抵达马尼拉，澳门—马尼拉航线投入运营。澳门至马尼拉的葡船装载的货物以中国货为主，其次是日本、印度产品；返程时装运的绝大多数是白

---

[1]　注：马尼拉大帆船又有"中国之船"之称，因为它装载的货物主要是中国货，船只中有许多中国水手，而且建造者也主要是旅居菲律宾的中国技术人员和工人。

[2]　菲律乔治：《西班牙与漳州之初期通商》，见中共龙溪地委宣传部、福建历史学会厦门分会编印《月港研究论文集》，第 281—282 页，1983 年。

[3]　全汉升：《中国经济史论丛》（第一册），第 425 页，新亚研究所。

银。1610 年，横行南海的荷兰人与西班牙人达成妥协，转向抢劫中国商船，仅 1617 年一年就有 11 艘中国商船在南下马尼拉途中遭到荷兰人劫掠。南下菲律宾的中国商船帆樯日稀，澳门—马尼拉贸易则迅速扩大，1619—1631 年间几乎独占了中国和马尼拉之间的贸易。输入马尼拉的中国货物有生丝、丝织品、天鹅绒、绫绢、绸缎、棉布、麻织品、珠宝、工艺品、钢铁锡铅制品、硝石、火药、食品、家禽、家畜等，尤以纺织品为大宗。由于西属美洲市场需求甚殷，中国丝织品和棉织品很快跃居马尼拉大帆船输往美洲货物榜首，并一直保持到大帆船贸易的终结。直至 18 世纪末，中国丝绸等商品仍占墨西哥进口总值的 63%。[①] 对华贸易的兴盛，使太平洋贸易量一度超越大西洋贸易，这从贸易投资方向可见一斑：1618—1621 年间，美洲投入对欧贸易资金为 150 万比索，而对东方贸易资金为 165 万比索。

明朝中叶，由于商品经济的发展，白银使用已非常普遍，而中国的银矿历来不多，在经历了宋元明三代的开发后，传统银矿渐渐枯竭，白银的价格逐步上升，与同期的外国银价相比，高出许多。1560 年，欧洲的金银比价是 1∶11，墨西哥是 1∶13，而中国仅 1∶4。这就是说，把墨西哥银元运到中国来，马上可提价 3 倍[②]。西班牙人渐渐发现，用在美洲像石头一样便宜的白银来采购中国的手工业品，是世界上最有利的贸易。而中国方面也发现，到马尼拉出售中国产品，利润极为丰厚。明代泉州籍的内阁大学士李廷机说："而所通乃吕宋诸番，每以贱恶什物贸易其银钱，满载而归，往往致富，而又有以彼为乐土而久留"。[③] 正因为如此，中国商船为墨西哥银元所诱，大量涌向马尼拉。当时的福建巡抚徐学聚就说道："我贩吕宋，直以有佛郎机银钱之故。"[④] 闽人何乔远也指出："渡闽海而南，有吕宋国……多产金银，行银如中国行钱。西洋诸国金银皆转载于此以通商，故闽人多贾吕宋焉。"[⑤] 大致说来，明末对马尼拉的

---

① 陈炎：《略论"海上丝绸之路"》，《历史研究》1982 年 3 期。

② Alfonso Felix, *The Chinese in the Philippines*, Manila：Solidariclad Publishing, 1966, Vol.1, p.46.

③ 李廷机：《李文节集》卷 14，明人文集丛刊本，文海出版社 1970 年版，第 1304 页。

④ 徐学聚：《初报红毛番疏》，《明经世文编》，中华书局 1962 年版。

⑤ 何乔远：《闽书》，《南孚志》卷 15，福建人民出版社 1995 年版。

贸易是中国对外贸易中最有利的一部分，是当时南海上贸易利润最高的一条航线。

明代的对外贸易，经历了由初期的严禁到中后期的时禁时开、甚至一度全开的演变过程，从而形成了明朝对外贸易的独特之处。总之，明代的对外贸易与前代相比，表现出许多新的特点：

首先，明代的对外贸易开辟了新的航线。（1）葡萄牙人开辟了由欧洲经印度果阿、南洋群岛、澳门至日本的航线。（2）万历三年（1575年）由驻菲律宾的西班牙殖民者开辟了中国—菲律宾—墨西哥贸易航线。（3）荷兰人占据台湾后开辟了荷兰—爪哇—中国台湾—日本贸易航线，即南洋贸易航线。

其次，丝绸之路上的国家和港口大大增多。郑和的七次远航，经历了30余国，最远到达非洲东岸和红海沿岸港口，航行规模巨大，超过历史上的任何时期。

再次，获得高额的利润。正是由于当时通过丝绸之路，尤其是海上丝绸之路经营海外贸易可以获得巨大利润，无论是严格执行海禁时期，还是开放海禁时期，海上丝绸之路上的对外贸易活动一直没有中断过。私人的对外贸易活动，明初受到海禁政策的限制，不能发展。尔后，东南沿海地区的"海商大贾"或"湖海大姓"的海外走私活动日益活跃。这些海商或舶主拥有雄厚的资本和必要的海船、水手，以经营出口丝绢、瓷器、铁器，进口香料、珠宝和东西洋特产为主。他们投商入股，载货出洋。靠盘剥入股商众，谋求数十倍甚至上百倍的利润[1]。嘉靖以来，沿海的商品经济有长足的发展。福建地区"凡福州之绸丝，漳（州）之纱绢，泉（州）之盐，福（州）延（平）之铁，福漳之桔，福（州）兴（化）之荔枝、泉漳之糖，顺昌之纸，无日不走分水岭及蒲城小关，下吴越如流水，其航大海而去者，尤不可计"。[2] 一些沿海商人，私造双桅大船，驱使贫民充当水手。"输中华之产，驰异域之邦，易方物，利可十倍"。[3]

最后，明代的对外贸易，尤其是海上丝绸之路的发展对明代的对外贸易乃

---

① 《东西洋考》卷7。

② 王世懋：《闽部疏》。

③ 《海澄县志》卷15。

至世界经济发展都产生了深远的影响。具体表现在：一是打破了东方传统海上丝绸之路的旧格局，将"海上丝绸之路"拓展至世界各主要国家，形成由新的内容形式构成的新格局。二是由于葡人的经营和澳门的繁荣，促进了明中后期中国商品的出口和大量白银的流入，极大地促进了中国经济社会的发展和资本主义萌芽的出现。

总之，明朝对外贸易的总特征是复杂多变，而这又无不打上时代的烙印。明代统治者面对这种变化，每每想通过权力和政策来维持本国秩序、大国尊严，但又每每适得其反，最终在经济发展的现实面前被迫改变。然而这种改变是不彻底的，它仍受着封建专制主义的许多束缚。

第二节　明代陆上丝绸之路

明代，丝绸之路是中国与外界联系与交往的主要通道之一。当时，外国商人以贡使的名义，通过丝绸之路与中国进行着广泛而频繁的商贸活动。对于他们带来的所有物品，除粗劣之物外，明朝一概准许入境。其主要物品有马匹、骆驼、狮子、钻石、卤砂、宝石、地毯、纸张、葡萄干、金银器皿、宝刀等。外国商人以此来换取中国的丝绸、瓷器、红玉、丝绸、布匹、棉花、花毯、茶叶、乌梅、麝香、大黄、颜料、金箔、桐油等。正如《明史·西域传》所载："回人善营利，虽名朝贡，实图贸易。"为了确保丝路贸易的正常进行，明朝政府制定了一系列严格的管理措施。第一，每一使团进入嘉峪关时，必须出示关文，并逐一登记，不能随意入关。无关文者或超过关文所载人数者不得进入。第二，外商在明朝境内从事贸易时，不得漫天要价，不得大量收购禁卖物品，如茶叶、罗绮、箭竹等，不能将熟铁、兵器等夹带出关。第三，外商必须遵守中国法令，不得殴打中国居民，不得刺探军事情报，不得携带中国人口出境。违者将被逐出中国，并记录在案，取消以后入境从事贸易的资格。第四，外商出关时，要接受严格检查，凡携带违禁物品者，将予以没收。明朝为了体现对朝贡贸易的高度重视，对于合法的商人，在其入关之时，由甘肃官员设宴而举行隆重的接待仪式。丰盛的酒席使那些长途跋涉、历经千难万险的外商对明代中国油然产生敬仰之情。在其入关以后，明朝为其免费提供食宿和驿递。为了维护明朝的形象和确保丝路贸易的顺利进行，明廷要求丝绸之路沿线的各级官员廉洁自律，不得敲诈外商。一旦被外商告发，且查证属实，将予以严厉的惩处。对于进入嘉峪关的外国商人，当地官员按照有关规定，将其分为起送贡使与存留贡使两类。其中起送者只是某一使团中的极少数人。一般而言，起送使臣只占该使团人数的十分之一，最多不超过十分之二三。《明史·哈烈传》载："祖宗故事，惟哈密每年一贡，贡三百人，送十一人赴京，余留关内，有司供给。他若哈烈、哈三、土鲁番、天方、撒马儿罕诸国，道经哈密者，或三年、五年一贡，止送三五十人。"相比之下，他们是贡使中的幸运者。他们在前往北京的途中，"舒适安歇而不缺乏任何东西'，'到处都设备齐全，在往返途中都一样，任何时候都有同样的排场"①。他们代表所在国国王，随身携带部分侍从，通过肃州（今酒泉）、甘州（今张掖）、凉州（今武威）、庄浪、兰州、平凉、西安、潼关、临清等地而至北京，须在春节之前到达，利用新年之际觐见皇帝。他们每到一地，当地官员都要组织一次出色的盛会，欢迎他们的到来。同时，起送使臣可以在所经过的城镇短暂地游览，但不得从事交易。他们的大部分行李存在甘州等地，只携带一部分优质商品前往北京。在由驿递运至北京后，一部分贡献于皇帝，另一部分允许在北京市场上出售，并可获得皇帝的优厚赏赐，以体现明朝在朝贡贸易中所奉行的"厚往薄来"原则。

明朝将起送使臣分为五等，分别给予不同的赏赐。据葡萄牙人曾德昭所著《大中国志》载："这些撒拉逊人告诉我，他们献给皇帝的礼物，在他们本国不过值7000克朗，但皇帝为他们使团旅行而赏赐他们的不少于50000克朗价值，颇有赢余。"在觐见完毕后，起送使臣由原路返回。使团中不在起送之列者，便是存留使臣。这类使臣占整个使团的十分之七八。存留使臣的名单及贡物由起送使臣带到北京，亦按五等得到皇帝的不同赏赐，无贡品者也能得到一匹绢或布。相形之下，存留使臣的赏赐少于起送使臣。使臣的另外所得主要来自于陕西行都司的收购和在河西走廊市场上的交易。因为起送使臣带往北京的只是其全部商品中的一小部分，所以其大多数商品由存留使臣在甘州、肃州等地代为出售，而马匹全由陕西行都司收购，用于西北边地的耕防。明朝还允许

---

① 北京大陆桥文化传媒:《丝绸之路》，中国青年出版社2008年版。

外商在中国永久居住。利玛窦言：外商中，"有很多已在此地（指肃州）娶妻，成家立业，因此他们被视为土著，再也不回他们的本土。根据法律，在那里居住了九年的人就不得返回他自己的本乡。"[①] 由于明朝对丝绸之路管理得当，绝大多数外商都能按照明朝的法令从事贸易，使汉唐以来的丝绸之路在明代大放异彩，丝路贸易再度繁荣，并形成了独特的贸易景观。据《大中国志》载：明代陕西行省是"大批商货汇集之地"。终明之世，丝绸之路上的外商不畏艰险，络绎于道，接踵叩关。而明朝通过对丝绸之路的管理稳定了西北边疆，与广大的西域世界进行着广泛的接触。长期和平友好的频繁贸易是明代丝绸之路的主旋律，使其成为开放之路、商业之路和旅游之路，对这一时期西北地区的稳定、发展和观念更新具有十分重要的意义。

中国丝绸在当时国际贸易中拥有优势地位，显示出中国积极参与了世界市场的形成，并在世界市场形成的过程中，具有重要意义。虽然在世界融为一体的过程中伴有血与火的洗礼，但是，以中国丝绸出口为导向的海上丝绸之路，仍是各种文明间交往和对话的通路。可以说，中国在创造一个整体世界的进程中起到了重要的作用。

---

① ［意］利玛窦、金尼阁:《利玛窦中国札记》，中华书局 2005 年版，第 560 页。

第三章 明代丝路贸易的商品类型

海外贸易按照商品形式分为两类：一是有形贸易，是指一个国家有形商品的输入和输出。二是无形贸易，是指一个国家劳务或其他非实物形态商品的输入或输出。

第一节 输入输出的手工业产品和农产品

明代对外经济贸易和开放迅速发展表现在：双方贸易的商品的花色品种不断增多，销售地区日益扩大；新兴的棉织品出口逐渐成为明代对外贸易的一个主销品种；瓷器的生产出口在原有的基础上得以发展，尤其是景德镇瓷器开始兴旺，不但品种丰富，而且质量较高，出口数量亦很大。近年在韩国与朝鲜海域曾打捞起一艘中国古代沉船，装有大量的各类瓷器，充分证明了明代中国瓷器的外销活动。此外漆器的出口也更为兴旺，仅品种就有雕漆、填漆、金漆、螺钿漆等，其生产地区已扩大至江苏、浙江、福建、江西、湖北、云南等地。

至晚明时，较之中国，欧洲在火器、钟表、"打簧器"、呢绒、船舶、玻璃等生产部门已占优势；但在国际市场需求量最大的日用品生产方面，中国商品则拥有千百年间发展起来的精湛工艺，质量优良，风靡欧、美和日本市场。自正德以后，葡萄牙、西班牙和荷兰人陆续来到中国沿海，澳门和吕宋成了葡、西两国开展与中国贸易的基地。中国的丝绸、瓷器等物品是这两国急需的物品。史载，它们"皆好中国续罗杂缯。其土不蚕，惟藉中国之丝到彼能织精好缎匹，服之以为华好。是以中国湖丝百斤，价值百两者，至彼得价二倍，而江西瓷器、福建糖品、果品诸物，皆所嗜好"。葡、西两国可与中国交换物品有毛织品、玻璃、枪炮。

据严中平先生[1] 研究，1574 年和 1576 年的两个文件记载，中国商人运到马尼拉的货物包括面粉、大麦面、食糖、干鲜果品、钢、铁、锡、铅、铜、瓷器、丝织品和小物件。到了 1580 年，中国商人来货就更加繁多了，其中生丝、绸缎、棉布、夏布、陶器、瓷器、玻璃器、面粉、饼干、咸肉、火腿、黄油、干鲜果品、家畜、家禽、家具等。1590 年，中国来货包括天鹅绒、织锦缎（本色的和绣花的）、花绫、厚绸、棉布、夏布、面纱、窗帘、被单、铜铁器具、火药以及其他生活用品，应有尽有。而其中生丝、丝绸、瓷器等中国特产，遍销西班牙本土和它的各殖民地；棉麻匹头为西属殖民地土著居民所普遍消费。明初尽管经历了从开放到海禁这一政策的转变，但实际上对外贸易的发展还是很显著的。明初的造船业曾居世界首列，南京城北龙江和太仓刘家港是当时的造船基地。造船业兴盛实际上是外贸发展的一个缩影。

当然，从明朝对外贸易的进口和出口中，无论是进口商品还是出口商品，都仅仅是简单的低层次的商品交换。例如明朝的 230 余种主要出口商品中，大部分是初级产品和丝织品、茶叶、瓷器等生活消费品。这些商品固然收效快，利润丰厚，但是它对于推动社会经济技术的进步收效甚微。从进口商品来说更是这样。主要进口商品包括香料、珍珠、宝石、玛瑙等奢侈品，孔雀、狮子等珍禽异兽。除了引进了玉米、番薯等农作物，促进了中国的人口增长之外，很少有西方的先进技术通过贸易的方式传播到中国。这样的直接后果就是对外贸易作为一个重要的推动社会发展的经济手段，始终无法打破农业在国民经济中的绝对优势，因而无法动摇自给自足的自然经济，从而无法产生更进一步的社会变革。

---

[1] 严中平（1909—1991 年），江苏安东（今涟水）人。1936 年毕业于清华大学经济系。曾在中央研究院社会科学研究从事研究工作。1947 年赴英国留学。1950 年回国。历任中国社会科学院经济研究所副所长、顾问、研究员。是第三届全国人大代表，第五、六届全国政协委员。对中国经济史有研究。撰有《中国棉业之发展》《老殖民主义史话》等，合著《上海棉纺织工人状况》。

第二节　劳务输出：海外华侨的形成
——万历后期华人下南洋

华人下南洋，成为这种全球性视野中的重要部分，通过这个桥梁，中国和世界有了更紧密的联系，更多元的对接，彼此的冲突和融合奇妙地结合起来。南洋是华南之洋，也是连接东西方之洋。唐宋以来东南沿海地区手工业和商业的日益繁荣，罗盘针的发明，造船技术的提高，气象的测量，地图的绘制以及航路的勘探，都给海外贸易事业的发展创造了有利的条件。明朝，我国和亚洲各国之间，特别是与邻近的朝鲜、越南、日本、缅甸、柬埔寨、暹罗、印度以及南洋各国之间的经济文化联系与政治接触比以前更加频繁了。当时，除去与明朝毗邻的国家以外，和其余各国的往来，都要靠海上交通。

明代江浙闽广地区的土地兼并十分激烈，而福建是"三山六海，田居其一"，浙江南部也是"山多田少"，可供开垦的荒地不多。失掉土地的农民经常流离失所，出海谋生成为农民的一条重要的出路。出海的人，一小部分是富豪巨商，大多数都是小商人、手工业者和农民。出海谋生的人到南洋去的最多。

明朝初年，在旧港一地居留的中国人约有数千人，在爪哇的杜板、苏鲁马益和新村等地也有中国人数千家。除去旧港、爪哇等地外，在美洛居、浡泥、文莱、吕宋都有大批的中国人[1]。到了明朝中叶，在南洋的中国人更为增多，其中吕宋已多至数万人，他们"往往久住不返，至长子孙"[2]。

明朝的商人把瓷器、丝绸、铁器和金属货币带到了南洋，同时收买当地的胡椒、谷米和棉花，发展了中国和南洋的商业关系。留居南洋的中国人，从中国带去了铁锄、铁犁、制糖和采矿的工具，带去了茶种和培植胡椒的方法，并且还和南洋的居民共同开发了大量的农田和矿场。迁移到南洋的中国人，对南洋的开发作出了巨大的贡献。

明朝政府在永乐、宣德朝时期曾经派遣大批使臣出使亚、非各地，当时的

---

[1]　张燮：《东西洋考》卷3 "下港""旧港"等条。
[2]　张廷玉等：《明史》卷323《吕宋传》。

朝鲜、日本、吕宋、暹罗、文莱、冯嘉施兰、苏禄、苗合里、美洛居、古麻刺朗、彭亨、占城、满刺加、爪哇、阿鲁、真腊、三佛齐、浡泥、苏门答腊、南渤利、柯枝等国都与明朝保持友好的政治和外交关系，并派人来华贸易。永乐二十一年（1423年），各国使臣和商人到南京的一次就有1200多人[①]，满刺加、浡泥两国的国王和王后也都来到南京，受到明成祖的盛筵款待，并由明成祖派人护送归国[②]。明朝政府又在广州、泉州、宁波三地设立了市舶司，专门管理对外贸易的事务。

嘉靖、万历间参与走私贸易的泉州商人中，势力最大的一个人叫李旦。李旦继承了嘉靖中期最为猖獗的走私贸易商人汪直的海上势力。李旦，泉州人，在明朝中后期"下南洋"大军中的一员，然后在菲律宾马尼拉开始从商，但是最后被当地人所仇视，因此逃到日本平户，然后依靠个人的聪明才智在日本九州建立起自己庞大的海上势力，得到了平户、长崎两地日本官府的承认，而且成功继承了汪直所遗留下来的势力范围，可以说是明朝泉州海商中参与走私贸易的佼佼者。西方海商甚至尊称他为"China Captain"。李旦还是明末著名的海商郑芝龙的义父。郑芝龙同时也是泉州人。

李东华教授这段论述可以说道出了明朝海禁政策对于整个中国的宏观影响。虽然明初，政府依然在明州（今宁波）、泉州、广州设立了市舶司，但是在这种大背景之下，市舶司已经失去了宋元时期的意义，沦为类似于外交接待处的一种机构。唐宋元时期的市舶司主要是管理中外商舶贸易、货物之榷税等事务，而负责接待藩属朝贡等等则是次一等的事务。而明代的市舶司除了负责招待藩属朝贡事务外，并无处理其他贸易事务的权限，可以说明代的市舶司退化成了专门负责管理属国朝贡之事的机关。而泉州的市舶司则成为了专门负责琉球国（今日本冲绳县）朝贡事务的外交机关。史载：海外诸国入贡，许载方物与中国贸易[③]。因设市舶司……泉州通琉球，广州通占城、暹罗、西洋诸国。……福建曰来远，浙江曰安远，广东曰怀远。泉州在明政府的朝贡贸易体系中成为了专门接待琉球一国之朝贡事务的专职机关，又负有"禁通蕃、征私

---

① 《大明太宗永乐帝实录》卷127，永乐二十一年九月。
② 《郑和航海图》，载于茅元仪《武备志》中。
③ 张廷玉等:《明史·食货志五》，中华书局1974年版。

货、抑奸商"的任务，以前"云山百越路，市井十洲人"[①]、"苍官影里三州路，涨海声中万国商"[②]的景象从此不复存在，过去外商来泉州所造成的繁盛的海上交通逐渐式微。

而泉州的市舶司最终也被迫迁往福州，泉州作为中国古代主要的对外贸易港口的地位在明清时期基本荡然无存。纵观明清（五口通商之前）两朝，也只有广州港能够保持一种较为繁荣的状态。而广州港更是全世界各国对外贸易史上的一个奇迹，时至今日仍然是中国最主要的港口之一。

泉州的海商们在明朝海禁、朝贡两种制度的联合限制下，开展了大规模的走私贸易活动，甚至不惜与朝廷进行公然的对抗。很多海商世家衰微了，比如蒲氏家族，但是更多的海商崛起了，比如李旦、郑芝龙。可以说明朝海禁政策并没有磨灭泉州海商们的冒险精神，反而刺激了他们根子里的执着。从明朝中叶以来，闽南地区[③]的海商们开始了大规模的"下南洋"活动，很大程度上促进了东南亚地区的开发。也有很多闽南人移民台湾，开始开发台湾的进程。有一份调查数据显示：在台湾人中，闽南籍的人占到75%左右，而这其中祖籍泉州府的约为44.8%，祖籍漳州府的约为35.1%。[④]可以说，台湾的开发很大程度上得益于泉州海商。

从宏观的角度来说，明帝国对于对外贸易的抑制直接导致了泉州海商的集体出走。正由于明中叶以来大批泉州人的移民海外，泉州今日为中国之著名侨乡。如果放眼整个中国，明朝的海禁政策、对外政策、朝贡贸易三者的结合，其实质是对倭寇、海盗的绥靖。

到嘉靖时，由于东南沿海商品经济的高度繁荣，资本主义萌芽的出现，私人海上贸易才得到飞速的发展，主要表现在：第一，规模庞大，福建"素通帆船，其贼多谙水道，操舟善斗"，嘉靖时，下海通番之人遍布沿海各地。第二，

---

① 包何:《送泉州李使君之任》,《全唐诗》卷280。
② 王象之:《舆地纪胜》卷130,上海古籍出版社1995年版。
③ 闽南地区是一个地理、文化上的区域概念。其范围狭义包括今中国福建省之泉州、厦门、漳州三地，广义则还可包括福建龙岩，甚至是广东的潮汕。因为广东的潮汕地区传统上认为是闽南文化区，其地的方言潮汕话在语言学上也属于闽南语的分支。
④ 见《方言俚语:泉州方言的形成及特点》,人民网,http://unn.peop1e.com.cn/GB/22220/60205/60208/60219/4207969.htm1。

人数众多。嘉靖时的私人海商比以前大大增加，如吕宋岛的"商贩者至数万人"。第三，出现了新的私人海上贸易中心。宋元官方朝贡主要在宁波、泉州、广州等城市，而明代私人海上贸易，由于初期是非法的、秘密的，为了躲避官兵的追捕，海商不得不在港汊曲折、明朝政府难以驾驭的港湾岛屿开辟新的贸易中心。第四，形成资本雄厚、船多势大的私人海上贸易集团。

日本学者滨下武志的专著《近代中国的国际契机——朝贡贸易体系与近代亚洲经济圈》指出，从14世纪至15世纪以来，亚洲区域内的贸易在逐步扩大，存在三个贸易圈：一个是以中国为中心的东亚贸易圈，一个是以印度为中心的南亚贸易圈，两者之间还有以若干贸易中转港为中心的亚洲贸易圈。新航路与新大陆发现以后，西方国家的商人为了购买亚洲的商品，携带大量白银，也加入到这些贸易圈中来。因此以中国为中心的贸易圈，正在发生新的变化。

第四章　明代丝路贸易和对外开放成就

明代丝路贸易与对外开放的成就分为两种：一是对外贸易的成就，二是宏观经济的成就。明代对外贸易的成就表现在东南沿海港口的发展方面；明代宏观经济的成就分为白银的流入及其对明代资本主义萌芽的影响。

第一节　明代海上丝绸之路与城市分布

15世纪，世界航海术得到了相当大的发展，这使得跨洋的远距离航行成为可能。当时明朝的航海技术也丝毫不逊于西方，为海上贸易的繁荣打下了稳定的基础。明朝对外的大港口有泉州、福州、广州、宁波、杭州等几个，地理位置有利，成为了海上航道的枢纽。

一、明代时期漳州的发展与衰落

（一）漳州走私贸易迅速发展

早在宋代，漳州与福州、兴化、泉州并称福建四大造船地，到了明初成为著名的"福船"制造地。大量农作物的商品化输出和手工业原料的输入，民间海上贸易传统的兴盛，加上远离福建行政中心的漳州河口港汊曲折、岛屿棋布而易于违禁通番，地处漳州河口的月港在元末泉州港因淤衰落后，逐渐登上了历史舞台。明初漳州平原的粮食与经济作物生产进入黄金时代，以纺织业为代表的手工业迅速发展，造船业和航运业相当发达。漳州河上游的南靖、平和等县和九龙江北溪上游的漳平、华安以及汀州府地生长的大量亚热带雨林，为漳州河下游修舶造船提供廉价的材料。

明朝建立后，在外贸立法方面，主要实行了海禁法、朝贡贸易经营管理法。通过这些相关的立法，明朝建立了一套完整的朝贡贸易体系。但是，隆庆元年（1567 年），漳州月港的开放标志着朝贡贸易体系解体，朝贡贸易也随着衰败，其解体的经济原因主要是贡品对国内经济发展价值不大；朝贡贸易违背了等价交换原则；朝贡贸易程序复杂费用高，使明政府在贸易中得不偿失。

隆庆元年，明朝在福建漳州月港宣布部分开放海禁，准许私人贸易船申请文引，缴纳关税，出洋贸易。这次开禁之所以称为"部分开禁"，是因为对日本的贸易仍属严禁之列，且只准许中国商船到海外贸易，而不准外国商船来华贸易。故此时的中日贸易照样属于走私贸易，所不同的是贸易的走向已发生变化，即不像月港开禁前那样，有众多的日本商人来到漳泉沿海从事走私贸易，而反过来是大量的漳泉商人涌向日本贸易。

出现这种变化的原因，与当时中日两国的贸易形势有着密切的联系。在中国方面，由于准许私人出海贸易，漳泉商人再也不必像以前那样被动地等待日本商人来贸易，而可以主动地将货物运载到海外。尽管不准载运到日本，但他们或者"托引东番，输货日本"，或者"以暹罗、占城、琉球、大西洋为名，以日本为实者，丝宝盈析而出，金钱捆载而归"。当时的同安名士洪朝选就描述过上述情况："漳人假以贩易西洋为名，而贪图回易于东之厚利近便，给引西洋者不之西而之东，及其回也，有侨银之不可带回者，则往澎湖以煎销，或遂沉其船，而用小船以回家。"在日本方面，既然漳泉商人已主动把货物送上门，他们就不必再跋涉万里到漳泉沿海来冒风险。况且当时丰臣秀吉设立了"朱印船"制度，准许这些朱印船航行至东南亚各地，在那里日本商人同样可以购买到由中国商船载运出去的货物。因此，月港开禁后的中日贸易，几乎已成了仅有中国商人载运货物到日本的单向贸易。

其实，已准许私人贸易船出洋贸易，要再像开禁前那样禁止往日本贸易已不大可能，因往日本贸易的盈利远远高过于往东南亚各地贸易的收益，故漳泉海商为利所诱，往往借口到其他地方贸易，待商船出海后再转向驶往日本。当时任福建巡抚的许孚远在奏疏中就提到："同安、海澄、龙溪、漳浦、诏安等处奸徒，每年于四、五月间告给文引，驾驶鸟船称往福宁卸载，北港捕鱼，及贩鸡笼、淡水者，往往私装铅硝等货潜去倭国，徂秋及冬，或来春方回。亦有藉言潮、惠、广、高等处籴买粮食，径从大洋入倭，无贩番之名，有通倭之实。"有关此时中国商品在日本的售价，据记载："得我福船价千金，鸟船数百金，《批点通鉴节略》四十金，《舆记》二十金，焰硝铁金皆二十倍于土价，而他锦绮器物不过数倍。"如此巨额的利润，对于漳泉海商来说，无疑具有极大的吸引力。

除此之外，16 世纪末至 17 世纪初日本幕府对中国贸易的重视，也是促使这些漳泉海商频繁到日本贸易的一个重要因素。1603 年德川家康统一日本后，即极力想恢复对明朝贸易，他或者通过明朝商人，或者以琉球、朝鲜为中介，频繁地对明朝进行活动。与此同时，日本方面还积极鼓励漳泉商船到日本贸易，为他们提供种种方便，日本平民对漳泉商人也予以热情接待。这些都是促使漳泉商人无视明朝禁令，纷纷涌向日本从事走私贸易的根本原因。当时到日本贸易的漳泉商人数量甚多，据万历四十年（1612 年）明朝兵部奏称："通倭之人皆闽人也，合福、兴、漳、泉共数万计。"这些闽人都是当时中日之间走私贸易盛行的见证者。

（二）漳州月港的衰落

闽南因地处海滨，人们以贩海为生，久而成为习惯，形成了一种独特的海洋文化。在明朝厉行海禁时，因生路受阻，不少闽南人冒杀头之险，出洋经营走私贸易。明朝政府生怕由此引起动乱，危及其封建统治，不得不于隆庆元年（1567 年）宣布在福建漳州海澄月港开放海禁，准许私人申请文引，缴纳饷税，出洋贸易。于是，闽南人凭借其善于航海，勇于冒险，具有敏锐的商业头脑和强烈的竞争意识，坚忍不拔，勤劳节俭等文化特质，使开禁后的海外贸易迅速地发展起来。然而，当海外贸易发展到一定高度时，闽南文化中的一些不良倾向亦开始暴露出来，如借高利贷出洋经商成风，剽悍好斗，赢利后不继续扩大资金经营，而是挥霍浪费，争相夸耀，甚而不事耕织，游手好闲等，以致对海外贸易的继续发展带来负面影响，月港亦由盛转入凋零，经历了短暂的 65 年之后，即匆匆地退出历史舞台。

月港东溪窑的瓷器生产，随着福建沿海对外贸易的发展和月港的繁荣而兴起；但在明清特定的历史时期内，因漳泉地区政治环境的重大变化而渐趋衰微、没落。其衰落的原因大体有以下各点：

第一，嘉靖二年（1523 年），日本封建主贡使借口浙江宁波冲突事故，乘机焚掠闽浙沿海地区。之后，倭寇见我沿海防务空虚勾结海盗，大肆走私掠劫，16 世纪中叶最为猖獗，福建沿海地区受害甚烈，漳州亦未幸免。月港东溪屡遭破坏，几度窑毁业停，窑工星散，元气大伤，终至一蹶不振。

第二，隆武二年（1646 年），郑成功起兵抗清，后以金门、厦门为根据地。漳州月港是郑成功抗清力量与清军争夺之地，这里战事不断。当时，自江东（东溪窑所在地）到九龙江以东地区皆为"弃土"，这给月港的海外交通带来极大的破坏。加之，月港是一个内河港口，货物外运，须经厦门港出海，因此，月港必然为天然良港厦门港所取代。月港的衰落给瓷业生产带来相应的影响，东溪窑乃随之而衰落。

16 世纪的中日关系，由于倭寇问题，变得异常复杂。在中国方面，明朝为防止倭寇的骚扰，实行严厉的海禁，对日本的贸易仅限于以朝贡的形式，既规定了贡期，又限制船数和人数，不准他们随便来华贸易。在日本方面，因迫切需要中国的货物，几年一次的朝贡远远满足不了他们的要求，于是各大名、寺社往往因争取派船入明朝贡而激烈地竞争着。此外，双方对于朝贡的理解也不一样，明朝政府定期把"勘合"颁发给日本幕府，一直认准与日本官方打交道。而日本幕府因准备勘合船的费用浩大，只能依靠有实力的大名、寺社资助，甚至招揽富商作为随从，其实已把朝贡当成是一种私人的集资贸易。这样一来，所谓的"朝贡"就成了明朝政府与日本商人之间的贸易，因此讨价还价、弄虚作假等欺诈行为层出不穷。这些矛盾的发展必然造成明朝政府无法承受，只好终止日本方面的朝贡。

朝贡终止后，那些以贸易牟利的日本商人依然徘徊于漳泉沿海一带，从事违反明朝海禁的走私贸易。人们往往将他们与倭寇混为一谈，其实他们与倭寇是有差别的。他们不烧杀掠夺，仅在漳泉沿海小岛或港口进行贸易。他们的贸易得益于当地百姓的接济，特别是一些豪姓大族的介入，替他们组织货源，运送货物出境等。因此，这种走私贸易在漳泉沿海愈演愈烈，迫使明朝政府不得不于隆庆元年（1567 年）在福建漳州月港部分开放海禁，准许私人贸易船出海贸易。

然而，对日本的贸易仍属严禁之列，因此月港开禁后的中日贸易照样属于走私贸易。不过，此时的贸易的走向已发生变化，不再像开禁前那样，有大量的日本商人来到漳泉沿海从事走私贸易，而是漳泉商人主动将货物载运到日本贸易。出现这种变化的主要原因是，漳泉商人纷纷以到东南亚贸易为借口，把货物载运到日本；而日本商人在东南亚就可购买到由中国商人载运出去的商品，当然无必要再冒险到漳泉沿海来进行走私贸易。这种变化可以说是16世纪末中日之间走私贸易的一大特点。

二、明代广州的外贸

广州于秦汉年间最早形成中国第一个港市之后，至南宋末年，一直是中国海外贸易的第一大港口。到了元代中叶，泉州港崛起，广州才退居第二位，但仍然保持繁荣的局面。降至明代，广州的海外贸易又复兴盛，成为全国海外贸易的第一大港。正如明工部织染局使、顺德人孙蕡在《广州歌》中所描绘："广南富庶天下闻，四时风气长如春。……闽姬越女颜如花，蛮歌野语声咿哑。苛峨大舶映云日，贾客千家万户室。春风列屋艳神仙，夜月满江闻管弦。良辰吉日天气好，翡翠明珠照烟岛。"可见当时广州一片商贾顾集，船舶蚁聚，珠宝珍奇、香料异物堆积如山的国际贸易繁荣景象。

有明一代，政府在海外贸易方面始终是执行"时禁时开"的海禁政策。但是明廷对广州口岸则实行比较灵活的政策。"洪武初，令番商止集（广州）舶所"[1]；嘉靖元年（1522年），从给事中夏言之请，撤销浙、闽两市舶司，仅允存广州市舶司，于是广州成为唯一的海外贸易最大口岸。嘉靖三十二年（1553年），葡萄牙人进入和赁居澳门后，迅速发展成为国际贸易的中转港和广州海外贸易的外港，把广州与国际贸易紧紧联结起来；隆庆海禁开放之后，"准贩东西二洋"[2]，"广州几垄断西南海之航线，西洋海舶常舶广州"[3]，使广州的海外贸易获得空前的发展。广州不仅同南洋、印度洋沿岸的国家和地区通商，而且与西欧、拉丁美洲各国发生了直接的和间接的贸易关系。根据洪武三年（1370年）置宁波、泉州、广州市舶司的规定："广州通占城，暹罗、西洋

---

① 严如翌:《洋防辑要》卷15。
② 张燮:《东西洋考》卷7,《饷税考》卷9,《舟师考》。
③ 谢清高撰，冯承钧注释:《海录》卷上；参阅 J.K.Fairbank : *Trade and Diplomacy on the China Coast The Opening of Treatyports*，1951 年，第 47 页。

诸国"①；嘉靖元年（1522 年）后有"广州船舶往诸番，出虎头门，始入大洋，分东西二路，东洋差近，西洋差远"②和"闽由海澄开洋，广（州）由香山澳"③等记载，明代广州海外贸易的航线由广州起航经澳门外港出海，形成与世界各个国家和地区交通的三条重要航线。第一条：广州—菲律宾—拉丁美洲航线。这是发现新大陆后，于明嘉靖万历年间（1522—1620 年）开辟的新航线。其中包括广州到东南亚的航线在内。因其贸易商品主要是丝货，所以又称"太平洋上的丝绸之路"；又由于当时主要利用西班牙的大帆船航运，故又有太平洋丝路上的"大帆船贸易"之称。这是一条大三角贸易航线，全程分两段：第一段由广州经澳门出海，经万山向东南行，再经东沙群岛，至马尼拉港；第二段从马尼拉港起航经圣贝纳迪海峡进入太平洋，乘西南季风北行，到北纬 37°和 39°之间的水域后，借西北风横渡太平洋，然后顺沿北美海域乘西北风和北风南行，到北纬 40°—42°间向南航至墨西哥的阿卡普尔科港（Acapu1co）；再向南航至南美的卡亚俄和利马（Lima）港，航程约需五个月。第二条：广州—欧洲航线。这条航线亦分两段，第一段从广州出发，经澳门出口，西行横过印度洋到印度西海岸的果阿（Goa）。第二段由果阿起航，又分两条航线，一条是走印度洋中的官屿留（今马尔代夫群岛中的马累），西航木骨都束，抵欧洲；另一条从克亚丁渡海，绕葛儿得风（索马里瓜尔达富伊）和哈甫儿雨（索马里的哈丰角），再经须多大屿（索科特拉岛）沿东非海岸直下木骨都束、不剌哇、麻林和慢八萨（今蒙巴萨），远及坦桑海岸，绕好望角沿大西洋非洲海岸北行到摩洛哥，抵达里斯本（Lisbon），转入欧洲各国。第三条：广州—日本航线。这条航线，从广州出发，经澳门出口东行经过东海抵达日本的长崎港。通过这三条航线，广州与东南亚、非洲、欧洲和拉丁美洲的国家和地区进行了广泛贸易活动。明初政府实行朝贡贸易，据《明会典》和《皇明祖训》所载，经广州领取"勘合"（准许证）登陆进行朝贡贸易者有日本、朝鲜、暹罗（今泰国）、占城（今越南中南部）、利加（待考）、苏禄国东王、西王和峒王（苏禄，今菲律宾属）、浡泥（今加里曼丹岛北部英属文莱等地）、古里（Ca1icut，今印

① 《明史》卷 81《食货志五·市舶》。
② 顾炎武：《天下郡国利病书》卷 120。
③ 宋应星：《天工开物》卷中《舟车》。

度西岸科泽德)、古麻喇(今东非肯尼亚之马林迪)、爪哇(今印尼爪哇岛)、真腊(今柬埔寨)、柯枝(Cochin,今印度西南岸柯钦)、锡兰山(Celan,今斯里兰卡)、苏门答腊(Sumatra,今印尼苏门答腊北部的亚齐)、榜格兰(今孟加拉)等 17 个国家和地区。加上民间的或间接到广州贸易的国家,当超过此数。

由于外国商人不断来广州贸易,所以广东省内外的富商大贾也纷纷麇集广州同外商交易。诚如霍与瑕所记述:近日,番夷市易,皆趋广州。……而近乡名曰游鱼州,其民专驾多橹船只,接济番货。每番船一到,则通同濠畔街外省富商搬瓷器、丝绵、私钱、火药等违禁物品,满载而去,满载而还,追星趁月,习以为常,官兵无敢谁何。[①] 于是,濠畔街、高第街一带成为"香珠犀角如山,花鸟如海,番夷辐辏,日费数千万金,饮食之盛,歌舞之多,过于秦淮"[②] 的繁华商业区。在这里,有些商人一时在广州与外商交易不成,便把所余的大量货物亲自驾船经澳门出海,运往马尼拉、暹罗、望加锡等国家和地区去贸易。荷兰人呐茨曾记述过这种情况:中国是一个物产丰富的国家,它能够把某些商品大量供应全世界。中国人把货物从全国各地运到他们认为最有现款购买他们货物的市镇和海港……后来他们运往广州市集上的货品的数量如此之大,以致葡萄牙人没有足够的资金购买……参加这些市集的商人们看到他们的货卖不出去,就用他们自己的船,责任自负地把货运往马尼拉、暹罗、望加锡等地去。[③]

第二节　白银的大量流入

海外贸易的发展是中国吸纳了大量的白银,学者在大量研究基础上做出的估算,证明了日本白银产量的绝大部分和占美洲产量一半的世界白银流入了中国。明代后期,白银作为主要货币地位得以确立,也充分反映了商业贸易和对外交往的繁荣发展。

---

① 《霍勉斋集》卷 12《上潘大巡广州事宜》。
② 仇池石:《羊城古钞》卷 7。
③ 黄启臣:《明代广州的海外贸易》,《中国经济史研究》1990 年第 4 期。

明代中后期是中国古代货币史上白银正式成为法定货币的时期。对于明代白银流入及其带来的影响，王裕巽的《明代白银国内开采与国外流入数额试考》、王欢的《明代白银货币化的过程与动因考察》、贾海彦的《明代资本主义萌芽的新制度经济学解释》、郑铁生的《〈金瓶梅〉与白银货币化》和孙良玉的《试论明代的白银货币化》都做了一定的研究，并一致认为白银大量流入对明代资本主义萌芽的产生有着很大的影响。

明代是中国历史上货币发展最为复杂、变动也最大的时期。中国社会内部产生的这一白银货币化进程，形成了强劲的发展趋势，不仅完成了货币体系的转变，而且渗透到全社会，引发了社会巨变，产生了资本主义萌芽。以贵金属白银为标志，明代中国与两个重要历史转折开端相联系，其一，白银货币化是中国古代社会向近代社会转型的开端。白银货币化过程，是中国社会经济货币化的过程，也就是中国市场经济萌发的过程。其二，白银货币化是转型变革中的中国与正在形成中的整体世界相联系的产物，也是中国与世界互动关系的产物，是经济全球化的开端。当世界逐渐形成为一个整体的世界之时，明代中国曾积极参与了世界经济体系的初步建构，为整体世界的出现作出了突出的贡献。

16世纪40年代，即明朝嘉靖年间，白银货币化已呈现出基本奠定的态势。白银渗透到整个社会，社会上下对于白银的需求量日益增长。白银的巨大需求造成了求大于供的局面出现，形成了银贵物贱，确切地说，发生了银荒。这一情况在大臣的许多奏疏中清晰可见。谭纶上疏指出："夫天地之间惟布帛菽粟为能年年生之，乃以其银之少而贵也，致使天下之农夫织女终岁勤动，弗获少休。每当催科峻急之时，以数石之粟、数匹之帛不能易一金。"[1]国内白银储量和银矿开采量的严重不足，向海外的寻求成为必然。旧的对外贸易模式——朝贡贸易不能满足需求，私人海外贸易蓬勃兴起。隆庆开海，突破了朝贡贸易的局限，不仅大大推进了中国与世界市场的联系，并且改变了中国白银供应不足的情况。

隆庆开海始至明末的外国白银流入中国的数量中，以西班牙、葡萄牙和

---

[1] 陈子龙等编：《明经世文编》卷332，中华书局1962年影印本。

日本为主，其中，西班牙白银的流入最为著名。明代中晚期，欧洲人在美洲的经营获得了巨大的成功，西班牙人在美洲发现了巨大的银矿。美洲是当时世界最大的白银产地，西属美洲殖民地的银矿在16世纪中、下叶都得到大量开采。如著名的秘鲁波多西银矿，据德国学者阿道夫·索毕尔的研究，在1581—1600年的20年间，年平均白银产量254吨，几乎占当时全世界产银总额的60%。占有巨额白银的西班牙于1571年占领马尼拉后，迅速把此地发展为东西方贸易的著名交易地点。经中外海商之手，世界白银滚滚流入中国。16世纪末至17世纪初，是世界白银年流入中国额的迅速增长时期。据梁方仲估计，自万历元年至崇祯十七年（1573—1644年），从海外输入中国的白银达一亿银元以上[1]。而美洲白银主要是通过两条渠道输入中国。一是通过太平洋转输的渠道，一是通过欧洲转输的渠道。通过太平洋运到马尼拉，再转至中国，是美洲白银输入中国的主要渠道。据万明的研究，通过太平洋运往马尼拉的白银1571—1589年约为3000吨，1590—1602年约为2010吨，1603—1636年约为2400吨，1637—1644年约为210吨。自1571年马尼拉大帆船贸易兴起之时，到1644年明朝灭亡，通过马尼拉一线输入中国的白银总计约7620吨[2]。美洲白银不仅从马尼拉流向中国，带动了整个东南亚贸易，即使是从美洲运往欧洲的白银，也辗转输入亚洲，大部分进入了中国。1493—1600年世间银产量2.3万吨，美洲产量就达1.7万吨，占世界银产量的74%[3]，贡德·弗兰克认为至少有一半甚至更多的美洲白银流入了中国[4]，总数极为庞大。葡萄牙学者马加良斯·戈迪尼奥将中国形容为"吸泵"，形象地说明了中国吸纳了全球的白银[5]。

---

①　梁方仲：《明代国际贸易与银的输出入》，载《梁方仲经济史论文集》，中华书局1989年版，第178—179页。

②　万明：《明代白银货币化：中国与世界连接的新视角》，《河北学刊》2004年第3期。

③　Ward Barrett："World Bullion Flows, 1450—1800", in James D. Tracy ed. *The Rise of the Mechant Empires, Long Distance Trade in the Early Modern World, 1350—1750*，Cambridge，Cambridge University Press，1900.p. 225.

④　[德] 贡德·弗兰克：《白银资本——重视经济全球化中的东方》，中央编译出版社2000年版，第204页。

⑤　Magalhaes Godinho，*Os Descobrimentos e a EconomiaMundial*，Vol.1，Lisboa，1963. pp. 432-465.

一、明朝白银的货币化过程

白银在明代经历了不同寻常的货币化过程。明初，白银不是合法货币，在币制上，推行钱钞政策，禁用金银，甚至禁止开银矿。直至嘉靖、万历间，随着"以银为主，银钱兼行"的新货币政策初步形成，银锭成了官方和民间普遍通用的货币，一向在纸币与铜钱之间摇摆不定的贵金属白银，在货币流通领域中终于获得了稳定的地位。在古代货币史上，贵金属取代贱金属而成为主要通货，虽然历程曲折，但却是一条必然的规律。

明初尽管政府禁用金银交易，但民间一直使用白银。纵观明代白银的货币化过程，其实是自民间开始的，经历了自下而上的发展历程，直到成化、弘治（15世纪末16世纪初）以后，才为官方所认可，自上而下地展开。[①] 明朝成化、弘治年间以后，白银从官方非法货币到事实上的合法货币过渡，逐渐地官府经费支出、发放军饷、征收田赋、商税、公私交易、民间生活消费，都使用白银，白银货币化在整个社会全面铺开。随着白银货币化步伐的加快，白银渗透到社会的每个角落，深入到人们的日常生活中。由此带来一系列制度变迁的同时，也引发了社会整体的变迁。到嘉靖年间（16世纪40年代），白银货币化过程已经基本完成。隆庆元年（1567年），明穆宗颁令：凡买卖货物，值银一钱以上者，银钱兼使；一钱以下止许用钱。[②] 这条法令，是明朝在白银货币化客观现实下，明确"银钱兼使"的法令。其重要性就在于，这是明朝首次以法权形式肯定了白银为合法货币，而且是用法权形式把白银作为主币的货币形态固定了下来。因此，也可视作明朝建立银本位货币体系的证明。至此，贵金属白银成为法定的称量货币与铜币并行，中国正式成为采用银本位货币体系的国家。

明穆宗隆庆元年，诏"准贩东西二洋"，引发了东南沿海蓬勃的海上贸易，也打开了外国银元流入中国的源头。贸易中，外国对中国丝茶瓷器商品的渴望远远超过中国对外国物品的需求，中国始终保持出超的地位，贸易的外方

---

① 　万明：《明代白银货币化的初步考察》，《中国经济史研究》2003年第2期。
② 　吴量恺主编：《中国经济通史》第7卷，湖南人民出版社2002年版。

只能用白银换取中国商品。这次开放政策在中国古代经济史与对外贸易史上有重要地位，当代史家多称它为"隆庆开海"。它突破了朝贡贸易的局限，万历时，已是"今通海者十倍于昔矣。浙以西造海船，市丝之利于诸岛，子母大约数倍"①。

明朝，中国白银的输入，以西班牙、葡萄牙与日本的为主。

美洲是16—18世纪时期世界最大的白银产地，从1571年西班牙占领马尼拉起，美洲的白银开始源源不断地流入中国。其流入中国数量之大，一度使欧洲贵金属输入量锐减。美国经济史学家汉密尔顿就曾指出，与1591—1600年间相比，1641—1650年间美洲黄金输入欧洲数量减少92%，白银减少61%，这一减少与中国—美洲贸易扩大有关②。仅万历十四年（1586年），马尼拉西班牙官员Redro De Rojas致国王菲力普二世的信中报告说："每年此处有三十万比索流入中国，本年竟达五十万比索以上。"③西班牙白银在明代后期流入中国的总额达到112000000比索④。据史述，一比索约合明制七钱五分（崇祯年间，梁兆阳修《海澄县志》卷11云"银钱大者七钱五分，夷名黄币峙"，故可估算白银一两合1.33比索），故此流入额相当于84000000两白银。

葡萄牙自嘉靖三十二年（1553年）开始入据澳门后，就把澳门逐步发展为在东方进行三角贸易的中心，每年将一定数量的本土白银，从里斯本运到澳门，经购买中国货物的过程流入中国。这一史实，中国史籍中曾有记载说，澳门是葡萄牙"海舶出入咽喉，每一舶至，常持万金并海外珍异诸物，多有至数万者"⑤。由于运至澳门的西洋枪炮、玻璃制品等欧洲货物，远不足以交换欧洲市场急需的中国丝绸、茶叶、瓷器，仍必须以大量白银弥补贸易差价。佩德罗·德·贝萨记述1609年的这一情况说：从里斯本运往果阿的全部白银，都

① 丁元荐：《西山日记》卷上，载《续修四库全书·子部·杂家类》，第1172册。

② 汉密尔顿：《美洲财富与西班牙的价格革命（1501—1650）》，第50—51页，巴塞罗那1975年版；转引自张铠：《晚明中国市场与世界市场》，《中国史研究》1988年第3期，第3—15页。

③ Blairand Robertson："The Rhillipine Islands"，参见全汉升：《明清间美洲白银的输入中国》。

④ 王裕巽：《明代白银国内开采与国外流入数额试考》，《中国钱币》1998年第3期。

⑤ 周玄：《泾林续记》。涵芬楼秘籍本《学海类编》记同，仅略有异文。

通过澳门流入了中国（C.R.Boxer,"Plataes Sangve", pp.460-461）。经统计，明代后期由葡萄牙本土流入中国的白银总额为 42762750 两[1]。

流入中国的海外白银另一个主要来源地是日本，日本也是明代白银最初的来源。从嘉靖二十三年（1544 年）起，中国海商大多"以贸银事往日本"（吴晗：《朝鲜李朝实录中的中国史料》卷 220），江浙闽广沿海之民也竞相私市贩贸白银。在相互贸易的过程中，由于"旧本无货，只有金银"[2]，华船售出贩卖货物后，皆满载白银而返，日本的白银大量流入中国。"有大量史料表明，每次中日贸易的船队远远超过十至二十只，据此可知，在此期间的每一次中国船队赴日，至少运回二十二万五千两白银。"[3]据王裕巽先生估算，自嘉靖三十九年（1560 年）至崇祯十七年（1644 年）的 84 年间，由日本流入中国的白银总额中，仅属中国商船运返之一项，已达 91274400 两[4]。

由于各种困难，实际上我们很难精确地估算出明朝时期国外流入的具体白银总额。但是无论如何，有一点是可以证实的，那就是在大量研究基础上做出的估算，证明了日本白银产量的绝大部分和占美洲产量一半的世界白银流入了中国，总数极为庞大。明朝经海上贸易流入中国的白银，远超其 270 余年间国内开采的白银总量[5]。

二、世界航海对明朝白银输入的影响

郑和下西洋之后，世界航海史上又出现了几次具有世界性历史意义的伟大航海活动。1488 年，迪亚士发现好望角；1492 年，哥伦布发现美洲新大陆；1497 年，达·伽马发现通往印度的航线；1522 年，麦哲伦率领船队第一次完成了环球航行。所有这些伟大的航海活动，推动了全球历史的发展，具有深刻的历史意义，就本书所要讨论的问题而言，有两个方面的影响比较大。

---

① 王裕巽：《明代白银国内开采与国外流入数额试考》，《中国钱币》1998 年第 3 期。

② 顾炎武：《天下郡国利病书》卷 930。

③ ［英］阿特韦尔：《国际白银的流动与中国经济》（1530—1650），《中国史研究动态》1988 年第 9 期。

④ 王裕巽：《明代白银国内开采与国外流入数额试考》，《中国钱币》1998 年第 3 期。

⑤ 晁中辰：《明后期白银的大量内流及其影响》，《史学月刊》1993 年第 1 期。

首先，这些航海活动使全球各地区之间的联系更加紧密，使中国能够与西欧乃至美洲进行贸易，促进了中国对外贸易的发展。中国依靠沿海港口，与日本、朝鲜、琉球以及西洋各国进行贸易，形成了东亚、东北亚以及东南亚贸易圈。这些贸易圈，不仅沟通了中国与这些地区之间的贸易，同时又与西欧市场有着密切的联系，成为联系中国与西欧进行贸易的桥梁。同时，中国商人还可以借用占领着菲律宾的西班牙人的帆船，横渡太平洋，与遥远的美洲进行贸易。中国对外贸易的领域顿时开阔许多。

其次，美洲的发现使得美洲的资源被大肆发掘，尤其是白银，因此导致了大量的白银流入中国。16世纪中期，西班牙殖民者在美洲发现了大量的银矿，仅秘鲁的波西一地，到16世纪末期，年产白银达20余万公斤。据巴雷特的估算，16世纪，美洲共产白银约17000吨，平均年产量170吨；17世纪，平均年产量上升到420吨；18世纪白银总产量74000吨，平均年产量740吨。这些白银几乎全为欧洲殖民者掠夺，17世纪，大约有31000吨输入到欧洲，18世纪，这个数字上升到52000吨。[①]同时，欧洲殖民者还把美洲当作商品倾销地，从欧洲和世界其他各个地区运输货物到美洲销售，仅从中国转销过去的商品，数量就很巨大。1602年5月15日，殖民地秘鲁的蒙特瑞公爵在给西班牙国王的信中说到中国丝绸销往当地的情况："每年只要有四艘商船开往秘鲁，所有的衣料都会销售一空，其他货物也一样。人们一向都穿新西班牙和中国运去的衣料……现在只要中国丝货大量运来，秘鲁的供应便不虞匮乏。"[②]在墨西哥的阿卡普尔科，同样堆积着大量的中国丝绸。墨西哥诗人布兰西斯·布雷特·阿特这样写道："每年一次的中国船啊，运来沉沉的橡胶、香料和光华润泽的丝绸，堆积在阿尔普尔科港口。"[③]从当时全球各国的经济发展来看，中国无论是在农业还是手工业和生产技术上都领先于世界，这就决定了中国在全球贸易中的核心地位，而这种核心地位就突出的表现为中国的大量商品销往海外，而海外国家却很少有商品销往中国，因而它们只能用通用的国际货币来购买中国的

---

① ［德］贡德·弗兰克：《白银资本——重视经济全球化中的东方》，中央编译出版社2000年版，第202页。

② 安·罗伯逊：《菲律宾群岛》第12卷，克利夫兰，1903—1909年，第64页。

③ 许必华：《漫游印地安之邦》，安徽人民出版社1981年版，第320页。

商品。如中国与吕宋的贸易，张燮说："东洋吕宋，地无他产，夷人悉用银钱易货。故归船除银钱外无他携来，即有货亦无几。"[①] 再如中国与东南亚一些地区的贸易，1614 年 11 月 14 日，一名访问过下港的英国舰队司令约翰·朱尔典在日记中叙述道："每年二月底，有中国帆船三、四、五只来到万丹……中国人由中国带来铅钱交易，把在当地赚得的银钱运回去，因此我们和荷兰人尽管携带了巨额的资金到万丹，却因为中国人年年把银货运回去，仍然使流通钱大大缺乏。"[②] 这些国家和地区，几乎毫无例外的没有回头货销往中国，都是用白银购买中国商品，因此导致了大量的白银流入中国。究竟有多少白银流入中国，很难确切统计。国外学者里德认为，"在 1601 年至 1640 年这段时间，东亚共获得大约 6000 吨白银，平均每年 150 吨，其中有 4500 吨出自日本，几乎所有的白银最终流入中国"。[③] 国内著名经济史专家梁方仲先生估计，"由万历元年至崇祯十七年（1573—1644）的 72 年间，合计各国输入中国的银元由于贸易关系的至少远超过一万万以上"。[④] 此外尚有或多或少的估计。

在 16 世纪上半期以前，欧洲国家产生了一种炽烈的黄金渴望，而郑和下西洋的时候，明朝同样面临着"钱荒"。当时随着社会经济的发展，需要更多的货币流通，但由于铜和银的储备不足，因此货币总量不够；再加上当时政府进行的战争，迁都北京等，更加剧了"钱荒"。近年来，有不少学者认为，郑和如此费时费力七下西洋，似乎也只有从"冲着黄金白银去"才解释得通。统治者和郑和希望通过国际间的贸易往来，用中国的丝绸、茶叶、瓷器等换回中国急需的贵金属。而对郑和下西洋的目的，目前流行的解读之一是"宣德化而柔远人"，推行明王朝的"礼治"外交，同时发展"朝贡贸易"。然而不巧的是，郑和七下西洋的时候，正好碰上欧洲的"银荒"。欧洲禁止金银输出，所以，从郑和随从的记事日记中可以看到，在同欧洲诸国的贸易中，中国产品换

① 　张燮：《东西洋考》卷 5。

② 　转引自沈定平：《关于中国商人在马来群岛发行货币铅钱的考察——明清之际国际市场与国内市场相互联系相互影响的一个实例》，《中国经济史研究》1992 年第 3 期。

③ 　［德］贡德·弗兰克《白银资本——重视经济全球化中的东方》，中央编译出版社 2000 年版，第 207 页。

④ 　梁方仲：《明代的国际贸易与银的输出入》，《中国社会经济史集刊》第 6 卷第 2 期，1939 年。

回来的几乎都是珠宝、香料、珍奇异兽等，至于黄金白银，多是同非洲国家、部落贸易所得。

很多资料显示，郑和七下西洋是向阿拉伯地区航行的，最远处甚至抵达了非洲东海岸蒙巴萨、莫桑比克一带。可惜的是，当时全世界黄金年产量的大约80%都来自西非，相比之下东非的出口物仍然以原始材料为主。而相信地球是圆的的欧洲人，却无意中发现了盛产黄金白银的新大陆，不仅化解了欧洲的"银荒"，而且为一个全球化贸易时代拉开了序幕。美洲大陆被发现后的16—18世纪，西属美洲的白银产量约占全球的80%。据一些外国专家估计，这其中又有1/3—1/2流入了中国。明后期，世界另一个白银的重要产地是日本，约占世界产量的15%。而日本生产的白银，绝大部分都输进了中国。

世界经济体产生联系的方式可以认为是比较简单的，那就是"白银贸易"：欧洲人渴望获得中国的手工业品、加工后的农产品、丝绸、陶瓷和茶叶，但是没有任何可以向中国出售的手工业品或农产品。而中国在商业经济的扩张中似乎对白银有一种无限渴求。欧洲正是通过美洲产的金银这种"商品"，获得了加入以亚洲为中心的世界贸易的资格。白银流入中国，并非仅有贸易一途。欧洲人向中国输进美洲的白银，但同时套走了大量黄金。由于黄金在中国不是货币，所以与世界其他地方相比（比如欧洲实行的是金银本位），中国的金银比价通常比较低。

有数据显示，16、17世纪间，中国、日本、欧洲三地金银比价存在较大差价，中国金银比价为1：（5.5—7），日本为1：（12—13），欧洲为1：（10.6—15.5）。也就是说，欧洲商人将日本、美洲白银输入中国套换黄金，可获利一倍以上。由于缺乏黄金，又使中国没能及时实现金本位，这也部分导致了中国这个经济上称雄了世界1000年的国家，错过了工业革命，并逐渐被欧美取代，最后发展到挨打的地步。

三、白银流入对中国经济产生重要的影响

在汹涌而来的外国银元冲击下，明代时期的中国与外贸有关的丝茶瓷器等产地的商品生产很快被带动起来，出现了一系列经济发达的市镇，资本主义的生产关系也因此滋生萌芽。更由于海外贸易事业的兴旺，不少行业中人积聚了

雄厚的资本，形成了粤商、闽商、徽商、晋商、吴越商等商人势力集团，对地方政治产生了相当大的影响。

（一）明朝白银货币化促进新经济因素的产生

明代中后期白银大量流入中国，为工商业的资本积累准备了条件，有力地推动了晚明工商业的发展。同时由于必须要通过商品输出的贸易手段才能获得白银，使得中国市场得以与世界市场接轨，中国商品开始在全球范围内周流。这对中国传统的自给自足的自然经济来说，不啻是一个叛逆。

中国向外出口的商品中，苏杭地区的丝织品是最受欢迎的商品之一。万历时张瀚曾说："余尝总揽市利，大都东南之利，莫大于罗、绮、绢，而三吴为最。"①。在这种条件下，形成了"机户出资，机工出力，相依为命久矣"的新型经济关系②。在丝织行业率先出现了资本主义生产关系的萌芽，绝不是偶然，其深层次的动因即是白银货币化进程的发展。与此同时，白银货币化的发展使城市的政治功能与经济功能逐渐脱离，促成了新型工商业市镇和市民阶层的兴起，并日益冲击着封建宗法关系。所谓"货币权力"开始挑战政治权力，封建等级制度逐渐破坏。

白银的大量流入，有力地支持了中国经济在较长时间内保持世界先进和核心的地位。白银的流入本身就是中国经济位于世界前列的结果，而反过来，白银的流入既增强了中国经济的活力，又加强了财富的积累，进一步巩固了中国经济的核心地位。贡德·弗兰克在《白银资本》一书中，从全球白银流动的角度得出结论：1850年以前，亚洲是全球经济的中心，而中国又是亚洲的中心。

（二）白银货币化带来初期的金融机构的出现

《金瓶梅词话》中描写最早的银行在当时称为"钱铺"，其最基本的金融功能是兑换。货币化进程中典当行业也具有了金融借贷的性质，而货币财富也开始向高利贷资本转化。历史学家吴晗指出："当铺唐、宋时名长生库，僧徒坐拥田园，收入至厚，设库质钱，独规厚利。……至明则且由政府规定当铺事例，全国各都会均有当铺。"③

---

① 张瀚：《松窗梦语》卷4《商贾记》。
② 《神宗实录》卷361，万历二十九年七月丁未条。
③ 吴晗：《吴晗文集》第一卷，北京出版社1988年版，第436页。

首先，国外白银的大量流入保障了白银的供给，促进了白银的使用和流通。明代学者顾炎武说，白银的使用越来越普遍，"食粮折输变卖，无不以银，后遂以为常"。① 特别是在白银流通较早的岭南地区，白银的供给几乎全仰着国外白银的流入，"用银始于闽粤，而闽粤银多番舶而来"。②

其次，白银作为一种国际间的普遍货币，其大量地流入中国，扩大了中国的商品输出。明代及清代，中国商品之所以能持续大量畅销海外，就是有白银作为国际贸易的润滑剂。商品输出的扩大就是市场的扩大，而市场的扩大又反过来促进国内生产的发展。当时我国丝织业规模较大，这与丝织产品的大量出口有着密切的联系。不仅如此，由于大量资本在这个行业积累，使该行业形成了广阔的世界市场，推动了行业内部生产关系的发展。明代中后期，出现了"机户出资，机工出力，两者相依为生"这种资本主义生产关系的萌芽，并非偶然。

（三）白银货币化引起人们思想观念上的大波动

随着商品经济的发展，社会财富的增加，尤其是白银货币化之后货币经济的高涨局面，使人们抛弃了一切古老而苍白无力的道德说教，狂热追逐金钱。这成为衡量人们社会地位的新标准。如今人最易动心的无如财，只因人有了钱财，"便可高堂大厦，美食鲜衣，使婢呼奴，轻车骏马。……又有那些趋附小人，见他有钱希图叨贴，都凭他指使，说来的没有个不是的，真是个钱神"③。《金瓶梅词话》描写西门庆为了赚取更多的钱财还采取与官吏勾结的方式偷税漏税④。《明史·食货志》记载：如果按明政府"凡商税三十取一"的规定，西门庆一万两银子的货物，至少应交纳三百三十余两税银，而他却只纳了三十两五钱。除去送礼用去的五十两，一次就少交税二百余两。由此反映出当时上下求银，金钱至上，赤裸裸的金钱关系。在商业经济繁荣的刺激下，越来越多的官员也卷入到经商牟利的潮流之中，生活的风气大变，"舍本逐末"成为风尚，甚至连太监也进行商业活动。封建思想开始向资本主义思想转化，价值观念也

---

① 顾炎武：《日知录》卷11。
② 邓淳：《岭南丛述》卷34《粤中见闻》。
③ 陆人龙：《三刻拍案惊奇》第16回《见白镪失义，因雀引明冤》。
④ 兰陵笑笑生：《金瓶梅词话》第58、59回，人民文学出版社1995年版。

由原来的重农抑商转变为工商皆本。

（四）白银货币化带来国家税收的货币化

随着"一条鞭法"的实行，明后期逐渐田赋货币化、徭役货币化、盐课货币化、关税货币化。由于商品经济的发展，出现了以东南沿海为中心，沿长江和运河向内地辐射的商品贸易的新型格局，并在其沿岸陆续兴起了一些新的工商业城市。

商品贸易繁荣使明代的税收机构——钞关的税收急剧上升。与此同时，盐课开始由实物向货币化转化，盐引（即由盐政衙门按分区界限发给盐商运输、出售官盐的凭证）作为信用票据，在专卖垄断下，由于利润很大，竞争专卖权十分激烈，成为明代宗室和官僚的商业活动和特权，获得盐引之利。

但是由于"两田制"的分散经营，资本市场的落后，商业对资本的超低吸纳能力，使地租不能顺利地转化为商业资本；封建王权对私人产权的侵蚀，封建宗法制的内部组织产权结构，阻碍资本雇佣劳动生产关系的良性发展的原因，即资本流通上的制度约束和资本雇佣劳动力能力的缺失，在这两个条件没有得到根本的制度完善的前提下，制度上的强行转变，因此明代资本主义萌芽没有发展起来，也没有发生封建经济向资本主义经济大规模的制度变迁。

（五）货币从贱金属铜钱向贵金属白银转换对资本主义经济的产生与发展起了积极的推动作用

货币发展史证明：一种货币形式的产生，离不开政治、经济、社会现实。中国自秦汉以来基本是统一的封建国家，长期自给自足的自然经济，传统上盛行重农抑商的思想。在这种历史条件下，老百姓日常交易量并不很大，贱金属铜基本可以满足人们日常所需。

明朝初年，明太祖朱元璋采取"闭关锁国"政策，不许寸板下海，经济发展滞缓。但到了明中叶以后，随着我国人口、经济规模空前扩大，商业化程度加深。没有货币的流通，就不可能有活跃的市场，贵金属货币流通、循环，注入人们全部社会经济生活，使得市场前所未有地活跃起来。中国社会从小农经济向市场经济的转变，促使历史呼唤更高价值、更加活跃的货币角色，商品经济的发展，客观上需要一种稳定的通货，元末和明初纸币钞法混乱造成的通货膨胀迫使纸币退出历史舞台，正好为金银货币化提供了最好的历史机遇，白银畅行于社会各个领域，对货币文化生了深刻影响。

明朝中叶商品经济的繁荣、手工业的发展、商帮的形成、市镇的兴起，都与白银货币化的进程产生了相互推动的作用。明初时，实行各地轮班匠到京师服役制，因工役困苦不堪，工匠纷纷用怠工、避班、隐冒和逃亡等方式进行反抗。为了避免工匠的反抗斗争，随着商品货币经济的发展，明政府改变了对工匠的剥削方式。成化二十一年（1485 年），规定轮班匠不愿当班者，可出银代役。到嘉靖四十一年（1562 年），明政府索性下令班匠"不准私自赴部投当"，一律以银代役，每名每年纳银四钱五分，称"班匠银"。① 明朝这种班匠银制度的改革，使封建政府对工匠的人身控制有所减弱，使民间手工业得到较大的发展，给明中后期商品经济的发展创造了有利条件。

万历元年（1573 年），著名政治家张居正出任首辅后，改革赋役制度，推行合役、赋、方物、土贡为一，概行征银的"一条鞭法"，促进了白银流量的增加和使用范围的扩大，使之成为社会普遍需要的价值尺度。"一条鞭法"的推行，不仅对赋役制度本身是一种改革，而且对社会经济的发展也产生重大影响。工匠的人身依附关系向物的关系转变，形成了新的社会关系，使中国的封建社会逐渐从传统社会向近代社会转变。农产品的商品化程度也日益提高，从重农抑商到工商皆本思想的转变，促进了商业经济的发展。这样一种强大的政治推动力，同时提高了白银的地位，形成无论大宗商品交易还是日常买卖都以白银作价的习惯。"一条鞭法"的全面推行，表明明朝中央政府正式承认了白银的本位货币地位。货币财政制度本身是在已相当发展的商品经济基础之上建立的，而一切税课、力役折银缴纳，又直接扩大了白银货币的使用范围，同时大大削弱了农民对封建国家的人身依附关系，更多的农民得以摆脱土地的束缚去从事工商业，进一步促进了工商业的发展，也间接扩大了白银货币的使用范围。凡此种种，都使白银本位币的地位更加巩固。

白银货币化的过程与资本主义经济的发展互相推动、互相促进。白银的广泛流通，大大增强了交换手段，对商业的繁荣无疑会有很大的推动作用。白银

---

① 申时行：《明会典》，中华书局 1988 年影印本。

的大量内流，使国内商业资本趋于活跃，手中握有大量的白银的商人可以进行全国性的商业活动，使明后期的商业资本异常活跃，促进了全国性的商品流通。

由此可见，中国明代中叶社会经济的发展，商业的繁荣，手工业的兴盛推动了白银作为货币在流通领域广泛运用，政治、经济和社会现实都决定了贵金属白银的货币化是适应其发展需要的必然规律。

（六）明代银本位确立揭开世界经济一体化、全球化的序幕

我国不是金银的丰产国，这是制约我国金银货币化的重要因素之一。自南宋以来，中国大量购买海外珍宝、香料、药材，造成长期贸易逆差，金、银、铜钱大量外流，成为一个严重问题。明朝中叶时，白银渗透到整个社会流通领域，因此促使社会各阶层产生了对白银的需求。明后期不但大宗交易用银，而且连小买卖也用碎银，我国并不盛产白银，白银不足形成"银荒"，万历年间开采银矿达到高潮。这一巨大的日益增长的白银需求，使当时国内白银储存量以及银矿开采量严重不足的矛盾凸显了出来，求远大于供，白银价值增大，向海外的寻求成为必然。

由于明代贸易的快速发展，货币需要很大的流通量，然而明初的"洪武通宝钱""大明宝钞"无法满足当时流通的需要，大量铜钱体积大、重量大，也不方便携带，影响了商品经济的发展，阻碍了贸易的开展。明中叶，中国海商运回大量拉丁美洲的白银，解决白银紧缺问题，明政府开始承认白银的货币地位。白银作为货币，具有不变质、易分割、价值高等优点，广泛适用极大地推动了商品经济的发展，使与各国的贸易受益甚多。

白银在明朝中期以后的大量输入，促进了生产的扩张与贸易的发展，从供给和需求两个方面推动了银本位的确立。在供给方面，在生产力发展达到一定水平的前提下，白银成为本位货币的物质前提是国内市场白银存量足够满足流通之需，明朝时外国白银大量地流入中国，为白银在流通领域的地位奠定了坚实的物质基础。在需求方面，首先，出口市场的迅速扩大，使手工业发达的南直隶南部（今苏南、上海）、浙江、广东、福建、江西等地呈现出一派繁荣景象，成为全国经济发展最快的地区，又通过连锁效应进一步带动了北方和广大内地的经济发展。今日相对贫穷的赣南，当时是通往广东外贸口岸的商道，百

业兴旺。① 对外贸易对明朝中国商品经济发展的直接促进作用之大，从中国商品外销与内销规模比较中可见一斑。其次，商品经济的发展，客观上需要一种稳定的通货，但明政府发行的宝钞和铜钱币值都不稳定。加之私人盗铸猖獗、政府货币政策变动无常，致使宝钞和铜钱信誉都不高。这样，在供给充足而又有着广泛需求的有利时机，白银作为一种供给随经济发展稳步增长并摆脱政府干预的稳定通货，终于登上了历史舞台。

明朝时中国是当时世界上最大的经济体，也是最大的白银需求国，直接影响了白银作为国际通用结算方式用于世界贸易。这种国际交换关系，一端联系的是中国商品，另一端联系的是白银，形成了市场网络的世界性链接。中国白银货币化促使白银的世界货币职能得到了全面实现，于是，一个首先建立在白银世界性运动基础之上，以白银为国际贸易结算方式的世界经济体系雏形产生了。这正是经济全球化的开端。所以说明朝时白银的货币化对世界经济一体化、全球化作出了突出的贡献。②

从总体来看，白银货币化具有重要意义。它的出现，是中国社会内部蕴藏社会转型趋向的产物；它的奠定，是转型变革中的中国与正在形成中的整体世界相联系的产物，也即中国与世界互动关系的产物。这里所要强调的是，由于中国社会内部发生的变化，白银货币化初步奠定，产生了巨大的社会需求，市场经济萌发并以前所未有的发展趋势极大地扩展，中国由此主动走向了世界，而不是如既往所认识的，是西方东来导致中国被动地与世界衔接起来。当世界逐渐形成一个整体的世界之时，一个世界经济体系不是西方创造的，明代中国曾积极参与了世界经济体系的初步建构，为整体世界的出现作出了重要的历史性贡献。就此而言，明代白银货币化意味着中国社会转型和整体世界新时代的到来，在中国史乃至世界史上具有划时代的意义。

综上所述，明代的外贸在世界上取得了极其突出的成就，让中国始终处于一种出超的地位，而这些外贸上的成就带来的影响就是国外白银向中国的大量流入，这些白银的流入，对于当时中国经济的发展，起到了极其重要的影响。

---

① 张卫华：《浅析银两在明代得以盛行的原因》，《经纪人学报》2006 年第 2 期。
② 万明：《明代白银货币化：中国与世界连接的新视角》，《河北学刊》2004 年第 3 期。

有明一代，正是白银货币化日益发展并最终取得法定货币资格的时期。白银的流通和使用，需要大量的白银供给，然而，明代国内的白银供给严重不足。吴承明先生曾估计，明代国内白银产量盛时年约 30 万两，16 世纪即见下跌，17 世纪早期记录仅数万两，连同隐漏不过 20 万两。[1] 这样的供给势必很难满足流通的需要，因此"天下之民惶惶以匮乏为虑者，非布帛五谷不足也，银不足耳"。[2] 社会上普遍存在"银荒"。因此，国外白银的流入对中国的经济产生了重要的影响。

明后期白银的大量内流也有它消极的一面。这主要表现在明后期物价上涨，出现了"物重钱轻"的状况。赋役折银交纳，大大加重了人民的负担。尤其是商品经济不发达的内地和西北地区，老百姓受的剥削特别重。明朝后期，从最高统治者到下层士大夫，贪婪之心都急剧膨胀，以至万历时出现了矿监税使四处搜刮的局面，社会奢侈成风，东南沿海地区尤为强烈。由于白银价值高，便于储藏，致使"窖藏"白银成风，使大量白银退出了流通领域，影响了商品经济的进一步发展。再加上仍有许多人乐于购置土地，从而大大限制了商业资本向产业资本的转移。这正是资本主义萌芽长期处于"萌芽"状态而不能发展壮大的重要原因。同时，白银的广泛流通促使高利贷资本日益活跃，使许多贫苦群众陷入高利贷罗网而难以自拔。这些因素加在一起，明显地加剧了晚明社会的不稳定。

[1]　吴承明:《18 与 19 世纪上叶的中国市场》,《货殖》第 3 辑。
[2]　张廷玉等:《明史》卷 214《靳学颜传》。

第五章　明代对外开放的社会影响

一、明代的对外开放对当时中国社会产生很大的影响

明代的对外开放开阔了商品市场，把中国特色的商品传出国外；巨额海外白银流入中国，加快了中国自然经济转向货币经济的步伐；明代的财政政策发生了根本的转变，货币财政政策确立[①]；中外文化交流成为明代中后期的一个重要文化特征，中国的瓷器文化在欧洲传播，耶稣会的著作在明末清初得到了广泛的流传。

中华民族面向海洋，探索海洋，不断谱写了海洋文化的新篇章。郑和率领的七下西洋壮举，拉开了15世纪世界大航海活动的序幕，为世界航海事业作出了卓越贡献。郑和下西洋这一世界航海史上的壮举，既是中华民族千百年来海洋活动的巍巍丰碑，又是15世纪世界大航海活动的序幕，就其具体内容和表现形式而言，实质上是15世纪中华民族向海洋的一次大进军。诚如金叔平、吴志良所言："郑和下西洋是世界早期全球化的尝试，对人类文明的发展和交流作出了不可磨灭的贡献。"[②]郑和下西洋以后，葡萄牙亨利王子的航海探险，哥伦布的美洲冒险，达·伽马的绕过好望角，麦哲伦的环球航行，前后继起，影响日益深远。而所有这一切带来历史新纪元的世界大航海活动，正是由郑和下西洋肇其端的。郑和七下西洋，庞大的船队，遥远的航程，精湛的航海技术，出色的组织水平，有效的后勤保障，完善的港口设施，珍贵的航海结晶《郑和航海图》等，都体现了郑和下西洋对世界航海事业和海洋文化的贡献，也促进了世界航海技术特别是中国与阿拉伯航海技术的交流。

---

① 梅新育：《略论明代对外贸易与银本位、货币财政制度》，《学术研究》1999年2期。

② 金国平、吴志良：《〈1421年——中国发现世界〉中葡萄亚史源之分析》，《九州学林》第2卷第1期，2004年春季号，第311、399、340、345、315页。

二、商品经济快速发展，与各国经济交流增多

随着社会生产力的发展，江南商品经济呈现出活跃的态势，农产品商品化程度不断提高，民营手工业也有了飞跃性的扩张，明后期还出现了以专业划分的几大手工业中心区域，如松花江的棉纺织业、苏杭二州的丝织业、芜湖的浆染业、景德镇的制瓷业等。景德镇成为全国瓷器制造业的中心，"其所被自燕云而北，南交趾，东际海，西被蜀，无所不至，皆取于景德镇，而商贾往往以是牟大利"①。农产品及手工业品的空前丰富，为明后期国内外贸易提供了充足的货源，而海外贸易的超额利润，也使中国沿海商民强烈要求开放海禁。明后期，部分开放海禁，实行对外贸易的限制性开放政策。

16 世纪以后，随着欧洲人的东来，国际贸易逐渐形成，中国海外贸易日益突破传统的区域，不再限于亚非地区，中国商品开始流播于欧美各地，各地商品也广泛进入中国。主要的出口商品有瓷器、漆器、茶叶、麝香、樟脑、雨伞、生丝、丝绸、丝绵、金、银、铜钱、铁器、金属制品、书籍、纸张、粮食、建筑材料等。主要的进口商品既包括奢侈品及珍禽异兽，也有手工业原料性产品及生活日用品。②出口商品中，丝及丝织品是明代最大宗的出口商品，随着海上交通的发展，中国丝织品传遍了世界各地；瓷器是当时位居第二位的大宗出口商品，明初已遍及亚、非两大洲，中后期在欧洲市场上掀起热潮。

随着世界贸易的发展，明代中国与世界各国交流增多。中外植物品种交流，中国的茶树、柑橘及樱桃等沿新航线传到美洲，而经济作物如烟草、落花生及瓜果等，粮食作物如番薯和玉米等传入中国，大大促进了我国经济的发展。

明代中外贸易的开展，带动了中外技术的交流。明前期交流主要是在亚洲国家间进行，后期则主要是与欧洲国家的交流。中国的农业生产工具犁具、水车及水磨等，精耕细作的农业生产技术、计量工具、丝织技术、建筑技术、印刷技术、陶瓷等传到了东南亚，促进了东南亚社会经济的发展，对于东南

---

① （万历）《江西省大志》卷 7《陶书》。
② 孙玉琴：《中国对外贸易史教程》，对外经济贸易大学出版社 2006 年版。

亚与欧洲资本主义市场的联系起了有益的推动作用。明代传入中国的最著名的是来自阿拉伯的玻璃制造技术，中国玻璃制造水平逐渐赶上了西方。欧洲的科学技术迅速发展，其先进的技术传入中国，刺激、促进中国科学技术的发展。

白银的大量内流，使国内商业资本趋于活跃。手中握有大量白银的商人，可以进行全国性的商业活动。这在徽商身上表现得最为突出。明朝后期，徽商成了势力最大的商业资本集团。史载："新安（徽州）大贾，鱼盐为业，藏镪有至百万者，其他二三十万则中贾耳。"有的商人拥有上百万两白银，这在明代以前是几乎看不到的。徽州商人的足迹几乎遍布全国各地。例如扬州的繁荣就和徽商的关系很大。"徽人在扬州最早……扬州之盛，实徽商开之。扬（州），徽商之殖民地也。"山东的临清亦然，"临清十九皆徽商占籍"。另外，还有粤商、闽商、吴越商等商业集团，握有巨资，组成商帮，到处建立会馆，进行大宗的商品贩卖，使明后期的商业资本显得异常活跃。

在商业经济繁荣的刺激下，明朝廷官员早置官员不准经商的禁令于不顾，越来越多的官员卷入到经商谋利的潮流中来。商业的发展促进了都市的繁荣，这在东南沿海一带表现得最为突出。例如广州、福州、漳州、宁波等城市，都既是对外贸易商港，又是商业都会。以东南沿海地区为中心，沿长江和运河向内地辐射，在其沿岸陆续兴起了一些新的工商业城市。例如山东的临清，"一城之中，无论南北货财，即绅士商民，近百万口"。其他如武汉三镇、成都、淮安、济宁等城市，商业活动都呈现出空前繁盛的局面。

在这种历史潮流的推动下，贱商的观念也开始改变。徽州的士人十之七八走上了经商的道路。他们"以儒而贾，以贾而儒"，甚至"左儒而右贾"，习以为常。这种思想既是商品经济发展的产物，反过来又为商品经济的进一步发展开辟了道路。

繁荣的对外贸易有利于广州等沿海地区商业和手工业的发展。广州城及附近市镇出现了大规模的手工业作坊，丝绸、陶瓷、铁器、布匹、蔗糖远销海外，珠江三角洲的经济作物甘蔗、桑树等种植面积也因之扩大。由于粮食生产等已不能满足需要，要从海外进口谷米和棉花，于是私人出海贸易逐渐增加。又因土地兼并十分激烈，失去土地的农民纷纷前往东南亚等地谋生，为当地经济建设作出重大贡献，并密切了我国和当地的联系。

在马克思看来，贵金属的充分供给是资本主义性质的生产得以发展的重要条件之一。他指出："应当说，资本主义生产是和它的条件同时发展的。其中条件之一就是贵金属有足够的供给。"因此，中国资本主义萌芽首先发生在东南沿海地区，这绝不是偶然的。前文已论及，白银的大量内流推动了商品交换经济的发展。"商业和商业资本的发展"，对封建经济结构必然要或多或少地起瓦解作用，而对资本主义萌芽来说，它就像是温床。马克思在《〈政治经济学批判〉导言》中说："当市场扩大，即交换范围扩大时，生产的规模也就增大，生产也就分得更细。"生产组织规模大和分工细正是资本主义萌芽的重要特征。

白银的大量内流，使得一些人手中掌握了大量的货币资本，其中必有一些转向生产领域。这种转移对资本主义萌芽的产生有着极为重要的意义。明后期一些商人兼营产业，这本身就包含着商业资本向产业资本的转移。例如徽州的"朱处士"，他原是商人。有了资本后，就在闽北山中经营起矿冶业来。"朱处士云沽……从兄贾闽，盖课铁冶山中，诸佣人率多处士长者，争力作以称，处士业大饶。"徽商阮强也是这样，他先在芜湖开设了一个浆染总局，接着又在各处设"分局"，"贾要律"，足迹遍及长江流域和黄河流域八省。明朝后期，许多官商带着大量资本到湖南耒阳开采锡矿。"耒阳……产锡，四方之贸，群萃其中，操其奇赢，役使大众，开冶三十余场，坑夫数十万。"从其规模上可以看出，这些商人的资本已相当雄厚。

白银大量内流还为资本的原始积累提供了物质条件。当时，确实造就了一批手中握有大量货币的富人。海商"所通乃吕宋诸番，每以贱恶什物，贸其银钱，满载而归，往往致富"。这在闽、广为最多。"闽、广奸商，惯习通番……牟利恒百余倍。"像郑芝龙，"岁人以千万计，富拟于国"。明朝后期，人们往土地上投资的兴趣明显减弱，"江南大贾，强半无田，盖利趋薄而赋役重也"，这种现象有利于商业资本向产业资本的转移。

白银作为价值稳定的支付手段，为发展雇佣劳动、实行货币工资提供了条件。这种雇佣关系在当时确实得到一定程度的发展。这种工资雇佣关系的发展正是资本主义萌芽的基本特征。

三、明代与各国的贸易交流频繁

中外双向的经济交流，促进了双方经济的发展，促进了社会的进步。

新航路的开辟，将世界各地区联系起来，亚、非、欧、美的许多国家被卷入了世界经济的旋涡，中国不但保持着与亚非国家的贸易关系，而且与欧洲国家的贸易关系也日益开展起来。明代中国依旧与东亚国家如朝鲜、日本、琉球贸易频繁，与东南亚的印支半岛、菲律宾群岛、马来半岛及马来群岛的民间贸易日益扩大，与南亚、西亚、非洲地区的贸易在郑和下西洋之后进一步密切。

16 世纪初开始，越来越多的欧洲人到达中国，使中国的对外贸易格局发生了急剧的变化，中国与其他国家的贸易关系日趋发展，但是逐渐占据了中国对外贸易关系的主导地位。与欧洲的交流促进双方经济的发展。中国海商引进白银，对明后期商品经济的发展起了有益的作用。而中国商品特别是丝织品的大量销售对西班牙等国的纺织业造成冲击。

明清两朝不仅与亚洲各国，而且与欧美一些国家也发生了贸易联系，其海上贸易可谓全球化了。例如，康熙二十三年（1684 年）开海贸易后的几十年里，向中外商人开放的大大小小的港口记有 100 多处，遍及沿海南北，而以广东最多。明代中国与美洲间的贸易航线起点是福建月港（今龙海海澄）、厦门和广州等地，以马尼拉为中转口岸，终点在墨西哥阿卡普尔科（Acapu1co）；澳门则扮演了中欧贸易枢纽的角色。其中阿卡普尔科在 1550 年左右开始建设，后来逐渐发展为大的贸易港口。明朝当时还没有直达美洲的航线，折中的路线是经中国澳门、菲律宾然后横渡太平洋。

在明清前期，几乎所有亚洲、欧洲、美洲的主要国家，都与中国发生了直接贸易关系。中国之所以占绝对优势，是因为中国地大物博，人口众多，相对于西欧甚至整个世界各国来讲是富饶的大国，由于生产力水平较高，手工业品工艺精湛，中国输出的商品不仅门类齐全，品种繁多，而且物美价廉，在世界市场上成为抢手货。因而在同西欧各国的贸易中，中国长期处于有利的出超地位。因此，中国商品在世界市场上有重要地位，尤其是为中国—菲律宾—拉丁美洲大三角贸易的蓬勃发展奠定了物质基础。①

虽然明朝的海禁政策里,三令五申"寸板不许下海""片帆不准入口",严禁商民出海贸易。即使在海禁严厉的时代,沿海居民依然有人"通番",在开海年代贸易更是频繁。何况随着新航路的开辟和地理大发现,西方对华贸易愿望更加强烈,中西贸易已成为海上贸易主流贸易。

总之,明代的对外贸易虽然政策保守,但海上贸易的兴起确实使贸易水平比以往各朝都有了长足的发展,不管是兴盛一时的朝贡贸易,还是戴着枷锁的私人贸易,都为日后中国的贸易作出了卓越的贡献。

四、对外贸易促进明代货币财政制度的确立

中国古代的国家税收直到商品生产和商品流通已相当发达的唐、宋时期仍以实物为正赋,货币收入在国家财政收入中依然只占小部分。直至明代推行"一条鞭法",白银成为正赋,财政制度才发生了根本转变,其中对外贸易在这一转变中发挥了重大作用。对外贸易的发展,直接增加了政府的货币收入。

海外贸易的发展和白银的大量内流,直接有力地推动了国内商品经济的发展。白银的大量内流使中国货币实现了白银化,确立了银本位制。白银所代表的不是权力,而是商品、货币本身的价值,在交换中可以公平地起到"一般等价物的作用"。这是商品经济得以长足发展的必备条件。同时,白银是一种世界货币,银本位制为进一步开展海外贸易、加入世界经济体系提供了可能。

这一时期海外贸易最重大的成就便是白银的大量内流。其对中国历史的发展产生了极为深远的影响。1602年,西班牙驻墨西哥当局向马德里报告:"每年从阿卡普尔科运往马尼拉的白银总计有500万比索。"另一人甚至说:"中国皇帝能够用从秘鲁运来的银条建一座宫殿。"有人统计,从隆庆五年到崇祯十七年(1571—1644年),从马尼拉输入中国的白银总共约有5300万比索。②

海外贸易的发展和白银的大量内流,直接有力地推动了国内商品经济的发展,手中握有大量白银的商人,可以进行全国性的商业活动。这在徽商身上

---

① 张增香:《试论明清时期对外贸易的特色》,《延边大学学报(社会科学版)》2004年第1期。
② 王士鹤:《明代后期中国—马尼拉—墨西哥贸易的发展》,《地理集刊》1964年第7期。载黄启臣、邓开颂:《明代澳门对外贸易的发展》,《文化杂志》1987年第5期。

表现得最为突出。有的商人拥有上百万两白银，这在明代以前是几乎看不到的。同时，外国商品在中国的流通量迅速增加。在京师，"……凡山海宝藏，非中国所有，而远方异域之人，不避间关险阻，而鳞次辐辏，以故畜聚为天下饶"。①商业的发展又促进了都市的繁荣，这在东南沿海一带表现得最为突出，其他如武汉、成都、淮安等城市，商业活动也都呈现出空前繁盛的局面。所有这些都体现了明后期资本主义萌芽的产生。

当然，繁荣的海外贸易带来白银的大量内流，资本主义产生萌芽的同时，也产生了消极的影响。这主要表现在明后期物价上涨，出现了"物重钱轻"的情况。赋役折银两交纳，大大加重了人民的负担。同时，白银的广泛流通促使高利贷资本日益活跃，使许多贫苦群众陷入高利贷网罗而难以自拔。这些因素加在一起，明显加剧了晚明社会的不稳定。

综上所述，明代的外贸有其重大的成就，并且对封建时期的中国和世界都产生了巨大的影响。然而，作为封建制度下的对外贸易必然有它的局限性，这也是明王朝由衰而盛，又由盛而衰的根本原因。

---

①　张翰:《松窗梦语》卷4《商贾记》，上海古籍出版社1986年版。

下　编
清代丝路贸易与对外开放

第六章　社会环境与政策：清代丝路的发展

　　1644年，满族大军入关，建立了中国最后一个封建王朝——清朝。在清王朝统治中国的前期，即1840年鸦片战争以前，西方资本主义国家经济快速发展，其对亚、非、拉地区殖民掠夺日益加剧。而中国封建社会生产力发展缓慢，在世界经济中领先的地位逐步丧失。然而，清王朝依然以天朝上国自居，鄙视一切外来文明，闭目塞听，使得中国在世界经济与贸易中处于被动地位，故步自封，落后挨打的命运也就难以避免了。

　　清代可以说是一个新旧交替的时期。清朝初年，承明末的凋敝，加以军费的浩大，国家入不敷出。清政府花了半个多世纪的时间，采取一系列重要的政治、军事措施，巩固了诞生于连绵战火之中的封建政权。与此同时，针对战后土地严重荒芜，人口大量流亡的状况，实行了减轻赋税、招民垦荒、安置流民、兴修水利、推广高产作物等措施，迅速恢复生产，使社会经济回复到正常的发展轨道上来。中国腹地因战乱造成的荒地，不仅已经基本垦复，而且耕地面积有了进一步的扩展。人口数量大幅度回升，以至封建统治者开始感到人口的压力。包括农业、工商业在内的社会生产，也顺利地渡过了复苏阶段，进入起飞发展时期[①]。政治局面的稳定与经济生活的良性循环，为以后的迅速发展奠定了坚实的基础。到了康熙时候，社会渐趋安定，岁赋、地丁、盐课与关税大增，国家财赋已有盈余。康熙、雍正二朝，国库积蓄甚厚。乾隆一朝为有清之全盛时代，税收最为充裕，可是国家的开支也因军费支出、皇室浪费、官吏贪污等因素而大为增加。到了嘉庆时，又是入不敷出。清代的国家经济，亦以乾嘉之际为由盛而衰之转折点。

　　在此期间，从康熙四十年（1701年）至嘉庆五年（1800年），也就是史家

---

① 　陈桦、卢忠民：《客观认识清代社会的经济与发展》，《学术月刊》2007年第12期。

所谓的"康乾盛世"时期。清高宗乾隆五十八年（1793 年），正值康乾盛世的末期。此时，中国经济总量占世界第一位，人口占世界 1/3，对外贸易长期出超。鸦片战争前，清朝的 GDP 占世界的 40%，可谓是经济大国。但并非经济强国，经济上还是以小农经济为主，重农轻工贯穿于这一历史时期。这时期是清朝历史最辉煌的时期，同时也是中国封建社会最后一个发展的高峰期。因此，它在中国历史中也占有具有极其重要的位置。

1644—1840 年的清前期近 200 年间，针对尖锐的满汉民族矛盾、西方国家的殖民扩张，清王朝继承并进一步强化了明代对外贸易的严格限制政策。随着外部环境的变化，清代中国对外贸易限制政策又经历了从开海到禁海，从开海设关、多口通商到一口通商的演变历程。

那么，从清代的农业、手工业、商业和资本主义工商业的角度，可以了解 1840 年前的清代经济发展概况，包括各相应行业的发展背景、发展情况，以及外贸的基本情况，包括贸易往来国、进出口货物的种类和数量。

第一节　清代丝路贸易政策形成的国内环境

一、农业

辽阳一带的女真族从事农业生产，但松花江流域和黑龙江中下游地区的女真族则是游牧性的，以狩猎为主。到努尔哈赤时期，社会生产力获得了一些进步和发展。一方面，掳掠而来的汉人和朝鲜人有所增加，他们带来比较先进的生产技术。另一方面，满族人通过与明朝贸易获得犁、铲、耕牛、种子等生产资料。

皇太极即位后，五次侵入关内大量掠夺人口和牲畜，发展生产力，对生产关系也进行调整。同时，注意发展农业生产，皇太极要求屯地的官员懂种植之法，特别注意克服滥役民夫、延误农时问题。经过十余年的努力，社会生产力迅速提高，农业、手工业生产都有很大进步。棉布、粮食，过去缺少，现在已经自给。

努尔哈赤刚刚继承贝勒的尊号时，疲于应付形形色色的内讧，背叛和刺杀。28 岁时，基本统一了建州女真各部落，如何建设这片地盘，成了一个正式课题，被提上议事日程。当时的建州女真，早已经是农业社会。明朝使者曾经对建州农业的先进状况十分惊叹。这其中既有女真人自己摸索的成果，也有汉族移民的帮助。随着军事扩张的加速，人口越来越多。尤其是在创造出文字以后，女真社会经济进入发展的快车道。努尔哈赤尤重手工业生产，包括军器、造船、纺织、制瓷、煮盐、冶铸、火药等。随着清军入关和清朝的正式建立，农业更是成为清朝历代皇帝重视的产业。清朝在康熙、雍正、乾隆的统治时期，农业生产比以前有显著的恢复和发展。

农业方面，清代继承以农立国的方针，十分重视农业生产。农业的发展首先表现为耕地面积的扩大。在中国长达 2000 多年的封建社会里占主导地位的经济形态，主要就是以种植业为主的农业自然经济形态。到了清代顺治一朝，对劳动人民的抗清斗争进行军事镇压，进而出现"人逃田荒""有可耕之田，而无耕田之民"的惨状。尽管也采取过"蠲免赋税""奖励垦荒"的政策，但效果并不明显。到了康熙年间，康熙对发展农业生产、增加国库收入十分重视。他继承和发展了顺治年间的农业政策，采取了一系列在客观上有利于社会经济恢复和发展的措施，为清前期的社会经济，打下了坚实的基础。当时的中国农业养活着中国 90% 以上的人口，农业是人们基本的生存物质来源，也是国家赋税的主要来源。据康熙二十四年（1685 年）奏销册统计，直隶、山西、山东、河南、江南等地的耕地面积比以前都有一定的扩充。山东、河南比顺治时期各增约 200 万余顷。江南的耕地面积在顺治十八年（1661 年）为九十五万三千余顷，康熙二十四年（1685 年）至一百万顷，乾隆十八年（1753 年）为一百五十余万顷。抛荒最多的四川地区，顺治十八年（1661 年）才一万余顷，到乾隆十八年（1753 年）已增至四十五万九千余顷。清代农业生产上注意精耕细作，使单位面积产量有了显著提高。当时，棉花、桑树、甘蔗、烟叶等经济作物的种植也进一步扩大，为手工业的发展提供了更多的原料。康熙二十四年（1685 年）耕地约 600 万顷；嘉庆十七年（1812 年）增加到近 800 万顷；鸦片战争前夕估计在 800 万顷到 850 万顷之间。人口也从顺治年间的 1 亿多，增加到鸦片战争前夕的四亿一千多万[1]。只此两项已可见清代前期社会经

---

[1]　魏金玉：《高峰、发展与落后：清代前期封建经济发展的特点与水平》，《中国经济史研究》2003 年第 2 期。

济发展的规模。其中，粮食产量由于复种的发展、玉米和番薯的引进，总产和亩产都有增长。

据郭松义教授估算，鸦片战争前，全国平均亩产 239 市斤，粮食总产量 274509 百万市斤，人均占有粮食 653 市斤。如果把全国划分为北方旱作区和南方稻作区，则北方平均亩产 114 市斤，总产量 60123 百万市斤，人均占有 464 市斤；南方平均亩产 344 市斤，总产量 214386 百万市斤，人均占有 737 市斤。南方的农业生产水平，总体上要高于北方。这个估计并不包括粮食而外的商品性农作物，如棉花、蚕桑、苎麻、烟草、甘蔗、茶叶、蓝靛、花生等的种植均有发展，其中棉花、烟草、甘蔗、花生等的种植，发展尤为显著。据估计，清代前期商品性农作物的播种面积大约占全部耕地面积的 1/10 左右。

这里要说的是全国人口的构成，据郭松义教授估计，鸦片战争前，农业人口约占全国人口的 9/10。其中，大概自耕农占四成到四成五，半自耕农占二成到二成五，佃农占三成五到四成，农业雇工占百分之一二。这里农业雇工不包括临时打短工的人数。非农业人口约占全国人口的十分之一。其中，大概手艺工匠、矿工、航运工人等占三成，地主衿绅占二成五，商人和小贩接近一成五，各级吏役兵弁占一成，盐灶人户占一成，从事牧畜业和游民、下层求食者各占百分之五六至七八。此外，在鸦片战争前夕，全国的城镇人口不超过全国人口总数的 6%，人口的城市化比例还是很低的。

仅仅根据以上的两类数字，可以推论，中国封建经济到了清代前期，已经发展到了它的高峰。不过，生产和交换的发展是以家庭劳动为基础的。雇佣劳动虽然已经存在，但数量不大，在人口中所占比重低，作用并不显著。所以，在计算劳动生产率时，就不应该采用适应以雇佣劳动为基础的计量生产和交换的概念和方法，而应该采用适应以家庭劳动为基础的计量生产和交换的概念和方法。因此，李伯重教授提出了农民家庭劳动生产率的概念。他认为，应该按照一个农户在一年内生产出来的产品总量计算，包括农业产品和手工业产品，自给部分和商品部分，统统在内。他说：农民家庭作为一个生产单位，其劳动生产率并不等于农夫和农妇二人劳动生产率的简单总和。这是因为合理的经营规模和合理的劳动分工，能够使农夫和农妇的劳动更好地彼此协调，以及使得农民家庭中的辅助劳动力更好地得到动员，从而产生更高的综合劳动生产率。

这里要申明一句，清代前期农业生产工具的变化不大。纵然如此，根据他的估算，清代前期农民家庭劳动生产率还是有所增长的，而不是停滞或者下降的。李伯重教授是根据明清时期经济发展的先进地区江南的情况估算的。因此，随着江南地区先进技术和生产结构向四方扩散，受益地区的农民家庭劳动生产率的增长应该更为显著。

在家庭劳动生产率普遍增长的基础上，清代前期的农业生产、手工业生产、商品性生产、自给性生产总量都分别达到了历史上的高峰。清代在水利兴修上取得了很大成绩，其中在修治黄河、淮河方面投入了巨大的财力。同时租佃关系也有进一步的发展。随着清代货币地租的发展，佃农对地主的人身依附关系进一步松弛，当时在许多地方，出现了佃农与地主之间无主仆名分的情况。清代永佃权也有了进一步的发展，使佃农对地主的人身依附关系更加松弛。清代农业生产中使用雇工的现象也日益增加。清中期以后，随着商品经济的发展，农业雇工同雇主之间的关系也比较松弛。

二、手工业

我国古代的手工业，种类繁多，产品精美，历史悠久，技术和工艺水平居于世界先进行列，例如制瓷叶和丝织业，但由于明末清初的战乱受到严重破坏。清代，手工业主要是与农业紧密结合的家庭手工业。到了康熙中期以后，封建社会秩序相对稳定，手工业得到发展，具体表现为生产工具一定程度的进步和革新，生产规模的扩大，分工的细密。清代手工业的恢复、发展，还表现为产品市场的扩大，销路遍及全国，有些产品还销往海外。

康熙、雍正和乾隆三朝，作为农村副业的绩麻、纺线、养蚕、织布、缫丝有了普遍的推广。原来以缫丝织布知名的江南、四川、福建、山东、湖广等地的家庭手工业此时更加发达。与明代一样，湖州的丝和松江布都是"衣被天下"，甚至销行国外。陕西、江西和贵州等省，在雍正、乾隆年间缫丝、织布也兴旺起来。用柞丝织绸的技术在乾隆时由山东传入贵州，织成的"茧绸"，闻名全国。在少数民族地区，维吾尔族、蒙古族的毛毯，苗族的苎布、皮布、土花布、洞锦，僮族的僮锦，当时都是极精美的产品。

除去缫丝织布以外，作为农村副业的藤器、竹器、柳条器、造纸、陶器、制糖、制茶等家庭手工业，也都相应地发展起来了。在清代，全国著名陶瓷品产地多达 40 余处，其产品色彩鲜艳，精美异常。其中又以江西景德镇为制瓷业中心。清代时期，矿冶业也有进一步的发展。其中云贵铜、铅矿的开采规模很大，而广东、山西、河南及山东等地的铁矿产量也相当大。当时，广东佛山镇的铁器制造业极为发达，所铸铁锅行销海内外。其他如印染、印刷、造船及制糖等行业，都取得了一定的成就。

工业方面，清初继承前朝传统，手工业多属于土产性质，如江西的陶瓷业、江南与四川的丝织业、北京的玉器业等。这些产品不仅行销全国，而且闻名世界。但因其为手工制造，小本经营，产量有限，既难全面发展，更无法大量远销海外，故自鸦片战争后，外国的机器产品大量倾销到中国，传统工业受到沉重的打击，无力竞争。

三、商业

中国商品经济的发展及工商业的繁荣在清朝前期也达到了史无前例的高度，最突出的表现为市镇的大量出现。另外，全国性商业网的建立和形成也是商品经济繁荣发展的一个重要标志。资本主义萌芽产生，但成长缓慢，力量微弱，这只能使中国与资本主义世界的差距越来越大，为鸦片战争等战争的爆发埋下隐患。

随着商品经济的发展，各地城市也日益繁荣，如北京、南京、苏州、杭州、扬州、天津、临清及广州等著名都市都很繁华。同时，各地中小市镇的发展更为突出，如湖北汉口镇、广东佛山镇及河南朱仙镇等，人烟稠密，市场发达。康熙、雍正、乾隆时期，许多城市恢复了明代后期的繁盛，有些城市，如南京、广州、佛山、厦门和汉口，则较明代更加发展。长江沿岸的无锡是著名的"布码头"，汉口是"船码头"，镇江是"银码头"。佛山虽是一个小镇，但是在乾嘉之间，商铺、市集、作坊如林，共有 622 条大小的街巷。而汉口镇更是"地当孔道，云贵、川陕、粤西、湖南处处相通，本省湖河，帆樯相属，粮食之行，不舍昼夜"，而商业往来，以"盐、当、米、木、花布、药材"六行最大。清代，以山西的票号、两淮的盐商、广东的行商等为代表的大商人势力，资财更为雄厚，但仍主要停留在商业资本和高利贷资本的范围内。清朝的对外贸易，比以前也有所发展。出口的货物以茶叶、陶瓷、生丝、绸缎、棉布及铁器等为大宗，嘉庆以前在国际贸易中长期保持着优势地位。

但也是在清朝，由于统治者盲目自大，长期采取闭关锁国的政策，限制中外贸易的发展。这不仅严重地阻碍了对外贸易的正常进行，而且也影响了国内工商业的进一步发展。

随着清初农业、手工业和商业的发展，在封建社会内部孕育着的资本主义萌芽也在缓慢的发展。这表现在某些手工业生产中包买商的活动比明代更加活跃，如苏州、江宁等地大商人开设的"账房"，他们把原料甚至工具分给小机户从事生产。生产者最后将完工的绸缎，送归"账房"批售，"账房"则支付他们的报酬。除此以外，具有资本主义性质的作坊和手工工场比明代更加增多，它们主要出现在江南和广东地区。例如，苏州的丝织业作坊"类多雇人工织，机户出（资）经营，机匠计工受值"。苏州的纸坊内部工序已细达 8 种，工序中又分若干专门匠作。工匠的工价实行按日计件工资制，并按照工匠技术的高低、工种的繁简规定了不同的工价。但这些萌芽不能算作真正意义上的资本主义，只能作为产生资本主义的因素。中国千百年来根深蒂固的封建统治，在促进新兴的资本主义发展的同时，也不知不觉地用它思想与制度的枷锁制约着资本主义的前进。据估计，在清代中期以前，1000 万两以上的年商品值，只有粮食、棉花、棉布、丝、丝织品、茶、盐七种，这七种商品，至少有 80% 是在农民之间进行交换的。例如，商品进入市场居第一位的粮食，约占七种商品值的 40% 余；居第二位的是棉布，约占 24%；第三位是盐，占15%。商品交换情况，基本上是粮食同盐、布之间的交换，这也可说是农民小生产之间的交换，即农民将粮食出售以换取日常所需的盐和棉布；而基本上不脱离农业的盐和棉布的生产者也以此换回口粮。粮食与盐、布两者的商品值恰好大致相当。在这些商品中，作为显示资本主义因素、萌芽的工场所生产的占极少数。这种情况表明，商品生产和交换，远未能突破封建主义的框子。

清朝前期的经济发展、市场的扩大主要是人口压力下的一种经济变动，而不是生产力水平提高基础上的发展。

其一，在经济总量增加的同时，由于人口的增长超过经济发展速度，导致人均经济量值的停滞和下降。人口的增长对经济发展产生了明显的制约作用，农业生产人均土地面积减少，人均农业生产率倒退，人均所占粮食数下降。这不得不迫使生产者提高效率，但是，这种效率的提高往往不是着眼于西方先进、高效的生产技术和模式，而是从传统的技艺里寻找"出路"。

其二，明清时期手工业和商业人口的增加是人口压力下的一种人力资源配置的微调。"往者户少，地足食，读书力田，无出商贾者……国朝（清朝）生齿日盛，始学远游……为商为贾，所在有之。"① 这并不是一种积极的清楚认识到商业和贸易的巨大优势而后从商的行为，而是一种被动的选择，这也是中国在商业和对外贸易领域处于弱势的原因之一。

其次，重农抑商经济政策遏制市场关系和产权制度的进步。在经营商业是"末富"政策环境中，商人的正常经济活动常要受到政府的"超经济强制"的干预，商业活动的最大的风险不是来自市场，而是官府"留难"。商人的政治地位低下，私人财产得不到法律保护。这极大地抑制了商业在清朝的发展，归根结底是商业在以自给自足的自然经济为主体经济模式的清朝没有地位，生存空间狭小。

在人口压力下，明清社会出现了商品经济与自然经济同时发展的现象。两者存在着一定的对应关系。这两种方向背离的经济运动的同时发展，使明清经济处于矛盾而停滞的状态中。商品经济的发展对自然经济有销蚀作用，同时也增强了自然经济的坚韧性和抵抗力。两者同时发展并没有改变自然经济的支配地位，自然经济对传统经济的发展仍然具有强大的制约力。

第二节　清代"对外开放"与"闭关锁国"政策的历史演变

鸦片战争以前，清王朝禁海闭关的时间并不很长。比较严格的禁海闭关，只有从顺治十二年（1655年）至康熙二十三年（1684年）这30年的时间。其他都是部分的、临时的禁闭。

---

① 张海鹏、王廷元等编：《明清徽商资料选编》，黄山书社1985年版，第53页。

清朝闭关政策经历了从禁海闭关到开禁，由多口贸易到严加限制的广州一口贸易的变化。第一阶段（1644—1684 年），是为了抗倭和对付郑成功反清，实行了"海禁"。顺治十三年（1666 年），清政府颁布禁海令："今后凡有商民船只私自下海，将粮食货物等项与逆贼贸易者，不论官民，俱奏闻处斩，货物入官；本犯家产，尽给告发之人。其该管地方文武各官不行盘缉，皆处死。凡沿海地方口子处处严防，不许片帆入口、一贼登岸。如有疏虞，专汛各官即以军法从事，督托提镇并议罪。"① 第二阶段（1684—1756 年），康熙统一台湾后开放海禁，允许中国商民出海贸易，又指定广州、漳州、宁波、云台山四处为外商来华通商口岸。但在这一时期，西班牙人曾在沿海一带杀人抢船，势甚猖獗，因而从 1757 年起，清朝把通商口岸从四口削减为广州一口，并且对进出口货物限制苛刻，直到鸦片战争前夕，这是第三阶段。

纵观清代前期 196 年，只有顺治十二年（1655 年）至康熙二十二年（1683 年）实行了比较严格的海禁，康熙五十六年（1717 年）至雍正五年（1727 年）实行了部分地区的海禁，前后总共不到 39 年，其余 157 年的海外贸易基本上是开放的。在康熙年间，清朝政府曾有一个从禁海到开海，再到禁海的政策变化过程，对于当时的社会发展都产生重要影响。

我国学术界自 20 世纪 80 年代以来围绕着清朝前期对外贸易政策的闭关问题也有很多讨论。1979 年，戴逸先生以其敏锐的学术灵感，率先著文并在《人民日报》上发表了《闭关政策的历史教训》一文。他认为，清朝统治者在与西方国家的早期接触中，曾经采取了闭关政策。清政府的闭关政策，一方面限制中国人民出海贸易，或在外国侨居，禁止许多种货物出口；另一方面，对来华的外国人也作了种种苛细而不必要的限制和防范。②

而对于上述观点，胡思庸在当年则发表文章表示不同意见："人们把清政府对外国商人的严格限制当做闭关政策的主要内容，这是一种误解。如果是这样，那就可以说清朝基本上没有实行闭关政策，因为那些规定有些是合理

---

① 王杰修：《大清会典事例》卷 629《兵部》。
② 戴逸：《闭关政策的历史教训》，《人民日报》1979 年 3 月 13 日。该文又收于宁靖主编：《鸦片战争史论文专集·续编》，人民出版社 1984 年版，第 91—98 页。

的，即令有些过苛的规定，也只是一些具文，基本上没有付诸实现；再退一步说，即令实现了一小部分，那也只是闭关政策的一个侧面，而且并非主要的侧面。我们应该把西方资产阶级所极力宣传的那种观念改过来。闭关政策的主要内容，不是对外国商人的'防范'条例，而应该是它对国内所实行的一些商业的文化的政策"。具体包括：对国产货物出口的严格限制；严格限制中国商人制造海船；长时期的"禁海"，海禁解除后又有一段时期禁止华人赴南洋等地贸易，以及种种对出国华商及海外华侨的刁难和迫害政策；绝大多数封建统治者对西方资本主义的科学文化，都采取不加分析的深闭固拒态度；对西方制造品，也不加分析地一概视为"奇技淫巧"而予以排斥；禁止中国史书流出国外；由行商垄断对外贸易。"上述那些工商业、文化上的政策，才是闭关政策的主要内容"。[①] 由此可见，胡思庸并不赞同把清朝对于外商的排斥作为清朝实行闭关政策的依据，而认为主要依据应该考察清朝对于国内工商业和文化上的政策。

同样，我国学术界也有不少学者不同意清朝实行闭关政策的观点。郭蕴静于 20 世纪 80 年代初就对清朝实行闭关政策提出了质疑。她在《清代对外贸易政策的变化——兼谈清代是否闭关锁国》一文中指出，清朝统治者入关口，因忙于国内统一战争，无暇顾及对外贸易。1655 年以后，为了对付郑成功的反清力量，清朝先后出台了"海禁"令和"迁海"令，只是权宜之计，并非对外关系的既定国策。她还认为，"一、历来任何主权国家的统治者，为了维护国家、民族的利益和自身的地位，在对外关系方面（无论政治或经济）制定的政策、措施，都带有限制性"；"二、清政府制定的各种规章制度，无疑是严厉的，有些条文过于苛刻。然而，其内容和目的却没有超出'限制'与'防范'的界限，并不是从根本上断绝对外通商往来"；"三、所谓'闭关锁国'，并未见诸清代史籍、文献。而最早使用这一措词的却是西方列强，他们迫切希望扩大中国市场，愤于清政府的种种限制，而将之强加于清政府的"；"四、（清朝）即使关闭一些口岸，但并没有影响对外贸易的进行"。[②] 后来，黄启臣、夏秀

---

① 胡思庸：《清朝的闭关政策和蒙昧主义》，《吉林师大学报》1979 年第 2 期。该文又收于宁靖主编：《鸦片战争史论文专集·续编》，人民出版社 1984 年版，第 99—124 页。
② 郭蕴静：《清代对外贸易政策的变化》，《天津社会科学》1982 年第 3 期。

瑞、王永曾等人也通过自己的研究提出了相似的观点。①

中国学者严中平先生在 20 世纪 80 年代初曾就学术界主流学者关于清朝实行闭关自守政策的观点，进行了专门的评述。他认为："在明清两代，中国政府是针对外国海盗冒险家的行径，限制他们只许在少数港口进行贸易，并加以管束监督的，这是出于保障人民生命财产的安全和社会秩序的安宁所采取的国防措施。世界各国无不如此，中国当然也必须提高警惕。只要外国人在中国法律规章允许的范围之内，进行贸易，他们就受到保护和优待。"实际上，据英国下议院东方贸易情况调查小组在 1830 年的调查，"绝大多数在广州住过的作证人都一致声称广州的生意几乎比世界一切其他地方都更方便好做。"所以，他"不承认在历史上中国封建政府，曾经实行过什么'闭关自守'政策。更不承认，中国曾经出于地理上、人种上的原因，对外实行过'野蛮的''与文明世界隔绝的''闭关自守'政策。马克思对这个问题的提法是一个失误"。在他看来，马克思之所以清朝对外政策问题上产生认识上的失误，是由于深受当时西方殖民主义者有关报道和议论的影响。当时，清朝面对西方人在华的诸多不合法活动，"只许英商在广州一个口岸和政府特许的少数行商进行贸易，并对外国人的行动加以约束，禁止鸦片进口。于是在鸦片贩子的带头之下，向中国推销工业品的产业资本家，经营中英印贸易的商业资本家，从事欧亚航运的商船资本家，在英国内外市场上进行活动的银行资本家群起鼓噪，一致叫喊中国仇外排外，贸易不自由。"于是，"闭关自守"就成为这些西方殖民者对清朝海外贸易政策进行诋毁和攻击之词。而事实上，清朝对外商来华贸易实行的是严格管理监督的政策。②

关于清朝年间的对外贸易政策的演变，过去学者多关注于禁海政策方面的研究，20 世纪 80 年代左右，戴逸的《闭关政策的历史教训》、胡思庸的《清

---

① 黄启臣：《清代前期海外贸易的发展》，《历史研究》1986 年第 4 期，第 151—170 页；夏秀瑞：《清代前期的海外贸易政策》，载叶显恩主编：《清代区域社会经济研究》，中华书局 1992 年版，下册，第 1106—1119 页；王永曾：《清代顺康雍时期对外政策论略》，《社会科学》（甘肃）1984 年第 5 期，第 100—106 页。

② 严中平：《科学研究方法十讲——中国近代经济史专业硕士研究生参考讲义》，人民出版社 1986 年版，第 192、177—177、172、173 页。笔者按：这本著作虽出版于 20 世纪 80 年代中期，却是严先生给 1982 级研究生授课时的讲义。

朝的闭关政策和蒙昧主义》、汪敬虞的《论清朝前期的禁海闭关》均是关于这一方面。而后，人们对所谓清朝的"闭关锁国"政策渐渐提出了质疑，在研究中不断有新的观点和发现。孙玉琴在《中国对外贸易史》一书中就着重提到了清朝前期曾推行过的开海政策。她以"康熙的对外贸易政策的演变"为切入点，着重分析了康熙年间海上贸易政策的演变，并提出了开海贸易政策与闭关锁国政策是否矛盾的问题，进一步地挖掘了"有限制性的开海贸易政策"的价值所在。

一、顺治朝的开海到海禁

早在顺治年间，朝廷就承接明末贸易制度，允许商人出海贸易。顺治三年（1646 年），清王朝颁布了准许商人出海贸易的敕令，但后来鉴于郑成功抗清势力的不断壮大，清王朝为巩固刚刚建立的封建统治政权，决定切断这股势力同内地的联系。清王朝先后于顺治十二年（1665 年）、十三年（1656 年）、十八年（1661 年）颁布了一系列禁海令。[①] 为严格执行这一禁令，清王朝又先后于康熙十一年（1672 年）、十二年（1673 年）、十七年（1678 年）共 3 次下达了"迁海令"。[②] 海禁严行时甚至"不许片帆入口"。然而值得注意的是，即使在海禁和迁海时期，海外贸易也没有中止。

顺治初年清王朝允许商人出海贸易，甚至一度鼓励商人从事铜的进口贸易。顺治三年（1646 年），顺治帝颁布敕令："凡商贾有挟重货愿航海市铜者，官给符为信，听其出洋，往市于东南、日本诸夷。舟回，司关者按时值收之，以供官用"。[③]《皇朝经世文编》卷 26 中也提到"犹记顺治六、七年间，彼时禁令未设，见市井贸易咸有外国货物，民间行使多以外国银钱"。

清朝海禁从入关之初就开始了，清廷因广东平定颁发的"恩诏"中说："广东近海，凡系漂洋私船，照旧严禁"[④]。"自我朝鼎革以来，沿海一带，俱有

---

① 王杰修：《钦定大清会典事例》卷 629、776、120。
② 王先谦：《十朝东华录》。
③ 宋文蔚等纂，张寿镛编：《皇朝掌故汇编》内编卷 19《钱法一》，江苏广陵古籍刻印社 1987 年版。
④ 《清世祖实录》卷 33，顺治四年七月甲子条。

严禁"①。可见，自清初起即有海禁。清王朝禁海闭关政策的内容，大体上有三个方面：一是对商人出海贸易的禁止和限制，二是对通商口岸的停闭和限制，三是对出口商品的禁止和限制。

早在清朝入关之初，以郑成功、张煌言为代表的福建、台湾等东南沿海一带的抗清力量就十分活跃。为了防止郑成功势力不断从海上进攻，继明之后，清朝政府继续严厉执行禁海政策。顺治十三年（1656 年），清朝政府发布《申严海禁敕谕》，规定从天津至广东沿海岸线各省，一律严禁商民船只私自出海，有与郑、张等人贸易者，不论军民，"俱行奏文处斩"；文武官员不行"盘诘擒缉"者皆革职重治，地方保甲通同容隐，不行举首者皆处死；"不许片帆入口、一贼登岸"。这道敕谕颁布后，效果并不理想，大陆与海外的贸易往来仍在进行，只不过采用了隐蔽的方式。于是，顺治十八年（1661 年）又决定逼迁沿海居民，尽毁沿海民房物资和船只，即所谓"立界移民"，又称"迁界"。顺治朝的海禁具体表现在以下几个方面：

（一）关于中国商人出海贸易的禁止和限制

中国商人出海贸易，有长期的历史传统。清王朝统治中国以后不久，就开始在这方面采取了一系列的禁止和限制的措施。鉴于满汉尖锐的民族矛盾，特别是台湾郑成功抗清势力的不断壮大，清王朝力图阻断台湾郑氏集团与大陆的联系。从顺治十二年（1655 年）起清王朝颁布了一系列的禁海令，一方面严禁商人出海贸易，另一方面对来华外商严加限制。海禁严格时，甚至规定"寸板不许下海""片帆不许入口"。顺治十二年（1655 年），规定："海船除给有执照，许令出洋外，若官民人等擅造两桅以上大船，将违禁货物出洋贩往番国，并潜通海贼，同谋结聚，及为向导劫掠良民，或造成大船，图利卖与番国，或将大船赁与出洋之人，分取番人货物者，皆交刑部分别治罪。"② 次年，又令沿海各省督抚镇申饬所辖文武官员"严禁商民船只私自出海"，并"不许片帆入口"③。犯人家产，全部赏给告发人。地方文武官员一律革职，从重治罪；地方保甲不先告发，一律处死。又如在顺治十八年（1661 年），再次下令

① 《明清史料》已编第 2 本第 142 页载顺治十年三月户部题本。
② 王杰修：《大清会典事例》卷 629《兵部》。
③ 《清世祖实录》卷 102，顺治十三年六月癸巳。

温、台、宁三府沿海居民迁内地，所有沿海船只，悉行烧毁，"所有沿海船只悉行烧毁，寸板不许下海。凡溪河桩栅，货物不许越界，时刻了望，违者死无赦"①。

（二）关于出口商品的禁止和限制

清政府对中外交流的内容也做了严格限制：

（1）严禁军器、火药、硝炭、铜铁出口。火炮、军器是绝对禁止出口的，制造火炮、军器的原料，如硫黄、铜、铁，也禁止出口。而在"尺铁不许出洋"的禁令下，甚至铁锅也不许出口。私带违禁品如硫黄、军器等物出洋的"照例处分"②。

（2）米麦杂粮和马匹因内地缺少，也在禁止之列。粮食在有清一代也是禁止出口的，这里当然有经济上的考虑，即"保障民食"，但政治上的原因，仍然居于首位，即防止所谓"接济奸匪"，也不许运往国外。外国人到中国，"不得收买史书"，中国人不得将史书卖给外人，"违者将买给之人，照代为收买违禁货物例，枷号一月，发边卫充军"。

（3）丝、茶、大黄的出口量有一定的限制。禁止茶船出洋贸易，闽、浙、皖等地茶叶，必须由内河过五岭运赴广州，通过行商卖给外国。如直接出洋贩运，则目为"通夷"，商人治罪，茶叶入官。

（4）清政府还严格限制中国人制造海船。沿海各省渔船只许用单桅（福建省可用双桅），梁头不得超过一丈，舵工水手不得超过20人，捕鱼不许越过本省境界。出洋贸易的海船仅许用双桅梁头不得过一丈八尺，载重不得超过五百石，舵水人等不得超过28名。以上是对造船规模的限制。此外，又规定：严禁将所造商船租于他人，或租用他人之商船。更不许打造海船卖与外国人，"其打造海船卖与外国图利者，造船人与卖船之人，为首者立斩，为从者发边卫充军"。又严禁中国商人在外国打造船只带回中国。以上是对造船专业化的禁止。

（5）对于出洋的水手、客商，防范极严。中国人到外国贸易，立定年限回

---

① 江日升：《台湾外纪》卷12。
② 《清圣祖实录》卷117，康熙二十三年十月丁巳。

国，即使三世居于国外的华侨，也要设法招回治罪，并株连其家族。

顺治三年（1646 年）清朝在公布《大清律集解附律》时即保留了其蓝本《大明律》中有关"私出外境及违禁下海"的条文，从此开始了清初的"海禁"，直到康熙二十三年（1684 年）在全国正式开放"海禁"为止，本国商民的出海贸易（除采办洋铜的官本商船外）以及外国商船的来华贸易基本上受到禁止。清朝虽然在这一期间局部对本国商民实行过"出海市铜"的措施，但从总体上却维持了"海禁"政策。不过，海外国家却可以在"朝贡"的招牌下前来中国贸易。此外，澳门葡萄牙人在清初"海禁"期间所得到的贸易许可也比国内商人宽大。

清政府闭关锁国的严重后果的事例：中国一直是对外贸易的出超国，有发展贸易的有利条件。但清政府害怕国内人民和外国人勾结"滋事"，实行闭关锁国，千方百计限制商人出海贸易，如规定出海商船不能超过五百石，"如有打造双桅五百石以上违式船只出海者，不论官兵民人，俱发边卫充军"①，乘船出海的客商、水手"各给腰牌，刻姓名、年貌、籍贯，庶巡哨官兵易于稽查"②。

二、康熙年间海上贸易政策的演变

（一）康熙初期的海禁

1. 背景及原因

康熙前期，清政府一直沿袭顺治实行的海禁政策。这也是出于对清王朝政权巩固的需要。清朝入关之初，以郑成功、张煌言为代表的福建、台湾等东南沿海一带的抗清力量十分活跃，为了防止郑成功势力不断从海上进攻，巩固清廷政权，顺治实行了"海禁"和"迁界"。

清初绝对禁止对外贸易，清朝海禁从入关之初就开始了。顺治十八年（1661 年）全面铺开"迁海"。其时清王朝经过十数年的残酷军事征服，基本统一了中国大陆地区。为进一步巩固自己的统治，特别是防范当时仍然占据

---

① 王杰编：《大清会典事例》卷 776。
② 张廷玉：《清文献通考》卷 33。

金、厦，拥有强大海上武装的郑成功与内地残余抗清势力的合流，清政府从1661年起到康熙初，在北起直隶、山东，南到广东的沿海各省实行了坚壁清野、制造无人区的迁海措施，将沿海一带居民一律内迁数十里，"所有沿海船只悉行烧毁，寸板不许下海。凡溪河桩栅，货物不许越界，时刻了望，违者死无赦"。① 禁海令在沿海全面推行。此后20余年间，清政府一直严禁民众出海，无论捕鱼还是经商都不允许。

康熙即位后，清朝与海上郑氏的军事对峙仍在继续，加之三藩之乱，因而禁海政策仍在施行。康熙四年（1665年）谕令："青、登、莱沿海等处居民，准令捕鱼外，若有籍端捕鱼，在沿海贸易，通贼往来者，照先定例处分。"② 康熙七年（1668年）还有"上谕"曰："凡外国商人非系贡期，概不准其贸易"。康熙十一年（1672年）题准："凡官员兵民私自出海贸易……拏拿问罪"。③ 三藩之乱后，清政府更是全面厉行禁海令，导致"上自福州福宁，下至诏安，沿海筑寨。置兵守之，以截内外，滨海数千里，无复人烟"。④ 三藩之乱期间，郑氏力量复入厦门，在福建沿海登陆。康熙十七年（1678年）闰三月，康熙帝下令："应如顺治十八年立界之例，将界外百姓迁移内地，仍申严海禁，绝其交通。"⑤ 康熙十七年（1668年）九月，平南王尚之信上疏，要求开放海禁，允许百姓造船出海贸易，官兵借以利用商船作战，解决军费不足的问题。康熙接到奏疏后，明确表示反对，说："今若复开海禁，令商民贸易自便，恐奸徒趁此与贼交通，侵扰边海人民，亦未可定。海禁不可轻开"。⑥

清朝初期实行海禁的原因有以下几点：

第一，我国古代占主导地位的是自给自足的封建自然经济，这是实行闭关政策的最根本的社会原因。

闭塞的封建自然经济，自然没有交往贸易的必要，这就缺少扩大对外贸易

---

① 《清世祖实录》卷102。
② 江日升：《台湾外纪》卷12。
③ 王杰编：《大清会典事例》卷776。
④ 夏琳：《闽海纪要》。
⑤ 《清圣祖实录》卷72。
⑥ 《清圣祖实录》卷77。

的观念和动力。而自给自足的小农经济，使人们彼此隔绝，在政治上自然产生闭关自守。

第二，这是清政府对台湾郑氏集团的经济封锁措施。

清政府的禁海令规定，北自天津、南至广东沿海岸线各省，严格禁止商民船只私自入海，贩运大陆产品货物进行海上贸易。这既包括中国与外国间的国际贸易，也包括大陆各港口间的国内贸易。禁海措施的目的是通过断绝海上贸易往来，阻塞大陆货物的出海渠道，使郑氏集团失去大陆货源和军品供应，不战而降。

第三，隔绝民众与外界的联系，以利于专制统治。

由于清朝贵族与人民群众之间存在着尖锐的矛盾与斗争，清朝统治者便企图通过"闭关"的办法将国内的汉人与外界隔绝，以防止外国人支持汉人形成反清力量，危及自己的统治。这是清朝统治者民族狭隘性的表现，同时是腐朽的封建社会制度的表现。可以看出这次的禁海政策是为了抑制反清力量的，切断内地与他们的联系，从而巩固初建政权。康熙刚即位的清初，清政府沿袭明代的海禁政策，对外贸易的主要形式为朝贡贸易。顺治初年，以郑成功为首的抗清势力盘踞于东南沿海的大小岛屿上，以此为根据地，进出大陆进行着抗清活动。清初的海禁政策最初是为了防止沿海人民与台湾的郑成功政权发生联系而实行的。另外为了对付抗清势力，同时出于狭隘的民族主义，清政府害怕反清势力和外国人联合起来。

第四，中国封建统治者妄自尊大的心理。

中国的封建统治者向来具有"天朝上国""我天朝无所不有，焉用外求"的盲目自大的传统"夷夏观"，不思进取，排拒外来事物。清朝在康熙时期曾是一个强大的王朝，比起"汉唐盛世"并不逊色，号称"天朝大国"。当时全国耕地面积超过明末最高数字，达六七百万顷，人口空前增长，约有 3 亿人，是一个自给自足的自然经济占主导的国家。而且农业、手工业发达，不需要购买外国消费品。清政府认为中国地大物博，即使完全脱离与西方国家的交往，仍可以继续生存下去，统治者为了保持农业与手工业相结合的自然经济所构成的经济基础不受冲击，稳定自己的统治，就采取了这一政策。"天朝物产丰盈，无所不有，原不藉外夷货物以通有无。"

所以如此，既是对明朝以来政策的继承，同时也是清王朝建立和巩固政权的需要，特别是为防范当时仍然占据金、厦，拥有强大海上武装力量的郑成功与内地残余抗清势力的合流的需要。清政府在北起直隶、山东，南到广东的沿海各省实行了坚壁清野、制造无人区的迁海措施，将沿海一带的居民一律内迁数十里，"所有沿海船只悉行烧毁，寸板不许下海。凡溪河桩栅，货物不许越界，时刻了望，违者死无赦"[①]。此后 20 余年间，清政府一直严令禁止人民出海，无论捕鱼还是经商都不允许。这一时期，中外商业交往几乎完全断绝，只在澳门仍有小规模的对外贸易活动，海禁之彻底远远超过明代。

为此，清政府延续了明代的海禁政策，对来华贸易的外国商船，不许进入广州，只准于澳门交易。清廷多次颁布禁海令，不许片帆入海，违者立置重典。为了严格执行这一禁令，还多次下达迁海令，规定福建、广东、江南、浙江、山东、北直隶六省实行迁海，滨海居民立界内移 30—50 里，界外房屋，树木皆毁，形成无人区。"或筑土坝，或树木栅，处处严防，不许片帆入口、一贼登岸，如仍前防守怠玩致有疏虞，其专汛各官，即以军法从事，该督抚一并议罪。"清政府以强制手段将沿海居民内迁数十里，迁出之地焚其房屋，荒其土地，以防居民出海。"禁海"令和"迁海"令使沿海居民流离失所，谋生无路，"百姓皆失业，流离死亡者以亿万计"，严重影响了沿海地区社会经济的发展，以致沿海 30—50 里内，满目荒凉。严厉的海禁政策给沿海人民的生产生活带来莫大的痛苦和灾难，严重阻碍海外贸易的发展，中外贸易顿时萎缩，这是清朝闭关锁国政策的缘起。

2. 实施

康熙前期禁海政策是对顺治的沿袭，但具体做法有些不同：康熙初年，清朝与海上郑氏政权的对峙仍在继续，因而禁海政策仍然在实行，其具体做法有：

第一，加强国防，展开对海上抗清势力的军事进攻。康熙二年（1663 年）十月，靖南王耿继茂、福建总督李率泰、水师总督施琅带兵出海，在荷兰军队的配合下，攻克被郑军占领的厦门、金门、浯屿。

---

① 张燮：《东西洋考》卷 7。

　　第二，严禁与海外进行贸易。对于顺治年间颁布的禁海令，康熙前期都严格执行，稍有违犯，处理极为严酷。康熙元年（1662 年），扬州府海门知县董常裕因"私给船批，有违界限"，被控违反"海禁新例"，而判"知情故纵"①，以同谋论罪处斩。康熙十一年（1672 年），商人陈瑞等人被发现分头置买丝、绸、绉纱、药材等物准备出洋贸易，结果陈瑞以谋叛律被"拟绞立决"。

　　第三，妥善安置内迁的沿海百姓。顺治年间的迁界带有残暴的强制性质，康熙即位后，清政府开始一改态度，"务须亲身料理，安插得所，使小民尽沾实惠"，各地对内迁的百姓，要给以土地、房屋等，免除他们原来应缴纳的粮赋。②

　　3.影响

　　清初的海禁先后持续了 40 年，尽管这期间澳门、厦门、台湾的贸易曾在一定范围和时期内开展着，但都不在清政府的控制之下。康熙实行海禁有着以下几点影响：

　　它在一定时期内起着积极的作用。这种政策作为一种消极防御的手段，随着西方资本主义对外侵略的日益迫近和愈加狂暴，曾起到过一定的民族自卫作用。清代初期实行这样严格的禁海政策，还只是为了防止沿海人民和台湾郑成功政权发生联系，目的主要在于镇压台湾的反清斗争。但是在清王朝统治台湾以后，这个政策仍然不时加以运用，作为防止西方殖民主义国家入侵的手段。

　　但它是弊远远大于利的。正如在《试论清初"海禁"政策的实施及其社会后果》（《首都师范大学学报》1981 年第 4 期）中潘君祥所说："破坏了中外贸易，严重阻碍了中国资本主义萌芽的发展，是造成我国封建经济长期停滞不前的一个重要原因。"严厉的禁海政策使东南沿海地区正常的海外贸易中止了，使明后期繁荣的商品经济倒退了许多。当时清朝认为中国是优越和强大的，是世界的中心，四周的藩属邻国以至海外列国是落后野蛮的，应该向中国朝拜进贡。自中外通商以后，清统治者视来华的西人为非我族类的野蛮人，认为应严格加以防范。在这种意识支配下，清朝初期基本实行闭关锁国政策，但仍留广州一

①　《黄册》康熙元年卷，右副都御史张尚贤题本。

②　《清圣祖实录》卷 4。

口对外贸易，并不拒绝与各国交往，只是强调对方必须承认中国为天朝上国，追求名义上的藩属朝贡关系，重视名分礼仪等细节。

首先，闭关锁国政策对近代中国社会的前进和发展起到了严重的阻碍作用。它阻碍了国外市场的扩大，限制了国内商品生产，给予东南沿海地区发达的农业、手工业商品生产以沉重打击，窒息了我国曾一度比较发达的海外贸易，严重阻碍国内商品经济和资本主义萌芽的发展。

由于禁令森严，中国大商人都视远洋贸易为畏途。即使有个别商人想与外商展开竞争，也因清政府的打击而无法开展业务。如康熙时上海大商人张元隆想打造100艘远洋帆船，与外国商船竞争，即被江苏巡抚张伯行诬为结交海盗，严刑逼供。早就活动在东南亚各地的中国商人和华侨，清政府也不给予支持，如雍正帝就说："此辈多系不安本分之人，若听其去来任意，伊等益无顾忌，轻去其乡而飘流外国者益众矣。嗣后应定限期，若逾限不回，是其人甘心流移外方，无可悯惜，朕亦不许令其复回。如此则贸易欲归之人，不敢稽迟在外矣①。"中国商人和华侨出国贸易受到阻挠和打击，对外贸易的主动权和高额利润便长期落入外国商人手里而为他们所垄断。明代以前一直居于世界先进地位的造船业和航海业，也随之衰落下来，往日出没于东南亚海面的中国大型船队遂告绝迹。清朝的闭关锁国，还严重地阻碍了其他生产的发展和科学技术的进步。例如，在中国出口货物中占有很大比重的茶叶，主要产于福建、安徽等地，清政府不准就近从海上出口，必须经陆路运往广州再出口。经陆路长途运输，不仅时间长，茶叶容易变质，而且被沿途的关卡层层敲诈勒索，又增加成本，这对茶叶生产的发展显然是个障碍。明朝以前，中国是当时世界上经济和科学最发达的国家，到鸦片战争爆发之前已落在西方的后面了。

其次，它使中国长期处于与世隔绝的状态，阻碍了中外文化交流，使西方近代科学和技术无法传入我国，我国经济、文化、科技等方面日益落后于西方。它不利于中华民族同世界各民族的正常交往，不利于中国人民了解世界、走向世界、学习世界各民族优秀的思想文化和先进的科学技术，从而导致了近代中国的被动挨打。

---

① 张廷玉:《清文献通考》卷33。

禁海政策的实施不仅给百姓带来很大的损失，同时也使封建政府的收入大大减少。康熙十二年（1673 年），福建总督范承谟在奏疏中说道："自迁界以来，民田废弃二万余顷，亏减正供约计有二十余万之多，以致赋税日缺，国用不足。"①

从顺治十八年至康熙二十二年，即 1661—1683 年这 22 年的"海禁"政策，使对外贸易全部中断（只在澳门仍有小规模的对外贸易活动），商品货币经济的发展受到了阻碍，同时对东南沿海地区资本主义萌芽的成长造成了不利的影响。

再次，由于禁海和迁海政策，大大削弱了我国与东南亚各国的航运贸易，西方殖民主义者则乘机扩大势力，以至开海以后，已经无法挽回颓势。这一带本是广东商人的市场，此时则多被西方人占领。广东商人的处境则每况愈下，甚至沦为西方殖民贸易的中介人。②

总之，清初的海禁，特别是强迫迁海制造无人区的政策不仅妨碍正常的海外贸易，限制了中国与外国经济文化交流，为清代闭关主义政策奠定了基础。而且使沿海各省数百万人民流离失所，使一部分人无法前往南海贸易后导致失业，无法生活，引发出严重的社会问题，同时也极大地影响了政府的税收，对当时中国的经济、文化、社会等各方面产生了极为不利的影响。因此，禁海政策实施期间，不仅广大人民在偷偷地与海外贸易，而且地方的大员们也纷纷要求开放海禁。

（二）开海：康熙二十三年（1684 年）到乾隆二十二年（1757 年）

康熙帝在位 61 年，制定的政策深刻地影响了中国的发展方向。康熙雄才大略，立身治世赫赫于史，开创了中国封建社会最后一个盛世——"康乾盛世"。对其对外贸易政策的演变进行系统、深入研究，将有助于更加深切地了解康熙时期清朝对外政策思想及清朝逐渐落后于西方的原因，也因而具有重要的学术价值和现实意义。

康熙二十三年（1684 年），清朝在东南沿海地区正式设立了粤、闽、浙、

---

① 贺长龄：《皇朝经世文编》卷 84《条陈闽省利害疏》。
② 叶恩显：《清代广东水运与社会经济》，《中国社会经济史研究》1987 年第 4 期。

江四海关，从此开放了本国商民的出海贸易和外国商船的来华贸易。然而，清朝对于本国商民出海的贸易政策，在康熙五十五年（1716 年）至雍正五年（1727 年）的十二年间就有剧烈波动，并且采取过"南洋之禁"的政策。乾隆五年（1740 年），由于荷兰殖民者在巴达维亚大量屠杀华商，酿成"红溪惨案"，又险些造成新的"南洋之禁"政策的出台。

1. 背景及原因

随着政局的逐渐稳定，清政府已经完全确立了对全国的统治权，逃亡海外的明末残余势力已经遭到削弱，特别是清政府统一了台湾，清除了郑氏集团势力。康熙二十二年（1683 年），清政府出兵平定台湾，东南各省疆吏乘机请开海禁。在这样的情况下，康熙二十三年（1684 年），清政府发出诏谕，重新诏开海禁："各省先定海禁处分之例，应尽行停止。"① 清政府废除实行了 30 多年的海禁政策，允许东南沿海地区开海贸易。

康熙二十二年（1683 年），清政府收复台湾。次年，开海禁，允许海外贸易，并减少了关税。康熙帝称："先因海寇，故海禁不开为是。今海氛廓清，更何所待！"命令沿海各省将先前所定的海禁处分停止，指定广州、漳州、宁波、云台山四个口岸对外国通商。康熙三十四年（1695 年），为进一步加强对外贸易的管理，浙海关在临海设立海关子口一处，征收进出口货税及鱼米。

当时，临海的几处港口输出的商品有大米、茶叶、生丝、绸缎、棉布、纸张、干果、烟草、瓷器、竹木、中药、南货和工艺品等，而海外进口的则有金、银、铜、玻璃、珊瑚、玳瑁、香料、海味、象牙、靛青、蔗糖、燕窝和毛织品等货物。互市的国家由菲律宾等发展到日本、荷兰、英国、法国以及葡萄牙。可见，当时临海的对外贸易已是非常繁荣并常处于顺差。

但这一时期虽放宽了外贸，却仍有许多约束和限制。如私带违禁品如硫黄、军器等物出洋贸易的，"仍照例处分"②；因担心"数千人聚集海上，不可不加意防范"而严禁与南洋往来贸易。从康熙末起，主要是从政治安全出发，海外政策又日趋保守，限制逐渐增多，使得本来就开放得不是很大的门再一次

---

① 《清圣祖实录》卷 117。
② 《清圣祖实录》卷 117，康熙二十三年十月丁巳条。

缩小了许多。

虽然禁海政策执行严格，但是，不仅广大民众仍在偷偷地与海外贸易，而且地方的大员们也纷纷要求开放海禁。

康熙开海禁是有历史原因的。由于清初实行禁海迁界是针对明郑反清势力稳固新生政权而采取的非常措施，它与清朝面临的军事局势的发展变化密切相关。康熙十九年（1680 年），随着对三藩之乱的平定，清军收复了厦门、金门，退守台湾的郑氏集团也成了强弩之末。所以距台湾较远的山东在这一年开了海禁，准许沿海居民捕鱼、煮盐；清廷还命该抚查报船户，以防匿税。这是清初开禁的先声。至于福建，则因厦门、金门没有设重兵，海禁不能突然开放。

康熙二十二年（1683 年），郑氏集团降清，台湾与大陆复归统一，原先针对郑氏而颁布的禁海政策便没有继续存在的必要了。严厉的海禁恰恰为走私贸易的兴旺提供了有利时机。沿海民众一向有从事海上贸易的传统，作为维持生计的重要手段。清初以来，当局实行"海禁"政策无异于断绝沿海民众的生计，许多民众与商人铤而走险进行走私贸易。有些大臣如施琅、姚启圣等考虑到国家发展，就民生问题多次上疏，请求开沿海海禁。而且荷兰因为曾帮助清朝剿灭郑氏集团有功，请求通海。不久，大西洋各国因为荷兰请求成功，纷纷请开海禁。

康熙二十二年八月十七日，福建总督姚启圣即上疏，要求恢复沿海各省迁界，"上可以增国课，下可以遂民生，并可以收渔盐之利于无穷"。两个月之后，福建巡抚吴兴祚再次上疏，要求广州七府沿海的土地招民垦种。这样，康熙皇帝顺应形势发展和广大人民的心愿，及时下令开放海禁。康熙亦对大学士等说："前因海寇未靖，故令迁界。今若展界，令民耕种采捕，甚有益于沿海之民。其浙、闽地方亦有此等事。尔衙门所贮本章，关系海岛事宜甚多。此等事不可稽迟，着遣大臣一员，前往展立界限。"①

康熙二十二年，清廷统一台湾后，康熙帝逐步认识到海上贸易的重要性，于次年 1684 年开海禁，后又指定广州、宁波、漳州、云台山四地为通商口岸

---

① 《清圣祖实录》卷 112。

进行中外贸易，以便"百物疏通，民生饶裕"。并于康熙二十五年（1686 年）设洋行和公行以保证外贸和税收。清王朝对中外交往和贸易的政策仍较为宽松，海关"国家之设关，所以通商而非禁商，所便民而非病民也"。这一时期中西贸易达到了历史的高峰。中国出口贸易的扩大，使东南沿海地区的经济得到长足的发展，国内不同区域之间商品流通规模扩大，货币经济日渐繁荣。可以说，这与对外贸易的发展是密不可分的。

2. 开海：开海的实施及举措

从允许出海到海禁，从海禁到开海贸易政策的推行，再到开海中的进一步限制，总体说来，康熙年间的海上贸易政策经历了从海禁向有限制性的开海贸易政策演变的过程。

康熙帝亲政以后，沿海地区设置界栅，严禁人民"僭越"，违者处死的规定在一些地方实际已有所松动，有的地方逐渐"开边""展界"，允许内徙人民回乡复业。康熙二十二年（1683 年），全国形势陡然发生了变化。是年六月，清兵攻克澎湖；七月，台湾郑氏政权的首领郑克塽、刘国轩、冯锡范等宣布投降，两岸对峙局面宣告结束。这样，清廷禁海迁界等法令便失去了前提。次年，康熙帝适应形势发展的要求，以开海既"于闽粤边海生民有益"，又可"充闽粤兵饷，以免腹地省分转输协济之劳"，下令准许人民出海贸易。①

这之后，康熙皇帝下令，沿海迁界的居民回到原籍。开海以后，民间私人出洋贸易和口岸中外互市一度都有所发展。在对外贸易方面，康熙皇帝采取过一系列积极措施。他曾指示福建总督王国安，对外国贡船上随带来贸易的货物应予免税；又批复户部尚书科尔坤等的提请，准减免各国来广东商船税额的十分之二；康熙二十三年至二十四年（1684—1685 年），首先在福建厦门，继之在广东广州、浙江宁波、江南松江，分别设立了闽、粤、浙、江 4 个海关与外国通商，外国船只在四海关中的任何一关交了进口税后，其他三关不得重复征税。至此，海禁放开，中外正常贸易关系得到恢复。②

① 乾隆《海澄县志》卷 15《风俗》。
② 参见彭泽益：《清初四榷关地点和贸易量的考察》，《社会科学战线》1984 年第 3 期。

康熙皇帝的开放海禁，顺应了形势的需要和广大人民的心愿，促进了生产的发展和人民生活的改善。开海之后，老百姓们回到故土，开辟土地，生产和生活都很快就有了改观，史称：开海之后，"民悉复其业"，"一岁菑，三岁畲，渐次垦辟，至无旷土"，沿海人民欢欣鼓舞，"感戴皇仁于世世"。

康熙二十二年（1683 年）十一月，他派吏部侍郎杜臻、内阁学士席柱 2 人驰驿南下粤闽，主持展界工作，并派工部侍郎金世鉴、副都御使雅思哈往勘江南，浙江海界。康熙二十三年（1684 年）五月，杜、席二人完成任务，同时，江、浙等省的展界复业工作也基本完成。

展界完成之后，康熙皇帝即积极主张开放海外贸易。于是康熙二十三正式停止海禁："今海内一统，寰宇宁谧，满汉人民相同一体，令出洋贸易，以彰富庶之治，得旨开海贸易。"① 康熙二十三年七月（1684 年），粤闽两省废止了出海贸易的禁令。

同时，创建了一个面向海外贸易的海关。"在于粤东之澳门，福建之漳州，浙江之宁波府，江南之云台山"分别设粤海关、闽海关、浙海关、江海关，管理对外贸易。② 海关的设立，即成为中国对外经济贸易的窗口，并作为正式的国家机关，履行贯彻执行政府颁布的各项对外贸易规章的职责。

在对外贸易方面，康熙采取过一系列积极措施。关于关税，康熙皇帝着眼于惠商和有利于开拓对外贸易。开设海关初，户部官员拟定《开海征税则例》，明确了收税、免税及相关的奖惩措施，对外国贡船上随带来贸易的货物应予免税。后规定，四海关按照同意税率和计税方法办事，不得重复征税。

清政府下令开海贸易后，推行了一系列促进外贸的政策措施，表现出推动外贸发展的积极态度。第一，在康熙二十四年（1685 年）确定以广州、漳州、宁波、云台山为对外贸易港口，设江、浙、闽、粤四海关，负责各省外贸管理事务，设立正副监督各一人征收关税，规定各海关直属户部，不受地方行政管辖、监督，直接向皇帝和户部负责。四个海关中，粤海关最为重要，是清廷管理对外贸易的重要机构；第二，严格外贸税收纪律，加强外贸税收管理。自

①　乾隆《清朝文献通考》，卷33《市籴》。
②　戴逸：《简明清史》，中国人民大学出版社 2006 年版。

康熙二十四年（1685 年），"商人俱赴（海关）监督纳税"，并规定各地视其情况，实行相应的停抽、免抽、征抽等；第三，明定外贸税收细则，根据海外贸易的特点，划分"货税""船钞"，按律征收。在具体征收的过程中，清政府会专门派海关人员登船进行丈量计算，按等征收；第四，推行行商制度，有效控制对外贸易。[①] 行商是政府特许的专门经营海外贸易的商人，代表政府和外商进行贸易，也是政府对外贸易的纳税人和外商的纳税代理人，同时行商还肩负着代表外商和中国政府进行事务交涉的任务。关税制度和行商制度的推行是清政府对外贸进行规范化管理的表现，是清朝前期外贸进入正常发展轨道的重要体现。

法国人白晋，在给路易十四所写的秘密报告中曾经惟妙惟肖地指出，当年莫斯科的使者一踏上大清的土地，就受到康熙特使的全程陪同热情招待，"北京是皇帝允许莫斯科人自由通商的大城市，在通商过程中，他们无须交税，更不会受到欺凌。皇帝这样做是为了使他们有利可图，以便永远保持通商的睦邻关系"。而且，"莫斯科人不是惟一因受到中国皇帝的款待而感到满意的外国人。皇帝也以其特有的伟大胸怀热情款待了荷兰、葡萄牙来华的使节"。白晋特别指出，对于这些外国人，康熙并不要求他们按照朝贡之礼给自己下跪，"皇帝根本不愿意外国人遵循中国那一套谦卑的礼仪，他亲切地对待外国使节，包括拒不履行中国礼节的粗野的莫斯科人，令后者大为感动"。[②] 白晋记述的这一段其实是非常关键的，这正是大清鼓励贸易的铁证。而且他还特别强调指出：清朝贸易收税很低，甚至几乎不收税，即大清不以贸易为税收的主要来源，这恰恰也是清代开海以来贸易发达的基本原因。

开海之后，清政府主动采取积极措施，以推动对外贸易的开展：

康熙在东南沿海实行开海政策，允许并以轻税政策鼓励民众载货出海贸易，极大地促进了东南沿海地区的对外贸易，在一定程度上促进了中国资本主义的萌芽。

开海设关、多口通商政策的实施是从康熙二十三年到乾隆二十二年

---

① 李士桢:《抚粤政略》卷 2，文海出版社 1988 年版。

② 韩毓海:《鸦片战争的真相》，http://b1og.sina.com.cn/hanyuhai2009。

（1684—1757 年）。清王朝平定了三藩之乱和收复台湾后，多次颁布禁海令和迁海令的康熙皇帝，立即废除了海禁，于康熙二十三年（1684 年）颁布了开海贸易令，"今海内一统，寰宇宁谧，无论满汉人等一体，令出洋贸易，以彰富庶之治，得旨允行"[1]。次年即康熙二十四年（1685 年），又宣布江苏的松江（今上海）、浙江的宁波、福建的厦门、广东的广州为对外贸易港口，并分别设立江海关、浙海关、闽海关和粤海关，负责管理各省沿海的对外贸易。这就是王之春所记："因开海禁，设粤海、闽海、浙海、江海榷关四，于广州之澳门、福建之漳州、浙江之宁波、江南之云台山"（《中外通商始末记》卷 2）。在海关建立的同时，便设置了管理海关的专职管员——海关监督。康熙二十三年，清政府决定："照关差例，差部院贤能司官前往"，各海关，负责管理关税等事宜。第二年，"设立了海关行署"，粤海关便出现了第一任海关监督。中国对外贸易行政管理机构——海关制度诞生。

康熙颁布实施开海贸易政策反映了这一时期东南沿海人民发展海外贸易的迫切要求，同时也是统治集团内部开海与禁海思想斗争的结果。康熙的开海贸易政策曾在清廷中引起激烈争辩。康熙对一些坚持禁海的官员提出批评说："百姓乐于沿海居住，原因海上可以贸易捕鱼。尔等明知其故，前此何以不议准行。"内阁大学士席柱称："海上贸易，自明季以来，原未曾开，故议不准行。"康熙说："先因海寇，故海禁不开为是。今海氛廓清，更何所待？"席柱答曰："据彼处总督巡抚云：台湾、金门、厦门等处，虽设官兵防守，但系新得之地，应俟一二年后，相其机宜，然后再开。"康熙说："边疆大臣，当以国计民生为念，向虽严海禁，其私自贸易者何尝断绝。凡议海上贸易不行者，皆总督巡抚，自图射利故也。"席柱答曰："皇上所谕极是。"[2]开海思想最终占据上风，开海派认为"今海外平定，台湾、澎湖设立官兵驻扎，直隶、山东、江南、浙江、福建、广东各省，先定海禁处分之例，应尽行停止"。[3]康熙还进一步阐述了开海贸易的积极作用。他说："向令开海贸易，谓于闽、粤边海民生有益，且此二省民用充阜，财货流通，则各省亦俱有益。夫出海贸易，本非

---

① 　席裕福等纂：《皇朝政典类纂》卷 117《市易五·藩部互市》，文海出版社 1982 年版。
② 　《清实录·圣祖实录》卷 116，康熙二十三年七月乙亥条，中华书局 1987 年版。
③ 　（乾隆）《清朝文献通考》卷 33《市籴考二·市舶互市》，上海古籍出版社 1988 年版。

贫民所能，富商大贾，懋迁有无，薄征其税，可充闽粤兵饷，以免腹地省分转输协济之劳。腹地省分钱粮有余，小民又获赡养，故令开海贸易。"[1]可见，康熙已认识到海外贸易有助于沿海人民的生计、增加财政收入以及充裕军饷等。

然而当西方商人在本国军舰保护下向东方开拓之时，中国的海外贸易并未得到真正的鼓励，清政府的开海令附加了诸多的限制规定，此后颁布的一系列法令对出海贸易的中国商人、商船、来华贸易的外商及其船只及进出口商品的限制越来越严格。如清王朝规定：沿海百姓出海贸易，必须"呈明地方官，登记姓名，取具保结，给发执照，将船身烙号刊名，令守口官弁查验，准其出入贸易"[2]。同时禁止500石以上、双桅船出洋；再如规定禁止商人将船只私卖外商、禁止在海外造船运回国内；出洋贸易商人三年内必须回籍，否则永远不准回籍；外商来华必须先到澳门，经批准才可到广州；兵器、硝磺、金、银、铜、铁及铁器、粮食、蚕丝等禁止出口。

3. 影响

"开海贸易"以后，对外贸易逐渐兴盛。荷兰、葡萄牙、英国、法国、日本、暹罗、吕宋等国商船往来于中国沿海，运来多罗呢、哔叽、纱缎、大小绒、织金毯等纺织品，自鸣钟、玻璃、琥珀、珊瑚等各种工艺品，丁香、胡椒等各种香料以及葡萄酒、海参、燕窝等物品，又从中国运回茶叶、瓷器、生丝、绸缎、漆器、皮毛、药材、砂糖、铁锅以及纸、墨、笔、砚、书籍、绘画等。于是，在东南沿海的海面上，出现了一派繁荣的景象。[3]

这一时期中国海外贸易的进出口货物船只、货物种类之多，数量之大都是空前的，这无疑对中国经济和商业的发展起着极大的促进作用。于是，在东南沿海的海面上，出现了一派繁荣的景象。康熙年间的"开海"政策极大地促进了中国商品经济的发展和对外贸易的繁荣，对于清代前期社会经济的复苏和发展起着不可忽视的作用。对外通商贸易的发展，在客观上也增进了中国与友邻国家以及欧洲一些国家之间的了解，促进了彼此之间在政治、经济、文化等方

---

[1] 赵之恒等编：《大清圣祖仁皇帝圣训》卷21，康熙二十三年九月甲子朔，燕山出版社1998年版。

[2] （清）《大清会典》卷629。

[3] 王超：《清代海外贸易政策演变》，《辽宁师范大学学报》2001年第1期。

面的交流。可以说这一时期是清代罕见的开放时期，而这与康乾盛世局面的出现也不无关系。

康熙的这次开海政策，顺应了形势的需要和广大人民的心愿，促进了生产的发展和人民生活的改善，同时也有利于社会尤其是东南沿海地区社会的稳定。之前的迁界移民使得沿海地区的广大百姓流离失所，在闽粤造成大片无人区；开海后，"民悉复业"，"一岁菑，三岁畬，渐次垦辟，至无旷土"①，人民生产生活都有很大的改观。"自通洋弛禁，夷夏梯航，云屯雾集，鱼盐蜃甲之利，上裕课而下裕民"，"服贾者以贩海为利薮，视汪洋巨浸为衽席，北至宁波、天津、锦州，南至粤夷，对渡台湾，一岁往来数次，外至吕宋、苏禄、噶喇吧，冬去夏回，一年一次……舵水人等借此为活者以万计"。②

开放海禁极大地促进了东南沿海地区的对外贸易及中外贸易的迅速发展。康熙开海之初，私人海外贸易获得了很大发展，到东洋、南洋贸贩的船只及人数都日益增多。如到东洋日本的中国商船，据日本长崎交易所的记录统计，1684 年仅为 26 艘，此后 5 年间直线上升，1688 年达到 194 艘，增加 6 倍半。1689 年日本颁布"亨贞令"限制中国商船及载货数量以后，赴日船只有所减少，但仍较明末为多。③到南洋各地的中国商船更多。据康熙五十五年（1716年）皇帝说，他昔年南巡路过苏州，见到船厂，问及海洋事情，曾被告知"每年造船出海贸易者多至千余"。一些欧洲国家循着明末已经关闭的欧亚航线先后来到广州。康熙三十七年（1698 年），法国号来到广州，正式开始中法两国的贸易。康熙五十四年（1715 年），奥地利 3 艘商船驶抵广州。据统计，康熙五十三年到五十九年（1714—1720 年），英、法等国到广州贸易的船有 68艘。④海上丝绸之路在开放海禁的政策下得到了进一步发展。而海关的设立，允许外国商船在通商四口停泊、互市，为清朝前期的对外贸易搭建了一座广阔的平台，中国的对外经济也进入了一个开海设关管理贸易的新时期。

在促进贸易发展的同时也促进了各民族各国之间文化等方面的交流。当

---

① 施琅：《靖海纪事》附陈迁鹤序。
② 周凯：《厦门志》卷 15《风俗记》，鹭江出版社重印本，1996 年。
③ 周凯：《厦门志》卷 15《风俗记》，鹭江出版社重印本，1996 年。
④ 参阅《宫中档》，转引自《历史档案》1981 年第 1 期。

时中国东南沿海一带与东南亚吕宋、噶喇巴（巴达维亚，即印尼雅加达）、大泥、麻六甲、越南、暹罗、柬埔寨等国家和地区都有广泛的贸易关系，中国商民前往和留居者甚多。据说，康熙时期，仅在雅加达一地的华侨，就有 10 万人之多。① 同时在广东，伴随着贸易往来，西方的艺术家、科学家、学者、传教士等也接踵而来。这些人或者出于商业的需要，或者慕名前来学习中国的文化艺术，或者出于传教，或者披着宗教的外衣，搜集情报，在一些西方国家掀起学习、仿制中国瓷器、纺织品和精湛的手工艺品的浪潮，出现了一股"中国风"。②

（三）康熙晚年的局部禁海

1. 背景及原因

康熙五十六年（1717 年），颁布出海禁令时，距台湾统一已经三十四年，私人出海贸易的禁令，早已在康熙二十三年（1684 年）取消，其所以重新禁海，用康熙帝的话说，是由于南洋的吕宋、噶喇巴两地，是"西洋国（西班牙）和红毛国（荷兰）泊船之所，藏匿盗贼甚多"。康熙帝已经察觉到西班牙和荷兰殖民主义者的海盗行径，需要预加防范。

在开海政策执行了 30 年之后，康熙皇帝宣布实行海禁。康熙五十五年（1716 年）十月，康熙皇帝提出了海禁问题。第二年正月拟定了禁海的规定并下发执行。要理解这个变化要先分析一下当时的社会环境：

首先，"海寇"的猖獗。在开海政策实行不久，沿海便发现"海寇"的踪迹。有些商人为了利益甚至于内外勾结。起初，"海寇"比较少的时候，清廷只是对其进行消灭，而后变成招抚，可是并未能彻底消除"海寇"产生的社会原因。当"海寇"势力进一步扩大，而沿海一带的清兵欺辱百姓有余，剿捕"海寇"却不力，沿海地区安全得不到保障时，康熙想到了禁海，以断绝"海寇"的人员和物质补充。开海政策执行了 30 年之后，康熙皇帝又来了一个一百八十度的大转弯，宣布实行禁海。

其次，东南海疆潜在危机日益增加。清入关之后，不愿降清的仁人志士在

---

① 李长傅：《南洋华侨史》，上海书店出版社 1984 年版，据中华民国三十二年版影印。
② 沈光耀：《中国古代对外贸易史》，广东人民出版社 1985 年版。

开海后出逃，这使康熙皇帝不安，担心他们互相联合，反对清朝统治。正如前面开海政策带来的影响里提过，"日益发展的民间海外贸易引起了以少数民族君临全国"，而清政府"每以汉人为难治"，对汉人防范心甚重的清朝统治者甚为不安。清朝入关之初以在东南沿海遭遇到的汉人抵抗最烈，而这一带的汉人因地理和历史的关系，与海外特别是南洋地区一向联系密切。抗清失利以后，有不少南明抵抗人士流亡到南洋。康熙五十五年十月，康熙在上谕中写道："朕临御多年，每以汉人为难治"，"海外有吕宋、噶喇吧等处常留汉人，自明代以来有之，此即海贼之薮也。"①因此，政治安全考虑是一个重要的因素。

最后，是与西方殖民者有关，是西方殖民主义的威胁。开海之后，海外华人急剧增加，外国传教士的活动益猖獗，康熙皇帝在认识到传教士与殖民者之间关系的时候对他们的态度逐渐发生变化。

亦正如前面开海政策带来的影响提到，开海以来，海外华人与传教活动日渐增多。康熙皇帝认识到西方近代科学的先进性，并虚心学习，实践运用，因而对传教士采取友好态度。康熙四十三年（1704 年）、康熙五十四年（1715年），罗马教廷两次派人倒中国颁布禁约，要求所有教徒不许敬孔祭祖，也不许用"天"字，并摘除康熙皇帝为教堂题写的"敬天"匾额，否则"依天主教之罚处之"。从康熙五十五年（1716 年）开始，康熙与罗马教廷和教皇格勒门的关系急剧恶化。在京传教士，如德理格、马国贤、伊都立等及教皇特使嘉乐只知道遵照教皇谕诏和禁约行事，多次无视清朝法令。宗教权威严重挑战专制皇权，终于导致康熙五十九年（1720 年），驱逐大批传教士，谕旨称："天主教在中国行不得，务必禁止！教即不行，在中国传教之人亦属无用。"②而此时，东南沿海警报频传，康熙皇帝开始认为，开海贸易，宽容教士，客观上助长了西方殖民者的气焰。并且，清朝，由于开放的环境，贸易的发展，中国资本主义出现萌芽，在思想上出现反对君主专制。而那时又恰逢"西学东渐"，大量西方先进思想传进国内，严重威胁统治者利益，为统治者所不能容忍。

---

① 《清圣祖实录》卷 270。

② ［意］马国贤著，李天纲译：《清廷十三年：马国贤在华回忆录》，附《康熙与罗马使节关系文书》，上海古籍出版社 2004 年版。

最后，加之自开海以来，反对开海政策的大有人在。综合以上各因素，在康熙晚年，在开海30年之后，康熙宣布实行禁海，并陆续提出一系列禁海措施。

2.实施：开海中的进一步限制

康熙后期的禁海与顺治时期的禁海不一样，他不是一切禁绝，而是区别对待。其禁海政策的总原则是，中国商船同东洋贸易照旧，同南洋吕宋、噶喇巴贸易禁止；外国商船前来贸易照旧，地方文武官员严加防范；禁止向国外卖船，运米出境和人员留住国外。这就是南洋禁航令。其后，又采取了一些措施如加强来往船只和人员的管理、监督，将各类船只加以标记；加强海防，修筑炮台、添拨兵丁；对沿海各省之间往来船只实行盘验与护送，虽然此举漏洞较大。

（1）中俄贸易摩擦

康熙晚年的再禁海还体现在中俄贸易摩擦中。清朝政府同沙皇俄国分别曾于康熙二十八年（1689年）和雍正五年（1727年）签订《尼布楚条约》和《恰克图条约》。康熙三十二年（1693年）清政府根据《尼布楚条约》规定：俄国商人每四年得来北京通商一次。但是，沙俄却一再违反这个规定。在康熙三十六年至五十七年（1697—1718年）的二十年间，俄国商队一共来了十次，平均两年就有一次。而非法私商又数倍于合法商队。有些私商并没有合格证书、护照，却偷来北京进行贸易。加上边界上经常发生私逃活动，在制止无效之后，清政府终于在康熙六十一年（1722年）停止了中俄的贸易。

雍正五年（1727年），《恰克图条约》的签订，恢复了中断五年的中俄贸易。在《恰克图条约》中，规定了在北京互市外，又增加恰克图和尼布楚地方（后定在粗鲁海图）两处边界贸易，其中恰克图的贸易日益增长，很快就成为中俄贸易的一个中心，成为了近代中国历史上规模最为庞大的国际贸易。十年以后，清政府打算停止北京互市，所有在北京的贸易，都移到恰克图进行。但是，沙俄不仅置中国意见于不顾，继续派商队前来北京，而且违背条约，在恰克图边界私征税收，私设关卡，纵容俄国民间越界游牧盗窃，私释窃犯。因此，清廷在乾隆二十年（1755年）停止北京互市，在二十九年（1764年）、四十三年（1778 年）和四十九年（1784 年）先后三次停止恰克图贸易，进行制裁。其中第一次停了四年，第二次停了一年，第三次则停达八年之久。而在乾隆五十七年（1792 年）恰克图贸易重新恢复以后，中俄边境维持了一段比较长的平静时期。

从上述资料可以看出，尽管清政府在对俄贸易上的政策比较苛刻。但是其着眼点仍主要在于北方疆域的安全，防止沙俄侵略的图谋。乾隆五十七年（1792 年）恰克图重新开市以后，在当年签订的恰克图市约中，开头就说："恰克图互市于中国初无利益"。可见清政府与沙俄的外贸，很大程度上并非是因为经济上的需要，更多的则是一种政治层面的意义。通过与沙俄的积极的外贸关系，力图缓解消磨沙俄侵略我国北方的野心。在迫不得已时，通过进行贸易制裁的方式，打击沙俄的气焰。

（2）东南沿海再次全面海禁

康熙五十六年（1717 年），康熙帝认为：南洋的吕宋、噶喇巴两地是"西洋国（西班牙）和红毛国（荷兰）泊船之所，藏匿盗贼甚多"。因此再次颁布出海禁令，重新禁海："凡商船，照旧东洋贸易外，其南洋吕宋、噶罗吧等处不许商船前往贸易，于南澳等地方截住。令广东、福建沿海一带水师各营巡查，违禁者严拿治罪。……嗣后洋船初造时，报明海关监督，地方官亲验印烙，取船户甘结，并将船只丈尺、客商姓名、货物往某处贸易，填给船单，令沿海口岸文武官照单严查，按月册报督抚存案。（出洋者）每日各人准带食米一升，并余米一升，以防风阻。如有越额之米，查出入官，船户、商人一并治罪。至于小船偷载米粮剥运大船者，严拿治罪。如将船卖与外国者，造船与卖船之人皆立斩。所去之人留在外国，将知情同去之人枷号三月；该督行文外国，将留下之人令其解回，立斩。沿海文武官如遇私卖船只、多带米粮、偷越禁地等事隐匿不报，从重治罪。"[1] 在以后的岁月中，它仍为清王朝对付西方殖民主义者的一个防卫措施。

然而，随着海外贸易的不断开展，新的情况出现了。康熙晚期沿海一带海寇增多，为杜绝海寇，防止汉人与海外华侨势力勾结，危害清朝统治，同时防

---

① 《清圣祖实录》卷 271，康熙五十六年正月庚辰条。

备西方殖民势力的扩张①。康熙五十六年（1717年），随着海外贸易的发展，移居海外的人数不断增多，清王朝便以"噶罗吧及吕宋，皆红毛西洋泊船之所，藏匿盗贼甚多"②为名，下令禁止同南洋贸易，海外贸易的发展受到很大的影响。但是，这一禁令的本意并不是真正切断与南洋的贸易联系。不久，清王朝于康熙五十七年（1718年），又批准了两广总督杨琳的奏请"澳门夷船往南洋及内地商船往安南不在禁例"。③而雍正继位后鉴于朝内外舆论的反对以及沿海地区大米的短缺，于雍正五年（1727年）和雍正七年（1729年）先后解除了福建、浙江同南洋贸易的禁令。

然而，当"海寇"势力日益增长，有与海外力量联合的趋向时，康熙从开海转向了禁海。康熙五十六年（1717年），清廷正式下达禁海规定，严格管理商船，渔船有关人员；禁止中国商船赴南洋贸易；禁止向国外卖船，运米和留住国外；对外国商船严加防范。

清廷强调必须吸取明末以来"滨海奸徒出没，纠舺肆害"的历史教训，指出"南之柬埔寨尚有伪镇杨彦迪下余孽黄进聚舰百余号，北之浙江乌洋尚有房锡鹏残党，及抚而复叛之刘会，集舰数十只游移海洋。迩来贸易船只，给有关臣照票；而往采捕船只，给有道府县由单而出，丛杂无统"。内地积年贫穷游手奸宄罔作者"乘此开海，公行出入汛口。恐至海外诱结党类，蓄毒酿祸"。这就说明，清政府怕沿海居民与外商勾结，动摇清廷政权的稳固，清廷认为地方多事的原因在于中外贸易。在这种思想指导下，清朝对外政策就沿着"严加防范"的道路上愈来愈走向极端，最终实行禁海令。

而且一些生活在海上私商出没的沿海地区的官员，对明末以来沿海私商的走私贩私活动与海盗商人的骚扰寇乱，有着丰富的亲身经历和深刻的切身体会，他们极力上疏，请求加强对海外贸易的控制与监督。地方官员施琅从巩固清朝统治的根本出发"鳃鳃上陈"，一再提醒康熙帝"安不忘危，利当思害，苟视为已安已治，无事防范，窃恐前此海疆之患，复见不远"。可见郑氏归附、台湾平定后，康熙帝仍唯恐开放海禁、出海兴贩贸易而滋生事端，危

---

① 王静芳：《浅析康熙晚期禁海的原因》，《前沿》2005年第7期。

② 参见孙玉琴主编：《中国对外贸易史》，对外经济贸易大学出版社2001年版。

③ 参见乾隆官修《清朝文献通考》卷33。

及清廷统治的大局。施琅居安思危、防患未然，以确保闽台海疆宁谧。他们的思想正与康熙帝不谋而合。因此，对开海通洋严加限制管理的主张深得康熙帝赞同。

可见，康熙实行开海贸易依然是有限制的对外贸易政策的继续。上述诸种限制，使中国商人无法利用本国商品在国际市场的绝对优势获取高额利润，对船舶规模、携带兵器的限制使中国商人无法开展远洋贸易，甚至连在印度洋西岸、阿拉伯半岛等传统贸易区域的优势也逐渐丧失了。

康熙后期的禁海，与顺治以来的禁海并不一样，他不是一切禁绝、片板不许下海，而是区别对待，内外有别。其总的原则是：中国商船同东洋贸易照旧，同南洋吕宋、噶喇巴贸易禁止；外国上船前来贸易照旧，地方文武官员严加防范；禁止向国外卖船、运米出境和人员留住国外。这也就是前面提到的南洋禁航令。康熙皇帝的这次禁海，并不是为了断绝对外贸易，而是为了割断内部敌对势力与外部殖民势力的联系，防止国内与侨居国外的反清力量结合，以保证清王朝的安全。

根据这个南洋禁航令，康熙皇帝陆续提出一系列禁海措施，由有关部门讨论落实。加强对商船、渔船及有关人员的管理。禁海之前，康熙皇帝就下令，商、渔等船出洋时不准装载米酒，进口时不许装载货物。禁海之后，对船只和有关人员的管理进一步严格。在海坛、南澳等处，阻截私往南洋贸易的船只，并加强海防力量。康熙五十六年（1717 年），康熙皇帝下令："凡商船可以往东洋贸易，往南洋吕宋、噶喇吧等处贸易则不准，须在南澳等处将船截住。"

对沿海各省之间往来商船、渔船实行盘验与护送。在禁海令发布后，各省就遵谕派兵船护送沿海的商船、渔船。

康熙后期的禁海政策一直被执行，尤其到乾隆朝以后，中国重新进入半闭关状态，完全不准通商行不通，但须严格管理，防范中外私相交接，危害清王朝的统治。

3.影响

虽然康熙的禁海政策的目的主要在于隔绝大陆人民与台湾郑氏抗清力量交通，防范人民集聚海上，后着重防禁"民夷交错"，针对外国商人，以条规立法形式，严加限制对外贸易，因而在一定程度上防止了"海寇"的泛滥，但更多的是对经济发展阻碍，激化了社会矛盾。广东普宁知县蓝鼎元著《论南洋事宜书》，论述闽广形势说："闽广人稠地狭，田园不足于耕，望海谋生，十居五十……南海未禁之先，闽广家给人足。游手无赖亦为欲富所驱，尽入番岛，鲜有在家饥寒窃劫为非之患。既禁之后，百货不通，民生日蹙……今禁南海，有害无利，但能使沿海居民富者贫，贫者困，驱工商为游手，驱游手为盗贼耳。"后一些东南疆史也反对禁止南洋贸易，不断从税收及民生的角度上疏陈言，请求开禁。迫于朝野许多人反对的压力，清廷在雍正五年（1727年），也就是禁止了10年之后，重新恢复南洋贸易，但关于出海船只丈尺和出口商品的种种限制，以及禁止人民侨居外国的法令，始终不曾放松，而且愈来愈严格。到乾隆时，又再度禁止民众出洋。

同时，影响了此后各朝的对外政策，"禁海"演变成后来的"闭关自守"，造成了近代中国的落后。康熙一朝是清代海疆政策形成的初始阶段，此后各朝虽有发展，但以海治海、以汉治汉的基本方针始终未变，最终形成以禁、防二字为主的海防政策。雍正五年（1727年），即在南洋实行海禁十年后，清政府曾一度重开南洋之禁，限令出洋贸易之人三年内回国，否则不许回籍。至乾隆初，清政府再次厉行限制对外贸易。乾隆二十二年（1757年），以英国武装商船多次驶至浙江定海、宁波，清廷为了整肃浙省海防，下令关闭了广州以外的所有海口，只准在广州一口贸易。这是清廷对外贸易政策的一大转折，即针对外国资本主义势力而厉行闭关政策。其结果是造成了中国与世界的隔离，扩大了与西方资本主义国家的差距，错过了发展资本主义的大好机会，直到后来被迫打开大门，被迫开放，被动挨打的局面出现。

康熙晚期实行的禁海，无疑对国内经济和社会产生了极大的影响。首先，禁止人们前往南海贸易，使一部分人失业，严重影响沿海居民的生活。其次，在南洋与国内经济贸易往来密切的时候，实行禁海，阻碍了东南沿海地区经济的发展，挫伤了商人的积极性，阻碍了中国资本主义萌芽的成长。第三，由于禁海政策，中国对外开放交流的大门越开越窄了，在西欧国家纷纷进行技术革新、开拓海外贸易之时，不能紧跟时代潮流，充分与国外取得经济文化上的联系，从而使中国逐渐落后于时代。第四，康熙禁海政策直接影响以后时期的对外政策，是中国的闭关锁国政策的开端，为清朝的没落也埋下了种子。

纵观康熙时期的开禁海政策，不难看出，只有开海，加强对外贸易，才是顺应时代发展的正确选择，在康熙三十年（1691 年）开海政策期间，人民的生活水平有提高，社会经济状况有很大进步。然而由于各种各样的原因，这种开海政策并不能长期坚持。可见，封建统治者为了巩固自己的统治利益，是必须慎重的考虑对外贸易政策的，尤其是对于一个入关的少数民族来说，加强对汉人的统治，更是必要的。所以，从康熙皇帝一个封建统治者来说，他的一系列对外政策是顺应当时形势的好的政策。

小结：

康熙在位年间的对外贸易政策基本上可分为三个阶段。

顺治十二年（1655 年）至康熙二十二年（1683 年）实行了比较严格的海禁，这是第一阶段。

康熙二十三年（1684 年）到康熙五十五年（1716 年）是第二阶段，是关口较为开放的时期。

康熙五十六年（1717 年）至雍正五年（1727 年）实行了部分地区的海禁。

由此可见，康熙在位时期闭关的总时间只有 27 年左右，康熙还是比较重视与国外进行贸易往来的。况且清政府推行海禁政策的初衷并不是指向海外商人来华，而是着眼于切断郑成功抗清势力同内地的联系。"海贼郑成功窜伏海隅，至今尚未剿灭，必有奸人暗通线索，贪图厚利，贸易往来，资以粮物。若不立法严禁，海氛何由廓清？"[1]可见，实行海禁，是统治者从巩固刚刚建立的满族封建政权的政治角度出发的，而非针对中外贸易。况且，即使在禁海期间，清政府也没有拒绝与外国的贸易往来。"凡商船照旧东洋贸易外，其南洋、吕宋等处，不准商船前往贸易。……其外国夹板船照旧准来贸易。"[2]

康熙皇帝每一次对外政策的变化都是伴随着重大事件的发生。例如康熙二十二年（1683 年），是康熙对外贸易政策转变的一年。康熙二十二年，台湾收复，三藩之乱平息，国内战争基本结束，清廷实现了全国统一。和平稳定

---

① 《顺治实录》卷 102，中华书局 1985 年版，第 789 页。
② 《清圣祖实录》卷 271，中华书局 1985 年版，第 658、317 页。

的社会环境为废除海禁创造了条件："先因海寇，故海禁不开为是，今海氛廓清，更何所待？"康熙顺时应民，进一步指出："开海贸易，谓于闽、粤边海民生有益，若此二省民用充阜，财货流通，各省具有裨益。且出海贸易，非贫民所能，富商大贾，懋迁有无，薄征其税，不致累民，可充闽粤兵饷，以免腹里省分转输协济之劳。腹里省分钱粮有余，小民又获安养，故令开海贸易。"于是康熙二十三年（1684 年）正式停止海禁："今海内一统，寰宇宁谧，满汉人民相同一体，令出洋贸易，以彰富庶之治，得旨开海贸易。"并于第二年，"在于粤东之澳门，福建之漳州，浙江之宁波府，江南之云台山"，分别设粤海关、闽海关、浙海关、江海关，管理对外贸易。海关的设立，即成为中国对外经济贸易的窗口，并作为正式的国家机关，履行贯彻执行政府颁布的各项对外贸易联系规章的职责。[1]

康熙年间海上贸易政策演变的原因何在？

康熙二十三年颁布的开海贸易命令给清王朝的对外贸易带来了巨大的生命力。从禁海到开海的政策演变并不是一种偶然，实际上，在清王朝内部本身就存在着开海贸易的思想。

清朝统治者刚入关后，因忙于国内统一战争，无暇顾及对外贸易。1655年以后，为了对付郑成功的反清力量，清朝才先后出台了"海禁"令和"迁海"令。然而，这些只是权宜之计，并非是清王朝对外关系的既定国策。随着全国经济的恢复和海外的平定，人们对海上贸易的需求越来越迫切。实际上，即使在清王朝的禁海命令之下，人们的海上贸易也并未中止。清王朝本身也认识到开海的必要性，而过去实行禁海政策也是有因之举。鉴于国力的增强，时机的成熟，清王朝便废除了禁海的政策，实行开海。

康熙在阐述开海的积极作用时说："向令开海贸易，谓于闽、粤边海民生有益，且此二省民用充阜，财货流通，则各省亦俱有益。夫出海贸易，本非贫民所能，富商大贾，懋迁有无，薄征其税，可充闽粤兵饷，以免腹地省份转输协济之劳。腹地省分钱粮有余，小民又获安养，故令开海贸易。"[2]可见康熙充

---

① 李想、杨维波：《论清朝前期海外贸易政策的"非闭关性"》，《湛江师范学院学报》2008年第 4 期。

② 《圣祖仁皇帝圣训》卷 21。

分认识到了开海贸易的积极作用，而这一观点也得到当时多数大臣强有力的支持。正是由于康熙和大臣们认识到了开海贸易的积极作用，这项政策才得以推行。

对康熙的对外贸易政策演变应做怎样的评价呢？

康熙在海外贸易、手工业和商业诸问题上，能够跳出重农抑商的传统框框，推行一些有利其发展的经济政策。这是康熙经济政策的杰出之处。清代是封建社会的后期，资本主义萌芽正在产生、发展，但明末清初的战乱一度使工商业受到破坏。康熙王朝出现的统一局面和农业生产的恢复发展在客观上为商品经济的发展和资本主义萌芽的产生提供了有利条件。作为一个封建国家的君主，康熙囿于阶级的局限，固然不可能积极地发展带有资本主义色彩的海外贸易，不可能扶植资本主义萌芽的发展。但是，康熙在当时的历史条件下，为了发展经济，建立一个幅员辽阔、统一的多民族封建国家，不是一概地扼杀资本主义萌芽，而是在适当限制的基础上，因势利导地对待它。

首先，在海外贸易上，康熙没有因袭过去禁止海外贸易的窠臼。他主张开海贸易，是从征税可以充实兵饷这一目的出发，但"财货流通，各省俱有裨益"，在客观上是有利社会经济发展的。

其次，在工商业问题上，康熙也一反历史上的陈见，从重农恤商、利商便民出发，对工商业不采取绝对的抑制政策。他曾明确提出："商人为四民之一"，提高了工商业者的社会地位。他反对封建官吏对商人随意苛索勒取，维护工商的经济利益。康熙的这些政策，松弛了封建国家对工商业的严格束缚，在客观上有利于商业的发展。

那么对于康熙的某段时期的闭关政策首先要澄清一点，那就是，康熙下令"禁海"并不意味着封闭所有港口，我国东南地区还是有港口开放的，例如广州港。

其次，不应仅仅从清王朝的封建性质来评价闭关制度。对外贸易是双方的。一口通商是因为西方不法分子贪得无厌、拒不遵守清政府有关规定，"恃其强悍扬帆直进，擅越界址"引起的，并不是清初开海以来的对外贸易政策的整体方向发生了转变。作为一个主权国家，清政府从国家、民族和统治阶级利益出发，防范西方"觊觎之心"，抵御非法外来侵扰，紧缩贸易港口，是完全合理合法的。统治者根据自身状况，决定开放多少港口，开放哪些港口，完全是主权国家的内政。而且，也不能以开放港口的多寡来衡量一个国家的对外贸易政策的性质。一口通商跟四口通商甚至是百口通商，在本质上是没有差别的，体现的都是"非闭关性"。更何况，这通商的"一口"还是历史最悠久和当时最大的广州港。以这样的港口作为中国对外贸易的唯一门户，能说清初对外贸易政策是闭关性的吗？

因此，康熙皇帝的所谓的"闭关政策"并没有体现真正意义上的封闭性，其开放的本质并未改变。

面临经济薄弱、内忧外患的局面，为了解决当时的社会矛盾，康熙制定出合理的经济政策，发展生产，繁荣经济，这既巩固了政权，又为建立一个幅员辽阔、多民族的封建国家奠定了物质基础。在经济发展的情况下，康熙对内削平三藩，对外抗击沙俄的侵略，实现了他"合内外之心，成巩固之业"的抱负，在中国历史上留下了一定的功绩。他制定的经济政策不但继承了历史上进步的经济政策，而且面对现实，敢于创新，在某些问题上跳出了传统的框框，比他的前辈提供了更多的新东西。

康熙的外贸思想：西方资本主义初到中国，烧杀淫掠，强占土地，无恶不作；各资本主义国家之间，争夺在华权益而发生纠纷、火并，扰乱了中国沿海的正常秩序，而当时西方殖民者正向东方扩展势力，清朝统治者担心国家的领土和主权遭到外国侵略，迫使清政府不得不进行防卫，而闭关政策是最简单、直接的办法。康熙帝曾经预言："海外如西洋等国，千百年后中国必受其累。"[1]

清康熙时期的海外贸易，经历了从禁海到开海、再禁海的演变过程。这些过程的演变既和当时的政治、经济形势有联系，又与清朝统治者为维护其封建统治的目的分不开，它直接影响到海外贸易的发展与沿海一带社会经济的恢复。

---

[1]　王庆云:《石渠余纪》卷6《纪市舶》，北京古籍出版社1985年版。

三、乾隆嘉庆年间的禁海

清朝初期实行禁海时，英国、荷兰就不断进入广州和福建沿海，公开或秘密进行贸易。康熙二十三年（1684 年）开放海禁以后，清朝正式在澳门、漳州（厦门）、宁波、云台山先后设置海关，开放对外贸易。其中宁波是传统的对日贸易港口，厦门是中国和南洋的贸易中心，云台山则是中国沿海贸易的港口，并非对外，只有澳门一口，是专为对西方国家的贸易而设。由于葡萄牙殖民主义者把澳门看作自己的势力范围，排斥他国船只的进入，西方国家对中国的海上贸易，才由澳门转移于广州。广州也因而成为中国对西方国家贸易的一个中心。但是，西方殖民主义国家并不以此为满足。他们要求扩大和丝、茶产区邻近的厦门和宁波的贸易，甚至企图深入丝、茶产区，建立贸易据点。这不能不引起乾隆帝的警惕。

乾隆受到了历史的影响，考虑到了一些当时有可能发生的现实问题。清朝建立伊始，清政府为了禁止和截断东南沿海的反清势力与据守台湾的郑成功部的联系，以巩固新朝的统治。清朝的自我保护的传统意识使得乾隆在处理中外贸易问题时更为谨慎，充满了对外国商人的戒备。尤其是乾隆五年（1740年），由于荷兰殖民主义者在爪哇屠杀华侨，发生了"红溪惨案"，万名侨胞遭到东印度公司血腥屠杀。从此就开始限制中国居民到南洋定居。中国福建当局即曾一度禁止私人到南洋贸易。非常遗憾的是当时的清政府对在海外为抵抗西方殖民主义者而艰苦斗争的广大侨民，不但不给予任何保护和支持，反而诬之为"匪"、为"盗"、为"海贼"、为"奸民"。把他们的英勇抗击行为诬之为"在外洋生事"；把他们受到的迫害诬之为"孽由自取"。[1] 这的确是清政府在外贸政策上的一大失误。中国古代外交政策历来是种朝贡外交，自商周以来，中原王朝都一直认为自己居天人之中，是"天朝上国"，是世界的主体，故自称"中国""中华"；而周边乃至更远的地区与国家都是少数民族居住的化外之地。因此对于当时离乡的华侨而言，清朝统治者根据中国历来的封建帝国

---

[1]　此段语出乾隆帝："内地违旨不听召回，甘心久住之辈，在天朝本应正法之人，其在外洋生事被害，孽由自取。"

外交观念，必然会视他们为叛国者，即便遭遇荷兰殖民者的排挤也不施以援救。此外，清朝政府也有其维护满族统治的战略考虑，借西班牙、荷兰侵略者之手，从而剿灭南洋反清势力。清朝统治者历来认为："海外有吕宋、噶喇吧等处，常留汉人，自明代以来有之，此即海贼之薮也。"清政府始终担心居住在南洋的华侨与东南沿海的汉人联合，从而进行"反清复明"的活动，直接威胁清朝政府的统治。因而西方早期殖民者将这些华侨杀掉，正是为清朝政府清除了心腹之患。

1793 年的马戛尔尼使团在被盛情招待后，提出了如下与"贸易"毫不相干的要求：一、请于舟山附近划一不设防之岛，归英国商人使用，以便英国商人休息、存放一切货物且永久居住。二、请于广州附近得一同样之权利，且听任英国人自由来往，不得加以禁止——而这其实也就是割地。乾隆帝回绝了这一要求，他认为这是外国人企图控制我国的一个表现。在给英王的敕书中，他这样义正词严地教育英国人："天朝尺土，俱归版籍，疆址森严，即岛屿沙洲，亦必划界分疆，各有专属——此事尤不便准行。"可以说乾隆帝的担心是有必要的，但是他并没有意识到限制贸易并不是防止外国人窥视中国肥沃土地和广阔市场的最根本的方法，这样的阻拦只会使英国人更加急不可耐地想要得到中国这块大肥肉。

乾隆二十二年（1757 年），英国东印度公司商人洪仁辉的多次到宁波贸易引起了乾隆的注意，他担心宁波会成为第二个澳门①，由此发生洪任辉率商船秘密进入定海，被清朝水师拦截的事件。清朝在乾隆二十二年下令关闭广州以外各口，只许西方商人在广州贸易。从此以后，除了厦门还允许偶尔由吕宋开来的西班牙船只进口以外，广州一口贸易制度基本上维持到鸦片战争爆发，没有改变。自此，进入西洋商人的一口通商时代。同年，清廷下令："（夷船）将来只许在广州收泊贸易，不得再赴宁波，如或再来，必令原船返棹至广，不准入浙江海口。"这就是针对外国资本主义势力而厉行闭关政策，只准在广州一口贸易。

乾隆二十四年（1759 年），两广总督李侍尧奏请制订《防范夷商规条》，

---

① 唐文基、罗庆泗:《乾隆传》，人民出版社 2003 年版，第 230 页。

规定"防夷五事"。即：永行禁止外国商人在广州过冬，必须冬住者只准在澳门居住；外商到粤，"宜令寓居行商管束稽查"；禁止中国商人藉领外商资本及外商雇请汉人役使；严禁外商雇人传递消息；于外国商船停泊处拨营员弹压稽查。"防夷五事"将对外贸易严加管理，有了明确的法规，使闭关政策形成制度。

嘉庆十四年（1809 年），清政府又颁布《民夷交易章程》；道光十一年（1831 年），先后制定了《防范夷人章程》和《八条章程》。这些章程，除重申"防夷五事"的规定外，又规定外国兵船只许外洋停泊，禁外国商人携带妇人以及在省城乘坐肩舆，等等。其中有关严拿贩卖鸦片人船等项，则是针对外国侵略者鸦片贸易的正确禁令。

封建帝王为巩固自己的统治，对于国门开放一事甚为谨慎。作为一位敢于接受先进外来西方文化的君主，康熙帝的解禁令给中国当时的对外贸易带来了春天，多个口岸开放，使得贸易机会增多，对于一些丝织品，由于生产地离口岸较近，无疑大大减少了运输成本。然而，乾隆帝的禁令又抵挡了大量贸易流通，只留下广州一个口岸，这必然是减少了对外贸易的总量的，但另一方面，它迫使广州接受更多的贸易订单，具有巨大数量的货物集散的能力，使得广州发展成商业繁荣、贸易发达之地成为必然。

这一时期的中国贸易模式发生了巨大的变化。一方面，欧洲发生了工业革命，英国的纺织工业得到了空前发展，其廉价的棉纱、洋布，大量出口中国，中国的进口产品中棉花、面部和呢绒分别上升到前三位。另一方面，英美开始大量向中国走私鸦片。

这段时间中国对外贸易的最大变化有三点：第一，中国与外国的贸易从"互通有无"为主变成了由成本优势决定的利益行为和现代贸易模式。中国进口的产品不再只是本国没有的奇珍异宝、皮毛香料，而包括大量自己也能生产的棉纱棉布。传统的自给自足小农经济开始受到市场经济的冲击。第二，中国开始由贸易顺差变成贸易逆差。自汉朝以来，中国向西方出口产品，回流的主要是金银。但自 19 世纪初开始，中国出现了黄金白银的净流出。从 1807 年到1834 年，中国白银净流出值达 23034357 银两。[1] 第三，与中国进行贸易的国

---

[1]　严中平等：《中国近代经济史统计资料选辑》，表 26，科学出版社 1958 年版，第 33 页。

家由亚洲和阿拉伯国家为主变成与欧美国家为主。中国从英国、荷兰、法国、美国以及俄国进口的商品（包括鸦片）成为中国的主要进口商品，同时中国不得不向欧美出口大量的茶叶、生丝、绸缎、土布以及银元以弥补贸易赤字。

　　总之，清朝对于外国商民的来华贸易政策，自乾隆二十二年（1757年）以后出现重大变化，从原来的四海关开放贸易改为只许广州一口通商，但外商来华贸易仍然开放。嘉庆道光时期，清朝虽然加强了对来华外商的防范措施，但外商来广州贸易的基本政策仍然未变。然而，却有证据表明，本国商民的出海贸易，在道光十五年（1835年）左右因为"防夷"的需要而被清朝政府禁止。可见，清朝对于外国商民来华贸易的基本政策，要比它对于本国商民出海贸易的基本政策更为稳定。

　　综上所述，康乾盛世期间，中国对外贸易政策的演变主要基于国家安全的考虑，将对于外贸的限制、禁止视作防范敌国入侵的武器，而且当时清朝政府在对外政策上，仍然是以防范外夷为主要任务。乾隆二十二年（1757年）广州一口通商以后一直到鸦片战争，不到一百年之中，在广州颁布的防夷条例，见之于官方文件的，先后就有乾隆二十四年（1759年）两广总督李侍尧的"防夷五事"[1]，四十一年（1776年）广东巡抚兼海关监督李质颖的"防夷四查"，嘉庆十四年（1809年）两广总督百龄等人的"民夷交易章程"，道光十一年（1831年）两广总督李鸿宾等人的"八条章程"[2]，十五年（1853年）两广总督卢坤等人的"防范夷人章程八条"。

　　以禁海闭关为支柱的对外贸易政策尽管是基于自身自给自足的封建自然经济，故有一定合理性。但不可否认的是，中国封建帝国在鸦片战争前的200年间，面临西方资本主义国家的步步进逼，已处在节节后退之势。抵御西方侵略者入侵的任务，也不能仅仅依靠对外贸易政策。没有强大的国防力量，终究将被西方列强以武力的方式叩开中国大门。

（一）关于出口商品的禁止和限制

　　清朝对出口商品的限禁，首先是出于政治上的原因。火炮、军器是绝对禁

---

① 梁廷枏总修：《粤海关志》卷28《夷商三·部复两广总督李侍尧议》，广东人民出版社2002年版。

② 梁廷枏总修：《粤海关志》卷28《夷商三》、卷29《夷商四》，广东人民出版社2002年版。

止出口的，制造火炮、军器的原料，如硫黄、铜、铁，也禁止出口。而在"尺铁不许出洋"的禁令下，甚至铁锅也不许出口。显然，从军火到铁锅的限禁，都不是出于经济上的考虑。同样，粮食在有清一代也是禁止出口的，这里当然有经济上的考虑，即"保障民食"，但政治上的原因，仍然居于首位，即防止所谓"接济奸匪"。出口商品的限禁，在对付西方殖民主义国家的入侵活动中，也是一个重要的手段。18 世纪 80 年代后半期，大黄出口的禁止，就是一例。大黄一向是对俄国的一项重要出口商品，沙俄对大黄的贸易，特别重视。在乾隆四十七年（1782 年）以前，一直由沙皇直接掌握，私商根本无从染指。乾隆四十九年（1784 年）恰克图第三次停市以后，清廷禁止所有通商口岸的大黄输出，连广州也不许出口，以免辗转输入俄国。这样严格的限禁，对遏制沙俄的违法行为，产生了一定的效果。乾隆五十七年（1792 年）恰克图贸易重新恢复以后，中俄边境维持了一段比较长的平静时期。

总起来说，清朝的禁海闭关，着眼于国防的安全，防止外国的侵略。而其所以可能，则是由于中国当时仍然是自给自足的封建经济。乾隆五十七年恰克图重新开市以后，在当年签订的恰克图市约中，开头就说："恰克图互市于中国初无利益。"一年以后，乾隆帝在给英国国王的信中也说："天朝物产丰盈，无所不有，原不藉外夷货物，以通有无。"一直到鸦片战争前夕，道光帝仍然说："天朝天丰财阜，国课充盈，本不藉各国夷船区区货物以资赋税。"这一点，西方侵略者也知道，他们承认，他们之所以打不开中国市场，是"因为中国人发现能够依靠自己的产品生活"，中国人在自己的国度以内，能够保证足够的"内部安全和繁荣"。因此，西方侵略者要打开中国大门，单纯凭商品是不够的，还得在商品之外，再加上大炮。中国要抵御外国的侵略，单靠禁海闭关，也是不行的，还得在此以外，也加上大炮。清朝固然有禁海闭关的手段，却缺乏抵御外国大炮的力量，它纵能禁拒于一时，终究不能摒侵略者于国门以外。

清朝此时实行的海禁政策，主要包括两方面内容：一方面，严格禁止或限制大陆人民出海贸易；另一方面，严格管制和限制外国商人来华贸易。这一政策的形成，经历了近半个世纪，含康熙、雍正、乾隆三朝的漫长过程，这对正在发展的海外贸易乃至整个社会经济都是沉重的打击，并为日后逐步加剧的闭关政策奠定了基础。

海禁政策虽然具有自卫，巩固清朝政权的性质，但无论对当时还是后世都产生了极为消极的影响。海禁政策不分青红皂白，一概禁止私人的海外贸易，使民间海外贸易受到严重压制和摧残，结果不仅极大地限制商业资本的发展和向手工制造业资本的转化，而且严重地影响到手工业的发展，使微弱的手工业资本难以较快地大量积累起来，从而严重地束缚了资本主义萌芽的发展。同时，海禁政策断绝了沿海人民的生路，给他们带来了深重的灾难，为了生存，他们亡命海上。这就不但没能起到加强海防的作用，相反还激化了社会矛盾。

清政府沉浸在天朝上国的美梦中，而此时世界正发生着天翻地覆的变化，清朝实行海禁政策，不仅限制了对外贸易的发展，也把中国孤立起来，无法了解世界文明的进步和向西方交流学习，错过了将中国带上新的腾飞起点的机会，中国逐渐落后于西方。

在工业革命的推动下，英国逐渐成为早期资本主义头号强国。但是，英国对华贸易长期处于逆差状态。此时清政府奉行严格限制对外贸易的政策，1757年，乾隆皇帝下令关闭沿海其他口岸，只留广州一个口岸对外通商，并以《防夷规条》限制外国人在华的活动①。这种实质上的闭关政策，使英国在中国的贸易更无法发展，1792年英国国王乔治三世派特使乔治·马戛尔尼前往中国进行外交交涉，开始了中英之间第一次正面的官方接触。

（二）乾嘉禁海政策导致清朝与英吉利贸易矛盾

代表新兴强国大英帝国与古老的中华帝国的第一次的全面接触——乾隆五十七年（1792年）英使马戛尔尼访华。这一事件的背景是乾隆在1757年为了禁止外国商船驶入宁波港，提出了三条措施：其一，提高浙海关关税，他认为"洋船意在图利，使其无利可图，则自归粤省收泊，乃不禁之利也"②；其二，对来宁波的洪仁辉等外国商船强制性地"令原船返棹至广，不准入浙江海口"③；其三，不许在宁波开设洋行及天主教堂。他认为宁波有"奸牙串诱"，

---

① 详见蔡美彪等：《中国通史》第9卷，人民出版社1996年版，第298—304页；第10卷，第108—112、406—417页。

② 《乾隆实录》卷533。

③ 《乾隆实录》卷533。

令地方官"市侩设有洋行，及图谋设立天主教堂等皆当严行禁逐"①。这些禁令特别针对欧洲的英吉利和荷兰商船的。但是，早在雍正九年（1731年），英国东印度公司就已经在广东设立分公司，派驻代理商，努力开拓在华市场，所以他们根本就不把乾隆的旨意放在眼里，他们一定要选择可以赚大钱的符合他们利益的地方作为港口。所以产生了前面提到的洪仁辉偷赴浙贸易的案件。洪案之后，英吉利多次派代表请求通商，但是乾隆帝一律给予拒绝，并且开始对英国警觉起来，又制定了防范外夷的条规五条，并且开始禁止生丝出口。这使得英国对于打开中国这个大市场更加急不可耐，导致了矛盾的不断深化，突出表现在马戛尔尼访华。

乾隆五十七年（1792年），英国组成以马戛尔尼勋爵（George Lord Macartney）为首的外交使团，在英国东印度公司赞助下，以为乾隆帝祝寿为名，分乘数艘炮舰，携带天球仪、地球仪、自来火枪、望远镜等物。

乾隆帝在一开始对待英使的态度就有偏颇，视英国使团等同于庆祝自己大寿的藩属国贡使，过于重视中英礼仪之争。但是造成马戛尔尼铩羽而归的根本原因并非正统历史书中所一再强调的中英礼仪的分歧所带来的摩擦。而是源自于英国国王的表文——"大不列颠国王请求中国皇帝陛下积极考虑他的特使提出的要求"，由在京的西方传教士翻译出来送给了乾隆：1793年9月，乾隆帝在热河行宫接见了英使团，马戛尔尼提出了五项要求：中国开放舟山、宁波、天津口岸；划出舟山附近的小岛，供英商存货与居住；英国在北京设立商馆、派人驻京贸易；减免英商商税；允许英商自由居住广州等地。英国这些带有殖民强权色彩的自由贸易主张与中国封闭的对外贸易限制政策发生了激烈冲突。对英国人提出的要求，乾隆帝大为震怒，他在给英王的答复中说道："天朝物产丰盈，无所不有，原不藉夷货物以通有无，天朝所产茶叶、瓷器、丝巾为西洋各国及尔国必需之物，是以恩力体恤，在澳门开设洋行，俾得日用有资，并沾余润。……所有尔使臣恳请……皆不可行"②。乾隆帝同时还警告英国人："……至尔国王表内恳请派一尔国之人，住居天朝，照管尔国买卖一节，此则

---

① 《乾隆实录》卷533。
② 《清高宗实录》卷1435，中华书局1987年版。

与天朝体制不合，断不可行。"意即对外贸易对中国无益，中国允许有限的外贸易是对外国人的单方面恩惠，英国人自由通商的要求不符合中国封建政治经济体制，因而是行不通的。

其中后面的要求与贸易毫不相干。不难看出，英国在要求双方贸易的同时，也掩藏着殖民扩张的野心。对此，乾隆皇帝理所当然地回绝了这一要求，也正是根据这一无礼要求。乾隆才判定了英国人的野蛮和无知。在给英王的敕书中，他义正词严地道："天朝尺土，俱归版籍，疆址森严，即岛屿沙洲，亦必划界分疆，各有专属——此事尤不便准行。"因此必须澄清的一点是：乾隆并非拒绝海上贸易，而是不允许开放一个海岛，作为英国商人的货物贮藏地和战略根据地。所谓兹事体大，涉及国家主权与领土完整，而不是贸易，而这恰恰说明了他的精明警觉、深谋远虑。乾隆这种考虑，其实完全是基于台湾的经验，基于战略原因、领土安全所作出的决策。

清王朝最初将英国使团视为仰慕中华文明前来朝贡的蛮夷，对其厚礼相待，而对其礼物中所体现的英国生产力发展水平及科技含量完全不加理会。当英国人邀请清军将领检阅英国使团卫队演示枪炮的操练时，清朝官员竟然表现得毫无兴趣。

马戛尔尼使团未能完成既定的外交使命，反而引起了中英礼仪冲突。这是因为双方都站在以各自为中心的世界的重心。一方是千年以来的自认为是世界中心的清朝；另一方则是世界的新贵，即借着地理上的巨大发现与同时带来的视野与观念，理性与科技的巨大突破，将在世界上继续称雄1个多世纪的新兴海洋帝国。双方都试图将自己的观念准则强加于人。当时西欧人对中国了解很少，认为是一个神秘的东方大国，在亚洲也很强大。因此这个特使他要经过很严格的挑选，马戛尔尼是驻俄国的公使，被认为和外国宫廷打交道多年，有丰富的经验。马戛尔尼带了大批的当时的礼物，当时科技比较先进的一些礼物，有天体运行仪，有地球运行仪等欧洲当时近代的自然科学方面的礼物。然而清王朝对这些礼物却不以为意，马戛尔尼在其《纪事》中写道：

"中国自满洲鞑靼占领以来，至少在过去150年里没有进步，或者更确切地说反而倒退了。""满洲人打仗爱用弓箭，当我告诉他们，欧洲人已放弃弓箭而只用来复枪打仗时，他们愕然不解，认为在奔驰的马上射箭，比站在地上放枪豪迈。"

这次访华并没有给马戛尔尼带来满意的结果。马戛尔尼使团未能完成既定的外交使命，但在其前往广州途中搜集了大量有关中国产物、地理环境、兵力设防等方面的信息，为英国后来发动对华战争做了先期准备。英国对代表理性主义的工业文明成果高度自信，但在乾隆朝中高级官员以及皇帝眼中的只有不屑。清政府内阁对马戛尔尼的所有请求概不答应，并在结束祝寿典礼后一再催促使团起程归国。最后马戛尔尼使团除了带着一堆乾隆帝赐予的无用赏赐经广州入海外，一无所获。西方人心中关于中国形象最后一点崇高崩塌了。但在其前往广州途中搜集了大量有关中国物产、地理环境、兵力设防等方面的信息，为英国后来发动对华战争做了先期准备。史学界一些观点认为这样的结局造成了 1840 年的鸦片战争。中国在鸦片战争后被迫五口通商，以及一系列条约，而这些都是半个世纪前英国特使马嘎尔尼来华提出的要求。

嘉庆二十一年（1816 年），英国又派遣阿美士德使团来华。该年 8 月英国使团抵达福州，因"礼仪之争"未能进京。1833 年，英国取消东印度公司的特权，采取了自由贸易政策，更多的英国商人要涌入东方，中英间的矛盾冲突进一步加剧。清华大学历史系前主任蒋廷黻总结了这一段历史，他的话言简意赅："1840 年以前是我们对人家不公正，1840 年以后是人家对我们不公正。"

18 世纪中外贸易开始走向一个新的阶段——英吉利的到来。自康熙十二年（1673 年）英船"防御"号来到广州，自 1715 年英国在广州设立商馆，贸易趋于正常化，贸易额不断攀升。到 18 世纪中叶，英国的对华贸易总额已经超过欧洲国家对中国贸易值的总和。到 18 世纪下半期，英国对中国输入值占欧美国家输入值的90%左右，从中国输出值占欧美国家输出值的70%以上[1]。在 18 世纪，中国出口商品的增长得很快，尤其是丝茶生产得到了巨大的发展。但是英国的商品虽然依靠着机器大规模生产的优越条件却依旧不能够大量进入中国。

乾隆三十八年（1773 年），随着中英贸易的迅速发展，英国成为中国最大的贸易国。但是，中国一直处于出超的地位，英国贸易收支不平衡，垄断英国对华贸易的东印度公司"对广州的整个生意是无年不亏"。在这种情况下，英

---

[1]　戴逸：《简明清史》第二册，人民出版社 1984 年版，第 510 页。

国决定向中国输入鸦片。从这一年开始，英国输入中国鸦片的数量迅速增加，至 19 世纪，平均每年输入鸦片 4000 箱以上，中国大量白银外流。

四、清朝贸易政策的评价

（一）清朝外贸政策的评价

中外学者对清朝闭关锁国政策的观点如下：

首先，马克思认为清朝外贸政策具有闭关性和排外性。"清王朝的声威一遇到不列颠的枪炮就扫地以尽，天朝帝国万世长存的迷信受到了致命的打击，野蛮的、闭关自守的、与文明世界隔绝的状态被打破了，开始建立起联系。"①马克思还认为，清朝实行对外闭关自守政策，不仅有着地理上和文化（人种）上的原因，同时还有着满清贵族统治全国的政治原因：

> 仇视外国人，把他们逐出国境，这在过去仅仅是出于中国地理上、人种上的原因，只是在满洲鞑靼人征服了全国以后才形成一种政治制度。欧洲各国从 17 世纪末为了与中国通商而互相竞争，它们之间的剧烈纠纷曾经有力地推动了满洲人实行这样的排外政策，这是毫无疑义的。可是，推动这个新的王朝实行这种政策的更主要的原因，是它害怕外国人会支持很多的中国人在中国被鞑靼人征服以后大约最初半个世纪里所怀抱的不满情绪。由于这种原因，外国人才被禁止同中国人有任何来往。

在上述文字中，马克思对于清朝前期的对外贸易政策做了两个方面的认定，一是清朝前期对外贸易政策具有闭关性，二是清朝前期对外贸易政策具有排外性。而正是这种对外国人的排斥性决定了清朝前期对外贸易政策的闭关自守性。

马克思的上述观点，自 20 世纪 50 年代以来，基本上被我国学术界的多数人所接受，并成为人们表述中国历史清朝对外关系内容的主流意见，即：清朝在鸦片战争以前采取了闭关锁国政策，而闭关政策造成了中国近代的落后挨打。

其次，我国学者对于马克思关于清朝闭关政策观点的补充或否定。

对于马克思的上述观点和戴逸的论文，胡思庸在当年则发表文章表示了不

---

① 马克思：《中国革命和欧洲革命》，1853 年，均见《马克思恩格斯选集》第 2 卷。

同意见："人们把清政府对外国商人的严格限制当做闭关政策的主要内容，这是一种误解。如果是这样，那就可以说清朝基本上没有实行闭关政策，因为那些规定有些是合理的，即令有些过苛的规定，也只是一些具文，基本上没有付诸实现；再退一步说，即令实现了一小部分，那也只是闭关政策的一个侧面，而且并非主要的侧面。我们应该把西方资产阶级所极力宣传的那种观念改过来。闭关政策的主要内容，不是对外国商人的'防范'条例，而应该是它对国内所实行的一些商业的文化的政策"。具体包括：对国产货物出口的严格限制；严格限制中国商人制造海船；长时期的"禁海"，海禁解除后又有一段时期禁止华人赴南洋等地贸易，以及种种对出国华商及海外华侨的刁难和迫害政策；绝大多数封建统治者对西方资本主义的科学文化，都采取不加分析的深闭固拒态度；对西方制造品，也不加分析地一概视为"奇技淫巧"而予以排斥；禁止中国史书流出国外；由行商垄断对外贸易。上述那些工商业、文化上的政策，才是闭关政策的主要内容。① 由此可见，胡思庸并不赞同马克思把清朝对于外商的排斥作为清朝实行闭关政策的依据，而认为主要依据应该考察清朝对于国内工商业和文化上的政策。

　　不过，从 20 世纪 80 年代以来我国学者发表的相关论文来看，赞同清朝闭关政策论者多倾向于戴逸的意见，即清朝闭关政策包括有对本国商人和对外国商人的两方面内容。因此，在提出清朝实行闭关关政策的具体证据方面，不少人也都把清朝实行"海禁"政策和乾隆二十二年（1757 年）限令广州一口通商作为主要证据。②

① 　胡思庸：《清朝的闭关政策和蒙昧主义》，《吉林师大学报》1979 年第 2 期。该文又收于宁靖主编：《鸦片战争史论文专集·续编》，人民出版社 1984 年版，第 99—124 页。
② 　除戴逸和胡思庸论文外，还可参考汪敬虞：《论清朝前期的禁海闭关》，《中国社会经济史研究》1983 年第 2 期，第 4—16 页；张光灿：《论清朝前期的闭关政策》，《宁夏大学学报》1985 年第 2 期，第 20—25 页；陈东林、李丹慧：《乾隆限令广州一口通商政策及英商洪任辉事件述论》，《历史档案》1987 年第 1 期；朱雍：《洪仁辉事件与乾隆的限关政策》，《故宫博物院院刊》1988 年第 4 期，第 10—16 页；王先明：《论清代的"禁教"与"防夷"——"闭关主义"政策再认识》，《近代史研究》1993 年第 2 期，第 97—106 页；高翔：《康雍乾三帝统治思想研究》，中国人民大学出版社 1995 年版，第 444 页；吴建雍：《清前期对外政策的性质及其对社会发展的影响》，《北京社会科学》1989 年第 1 期；向玉成：《清代华夷观念的变化与闭关政策的形成》，《四川师大学报》1996 年第 1 期，第 131—137 页。

而在清朝实行闭关政策的原因方面，我国学者对于马克思的观点也有不同看法。马克思认为："推动这个新的王朝实行这种政策的主要原因，是它害怕外国人会支持很多的中国人在中国被鞑靼人征服以后大约最初半个世纪里所怀抱的不满情绪。由于这种原因，外国人才被禁止同中国人有任何来往。"戴逸先生虽然同意马克思所认定的清朝实行闭关政策是满洲贵族以少数民族统治中国的政治产物，但却还指出，"从根本上说，闭关政策是落后的封建经济的产物"。而"清政府顽固地坚持闭关政策，还由于它和广大人民群众阶级矛盾的尖锐化"。胡思庸认为①，清朝实行闭关政策，一是中国封建王朝重农抑商政策的延续，二是来自中国封建统治者妄自尊大的心理，三是通过隔绝人民与外界的联系，以利于专制统治。张光灿则是从政治、经济和思想等三个方面来认识清朝实行闭关政策的原因，具体包括汉族人民长达半个多世纪的反清斗争、自给自足的封建自然经济、"天朝上国"的传统思想观念。也有专家认为，"闭关政策是中国封建社会晚期政治、经济、社会、军事和文化因素相互作用的混合物"。"明清时期封建政治体制的高度垄断性，决定了它必然要尽可能的阻断中外之间的民间联系。而中国领土的幅员辽阔，使控制技术更成为一个中国封建王朝建立有效统治的关键。它不象邦国林立的欧洲，生存中充满着与外部世界的联系和竞争。同时，中国经济的自给自足性和国内市场的广阔，使中国可以不依赖于海外市场，又为封建统治者的闭关提供了客观物质基础；文化传统上的'华夷'观，也限制了他们对于海外世界的视野，妨碍了海权观念的形成；而北边边防的长期威胁，又制约着明清政府对于海防的建设；而这种海防的薄弱，更迫使他们本能的通过闭关政策来进行自我保护。"②也就是说，闭关政策并不是清朝因为满洲贵族以少数民族统治中国的政治产物，因为明朝对于外国商人来华贸易的限制以及本国商人出国贸易的禁止更甚于清朝③。

---

① 戴逸：《乾隆帝及其时代》，中国人民大学出版社1992年版，第408—409页。

② 陈尚胜：《也论清前期的海外贸易——与黄启臣先生商榷》，《中国经济史研究》1993年第4期，第96—107页。

③ 陈尚胜：《明与清前期海外贸易政策比较——从万明〈中国融入世界的步履〉一书谈起》，《历史研究》2003年第6期，第45—57页。

（二）清朝前期对外政策的影响及后果

闭关政策的实行从某种角度来讲对当时的中国产生了一些正面的影响，这对西方殖民者企图打进中国市场，展开侵略活动，是起了一定的自卫作用。然而闭关锁国政策虽然在一定时期内对西方殖民者的入侵有一定的自卫作用，但它毕竟是一种消极落后的政策。因为闭关政策并不能削弱西方资本主义国家的力量，反而阻碍了自己的发展，使中国丧失了对外贸易的主动权，统治者以天朝大国自居，愚昧无知，妄自尊大，隔断了中外科技文化的交流，未适时地向西方学习先进的科学知识和生产技术，严重影响了中国文化的进步，阻碍了生产力的发展和社会的进步，拉大了中国与西方的差距，造成近代中国被动挨打的局面。闭关锁国政策阻隔了清朝的对外贸易往来，不利于经济的发展；与世隔绝即看不到世界形势的变化，使中国在世界上逐渐落伍了。清朝的闭关锁国，严重地阻碍了其他生产的发展和科学技术的进步，科技的落后导致军事力量的落后。清朝处于封建社会的衰弱时期，封建的生产关系已经开始阻碍生产力的发展，闭关锁国的政策使先进的制度难以进入。

英国发动的鸦片战争打破清朝闭关锁国局面，使中国从自主性对外转变为被迫性对外，由闭关逐步走向开放，走向近代化。清政府也随之逐渐改变对外贸易的政策。19世纪40年代至50年代，清朝缺乏主权观念，但增加了开眼看世界的意识。清朝对外贸易的政策变化的原因是清朝长期闭关锁国导致的落后生产力，以及落后的封建思想，封建制度与西方资本主义制度之间的冲突，19世纪末工业革命后，西方列强在本国贸易饱和的情况下迫切地需要对外倾销，用不断的进行资本输出换来继续发展本国经济共同造成的。但是，通过不断的探索和经验教训，中国清朝的对外贸易逐渐摸索着道路。这对以后也就是现代的对外贸易都有着借鉴作用。

鸦片战争前200年间，清王朝的对外贸易是在以禁海闭关为其政策支柱的条件下进行的。但从形式上看，清王朝禁海闭关的时间并不很长。比较严格的禁海闭关，只有1655—1684年三十年的时间。还有一些是部分的或临时的禁闭，如1717—1727年对南洋的一度禁海，1764—1784年间恰克图中俄贸易的三次停闭。除此以外，对外贸易基本上是开放的。上文已经提到清政府在茶叶外销方面的迅速兴起，以及它对当时的社会经济的推进作用，这些都说明了清在外贸政策上的具有一定的开放性。而且，清政府实行闭关政策也不是全无道理的。首先，清朝统治者入关后，因忙于国内统一战争，无暇顾及对外贸易。1655年以后，为了对付郑成功的反清力量，清朝先后出台了"海禁"令和"迁海"令，只是权宜之计，并非对外关系的既定国策。"历来任何主权国家的统治者，为了维护国家、民族的利益和自身的地位，在对外关系方面（无论政治或经济）制定的政策、措施，都带有限制性"；"清政府制定的各种规章制度，无疑是严厉的，有些条文过于苛刻。然而，其内容和目的却没有超出'限制'与'防范'的界限，并不是从根本上断绝对外通商往来"。[①]

所以，"闭关"作为一种对清朝对外贸易政策研究的属性取向，在用来研究清朝海外贸易政策时仍有诸多的片面性。所谓"闭关"和"开放"等词汇，是西方国家在工业革命奠定机器大工业生产格局后，并在与东方国家贸易表现理想与现实矛盾的情况下所出现的一种话语系统。因为随着资本主义大工业体系的确立，西方工业资产阶级不仅需要为其工业生产准备充足的原料，更需要为其大量的工业产品寻找市场。由此所出现的结果则体现为，他们不仅需要加强对已成为殖民地国家的控制，还需要对一些独立的仍是农业文明的主权国家进行贸易扩张，甚至进行更大规模的殖民侵略。于是，"闭关自守"和"闭关锁国"就成为他们指责这些主权国家妨碍其贸易扩张的理论武器，"开放"也就成为他们企图打开这些国家市场的"文明"话语。而对于一些"后进的"农业文明国家来说，尤其是地大物博的中国（清朝前期），国民经济体系的高度自给自足性根本就缺乏这种"开放"政策的内部机制。所以，用这种西方工业化国家的标准，强加于农业文明国家的对外贸易政策，不仅有遵从西方国家商业霸权之味，也有生搬硬套之嫌。

"美洲金银产地的发现，土著居民的被剿灭，被奴役和被埋葬于矿井，对东印度开始进行的征服和掠夺，非洲变成商业性地猎获黑人的场所：这一切都标志着资本主义生产时代的曙光。这些田园诗式的过程是原始积累的主要因素。跟踵而来的是欧洲各国以地球为战场而进行的商业战争。这场战争以尼德

---

① 郭蕴静：《清代对外贸易政策的变化——兼谈清代是否闭关锁国》，《天津社会科学》1982年第3期。

兰脱离西班牙开始，在英国的反雅各宾战争中具有巨大的规模，并且在对中国的鸦片战争中继续进行下去，等等。"[①] 马克思的这段描述，精辟地展现了欧洲殖民势力通过"商业战争"而向全球扩张的状况。

进入 16 世纪，地理大发现使不同经济区域开始逐步建立较为持续性的联系。而在当时的亚洲经济圈，特别是"南洋"（东南亚）地区，中国明朝的海外贸易是活跃的。郑和率领规模空前且长期绝后的舰队，历时 29 年七下西洋的远航壮举，开辟了新航线。与 30 余国建立了联系，不仅为明朝海外贸易的发展奠定了基础，更推动了亚洲经济圈的进一步形成和发展。尽管明朝统治者未除海禁，民间出洋经商的兴盛已不可遏止。明朝的白银由紧缺到大量增加，成为普遍通用的货币，这种贵金属货币大量增加的经济变化，正有着海外贸易发展这一重要原因。后因海盗等事，明朝对海外贸易的政策在禁中时紧时松，但民间贸易不但未禁绝，还一度合法化。中国经济这一点点的开放性，使其在经济全球化的萌芽期依然保持着领先地位。东西方之间的碰撞正在酝酿，西方靠火与剑夺取财富，而中国靠精美的手工业品获得了市场。

1540 年，美洲银矿的发现和汞齐化提炼技术，使白银的开采进入高潮，改变了世界货币史，使欧洲发生"价格革命"，并为西方殖民者的东向扩张提供了资本。无论是葡萄牙、西班牙、荷兰还是英国，都以白银为支付手段，换取中国的手工业品。由"大帆船贸易"、西班牙金银舰队、荷兰和英国东印度公司这三大路线，每年约有 170—200 吨美洲白银流向东亚，并且主要流向中国。日本因为对华贸易的需要，也向中国提供了相当数量的白银。

明代经济确实同海外市场联系紧密，而明清之交的战乱，尤其是清初 40 年的严格海禁和"迁海"令的实行，的确给中国带来了严重的"银荒"，使明后期繁荣的商品经济倒退了，物价极低，经济萧条，百货滞销。可以说，清初的通货紧缺、经济衰退，正是海外贸易被人为终止的结果。[②]

到了开明而有才干的康熙皇帝手里，经过十几年解决内忧外患的战事，清朝终于政治安定，社会稳定。康熙帝在位期间，在按传统重视农业的同时，对

---

① 　马克思：《资本论》第 1 卷，人民出版社 1975 年版，第 819 页。

② 　吴建雍：《康乾盛世时期的中西贸易》，载《康乾盛世历史报告》，中国言实出版社 2002 年版，第 344—353 页。

工商业也实行保护措施，一再申令禁止苛索商人，不许税官巧立名目额外横征；允许一定数量的私贩盐茶和其他管制商品；统一度量衡；尤为重要的是开放海禁与矿禁（可惜康熙晚年又以种种借口缩小海外贸易并重新实行矿禁）。这些措施都为商人的贸易活动提供了较宽松的条件，促进了商业和海外贸易的发展。康熙二十二年（1683 年）收复台湾后，多名要员被派往浙江、江南、福建、广东四省勘沿海开界。次年（1684 年），正式开海禁①，设江海关（江苏）、浙海关（浙江）、闽海关（福建）、粤海关（广东）四大海关，垄断海外贸易。海关实行的税制和全国关卡相似，均由少而稳定的"关税定额"和关税增加的主要来源"关税赢余"两部分组成。在此之后，各海关尤其是粤海关的"关税赢余"的增长都非常迅速，可以反映出海外贸易的迅速发展。② 外患已平，内忧亦定，康熙帝实行的许多恢复与发展社会经济的政策渐次生效，中国传统社会迎来了最后一个太平盛世——"康乾盛世"。

在这段历史时期内，世界形势剧变，联系空前加强。中国的国势盛衰，不仅和以往历代一样同周边国家息息相关，和远隔重洋的西方国家也有着联系。中西方的关系，此时已经不再是哪一个强国可以自由操纵的了，所有国家都不由自主地置身无情的世界大竞技场，这里的信条不是温良恭俭让而是优胜劣汰你死我活。欧洲强国借助帆船、大炮和商业的实力，向东方步步紧逼，在这种主动扩张之下。古老的中国被迫和西方建立了越来越密切的联系，虽然还想努力保留一方平静的港湾（并因实力的深厚在很长的时间内做到了），但在 1840 年前表面的战略均势之下，盛衰的天平已经渐渐向西方偏移了。③

---

① 南炳文、白新良主编，姜胜利著：《清史纪事本末》（第三卷康熙朝），上海大学出版社 2006 年版，第 934—942 页。

② 戴逸主编，陈桦著：《18 世纪的中国与世界》（经济卷），辽海出版社 1999 年版，第 256—263 页。

③ 郭成康：《康乾盛世的成就与隐患》，载《康乾盛世历史报告》，中国言实出版社 2002 年版，第 78—84 页。

第七章 清代丝路贸易范围和开放格局

国际贸易学中按照商品的运送方式分类，主要分为陆路贸易和海路贸易。陆路贸易是指通过陆路运送货物方式而进行的贸易。海路贸易是指通过海路运送货物方式而进行的贸易。与明代相似，清代的海外贸易也分为陆路贸易和海路贸易两种，而这些大致反映出清代海外贸易的范围和发展格局。

第一节 清代海上贸易

一、清代与欧洲的海外贸易

顺治至康熙初年，欧洲国家，首先是荷兰，接着是英、法、葡萄牙等国，相继与清朝建立贸易关系。英、法等国的贡市贸易，康熙七年（1668 年）题准，"船不许过三只，每船不许过百人"，但无时间限制。康熙二十四年（1685 年）废止海禁后，与西方国家的海上贸易也逐渐发展起来。次年议定：荷兰"应准五年一次，贸易处所止许在广东福建两省"。康熙二十三年（1684 年），在厦门设立"洋行"。康熙二十五年（1686 年）在广州设立十三行，实有四五十家，分别经营进出口贸易，并代纳税银。英法等国商船，除以澳门为居留地外，康熙二十七年（1688 年）又在"定海（舟山）城外道头街西，建红毛馆一区"，作为商船停泊与中转贸易之地。

1.清代与英国

英国，这个位于北大西洋惊涛骇浪中的岛国由英格兰、威尔士、苏格兰和北爱尔兰四个部分组成，面积24万多平方公里①。鸦片战争前的清代，中英两国之间的贸易有了进一步发展，其中以海上贸易为主要方式。但是中英两国贸易发展不平衡，为扭转对华贸易逆差，英国向中国出口鸦片，改变了互通有无、平等互利的贸易关系，进而发动了侵略中国的鸦片战争。

18世纪中叶的英国，由于政治、经济及技术方面逐渐成熟，伴随着工业革命和蒸汽机的发明，英国成了世界上最先进的工业国。但是当英国人向外扩张寻求经济贸易时，它的工业革命不过刚刚起步。纯粹的寻求财富是英国进行大航海事业、远渡重洋前往亚洲贸易的根本目的。只是后来已经远远不满足于金钱利益，暴露出海洋民族的本性——侵略性。又遇到腐败无能的清政府，使得通过罪恶的鸦片贸易窃取我国国土和财富。简单概括下，一句话，18世纪的英国日益强大，但国内资源不足故努力寻求外贸利益。"日不落帝国"的贸易代表——不列颠东印度公司。东印度公司的全名是"伦敦商人在东印度贸易的公司"。它是由一群有创业心和有影响力的商人所组成。他们在印度立足后，又开始向其他国家扩张，谋求更多的利润。17世纪初，中国的茶叶登陆英伦。茶叶的魅力立即征服了英吉利民族。茶叶从上流社会的嗜好品迅速成为一种全国性的需求，一组数据可以表明：当时，英国有大约5万家小酒馆和食品店经销茶叶，即使最卑微的人家都要饮茶。但是茶叶的价格异常昂贵，具有商业意识的英国东印度公司，看准了茶叶蕴藏的巨大商业价值。1668年，公司抢先在英国政府注册，获得运茶进入英国国境的特许。1711年，东印度公司在中国广东建立了一个贸易点用银换取茶叶。② 另外，除了茶叶这种占主导的贸易产品，英国还进口大量精美丝绸织品和瓷器。这也是由当时英国国内社会的流行而定的，丝织品是上层贵族衣料来源，象征地位身份，而瓷器也是被当成奢侈品、收藏品和珍贵器皿，消费人群均是贵族，商人明显可以赚取巨大利润。这可以浅显一点理解为市场需求刺激商人不惜代价、远航购置大量货物进行

① 参考资料：戴逸主编：《简明清史》，中国人民大学出版社；［英］斯当东：《英使谒见乾隆纪实》，上海书店出版社；［美］何伟亚：《怀柔远人：马戛尔尼使华的中英礼仪冲突》，社会科学文献出版社；李国荣：《帝国商行——广州十三行》，九州出版社；王为民：《百年中英关系》，世界知识出版社。

② 覃波、李炳：《帝国商行——广州十三行》，九州出版社2007年版。

倒卖。

中英贸易不平衡发展。据统计，1785—1833 年，英国贩运到中国的商品占中国进口贸易总额的 80%—90% 左右，自中国输出商品占中国出口总额的 60%—80%。在正当商品贸易中，中国始终处于顺差的地位。1710—1759 年，英国出口到中国的货物仅 9248306 镑，带来的白银则高达 26833614 镑。

据英方统计，从 1760 年至 1833 年的 70 多年间，中国对英出口增长了 9 倍，自英进口增长了 15 倍。但从绝对数字来看，中国基本上是出超的，到鸦片战争前夕的 1837—1839 年，英货入华年均不到 91 万英镑，华货入英国则达 427 万英镑，英国年均逆差高达 330 万镑。英国为支付茶叶进口，不得不将白银大量运往中国，17 世纪末 18 世纪初，东印度公司来华商船中白银通常要占 90% 以上。贸易的不平衡及白银的输出，与英国资产阶级急于扩大市场推销工业品、获取财富的愿望背道而驰。到 18 世纪初，英国对华贸易已超过所有国家对华贸易总和，从而成为中国最大贸易伙伴。但在正常商品贸易中，中国始终处于顺差地位。

中英贸易不平衡的原因有以下几点：首先，中英贸易发展之所以不平衡，其根本原因是中国封建社会经济形态。中国男耕女织的自给自足的自然经济，对市场的依赖很小，对进口商品的需求尤弱，因而英国商品在中国的市场狭小。其次，中英贸易发展之所以不平衡，直接原因则是中英贸易的商品结构。英商购买的中国商品以茶叶为主，其次是生丝、土布、大黄及零零星星的物品。18 世纪后期，茶叶已成为广大英国人民的生活必需品了，以致英国国会下令东印度公司必须经常保持一年供应量的存货。1760—1764 年，英国年均进口华茶 42065 担；1780—1784 年年均增至 55840 担；1800—1804 年年均 221027 担；1839 为 30 万担，价值 4000 万英镑，东印度公司获得巨额利润，英国政府也从茶叶进口税中获得了大量财政收入。再次，中国对英国商品缺乏有效需求。英商向中国输入的商品，19 世纪前，主要是毛纺织品，因其不适用且价格昂贵，在中国没有销路。18 世纪末 19 世纪初，英国产业革命完成，其棉纺织生产能力大大提高，棉纺织品大量外销，出口到印度，几乎完全摧毁了印度的手工棉纺织业。1786 年，东印度公司开始运棉纺织品来华，行商看到样品后认为"在这个市场上，随便哪一种都卖不出去，棉布成本太高了，而中国人是织造多种多样棉布的，那些布匹虽不怎么漂亮，却更合乎他们的服式之用"。两年后，英印公司再次尝试出口棉布，依然未能成功。直到1819年，英印公司运来一批仿华棉布，"仿得也拙劣"，东印公司的档案记载，"条子布没人喜欢，他们对这些布匹的美好好像全没有感觉似的"。

最后，中国对外贸易限制政策也是阻碍中英贸易发展的重要因素。而英国人将其看作最主要的原因。行商是清政府特许的专门从事对外贸易的商人，它和东印度公司一样，凭借政府的特许，领取政府发给的行帖，从事对外贸易。在鸦片战争前，他们是英商对华贸易的主要对象，其垄断性非常明显。在进口贸易上，英商只能与行商打交道，其进口货物必须经由行商销售，由行商就地卖给本地散商和各省来广买洋货的客商。在出口贸易上，行商垄断了茶叶、棉花等大宗商品的交易，只有漆器、刺绣、扇子等小手工业品允许行外商人自由经营贩卖。18世纪，由于公行的建立和保商制度的实行，行商的垄断性得以加强。公行是行商的联合组织，自1720年第一次成立，公行的行规就不仅确认了其对大宗商品的垄断，而且规定行商应共同与外商议定价格，共同承揽外商的货物。保商制度始于1745年，该制度规定：外国商船进口以后，必须指定一名行商承保；外商和船员的一切行为都由保商负责；外商进出口货的税款由保商承保交纳；进出口货物的价格由保商确定，然后由各行分别承销。在这一制度下，行商为船作保成了交易的首要条件，而且货物主要只能卖给保商，价格也只能由保商决定，中国外贸的垄断性进一步加深。到18世纪后期，英国占统治地位的贸易思想已由重商主义过渡到自由贸易。1776年，亚当·斯密发表了《国富论》，提出了自由贸易理论，他认为通过自由贸易可为国内剩余产品找到市场，从而促进分工，扩大生产，提高产量，增加社会财富。斯密甚至专门提到中国，"单单这个广大的国内市场，就够支持很大的制造业，并且允许很可观的分工程度。……就面积而言，中国的国内市场，也许并不小于全欧洲各国的市场。假设在国内市场之外，再加上世界其余国家的国外市场，那么更广大的国外贸易，必能大大增加中国制造品，大大改进其制造业的生产力。如果这种国外贸易，有大部分由中国经营，则尤有这种结果"。自由贸易理论成为英国对外贸易的指导思想，与中国严格限制对外贸易体制存在着尖锐的矛盾。为此，英国采取了一系列措施试图打破中国对外贸易限制体制。

2. 清代与法国、西班牙、荷兰等国家

16 世纪初，一些西欧国家为了积累资本，先后来到中国，最先来的是葡萄牙人，然后来的是西班牙人、荷兰人、英国人和法国人。他们采取欺骗讹诈和武力掠夺手段，骚扰中国沿海，而贸易数量是很微小的。

顺治和康熙初年，荷兰和葡萄牙曾派使节来到中国要求开放通商，但清政府并没答应，只允许他们入贡时进行一些贸易。"非系贡期，概不准其贸易"①。到了 1685 年，清朝统一台湾。第二年下令开放海禁，允许中国商人出洋贸易。往后的一百多年间，中外海上贸易虽然有相当发展，但中国自给自足的封建自然经济对外国商品有很大的抗拒力，中国的对外贸易一直处于有利的顺差。

西班牙的失败给荷兰在世界争夺殖民地、垄断东西方贸易提供了机遇。荷兰的优势首先表现在贸易上。那时荷兰已成欧洲的贸易中心，荷兰拥有世界上的最庞大的船队。那时，它也是世界最大的造船基地。荷兰的造船厂已充分使用机械，造船速度相当快，几乎一天可以造一条船。17 世纪的中西贸易，使得荷兰东印度公司的实力爆炸性地增长，荷兰也被称为"海上马车夫"。欧洲其他国家所需的商品往往要通过荷兰的中转。到 1669 年，荷兰东印度公司已是世界上最富有的私人公司，拥有超过 150 艘的商船、40 艘战船、5 万名员工和 1 万多名雇佣兵。

茶叶是近代中西贸易的主要商品，荷兰是中西茶叶贸易的先驱。中荷茶叶贸易始于 17 世纪初，至鸦片战争前夕趋于式微。中荷茶叶贸易的形式包括间接贸易、直接贸易、间接贸易与直接贸易相结合三种，而在此期间主要是间接贸易。荷兰对近代中西茶叶贸易的兴起和发展起了重要的历史作用，在中国茶叶外销史上占有重要的历史地位。尽管荷兰人到达东方的时间比葡萄牙人整整迟了一个世纪，但首先将茶叶输入欧洲的是荷兰。1607 年，荷兰从澳门运茶至印尼万丹，然后于 1610 年带回荷兰，从而揭开中国与欧洲茶叶贸易的序幕。早期中荷茶叶贸易的形式是中国—巴达维亚—荷兰的间接贸易形式。以巴达维亚为中心的间接贸易有赖于来往于中国和东南亚的中国帆船贸易。在荷兰占领印尼以前，中国与印尼就有十分密切的贸易关系。葡萄牙占领马六甲后，东南

---

① 蒋良冀：《东华录》康熙朝卷 8，康熙七年三月。

亚的贸易中心从马六甲转至巴达维亚。每年中国帆船运载陶瓷、丝绸、茶叶等物品到巴达维亚交换胡椒、香料等土产。17 世纪二三十年代，平均每年到达巴达维亚的中国帆船有 5 艘。1683 年清朝解除海禁后，中国帆船到达东南亚的数量有明显的增加，1690—1718 年间，平均每年有 14 艘中国帆船至巴达维亚，荷兰人除从巴达维亚进口中国茶叶外，还通过波斯进口部分中国茶叶。茶叶在欧洲最初不是被当作饮料，而是被视为药物放在药店出售。茶价相当昂贵，如 1684 年阿姆斯特丹每磅茶叶的价格高达 80 荷兰盾，一般人是消费不起的。饮茶的荷兰人主要是来往东方的商人、水手及达官贵人。欧洲人对饮茶是否有益争论不休，不少博物学家、医生、教会人士卷入争论，意见尖锐对立。荷兰莱顿大学教授科内利乌斯·博特科伊力排众议，于 1649 年写了《茶、咖啡和巧克力》的论文，推崇饮茶的好处。关于饮茶的争论，其结果是使人们对茶叶有更深刻的认识。饮茶在 1638 年传入法国，1645 年传入英国，1650 年传入德国。17 世纪中叶，荷兰人将饮茶传至美国。到 17 世纪末，荷兰的饮茶已较普遍，茶叶不再放在药店出售，改在杂货店售卖。很多人家专辟茶室品茗啜茶，将此当作一种高尚的消遣。

饮茶习俗的兴起，为茶叶贸易的发展奠下基础。在整个 17 世纪和 18 世纪初，荷兰是西方国家中最大的茶叶贩运国，茶叶成为独立的商品。阿姆斯特丹成为欧洲的茶叶供应中心。荷兰从中国进口的茶叶，除自身消费外，还贩卖至欧洲其他国家和北美殖民地。至 17 世纪末，荷兰的茶叶贸易规模已较大，1685 年荷兰东印度公司董事会在给荷印总督的指示中，要求供应 2 万磅新鲜上等茶叶。进入 18 世纪，中荷茶叶贸易的规模进一步扩大。1715 年，荷兰东印度公司董事会要荷印当局订购 6—7 万磅茶叶，次年又要求增加到 10 万磅，到 1719 年，荷兰的订茶量达 20 万磅。茶叶贸易的发展，导致茶价下跌，1698 年荷兰每磅武夷茶的售价是 7.75 盾，至 1701 年跌至 2.32 盾。阿姆斯特丹的茶叶交易十分活跃，1714 年拍卖的茶叶有 36766 磅。

16 世纪，欧洲至东方的航线开辟以来，中国的"贸易"兴起，中国的瓷器、家具、丝绸、茶叶、铁器、金银等各类商品逐步输入欧洲，在欧洲兴起了一场波及诸多领域的中国热。17 世纪中期，由于中国处于明清易代的动乱，对外贸易一度停滞，由此为契机，欧洲的中国风兴起，并最早在陶瓷和家具中体现出来。它兴起于荷兰，然后转由波及世界各国。如果说 17 世纪的中国与欧洲的瓷器贸易主要是荷兰人控制的话，从 17 世纪末开始，随着荷兰海上霸主地位的消失，其仍然与中国有着贸易交易。

18 世纪中外贸易的一个显著变化是葡萄牙、西班牙、荷兰等老殖民主义国家相继衰败，他们的对华贸易逐渐下降到无足轻重的地位。这时，掌握了海上霸权的英国开始来华贸易。18 世纪中叶，英国对华贸易的总值已超过欧洲其他国家对中国贸易值的总和。

此外，法国在路易十四时代也力图扩张，发展对中国的贸易。但"法国在华商务之额量仍甚微小，与英国相较，更如天壤之别"；[①] 而美国的对华贸易则开始得很晚，独立战争以后才开始着手开辟对亚洲的贸易，但美国对华贸易发展特别迅速。

在早期的对外贸易中，从中国输出的商品主要是农副产品，包括茶叶、丝绸和土布。其中以茶叶的出口高居第一位。从 18 世纪初的 500 担猛增至 18 世纪中叶的 5 万担，到 19 世纪初又增至 20 万担。还有大量出口的商品是生丝。清政府本来限制生丝的出口，但后来也渐渐放松禁令。

综上所述，欧美国家大量购买中国商品，但运到中国的却很少，这种对外贸易的状况表明了中国封建经济自给自足的性质。在广大地区，小农业与小手工业强固地结合着，农民不但生产自己食用的粮食，并且在农暇时从事各种副业和手工业，他们用双手来满足自己的需要，外国商品不是他们生活中的必需，所以才能始终处于对外贸易的顺差地位。

二、清代与东北亚、东南亚国家的海外贸易

东南亚包括巴达维亚（雅加达）、暹罗、吕宋、柬埔寨、越南、爪哇、麻六甲等地。明末清初有大批华侨来到这里垦荒经商。清朝开海后，沿海商人及东南亚的华侨商人，不仅往返交易，而且在中国—东南亚—日本之间，从事海上贩运，转手买卖，其中以雅加达的贸易最为发达。康熙二十四年（1685年），从福州、厦门开赴雅加达的商船"十余艘"，1730 年增加到二十艘。到

---

① 张天护：《清代法国对华贸易问题之研究》，《外交月报》第 8 卷第 6 期。

其他国家的商船，每年为三四艘或五六艘不等。总计每年赴东南亚的商船，大约为 30 艘到 40 艘。

当时海外贸易发展到日本、东南亚，远至欧洲。中国和海上邻国的贸易，包括日本、朝鲜、琉球以及印度以东，伊里安岛、菲律宾群岛以西的大片地区。其中马来半岛、苏门答腊以东的南洋地区，海上贸易有比较显著的发展。有些地方则出现相对的衰落。

1. 清代与日本

中国和日本一衣带水，民间很早就有贸易往来。

1637 年初，皇太极亲率大军征朝，朝鲜国王出降。在皇太极的招降条件中，专门就朝鲜对日本关系问题作了说明："日本贸易，听尔如旧，但当导其使者赴朝，朕亦将遣使至彼也。"①这一政策表面上是给予朝鲜对日贸易的自由权，但清政权更期待的是朝鲜能够充当一个友好中介，引导日本使者来到大清，通过和平的方式让日本成为清国的附属国。

清王朝建立之初，中日之间的贸易进一步的增进。

清初中日之间开展传统的朝贡贸易②。顺治四年（1647 年），清廷宣布："南海诸国、暹罗、安南……各国有能倾心向化称臣入贡者……与朝鲜一体优待。贡使往来，悉从正道，直达京师，以示怀柔。"之后，清政府发出更加明显的信号，要与日本建立朝贡关系，以图恢复两国之间的官方外交。顺治四年（1647 年）二月，清廷因浙东、福建平定颁诏天下，其中明确提到："东南海外琉球、安南、暹罗、日本诸国，附近浙、闽，有慕义投诚、纳款来朝者，地方官即为奏达，与朝鲜等国一体优待，用普怀柔。"但遗憾的是，中日之间的朝贡关系并未建立起来，《钦定大清会典事例》中没有关于日本的贡道、贡期、赐予等方面的规定，但这表明了清朝对与日本进行交流互往的强烈愿望。

清朝的"闭关锁国"、海禁政策严重影响了对外贸易的进行和沿海经济的发展。中国和琉球之间的民间贸易，在康熙二十三年（1684 年）开放海禁以前，也是严格加以禁止，以后始略放宽限制。私人船只至琉球者，由政府发给

---

① 《清世祖章皇帝实录》。

② 朝贡贸易是一种由政府统制的对外商业交往形式，即政府特许前来进贡通好的外国"贡船"附带一定数量的商货，在政府指定的地点与中国做买卖。

执照，进行小量贸易。琉球输至中国者，多为海产；中国输至琉球者，多为农产。但是进出口的数量，都十分微小。一直到19世纪初期，从琉球来到中国的船只，每年不过两三只，最多到过五只，有时甚至一只也没有。

中日双方贸易往来依然频繁，扭转了明朝末年由于倭患导致的两国关系的恶化，如顺治三年（1646年）发布的准许商民赴日贸易的敕令，特别值得提出的是该敕令突出了铜斤贸易的意义，并鼓励中国商民赴日办铜，将中日之间的铜斤贸易摆到一个相当重要的位置，以后康、雍、乾三朝君主也都很重视日本洋铜的进口，中日铜斤贸易一度繁盛。《皇朝文献通考》卷十七记载："采买洋铜例往东洋日本。自康熙二十二年设立海关，是时洋铜即已流通内地。逮三十八年以京局额铜交商办解，寻改为八省分办，复改为江浙总办，皆取给于东洋。至乾隆三年，京局改用滇铜，而江浙等省仍用洋铜配铸。自是年奏定商额，以后各船岁往日本之长崎澳，易铜以还，分供铸局。鲸波万里，来往不惊。盖由圣世承平，民乐业，以东远产而岁致中邦，宛如内地官山之利焉。"可见，从康熙开海到乾隆年间，日本洋铜一直是政府铸币用铜的一个重要来源。据台湾学者刘序枫统计，自1684年开放海禁后，日本洋铜的年输入量为300万—400万公斤，1696—1710年达到最高输入量400万—700万公斤[1]。洋铜的大量进口，缓解了国内铜斤不足的状况，增加了铜钱的供应量，对于清朝货币金融体系的稳定具有重要的意义。康熙二十八年（1689年），闽浙总督王骘提出"日本商船，应令停泊定海山，遣官查验，方许贸易"的建议，康熙认为"此事无益"，并规定四海关应按照统一税率和记税办法办事，外国船只只要在一口海关交了进口税，其他三关不得再重复征税。[2] 乾隆三年（1738年），清政府还实行官方提供资本招募外商出海贸易的政策。因为官办铜屡屡发生亏空事件，清朝遂暂停官商办铜。招日本商人出海采办铜料，铜料由海关收买。这样既解决了国内制造铜钱及人民生活用铜铜料匮乏的问题，又便利了中日经济往来。

清初中国政府提倡鼓励中国商人去日本进行贸易，加之日本闭关锁国政策

---

[1]　引自刘序枫：《清康熙——乾隆年间洋铜的进口与流通问题》，汤熙勇主编：《中国海洋发展史论文集》第七辑上册，中山人文社会科学研究所1999年版，第111页。

[2]　引自《大清律例》，天津古籍出版社1993年版。

下只允许中国和荷兰进入长崎，中日贸易迅速发展。中日贸易的重要内容为铜。"铜在中国经济史上占有特殊的地位、它之所以见及于世，并非只是因为铜于早期的历史中，曾作为人类的生产工具而出现，它和中国封建经济的发展有极紧密的关联，诸如用器、佛像的铸造等，而成为一种消费量颇大的商品。同时它作为一种交换工具而流通于社会。"①由于经济的发展，铜的需求量大增。国内的铜已经不能满足需求，于是政府采取禁民间私制铜器和从外进口铜。其中，东洋日本在铜贸易中占有重要地位。

因为日本的闭关锁国政策，外来进口货物在日本供不应求，中国商人从中获利颇丰。从一些资料来看，大部分中国商品在广州和在长崎的贸易差价在2—3倍左右，这利润相当可观。但当时日本的手工业不是很发达，日本无多少货物可与中国商人交换，只好用白银支付差额。为了防止白银外流，日本政府采取了很多限制手段，一定程度上遏制了中日贸易。后日本又限制了中国来日的船只量，更是中日贸易走向衰落的一个重要原因。"无论是特许船数或交易额都一直在减少，如1736年特许船数25艘、交易额4000贯；1749年船数15艘，交易额4400贯。"②

中国对铜的大量进口，使日本政府不得不出台法令，采取限制措施。加之日本方面对中国商人进行敲诈，使中日贸易开始衰落。日铜产量的下降不可避免，中国政府只好迅速提高国内铜产量。"清政府渐渐做到了这一点，康熙二十一年（1682年）平定吴三桂之乱后，云贵总督蔡毓荣提出'广鼓铸'、'开矿藏'等理财之策，开始了云南铜矿的开采。"③文中还说："清政府之所以一反明朝政府对日本实行海禁的政策，鼓励商船到长崎贸易，目的是为了解决铸造铜钱的原料缺乏问题，而日本本国国土面积不大，资源有限，为防止白银及铜的大量外流，采取一些对外商限制的保护政策也是情有可原。只是幕府官员乘机对中国商人大肆敲诈勒索，致使清政府不得不解决依赖洋铜的问题。"

经济上关系的变化，也相应地影响到两国的政治。有人分析清康熙朝后期的中日贸易变化，指出日本颁布的限制中日贸易的"正德新令"，也是影响后

---

① 姚礼林、姚钢：《清初南洋铜商与中日贸易》，《牡丹江师范学院学报》2003年第5期。
② ［日］大庭脩：《江户时代日中秘话》，中华书局1980年版，第21页。
③ 李金明：《清初中日长崎贸易》，《中国社会经济史研究》2005年第3期。

来清政府对外政策的一个重要方面。康熙甚至提出了海防安全问题："现今海防为要"为由，出台了"内地商船东洋行走犹可，南洋不许行走"的局部禁止海外贸易令①。

由以上的历史情况来看，清初中日贸易的衰落其实是必然的。

首先，中国和日本的经济发达程度和自然资源的丰富程度有着明显的不同。在这两方面，在当时，中国都占着绝对的优势。这就使中国在贸易中有不小的回旋余地。如果日本拒绝与中国贸易，清政府也可以将市场拉回国内，开采自己国内的矿物资源。一旦中国对日本的矿物不再有依赖性，且早晚有一天日本的矿物不能满足清朝的需要，则中日贸易的衰落其实是必然的。虽然清初中日贸易中，中国因对日本铜矿的依赖而一定程度上容忍妥协日本的一些政策，但一旦云南铜矿产量足够，则态度变得冷淡。

其次，两国都实行闭关锁国的政策，阻碍了中日贸易的发展。日本为防白银外流一次次地出台法令，限制中国船只的进入。港口的限制、船只的限制，加之后来日本对中国商人的敲诈勒索，使中国对中日贸易的兴趣渐淡。而中国的闭关锁国政策也使日本商人甚少来华。所以说，贸易关系的长期建立，离不开政治上的开明决策。

尽管如此，从整个清朝初年的状况来看，中日的贸易往来还是较频繁的。两国的互通有无也极大地促进了清朝经济的发展。康熙二十二年（1683年），清政府统一台湾，次年宣布开放海禁。康熙二十四年（1685年），令福州、厦门官员运糖赴日销售，日中贸易额上升，日本成为入超国。日本没有相应出口货物，不得不以金银支付，引起金银大量外流。幕府开始附带出口海参、鲍鱼、鱼翅、海带等海产品及黄铜、镀金、描金等器物及名瓷"伊万里烧"，这些商品在中国备受欢迎。值得一提的是，中日贸易在当时日本闭关锁国状态下，居日本外贸首位。中国输送日本货物，以丝、绸、各类纺织品、书籍、字画、文具、茶、瓷器、漆器、中药材、香料、皮革等为主，其中书籍数量特别多，幕府不但自己收藏翻刻，还令各藩翻印，使中国不少典籍国内失传者，却在日本得到保存。如日本学者林春斋将中国散佚在日的汉籍16种百余卷汇集

---

① 《康熙起居注》，第2146页。

成《佚存丛书》出版，使其能再现于中国。

据日本长崎交易所的记载，清朝沿海城镇，包括上海、宁波、南京，福州、泉州、厦门、漳州、潮州、高州、广州等地，先后都有商船前往贸易。日本在长崎设"唐人馆"，专供中国商人居住。当时清王朝为了鼓铸钱币的需要，每年从日本进口大量黄铜；中国输至日本的货物，则以绸缎、丝锦、食糖、药材为大宗。为经营这些贸易而开赴日本的商船迅速增加。康熙时，中国商船携带丝绸、瓷器、茶叶、药材、纸张、染料及书籍、文具等等货物到日本，最多时一年达一百余艘。同时，日本的铜、金银及漆器等商品也大量输入中国。在清王朝入关以前的十年间（1634—1644 年），平均每年赴日商船为 57 艘，1684 年开海以后，五年之间（1684—1688 年），迅速上升到 194 艘[①]。

清朝在海外贸易中一直处于有利的地位。到长崎贸易的华人商船，康熙二十三年（1684 年）为 24 艘，次年增为 85 艘，康熙二十七年（1688 年）多达 192 艘，商人船夫共一万余人。日本政府为了限制白银外流，康熙二十八年（1689 年）颁布"亨贞令"，对中国商船的数量与商品额进行限制，因而此后略有减少。据日本长崎交易所的统计，从顺治五年（1648 年）到康熙四十七年（1708 年）间，日本外流金额为 200 余万两，银额为 3700 多万两，其中有三分之二以上流入清朝。

陈东林《康雍乾三帝对日本的认识及贸易政策比较》（《故宫博物院院刊》1988 年第 1 期）一文，分析了康雍乾三帝对日本的认识及 100 余年对日贸易政策的变化，认为这一时期两国虽无官方关系，但由于民间贸易的促进和对日本铜的需求，致使三帝对赴日贸易始终持有保护和一定程度鼓励态度。

海外贸易的发展，促进了东南各省手工制造业与沿海城镇的兴起。厦门是对南洋的主要港口，广州是对西洋贸易的主要港口，宁波是对日贸易的主要港口。康熙时期，苏州、杭州、南京、广州的丝织业，苏州、厦门的造船业，福建、广东的制糖业，佛山的冶铁和制锅业，景德镇的制瓷业等的发展，都与海外贸易密切相关。可见清朝开海后，海外贸易日渐发展，这是一个不可否认的事实。

---

① 据林鹅峰:《华夷变态》上册、中册统计。

当时航日的中国船只多由南京、宁波、温州、厦门、漳州、广东等口岸启航，经舟山群岛，横断东海，直驶长崎。1637 年起，规定中国商人投宿日本人家，其投宿处称"差宿"，1666 年废差宿，指定街道投宿，这种街道称为"宿町"。1688 年又进一步在长崎建立"唐人坊"，凡赴日中国商人必须住唐人坊的围墙内。明清之际去长崎的中国人不少。他们有的被任命为"唐通事"，成为对华贸易的官员，职业世袭。有的在长崎教授中国语盲文学，广收门徒，形成"长崎派"。当时长崎成了中国文化的中心，不少日本人向到长崎的中国人索诗文书画，或托便船赠诗给中国人，有的专程赴长崎，以同中国客商笔谈为乐，把到长崎靠近中国人、了解中国文化引为快事。日本人民对待清商很友好，据传至今在长崎的中岛河畔还留下当年修建的一座"常明灯船"，上面刻着"唐船航海安全"字样，表达日本人民对中国商船的祝愿。

此外，在学术思想、科学技术等方面双方也有交流。清朝的考据学派的作风流传日本，在其影响下产生了古学和国学。日本在医药学、地理学、数学、天文历法等方面也吸取了不少清朝的先进成果。

综上可见，中日两国作为一衣带水的邻邦，在清朝初年的长期频繁交往中形成了双赢互利的局面，虽然有闭关、海禁等政策的阻碍，给两国贸易往来造成一定的阻碍，但和平友好的交往关系依然是主流。

2. 南洋群岛

在苏门答腊和伊里安岛之间的南洋群岛，是中国商人海外贸易活动的主要地区。在这一片广大的海域中，几乎每一个岛上都有过中国商人的踪迹。其中苏门答腊、爪哇和加里曼丹，是三个贸易集中地。

从马来半岛北去以至暹罗、越南，南去以至苏门答腊、爪哇，东去以至婆罗洲、菲律宾群岛，中国民间的海外贸易，在这一广大地区中，有比较显著的发展。

马来半岛西岸的马六甲，早在唐朝就和中国发生贸易上的联系。明朝初年，中国商人已经大批来到这里。16 世纪初，葡萄牙殖民主义者入侵马六甲，中国商人在这里的贸易，受到很大的阻碍。17 世纪中叶，荷兰殖民主义者又取代了葡萄牙在南洋的地位，垄断了马六甲海峡的全部贸易。顺治十六年（1659 年）荷兰殖民当局无理规定，通过马六甲海峡的中国商船，除了到邻近的苏门答腊岛上的亚齐以外，别的地方一概禁止前去。而这样一点"自由"，后来也为荷兰总督所剥夺。

为了抵制荷兰殖民主义者的垄断，中国商人在19世纪的后半期，纷纷从马六甲转向荷兰殖民势力尚未到达的柔佛、槟榔等地，开辟新的活动场所。

柔佛在马来半岛的南端。在16世纪，这里就是一个"通商于外"的地方。受荷兰殖民主义者排斥的中国商人，很自然地首先选择了这里。17世纪60年代，这里已成为南洋贸易的一个中心。中国商人从国内运来茶叶、烟草和陶瓷器皿，参加贸易的马来亚人不怕荷兰殖民主义者的报复，也纷纷把当地的产品卖给中国商人。清初禁海期间，贸易受到一些限制。雍正五年（1727年）正式开放南洋贸易以后，广东商人又活跃起来。到了18世纪中期，参加贸易的商人已由广东扩大到福建、浙江等省；参加贸易的商品，也由茶叶、陶器扩大到二蚕湖丝。在柔佛以外，整个半岛东岸的丁机奴、彭亨和吉兰单，通市不绝。

槟榔是马来半岛西岸，马六甲以北的一个小岛。中国商人来到这里，大约是在18世纪80年代。这时正当英国势力开始深入马来半岛。在英国入侵槟榔之前，这个岛上几乎没有居民，几年之中，中国侨民和当地的马来亚人开垦了四百英亩以上的土地。这些"勤苦而安稳"的中国人，从事"几乎所有的手工业和零售商业的绝大部分"。18世纪终了之时，这里的华侨增加到三千人，他们中间，有木工、石工、铁工，还有从事种植的工人。他们为开发这个地方，作出了巨大的贡献。

进入19世纪以后，新加坡在马来半岛的商业地位急速上升，取代了马六甲、柔佛、槟榔，而成为南洋贸易的中心。

新加坡是中国南海通印度洋必经之地，19世纪初，英国殖民主义者以卑劣的手段据为殖民地。在其入侵初期，为了开辟新加坡与中国、暹罗、越南以至日本之间的直接贸易，曾经大量利用中国的帆船。每当"中国帆船来临的季节，新加坡的市场，便大大活跃起来"。道光四年（1824年）以后，开往新加坡的中国帆船迅速增加，最多一年达到250只。往来于中国和新加坡之间的货物，每次都在二百万元以上。这种情形，一直维持到鸦片战争。

苏门答腊邻近马来半岛，在宋朝是古三佛齐国的所在地，"诸藩水道之要冲"，也是中国商船经常来往之处。一直到 17 世纪，荷兰殖民主义者入侵爪哇，在雅加答建立了殖民政权以后，南洋贸易重心才由苏门答腊逐渐移到爪哇。这时中国商人在苏门答腊的活动，也由岛东南部的巨港，转到西北部荷兰势力所不及的港口亚齐。在 17 世纪 80 年代，中国开放海禁以后，每年都有十到十二只满载货物的商船由中国开来，中国商人不但出售货物，而且有时连船只也出让给本地商人，彼此建立了密切的联系。

爪哇在苏门答腊东南，中国商人来到这里，可以上溯到 9 世纪。岛上西北角上的万丹，在明代已是中国商人和南海各地商人进行贸易的一个重要口岸。荷兰殖民主义者入侵爪哇以后，对中国商人的活动进行种种无理限制。但是，中国商人和当地居民的联系，仍然突破荷兰殖民主义者的阻挠，不断增长。1619 年荷兰入侵时，雅加达的华侨不过四百，1733 年增加到八万。这时从中国运载货物而来的船只，一年之中达到 26 艘，运茶达两万五千担。19 世纪初，中国商人在港口贸易之外，还亲赴内地向当地居民收购土产，同时供应居民迫切需要的食盐和其他进口物资。

南洋群岛中的最大岛屿加里曼丹，也和中国有长期的贸易传统和经济联系。岛上南部的马辰和西部的坤甸、三发，都是华侨和中国商人的集中地区。18 世纪 70 年代以后，中国侨民在这里不仅从事贸易，而且进行采矿，为开发加里曼丹岛上的资源，作出了自己的贡献。

3. 暹罗和越南

暹罗和越南，处于中国和马来半岛之间，它们和中国的海上贸易，至为密切。

鸦片战争前，中国同暹罗的贸易，不管是官方贸易形式还是商船贸易形式，均相当活跃。中国和暹罗的海上贸易，至迟在 15 世纪初叶便已发生。16 世纪以至 17 世纪，开始有所发展。中国商人去暹罗者，日益增多。17 世纪中叶，中国侨民长期定居暹罗者，已达三千人。首都大城有唐人区，商业繁盛，成为"远东最重要的贸易中心之一"。顺治九年（1652 年），暹罗便派遣使节来华通好。顺治年间，暹罗一般是三年来华一次，康熙、乾隆年间，暹罗驶船所载货物，允许存广州发卖。开海贸易后，规定暹罗使船至东莞县虎门具报以后，可就地买卖。① 暹罗使船所携带的土特产品，品种繁多数量庞大。清王朝的回赠品亦相当可观。

18 世纪以至 19 世纪初，中暹两国民间海上贸易继续得到发展。18 世纪初叶，暹罗大米开始输入中国。这适应了中国封建王朝的需要，受到清廷的鼓励。到了 19 世纪初，每年开往暹罗的中国商船，达到 18 艘左右。从暹罗运来中国的货物，有大米、食糖、苏木、槟榔等，中国运往暹罗的，则有生丝、铜器以及各项杂品，"甚至和尚用的剃头刀，也从广东进口"。这个时候，曼谷的 50 万人口中，有 40 万是中国侨民，湄南河上的中国帆船，伸延达两英里以上。

中暹两国的商船贸易，十分频繁。双方交易的商货，自中国输出的有丝绸、瓷器、糖、干果、水银、明矾、铜器等。从暹罗输入的，最大宗货物是大米。暹罗不仅盛产大米，同时也是供应周边国家食米的主要国家。清王朝为解决粮食短缺问题，鼓励大米的进口，故对暹罗米的输入，给予减免税收的优惠。大规模的粮食贸易使暹罗成为清前期中国在东南亚最大的贸易伙伴。清王朝对其商船贸易，除禁止同南洋贸易时期外，一直采取支持鼓励态度。

康熙五十六年（1717 年），随着海外贸易发展，移居海外人数不断增多，清王朝变以"噶罗吧与吕宋，皆红毛西洋泊船之所，藏匿盗贼甚多"为名，下令禁止同南洋贸易。此令招致商人强烈反对，次年，康熙帝被迫宣布澳门与南洋及内地与安南的贸易不在禁列。

可见，康熙实行开海贸易依然是有限制的对外开放的继续。上述诸种限制，使中国商人无法利用本国商品在国际上的绝对优势获取高额利润，对船舶规模、携带兵器的限制使中国商人无法开展远洋贸易，甚至连在印度洋西岸、阿拉伯半岛等传统贸易区域优势也逐渐丧失了。

中国和越南的民间海上贸易，在明朝初年已经不乏记载。16 世纪后半期，由于中国商人入境增多，在靠近广南的发福，形成了一个专为中国贸易而设的市场。17 世纪以至 18 世纪，这里成为印度支那的一个商业中心。18 世纪 60 年代，居住在这里的华侨达六千人。他们经营从宁波、厦门等地运来的茶叶、

---

① （乾隆）《清朝文献通考》卷 33，上海古籍出版社 1988 年版。

生丝、药材、纸张、布匹、瓷器和铜器等，有时还从日本运来货物，在这里行销。同时又把越南的货物，如象牙、槟榔、胡椒、燕窝、藤黄、牛角以及黄金等，运回中国。进入19世纪以后，两国民间贸易，发展迅速。19世纪30年代，开往越南的中国商船，年在百艘以上，共达两万多吨。一直到西方殖民主义势力侵占越南之前，中越贸易维持着顺利的发展。

4. 菲律宾

（1）中国和菲律宾的民间贸易往来，长期维持友好的关系

宋元以降，中国商船不断来到菲律宾各岛，其中南部的苏禄和民都洛是两个贸易中心。1571年西班牙殖民主义者侵占吕宋以后，对中国贸易进行多方限制和排斥。1718年西班牙国王甚至下令禁止中国的主要出口商品丝绸进入菲律宾。但是，长期形成的经济联系，不是殖民主义者一纸命令所能禁止的。中国丝绸不仅为菲律宾人所喜爱，而且通过菲律宾，远航到墨西哥，受到广泛的欢迎。18世纪40年代，吕宋的华侨已经达到四万人。在马尼拉的华侨区"巴里安"里，中国商人"在几条街上都有贩卖丝绸、瓷器和其他商品的大商店"。

中国与菲律宾的贸易往来古已有之，而在1565年西班牙以马尼拉为中心建立起西属菲律宾殖民地之后，中菲的海上贸易成为整个"太平洋丝绸之路"中重要的一环。首先，中国商船将中国的丝绸、瓷器、工艺品等货物运往马尼拉，然后由西班牙商人运往墨西哥西海岸港口阿卡普尔科，回程时西班牙商人又将美洲的白银运往马尼拉，并用这些白银采购中国商品。由此，在太平洋上形成了一个完整的贸易循环体系。

在贸易规模上，1579年以后，中国与西属菲律宾的帆船贸易进入鼎盛时期。1580年至1643年的64年中，赴马尼拉贸易的中国商船共有1677艘，平均每年入港26.2艘。1644年以后的40年间，中国与西属菲律宾的贸易一度中衰。1644年到1684年，驶入马尼拉港的中国商船共271艘，年平均6.6艘，只有鼎盛时期26艘的四分之一。之后，中国与西属菲律宾的贸易又渐渐恢复与发展。1685年到1716年进入马尼拉港的中国商船数量一般在20艘左右，其中最多的一年（1709年）达到43艘。1717年之后，双方的传统帆船贸易又开始出现衰退迹象。1717年到1760年的44年间，到达马尼拉的中国商船共有549艘，年均12.4艘。只占鼎盛时期入港船数的45%。1757年以后，中

菲贸易规模进一步缩小。① 从 18 世纪 90 年代开始，欧洲商船（包括西班牙商船）开始介入中菲贸易，致使中国帆船的传统优势逐渐失去。1795 年，仅有六艘中国商船到达马尼拉。②1797—1812 年间，平均每年也只有八艘中国帆船到达菲律宾。19 世纪 20 年代，到达菲律宾的中国商船数年均不超过十艘。而在 1839 年到 1849 十年之间，到达菲律宾的中国商船平均每年只有四艘左右。到 1870 年，中国至马尼拉的帆船贸易已经完全停止了。从 1850 年到 1880 年，中菲贸易大部分是由往返于马尼拉与香港、澳门之间的西班牙船只进行的。而 1856 年参与中菲贸易的西班牙船只达到 44 艘之多。1880 年以后，英国的轮船取代了西班牙商船的地位，几乎完全垄断了中菲航运业。

在 18 世纪末以前中国帆船贸易的繁荣时期，中菲间的贸易方式基本上是在中国海商主导下的传统中国海外贸易形式。最初，随船而来的华商，通常是自己直接出售运来的货物，并收购菲律宾土产运回中国，很少通过西班牙人或华侨商人代理经营。后来，为了便于管理，西属菲律宾当局在马尼拉的圣费尔南多专门设立了一个生丝市场，让中国商人暂住在这里，直到卖完运来的货物，采购好回程货物为止。

18 世纪末以后，中国传统帆船贸易走向衰落，西班牙和其他欧洲国家商船逐渐介入中菲贸易。早在乾隆四十六年（1781 年）六月，就有专门从事中菲贸易的西班牙商船来到厦门，此后西班牙人又以遭遇台风等各种借口前往厦门、广州等中国港口停泊贸易。19 世纪中叶以后，西班牙、英国商船大规模介入中国贸易，特别是中菲大米贸易。

18 世纪末以前，中国与西属菲律宾贸易主要是中国丝绸、瓷器等手工艺品与墨西哥银元的交易。18 世纪末以后，中菲贸易的商品结构发生了一些变化。从菲律宾进口的商品中，大米取代了白银成为大宗商品。

（2）产生变化的原因——政府采取的政策

中菲之间的贸易往来在清代一直处于动态的变化当中，下面通过清朝与西属菲律宾两方面的一些政策、大环境的变化，分析一下发生重大变化的原因。

---

① ［墨］维·罗·加西亚:《马尼拉帆船（1739—1745）》，载《中外关系史译丛》第一辑，上海译文出版社 1984 年。
② ［菲］拉斐尔·帕尔玛:《菲律宾史》第 2 卷，菲律宾大学出版社。

西班牙占领菲律宾初期，由于菲律宾农业经济的落后和薄弱，使西班牙的殖民统治困难重重。菲律宾离西班牙较远，而西班牙与葡萄牙订立的协定又约束其使用好望角这条航线，这极大地限制了菲律宾对外贸易的范围。中国地大物博，与菲律宾的贸易往来古已有之，对于西属菲律宾来说，发展对华贸易，是稳定殖民地统治、摆脱经济困境的需要。因此，西班牙殖民当局也多次表示支持中菲贸易。在清朝之前，中菲贸易就达到了鼎盛时期。

（3）中菲贸易的影响

众所周知，商品是文化的媒介，通过其销售，有关文化也得到相应的传播。中菲海上贸易作为中国—菲律宾—墨西哥这条"太平洋丝绸之路"中重要的一环，不仅促进了中菲两地的文化交流，也带动了中国与拉美的精神文化交流活动。以丝绸、瓷器、工艺品等为主的中国商品在墨西哥，甚至在拉美各地得到传播，影响到当地居民的服饰、家庭陈设和日常用品，以及某些地方的生活习俗，甚至关系到墨西哥港口阿卡普尔科的社会经济活动。[1] 反过来，美洲土著印第安文明成果玉米、烟草、马铃薯、甘薯等作物先后传入我国；此外，以墨西哥银币为主的美洲白银也通过马尼拉或澳门大量流入中国。这些美洲的文明成果同样给古老的中国文化注入新鲜成分。

综上所述，清代中国与西属菲律宾的海上贸易是一个因为不断受到两国政策变化而不断变化的过程。政府对于对外贸易的态度在很大程度上影响到了贸易的发展。此外，经济上的交流对于文化的交流也具有深远的影响。

三、清代与美洲的贸易——以中美贸易为例

1. 早期中国与美国贸易的历史背景

据史料记载，中国早在 1517 年就有人来到北美这块土地上。他们最先在加利福尼亚北部从事造船活动。1781 年和 1785 年，洛杉矶和北美大西洋沿岸的巴尔的摩也有中国船工和船员在那里活动[2]。虽然这些人还不能算是美国的移民，也不是中美关系的真正开始，但是个别非连续性的民间联系已见端倪。

---

① 焦诠：《论 18 世纪末期中西贸易的变化》，《江海学刊》2008 年第 2 期。
② 仇华飞：《早期中美关系研究（1784—1844）》，人民出版社 2005 年版。

中美之间的商业往来也正是从民间交往开始的。

早在1783年美国独立以前，中美之间就发生了间接的贸易关系。当时，北美13州还是一个处于英国统治下的殖民地，地处北美大陆大西洋沿岸。北美13州虽资源十分丰富，但是由于资金缺乏，大多数资源未能开发，可供出口的货源很少。特别是由于英国东印度公司对东方贸易的垄断，北美13州的对华贸易也只能通过东印度公司来间接进行。东印度公司一方面将中国的茶叶、瓷器运送到英国，再转运往美洲大陆；另一方面也采购北美的土产，如人参等运到中国销售。

中美开始直接通商，是在美国独立之后。1783年独立战争胜利后，美国虽然摆脱了殖民统治，在政治上获得了独立，但是在经济上却尚未能完全独立。当时联邦政府国内经济形势十分严峻。英国俨然以敌国的姿态对待美国，采取各种手段报复这个刚从其殖民体系下解放出来的年轻共和国。英国先是取消了美国过去在英帝国范围内所享有的各种贸易优惠，而且不再向美国提供它所需要的各种廉价商品。英国国会制定的新航海条例规定，只允许英国建造和由英国海员驾驶的船只进入西印度群岛的港口，并且对在英国其他港口的美国船只征收重税。1787年的法令更是明确规定"禁止美国货物通过外国岛屿而运入英国"。可以说，英国的经济封锁和限制紧紧扼住了美国的咽喉。这个刚刚赢得独立的新生共和国不可能再依赖别人，而必须依靠自身努力开始经济独立自主的历史进程。他们通过利用殖民地时期"走私贸易"的路线，将货物先运到西班牙、荷兰、法属西印度群岛，再转运世界各地；并先后与德意志北部的一些城市建立贸易关系，将大量产品运往荷兰殖民地销售。同时，他们把目光投向了远东，首先是人口众多、市场广阔的中国，这个盛产茶叶的神秘东方大国。这样，在美国刚刚获得独立之际，原来主要行使于加勒比海的双桅船，就开始劈波斩浪，远渡重洋，开辟通往中国的新贸易航线。

当美国商船驶向具有神秘诱惑力的中国海岸时，古老的中国正处于清王朝统治的中期。一方面，对外部世界来说，无论在国力强盛、物产丰饶或是文化发达方面，中国仍是当时东方的"头号大国"；另一方面，就内部而言，由于封建统治者骄奢淫逸，贪污腐化，搜刮百姓，使社会矛盾日益尖锐，刚刚开始的资本主义萌芽也受到遏制，清王朝在经历"康乾盛世"之后正在走向衰落。其实，早在美国商人来华经商之前，葡萄牙、西班牙、荷兰、英国等老牌资本主义国家就已到中国经商。对西方各国前来进行经商活动，清王朝统治者长期以来不予重视，认为中国地大物博，经济上高度自给自足，既不需要向他国进口商品，也不需要出口自己的商品。中国与任何外国的贸易，都被看作是对外国的特别恩赐。外国人来华通商，被认为是到天朝"倾心向化"，并被纳入"朝贡制度"。随着西方列强在武力掩护下对中国开展经商活动的逐步增强，清王朝对海外贸易和海外势力的入侵开始有所重视和警觉。康熙五十五年（1716 年）康熙皇帝规定允许继续与东洋（日本）贸易，禁止与西洋人控制的吕宋（菲律宾等地）通商。18 世纪中叶，清王朝为了维护自身统治，正式提出形成了以消极防范为主的闭关锁国政策，封闭宁波、漳州、云台山三个通商口岸，只允许外国船只在广州一口通商，并在广州设立十三行，来垄断经营和控制对外贸易。

2."中国皇后"号首航中国

其实，"中国皇后"号并非是美国第一艘前往中国的商船，在这之前有过一次半途而废的对华贸易。1783 年 12 月，波士顿的商人们向中国派出一艘 55 吨级的满载人参的单桅商船"哈莱特"号（Harriet），该船途经好望角时与英国东印度公司的商船相遇。英国人担心美国人会与他们竞争在中国的茶叶市场，便派船在公海直接与"哈莱特"号进行货物交易。美国人对莫测的中国市场动摇了，"宁愿以一磅人参换取两磅茶叶和英国做成了一笔货物买卖，失去了首航中国的机会"。①

然而，仅仅过了 4 个月，1784 年 2 月 22 日，在美国独立战争领导人华盛顿 52 岁生日那天，从纽约港驶出了第一艘直航中国的美国商船"中国皇后"号，由此揭开了中美直接通商的历史。

"中国皇后"号由担任过联邦政府的财政部长的费城富商罗伯特·莫里斯和纽约的丹尼尔·巴驾投资购买，是由一艘战时私掠船改装而成、载重 360 吨的三桅木制帆船。由曾在美国独立战争奉命指挥过武装缉私船的约翰·格林

---

① Jonathan Goldstein, *Philadelphia and the China Trade*, 1682-1846，p.27. 从新英格兰森林中采集的人参被中国满族统治者作为健身防病的药物，他们相信用它泡茶会延年益寿。

（John Green）担任船长，山茂召（Samuel Shaw）担任商务总管，独立战争时与山茂召有患难之交的托马斯·兰德尔担任总管助手。"中国皇后"号装载了473担人参、2600张毛皮、1270匹羽纱、476担铅、316担棉花及其他货物，由纽约起锚后从大西洋绕过好望角进入印度洋，驶向中国。沿途停留了一些港口，历时半年，行程13000英里，于1784年8月28日顺利抵达广州黄埔港，时为清高宗乾隆四十九年（1784年）。

广州被美国商人选定为首航目标，不仅在于它是当时东亚地区最大的对外开放商埠，还在于它是世界上最大的茶叶交易市场。"中国皇后"号在广州停靠了四个月，顺利出售了所运来的全部货物，又购买了大批中国土特产，计有红茶2460担、绿茶562担、棉布864匹、丝绸490匹、瓷器962担、肉桂21担等，包括船员私人购买的物品在内，共80余种。

"中国皇后"号于1784年底循原航线返回美国。1785年5月11日抵达纽约港。随后8月9日，为运载货物而临时租用的商船"智慧女神"号在巴尔的摩靠岸。中国货物受到纽约居民的热烈欢迎。上等的茶叶、成套的瓷器、精致的象牙雕，以及质地柔软的南京土布，使美国人眼花缭乱，争相购买。"中国皇后"号这次首航投资12万美元，纯获利3万多美元，利润率高达25%。它不但为投资者带来了一笔可观收益，更为重要的是，通过这次航行，英国的贸易垄断被打破了，中美之间的贸易联系建立起来了。

"中国皇后"号的首航成功，得利于以下几个重要条件：首先，是投资者的目光远大，富有冒险精神。面对这次投资和风险都很大的贸易活动，费城富商莫里斯牵头与纽约的几位商人不惜共同出资12万美元组织了这项具有重大历史意义的经商活动，表现了美国人的胆识与魄力。其次，是选择的管理者强而有力。船上的43名工作人员都是经过严格挑选的干才，其中不少是经过独立战争考验的军官和士兵。他们年轻、勇敢、富有开创精神和献身精神。如果没有他们，"中国皇后"号的首航是很难获得如此大的成功的。再次，是商品选择对路。由于是首次开展对华贸易，究竟中国市场的需求如何，能获利多少，在中国能买到哪些能赚钱的货物，这些都是未知数。莫里斯和山茂召等人在采购上注意两国商品的传统性和多样性，每种货物数量不大，但都是两国早已熟悉和喜爱的传统商品。这样采购和出手都比较容易，资金周转快。此外，美国商人为寻求新市场所表现出来的谦虚谨慎、循规蹈矩的态度，以及中国商人的友好合作，也为"中国皇后"号的首航成功创造了有利条件。

3.早期中美贸易的影响

从1784年开始的中美早期贸易，在两国对外贸易中所占的份额虽然都很小，但是，这近60年的交往及其所产生的历史变化确是富有意义和影响的。

第一，它在一定程度上促进了美国商业资本的积累及其向工业资本的转化。通过对华贸易，美国商人赚取了大量的利润，这对美国摆脱大西洋贸易面临的窘境，促进东部沿海一些商业城市的发展，都起了一定的积极作用。由于对华贸易风险较大，因此需要有较雄厚的资本，从而加速了商业资本的集中。一些后来的大商行把它们从对华贸易中积累起来的商业资本转化为工业资本，这些资本在美国西部铁路的建设和西部经济的发展中起了重要作用。

第二，它推动了美国"西进运动"及向太平洋的扩张。中美贸易的厚利，刺激美国商人去寻找一条到中国去的捷径：开拓西部，由陆路直通太平洋海岸，由太平洋直接航行到中国。对华贸易成了美国"西进运动"的主要原因之一。同时，为了找到更多的货物与中国的丝茶交换，美国船只的踪迹遍历太平洋海岸及太平洋上的各个岛屿。俄勒冈和夏威夷就是在那时被发现，并在后来被收入美国版图的。

第三，它对中国经济的发展和生产方式的演变也产生了积极的影响。在鸦片战争之前，中国同美国的贸易一直处于顺差的有利地位，美国是中国茶叶、生丝和棉布的重要市场。在1805年至1815年这10年间，美国输往中国的金银价值2270多万美元，而输往中国的货物仅有1000万美元，"金银两倍于货物的进口"①，这表明中国处于比较有利的贸易地位。同时，与美国等西方国家的贸易也刺激了中国东南沿海的茶叶、生丝和丝绸的生产、加工业的发展。而到19世纪30年代，随着用机器生产出来的价廉物美的棉布逐渐在美国市场上渐渐取代用手工制作的价格较高的中国土布，并开始输入中国，从而逐步瓦解了中国的农村手工业，对促进中国自给自足的自然经济的解体起

---

① 　杜延绚:《美国对华商业》，1933年万有文库本，第2页。

了一定积极作用。当然，美国商人不顾中国政府三令五申而又大肆进行的鸦片走私贸易，则对中国经济的发展起了十分消极的作用，并极大伤害了中国人民的感情。

第四，早期中美贸易的开展，促进了两国人民的交往及宗教、文化的交流。在世界近代史上，传教士总是充当向外扩张的开拓者。随着美国对华贸易的发展，美国传教士来华活动便成为"必要"。1830年，美国海外传教会首次派大卫·阿比尔和艾利亚·裨治文到中国传教。此后，美国传教士陆续来华，他们除了传教外，还从事出版、译述、医务和教育工作。美国教士、医生博加、教师白朗夫妇（中国留美第一人容闳的老师）都在中美文化交流史上产生了极其深远的影响。正如美国著名中国问题专家费正清所指出的："美国早期对中国的不一般关系是：国旗和传教士都是追随着商业贸易之后来的，而条约上的特权又都主要是为了促进商业发展。到头来，商业又成了传教事业的保护伞。"

总之，早期中美贸易关系就其产生和发展都存在着深刻的社会历史根源。我们不否认在这过程中曾经存在着互惠互利、平等交易的性质，也更不能否认美国对华贸易中鸦片贸易的可耻卑劣行径，因此，在分析时应一分为二地看待它，不能片面地将早期美国对华贸易说成是"海盗式的掠夺"。中美贸易经过半个世纪的发展，最后演变为以美国向中国出口棉布、走私鸦片和从中国输出茶叶为主体的交易。美国商人通过各种合法和非法的对华贸易，获得巨额利润，为美国工业革命积累了资本，推动美国经济的发展。但清政府却看不见这一切新事物和新变化，仍然故步自封、闭关锁国，竭力限制中外经济文化交流。正像恩格斯所指出的："今天英国发明的新机器，一年以后就会夺去中国成百万工人的饭碗。"[①] 在中国存在了几千年的封建自给自足的自然经济使得对外贸易商人不仅在政治上受人歧视，他们赚取的利润可能很大部分也都未能转化为资本，而是被封建王朝及其庞大的官僚压榨机器所吞食掉。这样，在同一时期，美国从经济附属地位走向独立富强，而中国却从独立逐步沦为半殖民地。

---

① 《共产主义原理》，《马克思恩格斯选集》第1卷，第214页。

第二节　清代陆上贸易

一、中俄之间的陆路贸易

中俄贸易是清代中国对外贸易中的重要一笔，在促进中俄两国经济发展的同时，也保持了中俄外交局势一直以来的相对稳定①。

中俄陆路贸易的规定，见之于康熙二十八年（1689年）和雍正五年（1727年）中俄双方签订的《尼布楚条约》和《恰克图条约》。在《尼布楚条约》中，规定"两国人民持有护照者，俱得过界来往，并许其贸易互市"。康熙三十二年（1693年）根据这个原则，进一步规定：俄国商人每四年得来北京通商一次。但是，沙俄却一再违反这个规定。在康熙三十六年至康熙五十七年（1697—1718年）的二十年间，俄国商队一共来了十次，平均两年就有一次。而非法私商又倍蓰于合法商队。有些私商并没有合格证书，他们或者在西伯利亚的地方官那里弄一张通行证，或者伪造证书，偷来北京进行贸易。加上边界上经常发生私逃活动，在制止无效之后，清廷终于在康熙六十一年（1722年）停止了中俄的贸易。

清朝初期中俄贸易的关系，由顺治朝的无法可依导致的贸易不平等，到康熙朝《尼布楚条约》的签订，缓解了部分危机，再到雍正五年（1727年）中俄《恰克图条约》的签订，标志着双方关系重新进入比较正常化的轨道，体现了清朝初期的中俄贸易中存在的逃人、边界等问题的联系，并表明了清朝政府当时的外贸态度及并不太妥当的外贸手段。以中俄《尼布楚条约》和《恰克图条约》的签订为时间界限，可将清朝前期（17世纪初）至1840年鸦片战争时期的中俄贸易划分为三个阶段，以此来了解各个时期中俄贸易的特点和影响其

---

① 进入20世纪以来，中俄贸易史的研究得到一定发展，并在80年代开始走向成熟。期间涌现出大量有价值的学术著作，如我国第一历史档案馆编辑的《清代中俄关系档案史料选编》，南开大学米镇波教授著的《清代中俄恰克图边境贸易》，苏联学者尼古拉·班蒂什·卡缅斯基的《俄中两国外交文献汇编1619—1792》，法国学者加斯东·加恩编写的《彼得大帝时期俄中关系史》，中国中俄关系研究会研究员宿丰林著的《早期中俄关系史研究》。

的因素。

1. 清朝前期两国边境地区的间接、零星贸易

进入 17 世纪以后，俄国逐渐形成了中央集权的民族国家，其内部的商品经济也日渐发展起来，随之而来的是对于外部市场的日益强烈的需求，于是俄国开始了其对外扩张的进程。沙俄先后越过乌拉尔山，进入西伯利亚，很快又推进到了太平洋沿岸，并侵入到中国的东北边疆，随着其向东扩张的脚步，中俄两国从遥远陌生的国度变成了邻国，地理局势的变化历史性地改变了两国的关系，俄中边境地区的贸易活动慢慢拉开序幕。

在此阶段，中俄两国之间的贸易形式主要是两国边境地区的间接贸易，沟通中俄贸易的是中亚各汗国的商队。在此之前他们已经与中国展开贸易往来，在俄国向东扩张到额尔齐斯河流域后，便开始充当中俄间接贸易的中介。他们一方面将中国商品由陆路运往阿斯特拉罕，在此转水路以小型帆船沿伏尔加河运往俄国各中心城市，或者继续以陆路将货物运往与中亚毗邻的西伯利亚的城堡，如托博尔斯克、秋明、塔拉、托木斯克等；另一方面，他们又将沿途换取的俄国商品返销中国边区和内地。交易的中国货物有丝绸、天鹅绒、粗布、棉花、茶叶、烟草、大黄等，返销回中国的俄国货物有各种毛皮、皮革、兵器等。这一时期，俄国政府对间接贸易持积极肯定的态度，不仅为中亚商人提供种种便利和优惠，为他们提供免税和减税贸易的特权，还接见中亚汗国诸如撒马尔罕、布哈拉的使者，与他们缔结通商条约。①

这一时期与颇具规模的间接贸易同时存在的还有民间的零星贸易。俄国在征服西伯利亚以后，进一步向东南地区扩张，于是与布利亚特、喀尔喀、厄鲁特等蒙古族部落展开了地区贸易。蒙古族部落在输出传统的中国货物的同时，还为俄国提供了充足的家畜和马匹。1640 年，沙俄政府还应蒙古王公的请求，在托木斯克专门建造了货栈，以便利蒙古人来此贸易。这段时期沙俄政府对于民间贸易持鼓励开放的政策。

同一时期，以通使为名的俄国商队进入北京进行贸易，对此，中国政府按

---

① ［俄］斯拉科夫斯基：《俄国各族人民同中国贸易经济关系史（1917 年前）》，社会科学文献出版社 2008 年版。

照接待外国贡使的惯例，允许俄国通使在京免税贸易，并赠予大量中国商品，如缎子、丝绒、毛皮、茶叶等。一批又一批的俄国探险者为古老中国的财富所吸引，接踵而来，由此引发的军事冲突也频繁滋生，中俄两国边境的黑龙江一带局势日趋动荡。

俄国使臣来华，最早可追溯到明末。据说伊凡四世曾派哥萨克头目彼特罗甫和雅鲁契市来北京探察。明穆宗因其没有进贡方物，不予接见。万历四十七年（1619 年）又有斐德林和曼多夫来华，明神宗谕准通商并希望派遣使者。迄今尚存明朝致俄国的两封国书。

清朝最初的俄国使团是在顺治十一年至顺治十三年（1654—1656 年）来华的巴依科夫使团，主要为沟通贸易而来。前后几次，后来在华贸易取得了极大的成功。但这种贸易并没有严格的法律来制约规范，因此期间经常可见贸易不平等的情况。而且今日看来两国对当时贸易的历史记录也有相去甚远之处。比如关于黑龙江流域的归属问题和沙皇俄国在这个地区所扮演的角色就有不同的记载。恩格斯在《俄国在远东的成功》一文中说：俄国"除了分沾英法所得的一切明显的利益以外，还得到了黑龙江沿岸地区"，"从中国夺取了一块大小等于法德两国面积的领土和一条同多瑙河一样长的河流"。而在 1969 年由苏联科学院远东研究所等单位合编而由 C.A. 齐赫文斯基主编的《十七世纪俄中关系》第一卷中却对这些问题完全避而不谈。

康熙在雅克萨之战中痛击沙俄的嚣张气焰，但很少人知道康熙在另一方面曾对沙俄积极发展经贸关系。康熙实际上更是一位在外经济贸易活动上持比较积极态度的君主。"北京是皇帝允许莫斯科人自由通商的大城市，在通商过程中，他们无须交税，更不会受到欺凌。皇帝这样做是为了使他们有利可图，以便永远保持通商的睦邻关系。""皇帝根本不愿意外国人遵循中国那一套谦卑的礼仪，他亲切地对待外国使节，包括拒不履行中国礼节的粗野的莫斯科人，令后者大为感动。"[1] 在中俄《尼布楚条约》中，规定"两国人民持有护照者，俱得过界来往，并许其贸易互市"。[2] 康熙三十二年（1693 年）根据这个原则，

---

① 　此段出自法国人白晋给路易十四所写的秘密报告。
② 　《尼布楚条约》第五款。

进一步规定：俄国商人每四年得来北京通商一次。从这点上可以说，清朝康熙年间在对待沙俄的外贸政策上，总体是鼓励贸易为主。而且这种中俄比较积极的贸易关系长期保存，这并不仅仅是出于单纯的国家税收考虑，而是一种与北方强国睦邻友好，稳定大清北方边疆的战略考虑。

与此同时，康熙六年（1667年），在清廷控制下定居索伦布十余年的达呼尔族在其首领根特木尔的率领下，一共300余人叛逃到俄境，并在阿穆尔河畔居住下来。根特木尔带领其下辖的3个佐领的人众逃亡俄国，给清廷对北方疆域的索伦、赫哲、费牙喀等部族的有效控制造成严重的影响，故清廷对此事件极为重视。康熙二十五年（1686年），康熙帝在致沙皇伊凡和彼得的信中说："有关根特木尔一事，据达尼尔称已奏报察罕汗，一旦指令下达，彼当立即交出，决不延误……朕自获悉上述种种后，方始了解我国边陲地区与俄国毗连……但迄今未见尔对朕之谕旨作出答复，亦未将我逃人根特木尔归还我方或不再庇护，尔方人员仍一如既往肆意侵扰我国边民……我方军民当即攻克雅克萨城……尔国使节米起佛尔魏牛高抵此间，报知尔之钦差正兼程前来，业已离此不远，并带有书信，乞朕准予双方举行和谈，以划定边界。"[1]而俄国却拒不遣回根特木尔，反而对之格外优待，这也使康熙帝察觉出俄国东进的野心，意识到从根本上遏制这一态势的必要性，而关键之举就是要明确划定两国的边界。

自17世纪下半叶以来，中国统治者在北方陆路同时遇到了来自内外两个方面的威胁：沙俄的扩张和准噶尔的叛乱。为了集中精力平定准噶尔叛乱，巩固对北方广大地区的统治，康熙皇帝和他的子孙在雅克萨自卫反击战取得胜利以后，急于平息中俄边境地区的动荡。

而且，这段时期俄国对外扩张的战略重点在于争夺波罗的海和黑海的出海口，为了避免陷入两线作战的困境，保证这一战略重点的实施，彼得大帝和他的继承人在向黑龙江武力扩张受到遏制以后，便在东方选择了贸易。彼得大帝曾经说过，俄国人在远东只有两种选择："打仗或是贸易。"[2]

① ［英］约·弗·巴德利：《俄国·蒙古·中国》，下卷，第2册，商务印书馆1981年版，第1598—1601页。
② ［美］约瑟·塞比斯：《耶稣会士徐日升关于中俄尼布楚谈判的日记》，商务印书馆1973年版，第12页。

于是基于对上述种种因素的考虑，中俄两国政府于 1689 年签订了《尼布楚条约》，两国的贸易关系也随之进入了一个新的阶段。

2.《尼布楚条约》后直接、公开贸易渠道的形成

康熙二十八年（1689 年），中俄使团在尼布楚正式举行边界谈判，并签订了中俄《尼布楚条约》，使得中俄双方迫在眉睫的危机得到缓解。自此一直到 1728 年《恰克图条约》的签订，俄国国家商队赴京贸易经历了其黄金时代。对于俄国来讲，《尼布楚条约》最大的收益就是使其对华贸易合法化，成为西方唯一发展对华商务关系的国家。这在为俄国带来巨大商业利益的同时，也使其对中俄贸易产生了越来越大的依赖性。中俄关系中，俄国政府最关心的就是通商获利，"彼得大帝统治时期的俄中关系史，就是俄国在远东的商业史以及中国政策对这种经济关系所发生的影响的历史"。①

尼布楚谈判之后，俄国政府便沿用《尼布楚条约》中的有关条款，频繁地派出商队赴北京贸易。② 商队路线最初为尼布楚—齐齐哈尔。康熙四十三年（1704 年）以后，在清廷的认同下改道为经由喀尔喀蒙古的色愣格斯克—张家口一线。除了在北京的官方贸易外，在齐齐哈尔和蒙古库伦还有私营的贸易市场。

中俄《尼布楚条约》的第五条规定：自合约已定之日起，凡两国人民持有护照者，俱得过界来往，并许其贸易互市。自此，中俄之间直接、公开的贸易渠道形成。条约签订的初期，中俄贸易主要有边境贸易和京师互市，均为易货贸易。

中俄关系中，俄国政府最关心的就是通商获利，"彼得大帝统治时期的俄中关系史，就是俄国在远东的商业史以及中国政策对这种经济关系所发生

---

① ［法］葛斯顿加恩著，江载华译：《早期中俄关系史（1689—1730）》，商务印书馆 1961 年版，第 13 页。

② 就来京俄商性质来看，1689 年至 1697 年来京的俄商皆为私商性质；从 1698 年开始，来华商队为国家商队。俄国政府为了控制对华贸易，在派遣官方商队的同时，排挤私商，自 1698 年公布《对中国进行贸易的一般规定》将对华贸易收归国家专营后，又于 1706 年公布《关于对中国进行私人贸易的规定》，完全禁止私商赴华贸易。参见《早期俄中关系史（1689—1730）》，第 157—161 页。

的影响的历史"。① 大量私商赴京进行贸易，贸易额迅速攀升。为了使对华贸易的巨额利润流入国库，沙俄政府将赴京贸易进行国家垄断，严禁私商进行珍贵商品如黑貂皮、玄狐皮等的出口，特许良商经营厚利的中国货物如大黄、烟草。② 由此，原本主要为私商进行的京师互市完全被沙俄政府垄断，只有官方商队获准赴京贸易。北京贸易逐渐进入其黄金时代。据官方史料记载，从1697 年到1718 年间，由沙皇政府直接派往中国的国家商队达10 次之多，截至1728 年，赴京俄国商队的数目逾50。大量的对华贸易为沙俄政府创造了巨额的财政收入，自《中俄尼布楚条约》签订到1706 年，俄国先后派遣8 支国家商队赴京贸易，其每次获利均在80% 以上。③

边境贸易主要集中在库仑互市和齐齐哈尔市，边境互市原本是京师互市的产物，后来日渐发展为中俄之间主要的贸易形式。初期，俄国商队在经过这两地时，留下部分货物就地交易，促使两个边境贸易中心的形成。在俄国政府垄断北京互市后，库仑就成为了俄国私商与中国进行贸易的主要市场，并由于路途短、运费低而在与国家商队的竞争中处于有利地位。

库仑的边境贸易规模迅速扩大，引起了清政府的注意。为了有效管理边境地区的秩序，防范不法俄商寻衅肇事，清政府于1725 年在库仑边境贸易中正式设官管理，并推行照票制度，"嗣后内地民人有住喀尔喀库仑贸易者，令该管官出具印文，将货物、人数开明报院，给予执照，出何边口，令受口官验明院放行。"④ 此后，清政府多次致函俄方协商解决划界等问题，但俄方缺少诚意，导致两国关系恶化。

京师互市中俄国商队的频频来华也给中国造成了许多难以克服的困难。首先清政府需经年不断地按"贡使"待遇接待来华俄国商队，耗费大量人力、财力，长此以往难以承受。其次，来京商队过频，大批俄商长期滞留北京，商队货物大量积压，结果既严重影响北京的治安秩序又造成许多经济纠纷。清政府

---

① ［法］葛斯顿·加恩著，江载华译：《早期中俄关系史（1689—1730）》，商务印书馆1961 年版，第13 页。
② ［法］加恩：《彼得大帝时期的俄中关系史》，中译本，第302—303 页。
③ ［俄］特鲁谢维奇：《俄中通使与通商关系（19 世纪前）》，莫斯科1882 年版，第95—95 页。
④ 何秋涛：《朔方备乘》卷37。

在先后于 1717 年和 1719 年拒绝两支俄国商队入京，正式通知俄国方面，"嗣后数年勿再派遣俄商来京"①，中断"京师互市"。

此外，这一时期俄国企图插手准噶尔贵族叛乱事件，并在喀尔喀蒙古再度发生逃人事件后一再拖延划分中段边界，致使中俄边界纠纷不断，破坏了两国关系的正常发展。清政府在 1722 年四月进一步将库仑俄商驱逐出境，并正式通知俄国商务代表朗喀"由于俄方迟迟不交还中国的逃人，而且对博格德汗从前嘱托使臣伊兹麦伊洛夫向上呈报有关边界一事至今未予圆满答复，因此博格德汗打算从现在起中止与俄国的一切公文往来和贸易活动"。② 至此，齐齐哈尔成了中俄唯一的贸易市场。

1725 年，沙皇政府派遣内廷顾问萨瓦务拉德斯拉维赤伯爵为全权大臣来华同清政府就通商、传教等问题展开广泛交涉，并同意就逃人问题协助清政府予以解决，谈判持续两年多。最终于 1728 年，在划定两国中段边界以后，清政府再次满足了沙俄的通商要求，签订中俄《恰克图条约》。

但是由于当时清朝固有的天朝大国的思想，仅仅是把与俄国的贸易看作是朝贡的一种形式，其实当中对于清朝政府本身并没有什么利益可言。比如凡来北京或齐齐哈尔的商人，无论是否官方商队，清廷一律提供粮食和运输工具。

对于清初的中俄贸易，两国对其属性的认知是不同的。俄国在试图最大程度地发展贸易获得利益，而清朝政府则更看重外交方面的属性。但由于清朝政府方面对这种不平等的贸易形式默许，所以两国的贸易一直保持相对的稳定。

3.恰克图互市

中俄双方原有的及条约签订后新出现的矛盾仍在发展着，终于在康熙五十六年（1717 年），清廷单方面停止中俄通商，这场危机持续了十年。雍正五年（1727 年）中俄《恰克图条约》的签订，标志着双方关系重新进入正常化的轨道。

恰克图位于色楞格河东岸，南距库仑 800 华里，属喀尔喀蒙古土谢图汗辖境。康熙五十六年（1717 年）五月十二日，清朝一反常态，就俄国古夏特尼

---

① ［俄］尼古拉·班蒂什·卡缅斯基:《俄中两国外交文献汇编 1619—1792》，第 82 页。

② ［俄］尼古拉·班蒂什·卡缅斯基:《俄中两国外交文献汇编 1619—1792》，第 131 页。

科夫商队在京同中国商人赊销余货引起纠纷一事，提出"嗣后尔商人应隔数年方可再来，以及在此期间可于边界地方贸易"。[①] 同年七月，在古夏特尼科夫离京不久，亦即未等俄国当局对上述咨文作出答复，清朝即单方面拒绝接纳继之而来的伊万诺夫商队入境。这是清朝首次拒绝俄商入京。九月初六日，理藩院咨文郑重公布了停止中俄通商关系的决定，"为此，除尔大商人前来时，由何路而来届时另议外，凡递送公文及因公零星前来之人，应皆由尔方原先所走之尼布楚前往齐齐哈尔地方贸易"。[②]

清朝停止中俄贸易的理由有三点，即俄商在京商品供应过剩，俄商行为不轨、寻衅斗殴，以及清廷不堪供应俄国商队在京食宿等。这些问题确实存在，例如，1696—1716年，由于俄国商品供给过剩，以及库伦私商贸易对俄官方商队的冲击，使其价格下降50%—60%。[③] 此次危机再度爆发实际上又是一次双方领土、人口问题争端的反映。俄国对喀尔喀蒙古地区的领土侵略行为，促使清廷下决心动用停止中俄官方贸易这一砝码，以敦促两国再度回到谈判桌上，落实长期以来悬而未决的中俄中段边界问题。

为迅速恢复两国通商关系，俄国伊兹麦伊洛夫使团于康熙五十八年（1719年）六月一日匆忙动身前往北京。为了达到恢复通商的目的，俄国在宫廷礼仪方面表现出前所未有的顾忌与让步。但俄国一心只顾及了商业上的利益，却对清朝政府关心的逃人和边界等问题未做出任何回应，而清朝政府这次也采取了比较强硬的外交手段。在清廷的一再坚持下，俄国政府也终于意识到"中国人与俄国断绝往来和贸易，并将商务代表兰格（即郎喀）和俄国商人驱逐出境，其最主要的原因是由于没有交还他们所要求的七百名逃人和在蒙古地区至今未划定边界……为此可以考虑，在上述一些对中国人来说似乎甚为重要的问题上，现在有必要作出全面的规定，并对执行使命时预料中国方面将要提出的一

---

① 中国第一历史档案馆编：《清代中俄关系档案史料选编》第1编上册，中华书局1981年版，第379页。

② 中国第一历史档案馆编：《清代中俄关系档案史料选编》第1编上册，中华书局1981年版，第388页。

③ ［法］葛斯顿·加恩，江载华译：《早期中俄关系史（1689—1730）》，商务印书馆1961年版，第5页。

切难题拿定主意……应该委派一位官阶显贵的人士前往中国，而命兰格作其助手，以兹协助。"①俄国外务委员会的这一决定，标志着中俄双方的谈判终于具备了成熟的时机和条件。

雍正四年（1726 年），萨瓦被任命为俄国特命使臣，负责对清朝谈判事宜。经过一年多的艰苦谈判，双方终于在雍正五年（1727 年）七月签订了边界条约——《布连斯奇条约》。不久，双方又签订了两份文件：一件是雍正五年九月初九签订的《阿巴哈依图议定书》，另一件是雍正五年九月二十四日签订的《色楞额议定书》，对两国边界事宜进行了具体规定。在这些工作的基础上，双方于雍正六年（1728 年）九月十八日签订了总条约——《恰克图条约》，条约对边界、逃人、贸易诸问题一一做了规范。1689 年之后两国之间的外交纠纷，至此告一段落。

对于俄国而言，《恰克图条约》最重要的意义便是两国贸易制度的建立。根据条约第四条"今两国定界，不得容留逃人。既已新定和好之道，即照萨瓦所议，允准两国通商"。②说明两国通商关系重新纳入正常化轨道。同时，条约对中俄贸易格局也产生了深远影响。

对清朝政府而言，虽然《恰克图条约》是以清朝领土损失为代价签订的，并未实现清朝本来的初衷，却终于划定了两国的北部边界，除两国有关逃人、贸易等方面的争执得到解决外，也换取了俄国在清朝和准噶尔关系上的中立，为清廷最终平定准噶尔创造了有利的外部条件。《恰克图条约》订结 30 年之后，断断续续燃烧了七八十年的清准之间的战火，终于在乾隆年间熄灭了。

雍正六年，两国签订《恰克图条约》，自此，俄国商队赴京贸易渐渐萧条，直至 1762 年完全停止，而恰克图边境贸易则成为中俄贸易主要形式，此后恰克图贸易经久不衰长达两个世纪，直至 1858 年中俄《天津条约》的签订才衰落下去。

《恰克图条约》中关于两国贸易的规定为：除两国通商外，两国边境地区

---

① ［俄］尼古拉班蒂什·卡缅斯基著，中国人民大学俄语教研室译：《俄中两国外交文献汇编 1619—1792》，商务印书馆 1982 年版，第 131 页。

② 中国第一历史档案馆编:《清代中俄关系档案史料选编》第 1 编下册，中华书局 1981 年版，第 518 页。

之零星贸易，应于尼布楚、色楞格两处，妥善选择，建盖屋房，以准自愿前往贸易者贸易。①《恰克留条约》签订后，中俄双方根据条约在边境着手开辟贸易点。由于条约规定的另一地点库克多博——祖鲁海图市场地处偏僻，而且远离中俄通商历史形成的主要商路，因而贸易情况始终不佳，不久就被放弃。于是"恰克图互市"就成为19世纪中叶前中俄贸易往来的唯一法定渠道。

《恰克图条约》签订后，因旧市街归入俄境，中方在境内另外建设新市街，仍称"恰克图"，中国内地商人称其为"买卖城"。从俄国内地到恰克图交通十分方便，而且恰克图离西伯利亚各城市也很近，因此俄商愿意去恰克图进行贸易。恰克图市场于1728年9月5日首次开市，从此开始了绵延两个世纪之久的中俄恰克图贸易。清代中俄恰克图互市主要经历了如下四个发展阶段：

第一阶段，缓慢发展的初级阶段。

恰克图互市的早期发展不很顺利，尤其是最初的30年。俄政府"禁止俄国商人贩卖粮食和毛皮"，使交易无法进行。最初，甚至不允许贩卖牲畜。在这样的规定下，贸易自然不能开展。②此外，清政府对赴恰汉商的严格管制和缺少畅销商品，也使中国商人寥寥无几。所以，恰克图互市一开始就遭遇到重重困难。1729—1730年间因销售毛皮，给恰克图贸易带来一定的兴旺景象，当时卖给中国人的皮货价值达23829卢布。进入18世纪40年代，恰克图互市有了新起色，并出现了逐渐上升的势头。这主要是因为俄国政府采取了一系列措施，如1743年批准向恰克图移民；1745年准许其他地方商人移居恰克图，准许商人用支票缴纳关税；1762年，取消国家对毛皮的垄断并不派商队赴京，从而使恰克图贸易自由化。恰克图互市如释重负，贸易开始迅速扩大。

第二阶段，大起大落的前期阶段。

然而，恰克图互市发展并非一帆风顺，由于未能妥善处理双方贸易中的矛盾和纠纷，结果导致了三次较长时间的贸易中断，第一次（1762—1768年）中断六年；第二次（1778—1780年）中断两年；第三次（1785—1792年）中断七年。这就是清代史籍所称"恰克图三次闭关"。三次闭关贸易中断总计15

---

① 中国第一历史档案馆编：《清代中俄关系档案史料选编》第1编下册，中华书局1981年版，第518页。

② ［俄］瓦西里耶夫：《外贝加尔的哥萨克》第2卷，北京商务印书馆1979年版。

年，对中俄双方经济发展及两国人民正常贸易往来显然不利，而且双方商人也蒙受巨大损失。这个时期的恰克图互市交易额，明显出现了大起大落的现象。例如，据俄国海关统计，1762年交易额达到108万卢布，而1766年则降到了4.4万卢布，1776年达到304万卢布，1778年又降到了146万卢布，而1781年则又剧升至757万卢布。

第三阶段，繁盛的中期阶段。

1792年2月19日，恰克图条约的签订，结束了18世纪下半叶恰克图互市时断时续的历史。恰克图贸易从此进入了一个比较稳定的时期。19世纪上半叶，中俄边境局势相对稳定，为两国贸易发展提供了必要条件，恰克图互市进入了它的鼎盛时期。中方买卖城成为漠北商业"都会"，市政管理和社会生活都井然有序。19世纪30年代，正值拿破仑战争期间，从欧洲到中国的海路受阻，许多欧洲商人只好通过俄国商人在恰克图同中国做生意。因此，到19世纪中叶，俄方恰克图不仅是西伯利亚的商业重镇，而且也驰名欧洲。随着两国市圈的飞速发展，恰克图市场更加诱人。另外，恰克图互市自身特点也是其具有吸引力的主要因素之一。首先，它的交易方式采取的是易货贸易；其次，交易办法是约定俗成的；再次，在交易过程中，双方直接见面，不用中介，也不用翻译。[①] 交易是整年进行的，但冬季最为繁忙，大宗交易一般都在冬季进行。

第四阶段，日趋衰落的后期阶段。

恰克图互市进入繁荣期后，一直到19世纪50年代初，贸易额仍保持上升势头。每年交易额在1000万美元以上，占中国进出口总值的15%—20%，俄国仅次于英国，是中国的第二大贸易伙伴。[②]1851年《伊犁塔尔巴哈台通商章程》签订后头二年，贸易额仍很可观。从1853年开始，特别是1858年中俄《天津条约》签订后，交易额急剧下降，80年代较50年代少了3/4。恰克图互市开始走上下坡路。

恰克图市场于1728年9月5日首次开市，在随后的几十年中迅速发展起

---

① 宿丰林:《早期中俄关系史研究》，黑龙江人民出版社1999年版。
② 孟宪章:《中苏经济贸易史》，黑龙江人民出版社1992年版。

来。开市之初，这里每年的交易额不过 1 万至 25000 卢布，到 18 世纪 40 年代中叶年贸易额已达到 50 万—60 万卢布。在赴京贸易完全停止后，中俄之间几乎所有的贸易都集中在恰克图，贸易规模更是迅速扩大。60 年代中年贸易额为 110 万卢布，70 年代初翻了一番，达 220 万卢布至多，80 年代初又迅速增长到 600 多万卢布。到了 19 世纪上半叶，恰克图互市进入了黄金时代，与东海沿海的广州水陆并重，南北辉映，成为当时中国唯一对外开放的两个口岸城市。这段时期，中俄年平均贸易额突破了 1000 万卢布，最高的年份甚至达到 1600 万卢布以上。①

在交易的货物方面，俄国主要输出来自西伯利亚和堪察加和阿拉斯加的毛皮，以及来自彼得堡的外国皮货。此外还有铜、铝、锌等金属，镜子、刀、剪、锁、玻璃器皿等为中国所短缺的物资。而中中国输出的主要为各种宝石、白银、黄金以及贵重的丝织品。此外还有棉布、大黄、茶叶、瓷器、漆器用品等。这一时期，从恰克图运往俄国的茶叶由于不用因水路而受到海风海水的侵袭，风味和质量比较上乘，很快在中俄贸易中取代其他商品成为两国贸易中的最大宗商品，在中国输俄商品总额中占据 90% 以上。活动在恰克图的中国商人主要是山西的晋商和西北的回民。

这一时期，俄国从恰克图贸易中获得的利益显而易见的，不仅以十分有利的价格销售了很难在欧洲找到市场的毛皮制品，还换回了为俄国所需求的大量的中国货物。自 18 世纪下半叶以来，恰克图贸易的成交额通常占俄国对亚洲贸易俄的 2/3 左右，占其对外贸易额的 7%—9%。② 繁荣的恰克图贸易还为俄国政府创造了可观的财政收入。沙皇政府对于互市物品征收 18%—25% 的高额关税，据俄国方面的统计，1760 年俄国海关从恰克图征得关税 238155 卢布，占当年关税收入的 20.4%，1775 年这两个数字分别上升到 453278 卢布和 38.5%。1781 年沙俄政府从恰克图互市中获得国库收入 70 万卢布，19 世纪初年又突破了 100 万卢布。③ 故而沙俄政府对于恰克图贸易始终抱着重视的态度。

---

① 柯克萨克：《俄中通商历史统计概览》（俄文本），喀山，1857 年版，第 73—74 页。
② ［俄］库德里亚夫采夫：《布蒙古史》（中译本），第 15 页。
③ 特鲁谢维奇：《俄中通使与通商关系（19 世纪前）》（俄文本），喀山，1857 年版，第 213—214 页。

相比之下，中国政府却由于天朝上国的思想，始终将恰克图互市看作对于俄国人的格外施恩，是怀柔外夷的政治工具，甚至在 1792 年公开发表的恰克图市约中表示"恰克图互市对于中国初无利益，大皇帝普爱众生，不忍尔国小民困窘，又因尔萨纳特衙门吁请，是以允行"。

由于中俄两国政府对于恰克图互市截然不同的两种态度，清政府时常用停止互市作为防范俄国在边境地区越界渔猎、偷盗抢劫、引渡逃犯、惩处罪犯等行为，历史上一共三次出现了较长时间的贸易中段，被清代史籍称之为"恰克图三次闭关"，即 1762—1768 年、1778—1780 年、1785—1792 年三次闭市累计长达 15 年，这三次恰克图闭市不仅给中俄两国在恰克图从事贸易的商人带来巨大的经济损失，也对两国的经济发展造成巨大的影响。而沙俄政府出于其在商业利益方面的考虑，往往在冲突面前被迫采取妥协的态度。正是这种特殊的贸易关系，使得综合国力日趋悬殊的中俄两国得以在长达一个半世纪的时间里维系了稳定的双边关系。

纵观清代中俄两国间近两个世纪来的贸易交往，从零星的商队贸易发展为恰克图互市阶段具有一定规模的边境贸易，无论贸易总额、贸易形式还是清政府的贸易政策，都呈现出发展的态势，但由于清政府思想上尚呈现其局限性，以及一定时期未能妥善处理中俄边境逃人事件、北部疆域准噶尔叛乱等问题，始终没能以更加积极的态度对待中俄乃至中外贸易，同周边乃至世界各国建立互惠友好的外交关系，清王朝封闭了两百多年的国门最终被西方列强用鸦片战争的炮火轰开了。

从总的发展趋势看，《恰克图条约》极大地促进了中俄贸易的发展，为中俄贸易关系创建了一个全新的起点，它把俄国的商业制度和清廷的传统朝贡惯例很好地调和起来，并将双方纳入了一条相同的轨道。条约所规定的边境贸易成为商队贸易的一个重要补充，而且在很大程度上实现了清廷的目的，即通过扩大市场增加了俄国对与北京保持稳定关系的需要性和依赖性；同时，它对阻止俄国从地理上对蒙古和新疆地区的渗透和侵略也产生了一定的作用。

恰克图互市是中俄关系发展史上的重要一页，它同两国人民大众的生活需求和边疆开发结合在一起，主要货物是大众日常用品。正因如此，它才能拥有强大的生命力。清代中俄恰克图边关互市在中俄关系发展史上占有极其重要的历史地位。恰克图互市的作用具体体现在以下几个方面：

第一，恰克图互市在一定程度上促进了中俄两国特别是两国边境地区的经济发展。

对俄国来说，早期恰克图无疑是巨利之源，给俄商带来了巨大利润。据统计，18 世纪的恰克图，对华毛皮贸易给俄商带来了 200％—300％的利润。① 恰克图市场获利，必然使俄商趋之若鹜，也促使中俄边区贸易更加活跃。进入 19 世纪以后，中国的茶叶成为俄商赚钱的重要渠道。据资料记载，1802—1810 年间，茶叶每年输俄七万五千普特，1821—1830 年间已达每年十四万三千普特，至 1850 年，则已达三十万普特。② 由此可见俄商在恰克图贸易之情况。恰克图贸易也给俄国工业带来了广阔的前途。仅在 1847—1851 年间，俄国输华工业品就占其工业品出口总额的 47.74％，③ 中国市场的巨大利润引起了俄商极大的兴趣，"由于恰克图为我国工业品和其他商品打开了向外国推销的道路，结果便在我国出现了大批专门制造向中国推销产品的工厂"。④

相对中国来说，恰克图贸易也给中国带来了一定的利益。在长期的中俄贸易中，布匹和茶叶分别成为 18 世纪和 19 世纪的走俏商品，备受俄国人民的青睐，俄国对中国布匹和茶叶的大量需求，在一定程度上促进了中国的纺织业和植茶业以及茶叶加工业的发展。

第二，早期恰克图贸易促进了中俄两国人民之间的相互了解和文化交流。

在中俄文化交流的过程中，俄国传教士团起到了桥梁纽带作用，《恰克图条约》的签订，使俄国传教士团进驻北京合法化，随着贸易不断扩大，大批学者也随传教士团来到中国。对此，俄国文献称："正是通过这些传教士团的学者，才奠定了俄国的中国学基础，并使俄国政府掌握了有关中国的大部分知识。"⑤ 可见，传教士团的贡献是不可低估的。

---

① ［美］福斯特：《莫斯科人与清朝官员——俄国的对华贸易及其背景》，美国 1969 年英文版。

② ［俄］斯拉得科夫斯基：《苏中经济关系概要》，莫斯科出版 1957 年版。

③ ［俄］斯拉得科夫斯基：《俄国各族人民同中国贸易经济关系史（1917 年前）》，社会科学文献出版社 2008 年版。

④ 复旦大学历史系编著：《沙俄侵华史》，人民出版社 1976 年版。

⑤ ［美］费正清：《剑桥中国晚清史（1800—1911）》，中国社会科学出版社 2006 年版。

在恰克图贸易中，两国商民也建立了颇为信睦的友好关系。由于恰克图地跨两国疆界，两国市圈只有半公里远，商人每天都可以自由往来，不受国界的约束，尤其是每年的 2 月，中俄两国商人一同欢度中国传统节日——春节。

第三，早起恰克图贸易遏制了俄国的侵略企图，保持了中俄边境局势的相对稳定。

彼得大帝时期的俄国，确立了完整的争霸世界的计划，实现了由地域性蚕食体制到世界性侵略体制的过渡，从此拉开了俄国向世界争夺霸权的序幕。在一个多世纪里，俄国不惜血本地进行长期对外战争，其目的就是实现它"从不改变、从不忽视的目的——俄国的世界霸权"。而物产丰富的黑龙江流域，自然形同一块肥肉令俄国垂涎欲滴。对此马克思一针见血地指出："俄国过去极想把这个地域弄到手，从沙皇阿列克塞、米哈依洛维奇到尼古拉，一直都在企图占有这个领域。"① 这说明沙俄对中国领土的图谋由来已久。

然而，日益发展的恰克图贸易在中俄政治、经济交往中的地位日益突出，因为恰克图贸易不仅使俄国商人，也给俄国政府带来了颇为可观的关税收入。因此，保持和扩大恰克图贸易已成为俄国远东政策的一个组成部分。而勃兴的恰克图贸易也为清政府提供了一个对俄交涉的筹码，沙俄稍有不轨，清政府就以"闭关罢市"为武器，迫其约束行事。这为双方调节关系，采取和平方式解决纠纷，提供了手段。18 世纪至 19 世纪，中俄关系之所以较为稳定，早期恰克图的作用是不可低估的。

二、清代中朝之间的朝贡贸易

历史上中朝两国的外贸交往十分频繁，不仅促进了两国边境的经济发展，也为两国的友好往来打下了坚实的基础。到了清代，两国贸易往来出现了新的特点，也从侧面反映出了世界政治、经济形势的新变化。

中国和东方邻国朝鲜的贸易，一向以陆路为主。在清朝统治全国以前，鸭绿江上的新义州和中江，图们江上的庆源和会宁，就是两国市易的传统口岸。中朝边境居民，一向"往来相善"，"或东或西，听民所往"。清朝入关以后，

---

① 《马克思恩格斯选集》，人民出版社 1972 年版。

维持定期市易的办法。乾隆时期，会宁、庆源每逢开市，商人云集，中国商人前往会宁市易者，一次可达 200 余名。市上交易的货物，从药材、纸张、毛皮、麻布到牲畜、农具、食盐、渔产，极一时之盛。

清崇德二年（1637 年，朝鲜李朝仁祖十五年）初，清太宗迫使朝鲜国王签订城下之盟，是为"丁丑约条"，清与朝鲜的宗藩关系由此建立。朝鲜随即派出使团出使清朝履行称臣纳贡的义务，清与朝鲜在宗藩关系架构下的朝贡贸易也由此展开①。

清代中朝宗藩关系下的朝贡贸易包含两个层次的贸易活动：其一，朝贡和回赐。这个层次的贸易活动是在双方宫廷范围内进行的，是在封建礼法制度下进行的特殊贸易形式，必须遵循严格的礼法制度的程式，其政治含义远大于经济利益。其二，由朝鲜使团官员和商人进行的经贸活动，即使团贸易。其中最重要的使团经贸活动是"八包"贸易，朝鲜使团携带"八包"货品，进入北京后在会同馆等处开市，直接与清朝市民和商人进行买卖交换。

作为宗藩关系的最佳典范，清朝不但在政治上给予朝鲜特别的待遇，在主要的经贸往来，即使团贸易问题上，其政策也是最优厚的，除对出口物资有一定的限制外，朝鲜使团似乎可以携带任意数量、任意品种的物资，在几乎任意的地方（使团行经沿途）与任何商人或民众进行贸易。朝鲜可以一年数度派出使团，这在其他藩属国是不可想象的。但是由于朝鲜王廷君臣都具有强烈的对满清皇权的排斥意识和重农抑商的传统思想，朝鲜政府一直要求限制而不是扩大朝贡使团贸易的规模。

清代中朝互市前期边境贸易是指中江、会宁、庆源互市。努尔哈赤建立后金政权后，为解决国内物资严重短缺问题，后金把交易重点放在与朝鲜的贸易上，得到许多物资，在很大程度上解决了因明朝封锁而引起的经济困难，充实对明战争的力量，同时发展了农业生产。

及至清入关后，朝清关系逐渐恢复到传统的中朝宗藩关系。中朝边界复归安宁及宗藩关系的重新确立，为中江、会宁、庆源互市贸易发展提供了条

---

① 聂蒲生：《论中朝边境贸易的历史渊源》，《北方经贸》2001 年第 10 期；刘为：《清代朝鲜使团贸易制度述略——中朝朝贡贸易研究之一》，《中国边疆史地研究》2002 年第 4 期；费驰：《清代中朝边境互市贸易的演变探析（1636—1894）》，《东北师大学报》2006 年第 3 期。

件。朝鲜边境互市的形成，尤其是随时代发展而发生不同变化的会宁、庆源开市，即"北关开市"对中国东北农业的开发和两国人民的生活都带来颇多影响。

这一时期的中朝边境贸易有以下特点：会宁、庆源互市持续稳定，管理有序。在宗藩政治体制下的中朝互市交易过程中，彼此以宗藩礼仪相对待。交易品种相对固定，始终以牛犁交易数量为最。

19 世纪 80 年代，中朝调整了边境互市贸易政策。这是由于中朝两国内部及周边国际形势皆发生变化。1840 年鸦片战争的硝烟结束了中国闭关锁国的时代。1876 年，由于实行明治维新，日本同朝鲜订立《江华条约》，在清朝政府斡旋下朝鲜与欧美各国也先后签订条约，对外开放。蹒跚步入近代社会的中朝两国，其传统宗藩关系在外力的冲击下，遭到前所未有的挑战。

中朝两国经过反复协商，于光绪八年（1882 年）八月二十日签订《中国朝鲜商民水陆贸易章程》。光绪九年（1883 年）八月，中朝官方议订《吉林朝鲜商民随时贸易章程》十五款[①]，以保障边境互市贸易正常有序。

中朝边境贸易政策调整后，互市后期贸易规模进一步扩大，税收相应增加，并呈现出一些新特点。一是中朝通商贸易中政治因素逐渐淡化，双方督商官员礼节平等化及费用自理实际凸显了互市后期边境贸易的近代平等性质。二是通商要素更自由化，这表明中朝间的通商关系开始向近代国际贸易关系转折。三是交易形式及制度趋向规范化，以货币代替货物为流通媒介，并统一了货物衡量标准。四是清政府对后期互市贸易管理的专门化，成立了专门管理互市贸易的吉林商务局，对规范中朝边境贸易、整肃边防起过一定的作用。

结合清代中朝边境贸易的演变和发展，不难看出，中朝间的通商关系开始向近代国际贸易关系转变。它标志着中朝两国政治上结束传统的册封朝贡关系步入近代邻邦关系，同时两国的贸易经济关系也彻底摆脱了传统朝贡贸易体制，转换成具有近代意义的通商贸易关系。这不仅有利于中朝两国边境经济的发展，也从一个侧面促进了两国经济的近代化进程。

---

① 　王铁崖：《中外旧约章汇编》第 1 册，上海三联书店 1982 年版。

三、清代与南方边境上藩属国家的贸易：朝贡贸易和民间贸易

1. 中亚南亚地区

中国西部和中亚南亚接壤。中国和中亚南亚的陆路贸易，有长期的历史。位于伊朗、阿富汗和中国之间的撒马尔汗和布哈拉，是中国和中亚南亚一带友邻国家进行贸易的两个中心。清朝统治时期，在塔克拉玛干沙漠南北两侧的两条主要商道上，北路的吉昌，"店铺栉比，市衢宽敞"，"繁华富庶，甲于关外"。南路的莎车，"货若云屯，人若蜂聚"，成为当时对外贸的大城市。

中国和西北、西南诸邻国的陆路贸易，也有长久的历史。在西藏，以札什伦布为枢纽，有两条传统的国际商道。一条西向，经拉达克以至克什米尔。一条南向，经不丹以达孟加拉。西向的商道，要越渡拉克达的无数高山和急流，然而在17世纪每年都有商队用三个月的时间，跋涉这条"经常需要攀附悬挂两山之间的绳索才能通过"的商道上。克什米尔人用西藏羊毛织成的披巾，为西藏人所喜爱，而西藏的特产麝香、茯苓、大黄以及著名的眼药猛迷郎（即黄连），则是克什米尔商人回程携带的主要货物。

由札什伦布南向，是一条主要的商业孔道。在17世纪中叶西向的商道受到阻滞以后，这条商道显得更加重要。18世纪中，在这条商道上，除了尼泊尔、不丹和西藏的直接贸易以外，还有从孟加拉输入的棉花、皮革、烟草、染料、珍珠、珊瑚以及剪刀、眼镜一类日用品。由西藏输出的，则以岩盐、金砂、硼砂、麝香为大宗。远离海洋的西藏人，把珍珠、珊瑚看成是"最宝贵的珍饰"，而西藏出产的金砂，经由尼泊尔流入印度，也使尼泊尔享有黄金之国的盛名。

2. 东亚地区

（1）缅甸

中国与缅甸的贸易在这时也有了进一步的发展，其中以陆路贸易为主要方式。在中国和中南半岛上的越南、暹罗与缅甸诸邻国的陆路贸易中，缅甸居于比较重要的地位。从云南的大理到缅甸的八莫，是几个世纪以来传统的商道。尽管在八莫和大理之间横着怒江和澜沧江，两江之间的海拔相差1700多米，道路艰险，但是沿着这条商道的贸易却没有中断过。

到 18 世纪中叶中缅发生冲突止，两国之间维持了将近百年的和平局面，贸易也得到相应的发展。这时运载生丝和其他货物到缅甸的商队，常常需用三四百头公牛，有时使用马匹达两千匹之多。

乾隆三十年（1765 年）中缅发生战争，清王朝封闭了边境贸易。但民间贸易往来，并未完全停止。战争经历三年，边境"尚有市肆"。乾隆五十五年（1790 年），两国恢复通商。这时缅甸的统治者，正是著名的雍籍牙王朝。缅甸的史学家认为："在整个雍籍牙王朝期间，中国对缅甸的关系，一向很尊重，把缅甸当作一个平等的国家"。从而"中缅两国的贸易关系，就获得了进一步的发展"。这时中缅之间的商路和交易的商品，都有所扩大和增加。中国商人在原有的商道以外，又沿着阿瓦河用大船满载丝线、纸张、茶叶、果品以及各项什货，从云南境内运到缅甸京城，回程则载运棉花、食盐、羽毛和黑漆。黑漆运回中国，"经过掺和香料加工以后，便成为驰名的商品——中国油漆"。中国的文献中说，缅甸"仰给内地者，钢铁、锣、锅、绸缎、毡、布、磁器、烟、茶等物，至黄丝、针、线之类，需用尤亟。彼处所产珀玉、棉花、牙角、盐鱼，为内地商民所取资"。

19 世纪初年，中缅陆路贸易又有进一步的扩大。中国输往缅甸的商品，如雄黄等不仅销于缅甸，而且由仰光出口，远销西亚和欧洲。在缅甸对中国的出口中，棉花和玉石已成为大宗商品。20 年代中期，由陆路运至中国的棉花，年达 1400 万磅，不仅供应云南，而且远销贵州、四川。至于玉石贸易，在它的极盛时期，居住缅甸的云南玉商达百余家。开采玉石的工人，多以千计。每年玉石产量，达数千石。缅甸古都阿摩罗补罗的一所中国庙宇中，还保留有五千个中国著名玉商的名字。

（2）越南

中国自陆路以入越南，很早便见于历史记载。现在广西的友谊关，是两国人民传统的往来孔道。清朝初期，闽粤一带人民曾经大量移入越南。自北部的谅山至中部的广义，十四省中，都有他们的足迹。中越之间，也建立了比较密切的商业联系。18 世纪中叶以后，广西与越南之间的陆路贸易更加频繁。当时内地赴越南贸易的商民，多从广西平而、水口两关和由村隘旱路出口。70 年代中，这些商道上往来的中国商人，经常数以百计。

（3）暹罗

中国和暹罗（今泰国）的贸易，以海运为主。但陆路贸易，也有长期的历史。17 世纪中叶，暹罗的拍腊王朝和中国保持比较密切的联系。50 年代至 80 年代之间，长期居住暹罗的华侨达到三千左右。当 19 世纪初期西方资本主义国家入侵暹罗古都大城以北时，他们发现那里早已建立了中国的陆路贸易。中国商人克服了自然条件的严重障碍，开辟了通过缅甸掸邦进入暹罗的商道。在这些山川险阻的商道上，中国商人每年从内地带来铜器、生丝、岩盐、锡箔、花边等日用品，然后又从暹罗把铜砂、象牙、兽角等货运回中国。这种历久不衰的陆路运输，曾被西方国家看成是历史的奇迹，它证明了和平贸易纽带的牢固。

中国同暹罗的贸易，不论是官方贸易形式，还是商船贸易形式，均相当活跃。而且中暹之间除双边贸易外，还开展了中、暹、日的三角贸易，对推动两国间的双边贸易起了积极的作用。

第八章　清代丝路贸易商品类型

第一节　中国商品输出及其对西方国家的影响

清朝的制造业在整个世界经济中具有特殊地位，丝绸、瓷器、茶叶等商品远销世界各地。一直到乾隆辞世的 18 世纪末，中国在世界制造业总产量中所占份额，仍然超过整个欧洲 5 个百分点，约相当于英国的 8 倍，俄国的 6 倍，日本的 9 倍，而那时美国刚建国。国家财政储备雄厚，经济发展，城市繁荣，所以康熙皇帝、乾隆皇帝才具有数次南巡的资本。①

一、茶叶远销英国

茶叶作为清代三大外销品之一，在中国对外贸易史上具有举足轻重的地位，同时茶叶贸易也是 18 世纪国际贸易上最重要的内容之一。

中国茶叶开始出口欧洲，约在明末清初，它首先在荷兰登陆，其后风靡瑞典、西班牙、普鲁士、法国、丹麦、葡萄牙等国。1607 年，荷兰首先从澳门购得茶叶，揭开中国与欧洲茶叶贸易的序幕。由于荷兰人的宣传与影响，饮茶之风迅速波及英、法、德等国。中国的茶叶贸易迅速兴起。

到了 17 世纪末期，英国各阶级已经饮茶成风，大量介绍茶叶知识的文章和广告见诸报端，为中国茶叶在英国的流行起了推波助澜的作用。西方市场的巨大需求使得茶叶贸易成为国际通商中的最大单项贸易，以至整个亚欧通商的 18 世纪，被人们称为"茶叶世纪"。当时中国每年销往欧洲国家的茶叶，在 24 万担左右，其中英国进口的茶叶最多，约占总量的三分之一。1668 年，英国东印度公司成立，并自行经营本国的茶叶贸易。最初，荷兰和英国都自印度

---

① 潘小平：《徽商——正说明清第一商帮》，中国广播电视出版社 2014 年版，第 101 页。

尼西亚的爪哇间接进口茶叶，自1689年起，直接从福建、广东收购茶叶。此后，中国茶叶输出日益兴盛。康熙八年（1669年），英属东印度公司开始从万丹运华茶入英。1689年英国公司从厦门直接运茶。10年后，成功地从广州运出茶叶，此后，广州和厦门成为英国出口茶叶的两个中心，在1716年的清朝对英贸易中，"茶叶已开始替代丝成为贸易中的主货品"[1]。而茶叶带给英国国库的税收，平均为每年330万英镑，也就是说，从中国去的茶叶，提供了英国国库总收入的十分之一。[2] 当时的茶叶对外贸易如此强势，以至于中国在鸦片战争开始爆发时，还试图"以茶制夷"，想以断绝茶叶贸易威胁英国。[3]

随着欧洲对茶叶的需求不断扩大，法国、丹麦、瑞典等先后加入运销中国茶叶的行列。1718年奥斯坦德东印度公司为专门经营对华茶叶贸易而成立。欧洲殖民国每年从中国购买的茶叶，除了供给欧洲本土市场消费外，还大量直销或转销到其在美洲、非洲的殖民地。

18世纪中叶，功夫茶将福建红茶外销推向高潮。早在18世纪初，就作为高级的红茶与武夷茶一同出现在英国的茶叶订单上。福建红茶自从18世纪20年代开始成为西方进口茶叶的主角后，几乎是与中国茶叶的外销同步繁荣。福建红茶推陈出新，先后以武夷茶、功夫茶、小种茶在西欧市场上掀起一浪又一浪购买红茶的高潮，独占中国茶叶外销市场的半壁江山，由此引来西方殖民国家对东南沿海口岸的觊觎，鸦片战争后，福州、厦门同时成为开放口岸，福州甚至成为最重要的茶叶出口港。

二、东方丝绸远销欧洲

西方人对于东方的丝绸同样抱有一种赞美甚至迷恋的感情，"丝绸之路"也成为古代中西交通的代名词，直到18世纪仍是海外通商的原动力。十三行将这些财富装上开往西方的航船，向世界各地传播着东方的文明。18、19世纪，中国丝绸以色泽滑润、轻薄飘柔、华贵高雅而著称，成为西方上流社会不惜以

---

[1] 武夷山市志编纂委员会编：《武夷山市志》，中国统计出版社1994年版，第258页。

[2] 潘小平：《徽商——正说明清第一商帮》，中国广播电视出版社2014年版，第57页。

[3] 甘满堂：《以茶制夷——论鸦片战争清政府中止与英国贸易之目的》，《农业考古》1996年第2期。

重金争购的奢侈品。

十三行出口的丝绸，有相当一部分是在广州加工完成的。当地的丝绸商人可以及时了解各国商人的需求，按照样品进行生产。于是，乾隆年间专为出口服务的丝织业在广东发展起来。当时的《竹枝词》中就有这样的记载，"五丝八丝广缎好，银钱堆满十三行"。产品也相当精美。英国东印度公司商人评价说："十三行的丝织品太好了。他们花费了很多心血，按照欧洲的式样织造丝绸。"当时的丝织品装饰图案，大多为西方人喜欢的几何图形，其中各种方格的图案就有几十种，并一一编号。外商只需标出所要丝绸的号码和数量，即可准时拿到所订货物。

中国丝绸以无与伦比的品质和高超的技艺，占据着欧洲市场。

三、"广彩瓷"远销欧洲

中国瓷器也是外国人的一大爱好。18世纪，外商在广州商行定购瓷器发展到了顶峰，这是因为行商与工艺匠师们准确地把握着西方消费者的审美情趣，创造出了中西艺术结合的外销瓷，这种瓷器被称为"广彩瓷"。它体现了使用价值与艺术价值的完美结合，给西方世界的餐具带来了革命性的变化，在欧洲被当作富裕和地位的象征。

附属于十三行的瓷器作坊集中在珠江南岸，多是家庭手工业作坊。据北美旅行者威廉·希基考察，1769年，这里有100余个加工场，其技艺与颜料多为祖传秘方。彩绘画师根据外商提供的图样，在景德镇运来的素胎瓷上，成功地仿制欧洲式样和题材的作品。尽管中国的匠师并不理解那些订单画样上的神话人物、历史故事和贵族图案的文化内涵，却能把人物、景致与传说绘制得惟妙惟肖。

外国商人抵达广州后，经常匆匆忙忙走访十三行街区的瓷器商行，以尽快备齐货物，不误装船。各公司为买瓷器，难免相互竞争。荷兰人总是能抢在瑞典人和丹麦人到达之前购齐货物，而瑞典商人往往不惜出高价，把精品瓷器从别人眼前抢走。

1804年，《普罗维登斯报》登载：广州瓷商亚兴官，敬请转告美国商人和船长，现有一批精美瓷器，风格高雅，价格合理，一旦定货即可成。时间消逝，广州十三行的地位也日渐消逝。但是这段历史却给后人留下了许多思考。

第二节 鸦片的输入对清代社会的影响

鸦片，学名罂粟，又名阿芙蓉，俗称"大烟"，是用罂粟汁液熬制而成的一种毒品，具有强烈的麻醉性，兼有催眠、镇静、止痛等作用。所谓鸦片，其实是罂粟的初级产品，罂粟，作为一种具有药用价值的植物，主要分布于北半球几乎整个温带和亚热带地区。

一、鸦片贸易

17 世纪前后，吸食鸦片的恶习由南洋传入中国，逐渐流行开来。吸食成瘾者，身体逐渐衰弱，精力耗散，神志萎靡，久成废人。鸦片主要产自孟加拉、爪哇、土耳其及波斯等地。西方殖民国家向中国贩卖鸦片，最早有葡萄牙和荷兰，但他们贩运鸦片的数量不大。英国则后来居上。1757 年英国占领孟加拉，1773 年英属印度政府给予东印度公司以在印度的鸦片专卖权，1797 年又授以制造鸦片的特权，从此，在这个垄断机构的操纵下，英国对华鸦片贸易迅速发展起来。

英国在康熙年间开始同中国通商，后来中断了多年，到雍正七年（1729年）恢复，"以后互市不绝"[1]，成为中国最主要的对外通商国家。其贸易的范围和内容十分广泛：中国人一般以丝、茶、铁、瓷等换回欧洲人的棉花、毛呢制品、钻石等商品。但英国的商品在中国市场上销售有限，在中国的产品却很适合英国和欧洲市场的需求。故中国具有一定的贸易优势。

早期，清统治者以天朝大国自居，视对外通商为对外国的恩赐。"天国物产丰盈，无所不有，是以加恩体恤，在粤门开设洋行"。[2] 因此，满清皇室对外国商人采取严厉的限制措施：一方面，严格控制外国商人，仅限于在偏远的广东开设商铺；另一方面，则禁止以货易货贸易的实施。

---

① 梁廷枏总修：《粤海关志》卷 23《英吉利》卷 8，广东人民出版社 2002 年版。
② 《清高宗实录》卷 1435，乾隆五十八年八月己卯。

由于朝廷实施的这种不对等的对外贸易政策，加之当时的中国是处于自然经济状态，英国货的不对路和衙门的严厉限制，英国在对华贸易中产生的严重收支逆差，使英国人为主的外商难以将正常的贸易搞下去。在18世纪一个相当长的时期内，东印度公司依然依靠向中国输入白银和银元支付购物款项，"现银所占比例曾有高达百分之九十八的情形。"直至1775—1795年间英国在对华正常贸易中仍处于入超地位。此间，英国东印度公司向中国出口的货物和白银共计有31500000两，从中国进口货物的总值高达56600000两，贸易赤字为25100000两。

"鸦片烟在康熙初，以药材纳税，乾隆三十年以前，每年多不过二百箱。"①原来主要由葡萄牙和荷兰商人从土耳其运来。乾隆二十二年（1757年）英国占领了鸦片产地孟加拉以后，英国就成为最大的鸦片贩子。

据东印度公司的记录档案，雍正十一年（1733年）为对华鸦片贸易的第一年。当时特派委员会指示前往广州的船只对中国的禁烟令不必太介意，因为前些天去广州的船只从鸦片贸易中尝到了甜头，因此可以进行适量的贸易。雍正七年（1729年），清政府首次发布禁烟令。在18世纪60年代以前，每年只有不到二百箱的鸦片被运到中国。60年代以后的情况开始发生变化。乾隆三十一年（1766年），被输入中国的鸦片第一次达到了两千多箱。乾隆五十五年（1790年），从印度输出的鸦片增加到四千零五十四箱。嘉庆元年（1796年），清政府下令禁止鸦片进口，但是，英国鸦片贩子无视中国政府的禁令，通过逃避检查、贿赂官员等方式，偷运鸦片进口，甚至凭借快船利炮，公开进行武装走私。东印度公司因而也假装与鸦片贸易脱钩，停止使用公司船只装运鸦片，通过散商将鸦片走私到中国。19世纪30年代后期，中国除少数在鸦片走私贩运中获利者外，包括统治阶级在内的国内各阶级都反对鸦片进口。因此，道光十九年（1839年）正月清政府派钦差大臣林则徐到达广州，严厉执行禁烟谕旨。但是英商拒不接受中国方面的规定，最后英国政府还以遏制贸易、危害英国臣民为借口发动了侵略中国的鸦片战争。

18世纪40年代至60年代，中国同外界（英国等）进行着少量平等贸易

---

① 魏源：《魏源集》上册，《道光洋艘征抚记上》。

往来，中国大量茶叶、丝绸、瓷器等出口到世界很多国家，中国一直处于出超优势地位，从中获得很多利润，极大扩大影响力，增强自己综合国力。

18世纪60年代以后，英国在印度的殖民势力得到了很大发展，逐步蚕食了孟加拉、马德拉斯、孟买等富庶的印度土邦。这里很适合罂粟的种植与生产，英国殖民统治者强迫当地农民大力种植鸦片，再由东印度公司收购、加工，制成特殊货物运往中国。这就是东印度公司的鸦片贸易政策。这一政策的实质是三角贸易，即英国本土生产的毛纺织品等工业制成品，销往印度，从印度购进印度生产的鸦片；然后将鸦片销往中国，并从中国购买茶叶、生丝、土布等农产品。英国、印度和中国之间，形成了一个贸易的三角关系，英国商人通过这一三角贸易，牟取了巨额利润。这一三角贸易的关键，即联系环节，就是臭名昭著、贻害无穷的鸦片。

当时，在印度的鸦片业由两部分，即孟加拉鸦片（又叫公班土）和马尔瓦鸦片（又叫白皮土）组成。英属东印度公司首先控制了孟加拉鸦片。乾隆三十八年（1773年），东印度公司取得了英国国会的授权，成为英国在印度的殖民统治机构。东印度公司即宣布对孟加拉、比哈尔、奥理萨三个地区所生产的鸦片专卖。当地鸦片种植者只能按规定的价格将鸦片卖给东印度公司。之后，东印度公司进一步完善了专卖制度，嘉庆四年（1799年）东印度公司禁止任何人私种罂粟，种植罂粟的烟农必须与东印度公司签订合同，在公司指定的地点按规定的数量种植，再按规定的价格出售给东印度公司。同时，签订了合同的烟农，可以得到东印度公司提供的贷款；如果烟农违约，不种植罂粟，则要处以三倍于贷款的罚金。东印度公司的专卖制度，把孟加拉地区的鸦片生产、贩卖牢牢控制在自己的手中，从而形成了垄断经营，便于牟取暴利。为了维护鸦片的高额售价，东印度公司把鸦片的产量限制在4500箱以内。如乾隆五十一年（1786年），东印度公司输入中国的鸦片首次突破了2000箱，乾隆五十五年（1790年）从印度输入的鸦片多达4054箱。

在孟加拉鸦片之外，马尔瓦鸦片迅速崛起，并对孟加拉鸦片形成了巨大的竞争压力。作为非东印度公司的产业，马尔瓦鸦片价格低廉，大量销往中国，从而对东印度公司垄断的孟加拉鸦片形成了巨大威胁。在这一竞争压力下，东印度公司改变了限制数量牟取暴利的垄断政策，允许私人购买者在每箱马尔瓦鸦片交纳 177 卢比的通行税之后，任意收购、贩卖。而东印度公司所控制的孟加拉鸦片，也停止了总量的控制，大力发展鸦片业。因此，每年输往中国的鸦片也迅速增加了。

嘉庆元年（1796 年），清廷正式禁止鸦片入口，东印度公司根本不想放弃这一邪恶的买卖，但停止使用本公司的船只装运鸦片，表面上表示东印度公司断绝了鸦片交易。在行动上，东印度公司将鸦片高价卖给散商，即来自英国或英属印度的私商，又称港脚商人，再由他们运往中国。

二、罪恶的鸦片走私贸易

与此同时，珠江三角洲地区的鸦片走私活动更加猖獗，黄埔、广州、澳门这些老牌鸦片走私中心，鸦片走私更加严重。整个珠江三角洲，无论是渡船、小艇、还是外国人的商馆、广州内河的乌篷船，到处都有鸦片，到处都有走私活动：鸦片走私活动已经无孔不入了。随着鸦片走私的猖獗，鸦片销售总量的扩大，鸦片的严重危害日益突显出来了。

众所周知，鸦片是具有双重性的药品。一方面作为药物，它有止咳、止泻、镇痛、提神的医疗效用；另一方面作为毒品，它又可以严重损害人的身心健康。早在 13 世纪，阿拉伯人就将鸦片作为药物输入中国，发展到 17 世纪，每年的进口数量在 200 箱到 300 箱之间。18 世纪初，随着中国吸食鸦片人数的增加，公开进口的鸦片已远远满足不了需求，英国商人就从这时开始经营对中国的鸦片走私贸易。1729 年雍正皇帝颁发谕告，下令不许吸食鸦片。但是政府愈禁，吸食者就愈多，走私愈猖狂、利润愈高。到 1790 年，输华鸦片已达 4050 箱，17 年间增加了 20 倍。

从 19 世纪初叶到中叶，美国商人对中国进行鸦片走私贸易。早期中美贸易的特点是，美国对华贸易存在巨大逆差。自从 1827 年英国东印度公司允许美国商人贩卖印度鸦片起，美国商人为了追逐高额利润和弥补对华贸易逆差，便把贩卖和为英国商人代运、代销印度鸦片作为对华贸易的一项重要内容。鸦片走私活动遍及广州、黄埔、澳门整个珠江三角洲。鸦片商用重金贿赂沿海各地文武官员，使其成为他们走私活动的掩护，从而导致清政府三令五申的禁烟令不起任何效用，相反，鸦片的走私逐年递增。

鸦片走私使参与各方获利丰厚，尤为疯狂的走私贸易当属英国。1829 年至 1830 年，英属印度政府全年总收入的 1/10，约 1000 多万英镑是从鸦片专卖中得到的。各洋行、商行、鸦片贩子也从中大发横财。鸦片走私虽然是通过贿赂，在中国官员默许下进行，但仍然要冒不小风险，因此利润率大大超过一般贸易，有时会高达百分之一百以上。早期来华从事通商贸易的美国商人几乎都参与过罪恶的鸦片贸易，但不是所有人都从事鸦片走私，也有人对其加以反对和谴责。同孚商行的经理奥里芬（David W.C. O1yphant）及其外甥查理斯·金（Charles W. King）就坚决反对鸦片走私。他们一同在 1838 年 8 月 21 日的《广州记事报》上叹息道："我们早就深深感到，作为商人的利益，作为侨民的自由，作为人类的同情心，作为基督教慈善家的最崇高、最纯洁的希望，全部被鸦片贸易挫伤、破坏和堵塞掉了。"W.C.金还曾和美国鸦片商多次展开争论，得罪了他们中很多人。当然，金这么做也是为了自己的在华商业利益。

直到 18 世纪末英国东印度公司通过散商向中国大量走私鸦片，破坏了正常通商，中国的贸易优势才急速逆转。鸦片贸易不仅维持和扩大了对中国茶丝的输入，而且换走了中国大量的白银，使中国在 19 世纪最初就由出超转变为入超。"从 1828 年到 1836 年，从中国流出了三千八百万元。"①

1773 年，英国为了扭转对华贸易逆差赋予东印度公司贩运鸦片的专利权。嘉庆元年（1796 年），清政府下令停征鸦片税，严禁鸦片输入，鸦片贸易走向非法化。但其外商通过贿赂清朝官员，走私鸦片破坏禁令。中国的贸易由顺差变为逆差。吸食鸦片使人神志萎靡，丧失劳动力。阻碍社会经济发展，造成社会贫困，购买力下降，市场疲软，清政府财政危机。白银外流，引起银贵钱贱，百姓逃税。

鸦片由印度输入，在中国广州附近形成了一个个走私的中心：

第一，黄埔和广州。广州及黄埔是当时唯一一个对外通商口岸，西方商人在通商的过程中夹带了部分鸦片，就地销售，久而久之，广州和黄埔就成了鸦片走私的中心。这一走私中心，延续了很长时间，直至嘉庆元年（1796 年），清廷严厉禁止鸦片入口。英国等西方商人才不敢继续在广州和黄埔贩卖违禁的

---

① ［美］费正清:《剑桥中国晚清史》上卷，中国社会科学出版社 1985 年版，第 184 页。

鸦片，鸦片走私中心于是转移到澳门。

第二，澳门。澳门靠近广州，早在明后期即为葡萄牙殖民地，久之成为西方对华贸易的基地。嘉庆元年，清廷正式严禁鸦片入口，鸦片贸易被逐出了广州内河，澳门便代替了广州和黄埔，成为鸦片走私的大本营，即鸦片走私中心。这里成了以英国商人为主的奸商大力贩销鸦片的大本营。一艘艘鸦片船只开往澳门，卸下鸦片，装入仓库，然后由中国奸商销售出去。嘉庆十四年（1809 年）以后，清廷放松了对鸦片的严禁，鸦片走私的中心，又回到了黄埔和广州。道光元年（1821 年），两广总督阮元严禁鸦片贸易，鸦片走私中心再次移出广州内河，在广州附近的伶仃岛形成走私中心。

第三，伶仃岛。道光元年至十年（1830 年），伶仃岛成为鸦片走私的中心。这一时期，马尔瓦鸦片大量输入。如上所述，马尔瓦鸦片是非东印度公司经营的鸦片运输、贩卖，在嘉庆二十年（1815 年）以前，马尔瓦鸦片输入的数量较少，且销路不畅。但相对于孟加拉鸦片而言，马尔瓦鸦片价格低廉；就是凭着较为低廉的价格，马尔瓦鸦片逐渐扩大了销路，打入了广州市场，并对孟加拉鸦片构成很大的竞争压力。东印度公司于是对马尔瓦鸦片抽税，然后听任其运输、销售。因此，中国市场上鸦片数量迅速增加。在道光元年以前的以澳门为中心的鸦片走私，数量已经有了很大发展，但平均每年进口数还不足 4500 箱。东印度公司改变其限制数量、垄断高价的政策以后，听任了马尔瓦鸦片的倾销，鸦片销售数量成倍增加，由平均每年不足 4500 箱，增加到18700 余箱，增加了三倍多。

第四，东南沿海各地。随着鸦片数量的急速扩大，鸦片走私也由一个相对集中的地域蔓延开来，辐射至周边广大地区。道光十三年（1833 年），英国政府取消了东印度公司的垄断专营权，各种鸦片蜂拥而至，英国奸商、印度奸商疯狂倾销鸦片，使鸦片数量迅速增加。

1834 年后，英国政府取消了东印度公司的贸易垄断权，私人商业团体纷纷从事鸦片贸易，使鸦片输入中国的数量空前增加，鸦片贸易空前繁荣。对此，马克思一针见血地指出：1834 年东印度公司垄断权的丧失，"在鸦片贸易史上，标志着一个时代"，"对外贸易权就完全转到英国私人企业手里，它们干得非常起劲，以致不顾天朝的抵制，在 1837 年就已将价值二千五百万美元的三万九千箱鸦片顺利地输入了中国"。

1893年，道光帝派林则徐到广州禁烟。6月3日林则徐在广东虎门销毁鸦片。由此引爆了英国对华战争——鸦片战争，导致中国独立自主封建社会终结。中国大门被彻底打开了，中国从自主对外开放过渡到了被迫对外开放时期。

鸦片贸易是极端罪恶的，是公理人性所不容的。但这种贸易，竟在清朝中国土地上兴盛起来，原因很多，主要有以下三个方面：

第一，巨额利润的吸引。正如丁名楠先生在《略谈英国商人为什么要把鸦片输入到中国》一文中所说："英国商人把鸦片输入中国，主要的目的是为赚钱"。在当时，鸦片比任何合法生意都好做，一则鸦片是走私进口的，它不需要纳税，同时腐朽的清政府虽有严厉的禁止鸦片进口的条例，但都形同具文，丝毫不能对鸦片输入构成真正的威胁；再则贩卖鸦片的贷款是预先清收的，根本不存在贴本的问题，更没有进行其他商品贸易那种破产的担忧。因此，贩卖鸦片不仅利润丰厚，而且稳当可靠，英国鸦片贩子泰勒就在1818年说过："鸦片同金子一样，任何时候我都能卖掉。"[1] 东印度公司经营的主要是贵重的公班土，以1805年为例，公班土在加尔各答每箱售价988卢比，而在广州的售价就涨到每箱3500卢比，转手之间就赚了2512卢比，约合当时中国724两白银，而东印度公司收买的价格只有160卢比[2]。根据这个数据，我们可以得到这一年东印度公司贩卖鸦片的利润率为517.5%（少量的流通费用不计），1813年东印度公司贩烟利润率更高达924%（同上）。

第二，英国抵补对华贸易逆差的需要。随着中英商业往来的发展，英国人对中国茶叶的消费量不断增加，到了18世纪后期，茶叶已成为英国广大人民的生活必需品。英国对中国内地所产的茶叶有巨大的需求，为中国茶叶的生产和出口提供了广阔的市场。中国适时抓住了机遇，将其在茶叶资源上的优势加入到中外经济交往的洪流中，而中国茶凭借其优良的品质，迅速地占领了广阔的国内外市场，推动了茶叶商品经济的发展。中国输往英国的茶叶量不断增

---

① 丁名楠：《帝国主义侵华史》，科学出版社1958年版，第11页。
② 马士：《中华帝国对外关系史》第1卷，生活·读书·新知三联书店1963年版，第201页。

加，东印度公司在茶叶生意上获得了巨额利润，但同时也使英国对华贸易本来存在的逆差越来越大。尽管有中英贸易收支上的不平衡和中国政府在对外贸易方面的种种限制，但在利润的刺激下，英商仍然进行这种贸易。为了支付中国货款，17 世纪到 18 世纪前半期，所有英商不得不运送大批的白银到中国贩运货物。这种巨大的逆差主要来自自然经济对外来势力的抵制和清政府闭关政策的限制。

英国在对华贸易中所处的不利地位，使英国资产阶级一直笼罩在焦急愤怨的情绪中，他们处心积虑要设法改变这种状况。但是，自给自足的中国封建经济结构顽强地阻挡英国商品大量输入中国，而统治着中国的清王朝虽然很腐朽，却仍保持外表上的强大，维持着独立与统一的局面。英国侵略者还无法像对待印度那样，对中国进行蚕食与并吞。经过多年的探索，英国资产阶级终于找到了一种特殊的商品即鸦片来打开中国市场。康乾盛世之后，中国社会日趋没落，逐渐形成了吸食鸦片的风气。英商发现，向中国输入鸦片可以赚取巨额的利润，鸦片是对他们最有利的商品。为了扭转对华贸易逆差，他们派遣更多的商船到中国沿海进行走私活动。走私鸦片成为英商最主要的贸易活动。根据英国东印度公司的统计，嘉庆二十五年（1820 年），运往中国的鸦片为 4570 箱（每箱 120 斤），较之乾隆时期的 1000 箱，数量上增长了几倍。鸦片贸易造成中国白银大量外流，人民身心受损，逐渐成为中英冲突的导火索。

对中国进行鸦片走私，英政府是默许的。第一任印度总督哈斯丁斯曾说："鸦片是有害的奢侈品，它是不能允许的，除了用于对外贸易目的外。"可见，正是为了抵消贸易逆差，英殖民主义者才支持和怂恿不法商人向中国大量贩卖鸦片。鸦片商们从印度购买鸦片，倾销到中国，其货款数额远远超过了购买茶叶的数额。当时，美国商人从土耳其、波斯等地，俄国人则从中亚（如伊朗）将鸦片运进中国。

贸易入超使中国的白银大量外流，导致银价高涨，实质相当于大幅度增税，使生活在底层的劳动人民陷于水深火热的境地，由此也引发了国内诸多矛盾的恶化，且有危及清朝统治之虞。在此情况下，道光皇帝下决心查禁鸦片。

鸦片贸易果然很快地改变了英国对华贸易的不利形势，它不仅维持和扩大了对中国茶丝的输入，而且换走了中国大量的白银，使中国在 19 世纪最初就由出超转变为入超。"从 1828 年到 1836 年，从中国流出了三千八百万元。"①
白银的大量流出，造成了中国的"银荒"。

鸦片是一种吸上了瘾就不容易戒绝的毒品，因而不管社会经济结构如何，
政治情况如何，人们只要吸上了瘾，需要量就很大，而且还要不断增加，这个
国家就不得不在经济上和政治上依赖于输出鸦片的国家。就这样，鸦片贸易有
效地帮助了英国资产阶级，使他们得以改变对华贸易逆差的不利局面，把中国
一步步地拖上殖民地半殖民地的轨道。鸦片贸易是非法的。清政府自雍正时期
即明令禁烟。由于鸦片不经海关入口通过走私的途径输往内地，因此，要准
确估计西方列强输往中国鸦片的数量是困难的。据姚薇元《鸦片战争史实考》
的不完全统计：乾隆统治的六十年中，大约输入鸦片 36014 箱；嘉庆统治的
二十五年中，共输入 100977 箱；道光年间，鸦片走私逐年增加，1821—1840
年，共输入鸦片 57016 箱，其中 1838 年高达 40200 箱。鸦片战争前共计输入
鸦片 494007 箱，由此流失白银至少也有 5 亿两。所以 19 世纪初的鸦片贸易可
以看作是中英长期矛盾的一个发展，英国资产阶级可耻地利用这种毒品来达到
打开中国门户、变中国为殖民地的罪恶目的，结果就促使中英矛盾更加尖锐，
终于爆发了第一次鸦片战争。林则徐虎门销烟后，却引发了一场更加声势浩大
的鸦片战争。腐败的清政府怎敌得过海上霸主英国？ 1840 年，战败的清廷除
割地赔款外，陆续开放通商口岸，广州、厦门、福州、宁波和上海，成为最早
开放的 5 个城市。"闭关锁国"百余年的国门就这样被鸦片敲开了……

第三，清政府吏治的腐败和税制的紊乱，为鸦片贩运提供了可能。清政府
在名义上自始就是反对鸦片进口的。1729 年，雍正帝颁发了清代第一号禁烟
令："兴贩鸦片烟者，照收卖违禁货物例，枷号一月，发近边充军；私开鸦片烟
馆引诱良家子弟者，照邪教惑众律，拟绞监候"②。之后，鸦片禁令屡屡重申，
而且渐趋严厉，但这只为那些贪婪的官吏创造发烟土财机会。1816 年，广州
第一次认真地执行嘉庆皇帝的禁烟谕旨，就是把鸦片贸易从广州口岸赶到外洋
海面，结果鸦片进口量不断扩大。尽管他们的"圣上"三令五申，但总督、粤

---

① ［美］费正清:《剑桥中国晚清史》上卷，中国社会科学出版社 1985 年版，第 184 页。
② 李圭:《鸦片事略》，转引自《鸦片战争》(六)，上海古籍出版社 1997 年版，第 140 页。

海关监督、巡抚、知县以及其下与衙门略有瓜葛的大小人物，只要他们觉得可以从中取利，根本就无视法令，他们甚至发现禁令下能得到更多的好处，因为他们能借助禁令对过口鸦片勒索更多的税额，而且不必把所征款项列为税收上报。1826年两广总督李鸿宾设立巡船，名义上是负责缉私，"实际上每月受规银三万六千万，放私入口"[1]。正是因为胥役包庇关津放卖，才出现了许乃济在1836年上奏中所说的"近日鸦片之禁愈严，而食者愈多，几遍天下"的现象[2]。

三、清政府对鸦片的政策

黄金白银大量外流，军备不断废弛，民生不断调敝，国家不断衰落，面临着极大生死存亡危险，对此清政府又有何表现呢？禁或不禁？怎么禁？清政府陷入争论之中。

18世纪以来，鸦片已遍布全国各地，带来了一系列的社会问题，引起了清朝统治者的关注。雍正七年（1729年），清廷首次颁布了禁烟，这也是世界上第一个禁毒法令。

该法明确规定："定兴贩鸦片者，照收买违禁货物例，枷号一月，发近边充军，私开鸦片烟馆引诱良家子弟者，照邪教惑众律，拟绞监候；为从，杖一百，流三千里；船户、地保、邻佑人等，俱杖一百，徒三年；兵役人等借端需索，计赃，照枉法律治罪；失察之汛口地方文武各官，并不行监察之海关监督，均交部严加议处。"[3]但是，清廷的法令，既未阻遏鸦片的走私入口，也不能断绝鸦片交易与买卖。因此，法廷又多次申明鸦片禁令。据不完全统计，自乾隆四十五年至道光十九年（1780—1839年）的六十余年里，清廷及督抚衙门地方大吏先后发过四五十道禁烟令（谕旨和文告）。但是，鸦片非但没有断绝，反而从局部蔓延至全国各地；鸦片入口数量从二百箱猛增至二万余箱。鸦片能禁绝吗？应采用什么措施防止或减少英国人输入鸦片？

许乃济认为，虽然朝廷严禁鸦片，法令至严，三令五申，但仍不能阻止鸦

---

① 魏源：《道光洋船征抚记》上，转引自列岛《鸦片战争史论文专集》，第95页。

② 肖一山：《清代通史》第3卷，中华书局1986年版，第912页。

③ 李圭：《鸦片事略》卷上，上海古籍出版社1997年版。

片入口，不能禁止百姓吸食。不仅如此，鸦片入口猛增，吸食者几遍天下。严禁根本不能解决问题，反而徒滋扰累。"法令者，胥役棍徒之所借以为利，法愈峻则胥役之贿赂愈丰，棍徒之计谋愈巧"，所谓道高一尺，魔高一丈，即此之谓也，严禁不行，断绝互市也不可能阻止鸦片走私入境，因此，鸦片输入防不胜防，只能另想办法解决了。鸦片之害，一是伤害身体，杀生伐性，但吸食者"率皆游惰无志，不足重轻之辈"，且中国人口众多，减少一些游惰无志之辈亦不足惜，因此这一点可以不考虑；一是导致白银外流，国库空虚，这是一个严重的问题，"不可不大为之防，早为之计"。许乃济的防范之计，就是允许鸦片入口，收取入口税。他指出："闭关不可，徒法不行，计惟仍用旧例，准令夷商将照鸦片药材纳税，入关交行后，只准以货易货，不得用银购买。"这样一来，清廷收了税，增加了财政收入，又可以以货易货，防止白银外流。[1]

在附片中，许乃济又提出了允许百姓栽种罂粟、发展土烟，以土烟抵制洋烟的主张。许乃济认为，禁止中国百姓种烟，利薮尽归英国商人，得不偿失。如果准许百姓种烟，则可以收到禁洋烟之效。"内地之种日多，夷人之利日减，迨至无利可图，外洋之来者自不禁而绝。"许乃济对其主张持之甚坚，提醒朝廷早作大计，尽快弛禁。"倘复瞻顾迟回，徒徇虚体，窃恐鸦片终难禁绝，必待日久民穷财匮而始转计，则已悔不可追。"

值得注意的是，许乃济的弛禁也不是全面弛禁，"且弛禁仅属愚贱无职之流，若官员、士子、兵丁仍不在此数"，对官员、士人、兵丁是禁止吸食鸦片烟的。许乃济的观点有一错误的前提，即吸大烟之人皆是莠民，可有可无之人；他们吸烟，对国家无所谓。至于防止白银外流，以土抵洋的主张还是有合理性的，但其危害性也更大。

许球在其《请禁鸦片疏》中，提出了更为有说服力的禁烟主张。他在奏疏中指出："弛鸦片之禁，既不禁其售卖，又岂能禁人之吸食？若只禁官与兵，而官与兵皆从士民中出，又何以预为之地？况明知为毒人之物，而听其流行，复征其税课，堂堂天朝，无此政体。"接着具体讲述了自己的禁烟主张，他说：

---

[1] 《中国近代史资料丛刊·鸦片战争》第 1 册，上海人民出版社 2000 年版，第 449—452 页。

"臣愚以为与其纷更法制，尽撤藩篱，曷若谨守旧章，严行整顿？自古制夷之法，详内而略外，先治己而后治人，必先严治罪条例，将贩卖之奸民，说和之行商，包买之窑口，护送之蟹艇，贿纵之兵役，严密查拿，尽法惩治，而后内地庶可肃清。若其坐地夷人，先择其分住各洋行，著名奸猾者，查拿拘守，告以定例，勒令具限，使寄泊零丁洋、金星门之趸船，尽行回国，并令寄信该国王，鸦片流毒内地，戕害民生，天朝已将内地贩卖奸民，从重究治，所有坐地各夷人，念系外洋，不忍加诛，如鸦片趸船不至再入中国，即行宽释，仍准照常互市，倘如前私贩，潜来勾诱，定将坐地夷人正法，一面停止互市。似此理直气壮，该夷不敢存轻视之心，庶无可施其伎俩。"①

有官员上奏说：禁烟一事说起来容易，做起来很难。"建言者倡论于局外，故抵掌较易敷陈；当事者肩任于局中，则措手宜有分寸。"但邓廷桢也表示，如果能按旧有禁例，杜绝白银外流，"又孰肯冒不韪而亟议更张。"看来，广东官员还是反对严禁，而倾向于弛禁。

江西道御史袁玉麟在其《奏陈鸦片弛禁将有妨国计民生折》中，再次对弛禁论进行了系统而有力的驳斥。奏折的大旨是：但禁止官员、士子、兵丁吸食，而不禁小民吸食，不仅无法做到，而且破坏了政令的统一，其遗患更大。按旧例征收鸦片入口税，每年不过 10 万—20 万两税银，于国课无补，反而见小利而伤大体，得不偿失。至于纹银外流，是因为禁烟不力，如果禁烟有力，那么鸦片吸食、纹银外流均可堵绝。而鸦片交易以货易货是难以实行的，中国所产的茶叶、大黄等物，与外商的呢羽钟表大体相当，购买鸦片，仍不得不用白银；一旦弛禁，吸食者会越来越多，鸦片之进口也会越来越多，白银之外流因之而增多。可见，以货易货，无异于开门揖盗。允许内地栽种罂粟，必将导致无知小民弃农趋利，膏腴之区尽化为鸦片之壤。粮田的减少，人口的增加，丰年犹恐粮食不足，灾年更会缺乏粮食，导致饥馑的发生。禁止兵丁、士子、官员吸食，而不禁小民吸食，是窒碍难行的，因为兵丁、士子和官员来自民间。如果天下兵丁尽皆因吸食鸦片而疲弱不堪，那么情形更令人不堪设想。这样一一分析，袁玉麟将弛禁的主张批驳得体无完肤，将其谬误、自相矛盾一一

①《中国近代史资料丛刊·鸦片战争》第 1 册，上海人民出版社 2000 年版，第 453 页。

揭示出来，从此以后，再也没有人公开主张弛禁了。

至此如何对待鸦片问题上清政府基本上达成一致观点——禁烟。

然而，鸦片泛滥已久，冰冻三尺非一日之寒。邓廷桢等人的禁烟措施，虽然取得了一定效果，但鸦片走私活动仍十分猖獗，白银大量外流并未改变。针对这种局面，道光十八年闰四月（1938 年 6 月）鸿胪寺卿黄爵滋奏呈《请严塞漏厄以培国本折》，建议采用重治吸食洋烟的方法来禁止鸦片。以及，禁查鸦片一是严查海口，在海岸巡逻；二是禁止通商；三是查拿兴贩，严治烟馆。其中强调对吸食鸦片者处以死刑。因为"耗银之多，由于贩烟之盛，贩烟之盛，由于食烟之众。无吸食，自无兴贩，由外夷之烟自不来矣"。黄爵滋重治吸食的方法是："请皇上严降谕旨，自今年某月某日起至明年某月某日至，准给一年期限戒烟，虽至大之瘾，未有不能断绝。若一年之后，仍然吸食，是不奉法之乱民，置之重刑，无不平允。查旧例，吸食鸦片者，罪仅枷杖，其不指出兴贩者，罪杖一百徒三年，然皆系活罪。断瘾之苦，甚于枷杖与徒。故甘犯明刑，不肯断绝。若罪以死论，是临刑之惨急，更苦于断瘾之苟延。臣知其情愿绝瘾而死于家，必不愿受刑而死于市。"

道光皇帝阅后，抄转全国各地方大员，并谕令"盛京、吉林、黑龙江将军、直省各督抚，各抒所见，妥议章程，迅速具奏"。于是，针对黄爵滋的意见，全国各地方大员展开了章奏大讨论。综合起来看，各大员都认为银贵钱贱是由于鸦片大量输入造成的白银大量外流。但对于用"死刑"重罪吸食者，绝大多数官员都表示了反对，他们认为：吸食鸦片不过如酒色过度一样，是自戕躯命，与杀人、强盗等十恶同罪，量刑过重；而且吸食者几遍天下，势必造成诛不胜诛的局面；二是认为禁绝鸦片，逐应从正本清源入手，贩售鸦片是活水源头，吸食为其流，只有重治贩售，遇源绝流，才能堵绝吸食。他们有的主张应严惩贩烟，开烟馆之人；有的主张严禁鸦片入口，禁绝烟船入港，驱逐趸船；有的主张首先严海口之禁，次加兴贩开馆之罪；有的主张重惩海口接引奸商；有的主张严惩官吏中的吸烟者。这些人的意见，也是很有道理的。在鸦片流毒全国之时，只有从入口到吸食的整个过程全力严加禁堵，才能收到禁绝之奇效，缺一则不可。

至此大臣们拿出具体方案——绝鸦片之源。

　　清廷采取严厉禁烟措施。内地禁烟初获成功，道光皇帝又把禁烟重点转向了堵绝鸦片进口上。道光十八年（1838年），道光皇帝任命林则徐为钦差大臣，前往广东禁烟，并谕令两广总督邓廷桢、广东巡抚怡良通力合作。次年三月，林则徐到达广州后，立即进行了雷厉风行的禁烟活动。对于贩卖鸦片的外国人，林则徐也下了最后通牒，义正词严地指出："查尔等以此物（指鸦片）蛊惑华民，已历数十年，所得不义之财，不可胜计，此人心所共愤，亦天理所难容。从前天朝例禁尚宽，各口犹可偷漏，今大皇帝闻而震怒，必尽除之而后已。所有内地人民贩卖开烟馆者，立即正法，吸食者亦议死罪。尔等来至天朝地方，即应与内地民人同遵法度，本大臣家居闽海，于外夷一切伎俩，早皆深悉其详。是以持大皇帝颁给平定外域屡次立功之钦差大臣关防，前来查办。若追究该夷人积年贩卖之罪，即已不可姑容。惟念究系远人，从前尚未知有此严禁，今与尔明申约法，不忍不教而诛。查尔等现泊伶仃等洋之趸船，存贮鸦片甚多，意欲私行售卖，独不思海口如此严拿，岂复有人敢为护送，而各省亦皆严拿，更有何处敢与销售？此时鸦片禁止不行，人人知为鸩毒，何苦贮在夷趸，久碇大洋，不独徒费工资，恐风火更不可测也。合行谕饬，谕到该夷商等，速即遵照，将趸船鸦片，尽数缴官，由洋商查明共交若干箱，造具清册，呈官点验收明毁化，以绝其害，不得丝毫藏匿。一面出具甘结声明，嗣后来船永远不敢夹带鸦片，如有带来，一经查出，货即没收，人即正法"[1]，取得极大成功。在不到三个月的时间里，林则徐共捕获鸦片贩子1700余名，收缴烟膏、烟土近65万两，烟枪7万余杆，林则徐收缴鸦片的工作至此已大见成效，至四月（1839年6月）共收缴了鸦片2万余箱。四月二十二日（6月3日）林则徐在虎门公开销毁鸦片。其时销毁鸦片，是在海岸处挖了若干池子，将鸦片、石灰放在一起，当海水涨潮时，鸦片、石灰、海水发生化学反应，变成了灰烬，并被海水冲走，干净利落，一点残渣剩膏也未留下。

　　清政府一开始采取无视不管，到开始重视禁烟，可以看出清政府在外贸上的进步，不过清政府过于极端，要么是不管，要么是采取过激方式，侧面也说明清政府无能。

---

① 《中国近代史资料丛刊·鸦片战争》第二册，上海人民出版社2000年版，第144页。

四、鸦片贸易对华经济的影响

鸦片泛滥严重危害中华民族的利益。1836 年，外国人估计中国约有一千二百五十万吸烟者。据当时的士人蒋湘南调查和推测：京官中吸食鸦片者达十之一二；幕僚吸食者达十之五六；长随、吏胥不可胜数。举国到处出现了吸食鸦片的现象，所谓"官员弁兵，幸不登觉；负贩佣工，亦多癖嗜"[1]。可见罪恶的鸦片贸易给中国人民带来的深重灾难及对经济结构的严重破坏。

鸦片战争前的中英贸易，尤其是鸦片贸易，对中国的社会经济秩序、人民经济生活均产生了重大影响。鸦片走私活动为美、英等国商人开辟了广阔的财源，却给中国带来了无穷的祸患。

首先，鸦片的泛滥毒害摧残了中国人的精神和体质。鸦片是一种具有强烈麻醉性的毒品，吸食鸦片烟的人能突然精神大振，随心所欲。日子久了气血两亏，会缩短寿命，与自食毒药没有区别。更为严重的是，吸食者一旦上了瘾，一刻也不能离开它。据统计，1835 年全国各地已有吸食者 200 余万人，其中包括官员、妇女甚至是僧尼。

鸦片烟不仅摧残人的身体，而且还侵蚀毒化人们的精神。吸食成瘾者身体衰弱、精神萎靡，尤其是八旗绿营将士广泛吸毒，严重影响了清政权的稳固。其次，鸦片流毒给市场和民生也带来严重影响。人们把金钱都消耗在吞云吐雾中，放弃了社会生产。苏州、汉口本都是工商业很发达的城市，但到 19 世纪 30 年代末，却是"各种货物，销路皆疲"。再次，鸦片走私对中国经济的最严重影响是，引起白银大量外流，造成金融恐慌，财政枯竭。长期以来中国在对外贸易中一直处于顺差地位，由于鸦片大量输入，使中国不得不"运银出洋，运烟入口"，导致"漏银于洋外"。据统计，仅广州一地，1834 年至 1839 年，每岁白银外流多达 3000 万两之多。此外，"福建、浙江、山东、天津各海口，合之亦数千余万两"。白银大量外流，造成国内银荒奇重，银价急剧上升，柴米油盐以及农副产品、手工业品的价格也随之上涨，这必然影响了普通民众的生活。

---

[1] 《四国新档——英国档》上卷，台北"中央研究院"近代史研究所 1966 年版。

　　道光十一年（1831 年），兵科给事中刘光三曾经上奏说：我听说凡是吸食鸦片烟的人天长日久会生病，称为有瘾，按时吸食称为过瘾。如果过时不吸食鸦片，就会四肢无力，流泪流涕，不可支撑，吸上几口，精神就会与平时相异。吸食鸦片的人以烟为命，所以被抓获后，甘愿受罚，也不肯说出供应之人，怕抓获了私贩子后，断了来源。① 这也增加了禁烟的难度。吸食鸦片的人自甘堕落，不惜倾家荡产，甚至为此偷盗抢劫。

　　其次，鸦片输入造成财政危机。

　　鸦片贸易的恶果之一是中国白银的大量外流，“以中国有用之财，填海外无穷之壑”。因鸦片的输入而引起的白银不断外流破坏了清朝的国库收支和货币流通。银价的不断上涨，给中国社会经济生活带来严重的恶果。巨额白银的外流，使劳动人民和清政府都深受其害。广大劳动人民和手工业者以出卖劳动产品来换钱币，钱币以铜钱计算，而向官府交纳赋税时却要按银价计算。这样，劳动人民的实际负担随银价的升高而上涨。同时白银外流也严重危及清政府的财政收入。银钱比价的上升使社会经济秩序受到严重破坏，使商品与货币的正常流通无法进行，以致百业萧条，民不聊生，政府财政收入大受影响。长此以往，林则徐所说的数十年后“无可以充饷之银”的警告将成为严酷的事实。

　　鸦片贸易导致严重的白银外流，造成国库空虚，使清政府出现财政危机。西方列强的走私活动使得从 16 世纪以来中国与欧美的海上贸易形势起了根本变化；它破坏了中外贸易的长期走向，逆转了三百年来中国对外贸易一直维持着的贸易出超和白银入超的局面。可以查阅到的数据资料表明，中国的白银外流至晚在 1817 年即已开始了；著名学者包世臣于嘉庆二十五年（1820 年）作的《庚辰杂著二》中便提出了“鸦片耗银于外夷”的观点。他说：“统各省名城大镇，每年所费不下万万。”可见在当时吃鸦片已经成为了严重的社会问题。② 另外，白银外流加重了清政府的财政困难。田赋、盐税、关税的收入都有所下降。如道光二十一年（1841 年）三项税收合计 3859 万余两，比定额

---

① 夏家馂：《清朝史话》，北京出版社 1985 年版。
② 中国金融出版社编：《中国金融通史》，第 1 卷，中国金融出版社 2008 年版，第 491 页。

少收 657 万余两。①

其后十年中国对外贸易的运作便已经感受到大量白银外流所导致的困扰，其数额从 1826—1827 年的三百余万两、1830—1831 年的五百余万两，一直上升到 1833 年接近一千万两的事实②，这种逐步上升的趋势继续到鸦片战争前夕，强烈地震动了晚清社会的经济生活。

白银外流形成"银荒"，引起货币危机，造成了银贵钱贱的现象，导致商业的萧条。由于以银计算的物价下跌，而以钱计算的物价上涨，使得社会购买力下降，商品销售不易。对以钱为日常收入的人极为不利，"凡布帛菽粟佣工技艺以钱市易者，无不受其亏损"。③

再次，鸦片泛滥导致清王朝政治危机。

随着鸦片输入日增，行销地区日广，吸食鸦片者越来越多，并波及社会各个阶层，清朝各级官吏也加入到此行列中。道光十一年（1831 年），刑部奏称："现在直属省各个地方，都有吸食鸦片烟的人，而各衙门更严重。大约都督巡抚以下，文武衙门上下等人，一点儿都没有吸食的人，太少了。"④清朝吏治原来就很腐败，鸦片泛滥后，诸多清朝官吏嗜烟成性，终日吞云吐雾，不理政务，腐朽性暴露无遗。另一方面，由于鸦片贩子以重金贿赂清朝官吏，清朝官吏中有相当一部分直接间接地从鸦片走私中牟取暴利，清政府的禁烟令只是为腐败官吏索取贿赂提供了借口。马克思曾经说过："中国人在道义上抵制的直接后果是英国人腐朽中国当局、海关职员和一般的官吏。"吏治腐败是加深危机的重要原因。同时阶级矛盾日益被激化，农民不断起义，国内战争连绵不断。

最后，鸦片泛滥使清军战斗力严重削弱。

清军的战斗力自乾隆中期开始就已大大削弱。曾经作为清朝统治支柱的八旗军队，长期养尊处优的生活使其战斗力消失殆尽。鸦片吸食风气对军队的渗透，更进一步削弱了清军的战斗力。道光十二年（1832 年）有人奏报："军营

---

① 中国金融出版社编：《中国金融通史》第 2 卷，中国金融出版社 2008 年版，第 43 页。
② 严中平等编：《中国近代经济史统计资料选辑》，科学出版社 1955 年版，第 36 页。
③ 吴嘉宾：《求自得之室文钞》卷四《钱法议》。
④ 《清史通鉴》第 5 卷，光明日报出版社 2002 年版。

中的士兵，大多是吸食鸦片的，数量虽然很多，但难于胜利"①。几年后清兵在鸦片战争中一败涂地，证明了这一点。

英国通过鸦片贸易打开了中国的大门，发动了侵略中国的鸦片战争，将中国纳入到世界贸易体系当中。中国独立自主的封建社会从此结束了，沦为半殖民地半封建社会，被迫从天朝上国的迷梦中醒来，并开始了反帝反封建的斗争。中国传统社会在西风东渐的作用下开始发生变化，出现诸多前所未有的新事物和新情况，中国历史进入了旧民主主义革命时期。在这种情况下，中国既丧失了发展经济和科技的资金，又丧失了安定的社会环境，使得我们越来越落后，"康乾盛世"的局面很快消失。

总之，鸦片泛滥，白银外流，不仅严重损害了各阶层百姓的利益，而且也危及清政权的稳固，终于使统治者不得不采取强硬措施来解决鸦片走私问题，一场以禁止与反禁止为主题的战争不可避免地到来了。

第三节　对外劳务输出——华侨的发展

中国自古以来与四邻国家有着密切的联系，清代时期中国与周边国家的民间贸易极大地促进了经济的发展，而在加强清代与其他国家的经济的联系上，华侨的力量是不可小看的，清代华侨在海外有着各种各样的活动，华侨的劳动力输出为当时的对外贸易以及经济的繁荣作出了很大的贡献。下面主要分析了华侨在海外的各种活动，分析清代对外贸易中的劳动力输出情况，更加客观地看待华侨对中国经济以及社会发展的影响。

一、清代侨务政策

清政府的侨务政策由前期的苛待、鄙弃和放任政策转变为后期的保护和监督政策。抗清斗争失败，成千上万不服满人统治的抗清志士纷纷流亡海外。此外，明末清初的战乱及清初的海禁——"迁海"令，迫使"尽失故业"、流离失所的沿海人民冒着生命危险移居海外。因此，清代从大陆和台湾流向海外的

---

① 《清史通鉴》第5卷，光明日报出版社2002年版。

人数相当多。清朝政府是了解大量汉人聚居海外，特别是在南洋的事实，对此清朝廷采取了这样的对策。

（一）清代前期对华侨施行刻意防范，预为措置的政策

清朝初期，反清复明之势强大起来。清初统治者害怕内地汉人和海外华侨联合起来共同对抗清政府，从康熙开始就对海外华侨一直心存疑虑。他曾多次命人密切注视华侨动态。

（二）康熙时期对华侨实行"大赦"，准许华侨回籍

从清朝对于本国商人的出海贸易政策[①]看，康熙帝在统一台湾之后虽然开放了对本国商民的海禁，认为商业贸易可以裕民利国，但后来却在政治上把与外国有联系的本国商业势力视为有害力量，特别是执政的后期。他曾说，"海外有吕宋、噶喇巴等处，常留汉人，自明代以来有之，此即海贼之薮也。[②]"康熙后期，为消除海外华侨带来的隐患，清政府制定了一些措施来对付海外华侨。康熙曾在严格禁止南洋贸易，最后，康熙权衡利弊，决定对华侨实行"大赦"。为了将法令通知海外，清政府采取很多措施。

清政府还采取了限令华侨归籍的措施。1717年，清政府禁止商船往南洋贸易，限令华侨回籍。禁止商民到南洋吕宋、噶喇巴进行贸易活动。这一举措是为了防止内地百姓搭船到所谓的"海贼之薮"，即华侨聚集的南洋吕宋、噶喇巴一带；而定期限令华侨回籍，则是为了将转徙异邦的中国人重新置于清政府的统治之下，以免在海外滋事。

可见，对移居海外的中国人"加意防范，预为措置"是清政府统治者制定侨务政策的重要指导思想。清初统治者采取闭关锁国政策对华侨产生了恶劣影响。它几乎阻隔了中国人民与海外的联系与往来，严重阻碍了中国人民与海外人士在经济、文化等领域的交流与合作，使千万海外华侨的归国之心愿不能实现，有家不能回。他们流落异国他乡，寄人篱下，饱受殖民主义、侨居国封建主义政权的欺凌和压迫，最终却得不到祖国的保护。

---

① 袁丁：《晚清侨务与中外交涉》，西北大学出版社1994年版。

② 《军机处录付奏折》，案卷号1261—3，《乾隆八年八月二十六日浙江巡抚常安奏折》。

（三）乾隆对华侨采取"鄙弃政策"

无论雍正还是乾隆，他们基本上沿袭了康熙的侨务政策。雍正十分赞同康熙时期制定的一系列侨务政策。事实上，为了维护大清基业，在处理华侨问题上，雍正比康熙更谨慎。而同意开放南洋之禁的雍正帝曾认为："凡士工商贾，皆赖食于农，故农为天下本务，而工贾皆其末也。……是逐末之人多，不但有害于农，而并有害于工也。"[1] 由于他认为商贾增多会有害于农工两业，因此更加歧视出国海商："朕思此辈多系不安本分之人，若听其去来任意，不论年月之久远，伊等益无顾忌，轻去其乡而漂流外国者愈众矣。"[2] 由此可见，清朝最高统治者已从政治上是把本国海商视为一种潜在的不安定因素，所以清朝兵部也要求有关官员"详立规条，严加防范"。

清朝的自我保护的传统意识使得乾隆在处理中外贸易问题时更为谨慎，充满了对外国商人的戒备。到了乾隆以后，他改变以往的侨务政策，制定了鄙弃华侨的政策。乾隆帝也曾明确地说："国家设立权关，原以稽查奸宄，巡缉地方，即定额抽征，亦恐逐末过多，藉以遏禁限制。"[3] 而对于出海商人在海外惨遭杀害的情况，清朝也是表示"其在外洋生事被害，孽由自取"，显然，清朝统治者在制定本国商人出海贸易政策以及制定具体管理制度时的指导思想，依据的是传统的"重农抑商"观念。乾隆五年（1740 年）南洋发生的"红溪惨案"就可以证明乾隆鄙弃华侨，从此就开始限制中国居民到南洋定居。乾隆二十二年（1757 年），洪仁辉的多次到宁波贸易引起了乾隆的注意，他担心宁波会成为第二个澳门。[4] 从清政府对"红溪惨案"置若罔闻的态度可以看出，清初统治者对华侨是持鄙弃态度的。导致这一后果的根源是由封建统治者的阶级本质所决定的。此外，它也体现了满族贵族对海外华侨的民族偏见。

华侨问题在晚清时期逐渐突出，成为当时一个重要的国际关系问题。清政府自 1875 年光绪朝以来，抛弃了以往对海外华侨消极放任的政策，采取积极的保护政策，主动维护华侨利益。

---

① 《清圣祖实录》卷 270。

② 《清世宗实录》卷 57。

③ 《清世宗实录》卷 54。

④ 唐文基、罗庆泗:《乾隆传》，人民出版社 2003 年版，第 230 页。

清代侨务政策始于中国社会矛盾异常尖锐的 17 世纪中叶。它是清统治者实施海禁政策的派生物。清政府制定苛刻的侨务政策，是因为统治者认为：海外华侨大多数都对清政府的统治感到不满，对满人怀有仇视心理。一旦放宽侨务政策，这不但会加强海外人士与国内汉人的联系与往来，而且会给清政府的统治带来更多的不稳定因素。因此，清政府在制定侨务政策时极力避免不利因素的产生。一是禁止清统治下的国民出国；二是对在海外的中国人加意防范，不允许他们回国或者是采取限期的方式令他们回国。对于在海外发生的有损于华侨利益的问题，清政府采取置若罔闻的态度。即使在晚清，政府采取了一些保护华侨的措施，但这都是形势所迫，出于不得已而为之。两个半世纪以来，清朝统治者根据时局的变化，不时对这项政策作适当调整。但是"镇压人民反抗，维护封建秩序"这一既定的政策贯穿于始终。这一点也充分反映了清政府的阶级本质。此外，清政府制定侨务政策，其主要是针对海外汉族人民，它带有阶级压迫和民族压迫的双重印记。

纵观清朝统治者实行的侨务政策，可见它经历了从放弃政策、放任政策、避忌政策到保护政策和激励政策这样一个逐步发展的过程。清前期实行苛待、鄙弃和放任的侨务政策是因为统治阶级对海外华侨持有偏见，所以制定了消极的侨务政策。后期清统治者对海外华侨实行保护和监督政策也是迫于当时的国际形势。

二、华侨的经济贡献

清代的对外输出的劳动力在很多方面都对当时中国经济的发展有很大的帮助。这里以海上贸易及矿业的贡献为例，简述一下他们的贡献。

首先，清代在外华侨借用中国和友邻国家海上贸易的工具——中国帆船，对增进中外经济的联系方面，发挥了很大的作用。中国造船和航海技术，在唐宋时期已很先进。中国商人在海外自制自有的帆船，不但经营中国的对外贸易，而且还经营侨居国家的海上贸易。19 世纪 20 年代，华侨在暹罗投资制造的帆船，已达 136 艘，其中有 54 艘从事暹罗与越南、马来亚以及爪哇之间的贸易。新加坡与越南之间的贸易，在 19 世纪 30 年代，有四分之三是由越南的华侨进行的。华侨经营的船业，和当地保持友好和密切的联系。暹罗华侨经营的船只，有的由暹罗人和华侨共同投资，有的由暹罗水手和华侨共同驾驶。

清朝造船技术陷于停滞的状态，但华侨在国外打造的船只，推广了中国原有的先进造船技术。所造船只，船体坚实而造价低廉。18 世纪后期，加里曼丹的华侨打造一只 580 吨的大帆船，只用去银币四千二百五十元，每吨造价七元多一点，这在当时其他国家中是找不到先例的。19 世纪初期，暹罗华侨打造的船只，每吨造价平均 15 元，是当时东南亚各国最低的造价。毫无疑问，华侨的这些活动，对所在地造船业和航运业的发展，作出了积极的贡献。

事实上，华侨推广比较先进的生产技术，并不限于造船一项。在农业垦殖、农产品加工、矿业开采以及印刷和各种日用品的制造上，都引进了比较先进的技术和经验。对南洋各地的经济发展，起了促进的作用。在这方面，值得特别提出的是矿产的开采。

南洋华侨在从事农业垦殖之外，有很大一部分从事矿业开采。加里曼丹的金矿，马来亚、苏门答腊的锡矿以及缅甸的玉石开采，都吸引了大量的华侨劳动。在 19 世纪以前，南洋各地从事矿山开采的华侨，不但有熟练的劳动，而且有比较先进的技术，无不受到当地的欢迎。18 世纪初，苏门答腊的土官就专门派人到中国南部各省，招聘中国工人参加邦加矿山的开采，因为中国矿工的开采技术，比他们自己的"臣民所用的原始方法要优越得多"。

其次，对外贸易中劳动力的输出促进了海外贸易的开展，增加出口。因为国内的对外贸易经营有了两项业务，一是专为华侨生活服务的营业，一是对其他国家和地区民众的。南洋华侨众多，他们的生活方式基本上还是中华式的，因此需要国内物品，侨乡的出口，相当部分是对华侨进行的，潮州出口商，"凡（华侨）潮人日常生活所需，皆以配运出口销售"，为进行此种贸易，组织了南商公所等专门机构①。福建向南洋输出茶叶，光绪后期每年行销十几万石，或二十多万石，获银五百多万两②。上海出现南洋庄，专做南洋华侨的进出口贸易，出口的主要是药材、丝绸、日用百货③。1910 年两江总督张人骏出面，组织南洋劝业会，促进对南洋贸易，由于华侨及南洋土著居民的需要，南

---

① 民国《潮州志·实业·商业·出口商》。

② 光绪《闽县乡土志·地形·商务·输出货》。

③ 李伯祥等:《近代上海南洋庄和南洋贸易》,《中国社会经济史研究》1986 年第 3 期。

洋市场充斥着中国货物，如西贡市场到处是中国食品、杂货、绸匹、药材①。1898年（光绪二十四年），在三宝垄佐哈尔市场，有240家商摊，大多是华商，出售碗碟、布匹、杂货、铁器②。菲律宾从中国进口的物品是丝绸、伞、瓷器、瓮、罐、碗、盘、蛋类、通心粉、粉丝、水果、火腿、茶叶、药材、药品、皮箱等③。侨汇和因华侨而开展的对外贸易，使中国外汇收入增加，多少弥补入超带来的经济损失，薛福成清楚地看到这一点，他说："中国贸易与各国相衡，亏短甚巨，然尚有周转者，以华民出洋所获之利足资补苴也"④。饶宗颐等在《潮州志》中指出："海外华侨输回之金额，在中国国际收支平衡中占重要项目"⑤。他们还是仅就侨汇而言，加上海外贸易的收益，华侨对中国经济的贡献就更大了。

在对国内的经济资助方面，南洋华侨解决了侨眷的生计问题，帮助侨乡人民安排生活。我国在18、19世纪人口大增，而耕地增加及劳动生产率提高极其有限，因而在封建社会制度不合理的同时，使人民生计问题来得特别严重，几百万华侨到南洋谋生，解决了自身的衣食问题，就给国内减轻了人口压力。不仅如此，他们每年还以大量的银钱赡养亲属，使得相当部分的侨眷得到温饱，如侨乡潮州人仰赖侨汇为生的占到全部人口的40%—50%⑥。华侨在家乡兴办的公共福利事业，惠及了乡亲，人们得到一些救济，有利于改善生活。

从对清代对外贸易中的劳动力输出对中国经济以及社会各方面的影响可以看出，华侨对清代经济以及社会的繁荣有着积极的促进作用，华侨与祖国关系的疏密，是国势盛衰的标志，是华侨政策正确与否的反映。因此，重视华侨事务，制定正确的华侨政策，是国家大事，万万忽视不得。

---

① 张荫桓:《三洲日记》，见《晚清海外笔记选》。
② ［印尼］林天知、李学民等译:《三宝垄历史（1416—1931）》，暨南大学华侨研究所1984年版。
③ ［菲］欧·马·阿利普:《华人在马尼剌》，译文载《中外关系史译丛》第一辑，上海译文出版社1934年版。
④ 陈翰笙主编:《华工出国史料汇编》第一辑第一册，中华书局1981年版，第277页。
⑤ 民国《潮州志·实业·金融·侨汇》。
⑥ 民国《潮州志·实业·商业》。

第九章 清代海上丝路贸易管理机构：
海关和广州十三行

清前期的海上丝绸之路的贸易主要由海关及十三行负责管理。

随着新航路的开辟和"地理大发现"时代的到来，东西方"天堑变通途"，西方人眼中神秘的东方古国——中国，也不能完全与外界老死不相往来。纵有明朝以来 300 余年的海禁，沿海地区的私人海外贸易也依然存在。到了大清帝国的康乾盛世，康熙皇帝终于解除海禁，在允许小规模出海贸易的同时，于 1685 年在中国东南沿海设立四大海关（后减为广东一口），并逐渐建立了"广州十三行"等深受官方掣肘的商行，形成海关垄断海外贸易的局面①。

---

① 学术界海关史研究成果有：厦门大学陈诗启教授是近代海关史研究领域的权威学者，他对外国使官管理前后的中国海关作过详尽的论述，著有《中国近代海关史》（人民出版史 1993 年版）一书，该著作较系统地考察了中国近代海关与中国政府财政收入变化的关系及其这种关系形成和发展的历史过程。福建师范大学黄国盛教授著有《鸦片战争前的东南四省海关》一书，此书第一次以全面的历史视野考察了海关这一重要机构在东南沿海四省从设立之初到日渐成熟的整个过程，系统地研究了四省海关的组织机构以及运作特点，打破了以往学者仅仅将研究目光集中在某一零散的海域或个别口岸的局限。厦门大学林仁川教授著有《福建对外贸易与海关史》（鹭江出版社 1991 年版）一书，从对外贸易的角度来论述福建海关的演化过程、不同时期的作用与特点，重点阐述了海关与福建社会经济发展的关系，他认为福建海关的设立客观上促进了福建经济的发展，由于外贸的需要，在福建的腹地与沿海形成了一个以内地初级市场到沿海中心市场组成的出口系统，使沿海地区与山区的经济联系更加紧密。美国斯坦福大学人类学教授、明清史专家施坚雅因发表的《中国农村的市场和社会结构》（史建云、徐秀丽译，中国社会科学出版社 1998 年版）一书，被学界称为美国研究中国历史的第二代经典之作，它反映了西方历史学的新潮流，即将历史学和社会学、经济学、地理学、统计学、政治学、生态学、人类学等各门社会科学相结合。杨天宏通过把开放口岸作为一个群体进行研究，将口岸开放与商埠发展相联系，著成《口岸开放与社会变革——近代中国自开商埠研究》（中华书局 2002 年版）一书。

第一节　清代海关管理海外贸易

一、海关的设立

开海设关，多口通商政策的实施是从康熙二十三年到乾隆二十二年（1684—1757 年）。清朝统治初期，当中国实行禁海时，英国、荷兰就不断入侵广州和福建沿海，公开或秘密进行贸易。清王朝平定三藩之乱和收复台湾后，多次颁布"禁海"令和"迁海"令的康熙皇帝，立即废除了海禁，于康熙二十三年颁布了开海贸易令，"今海内统一，寰宇宁谧，无论满汉人等一体，令出洋贸易，以彰富庶之治，得旨允行。"可见，外贸的主要作用在康熙处不是互通有无，而仅仅是"彰富庶之治"。康熙二十四年（1685 年），清政府正式公布开放广东、福建、浙江、江南四省为为对外贸易港口，设立江、浙、闽、粤四大海关，"江海关驻松江，浙海关驻宁波，福建驻泉州，广东驻广州"①（又有一说为"粤东之澳门，福建之漳州，浙江之宁波，江南之云台山"）。而且，清代所设的海关仅为一管理机构，并不是一个海关就是一个口岸，而是海关之下设有大口、小口等多处口岸，海关实行"商税（又称货税）、船料（又称船钞）并征"的税收制度。其中宁波是传统的对日贸易港口，厦门是中国和南洋的贸易中心，云台山则是中国沿海贸易的港口，并非对外，只有澳门一口，是专为对西方国家的贸易而设。这标志着中国海关制度的确立，自唐代以来中国实行的海外贸易管理制度——市舶制度的终结，中国海外贸易管理进入新阶段。

四大海关作为沿海各省总关统一管理本省各口岸的对外贸易的机构，如粤海关下属关口达 50 多处，总关最高长官称为监督。粤海关设专职监督一人，此职地位与行省的督抚大员相等，不听督抚节制，直接向皇帝和户部负责。粤海关下辖省城大关、澳门总口、乌坝总口、庵埠总口、梅录总口、海安总口、海口总口等 7 个总口，其中以省城大关和澳门总口最为重要。个大总口下辖的小关口共 70 个。其中虎门口和黄埔口则隶属省城大关口，是最重要的关口。

---

① 王士祯：《北归志》，《四库全书总目提要》卷 64《史部二十》。

由于广东在全国对外贸易中具有突出重要的地位，其海关监督由皇帝直接委派，一般由内务府官充任，其地位仅次于总督、巡抚、提督等，高于布政使、按察使，由于其多为皇帝亲信，因而位高权重。为杜绝弊端，监督任期通常仅一年。监督以下有副监督、防御等各级关员。闽、浙、江三关监督由地方长官派出，或督府兼任。

海关制度与市舶制度的最大区别是，市舶制度是以"朝贡贸易"为主要特征。而海关制度则将对外贸易管理（海关）和对外贸易机构（洋行）完全分离开来。

由于葡萄牙殖民主义者把澳门看作自己的势力范围，排斥其他国家船只的进入，西方国家对中国的海上贸易，才由澳门转移于广州。广州也因而成为中国对西方国家贸易的一个中心。但是，西方殖民主义国家并不以此为满足。他们要求扩大和丝、茶产区邻近的厦门和宁波的贸易，甚至企图深入丝、茶产区，建立贸易据点。这不能不引起乾隆帝的警惕，因此在乾隆二十年（1755年）发生洪任辉入侵定海的事件以后，清朝便在乾隆二十二年（1757年）下令关闭广州以外各口，只许西方商人在广州贸易。从此以后，除了厦门还允许偶尔由吕宋开来的西班牙船只进口以外，广州一口贸易制度基本上维持到鸦片战争爆发，没有改变。

二、海关有效控制海外贸易的原因

康熙皇帝终于解除海禁，在允许小规模出海贸易的同时，于1685年在中国东南沿海设立四大海关（后减为广东一口），并逐渐建立了"广州十三行"等深受官方掣肘的商行，形成海关垄断海外贸易的局面。这一局面形成的原因是综合性的，已有许多说法，如规范贸易、加强税收、巩固海防的需要；自给自足重农抑商、君主专制、以天朝上国自居的传统；统治者自身的控制欲、对新奇洋货和海关关税的私欲、身为满人"异族统治"的不安全感……

历史上普遍认为海关控制海外贸易实际上是清政府"闭关锁国"政策的具体体现，其严重阻碍了整个清朝国力及百姓（尤其是沿海百姓）的生活水平的提高。但如果结合当时整个社会环境来看，清朝的统治者们不断强化和发展这样的对外贸易制度是有其特殊的价值的。清代前期实施的海关垄断对外贸易政策，其目的有三：（1）对商人出海贸易的禁止和限制；（2）对通商口岸的停闭和限制；（3）对出口商品的禁止和限制。

从政局的角度看，学者江敬虞曾说过：禁海闭关的精神和根据这个精神制定各种贸易管理措施作为防止外国入侵的手段，贯彻于鸦片战争前200年的终始。① 的确如此，自满洲贵族入主中原以来，先是为防沿海人民和台湾郑成功政权发生联系，而于顺治十二年（1656年）宣布实行"海禁"。之后，虽然当朝统治者也意识到海外贸易对于沿海人民经济生活的发展和提高具有十分重大的意义。但直到康熙二十一年（1682年），清政府平定三藩之乱，又于第二年六月，收复台湾，国家的统一和国内政局的相对稳定后，康熙帝才于二十三年（1684年）定下"开海贸易"政策。而且，从清政府任命海关官员的制度上，仍可以看到他们对于"开海贸易"的谨慎态度，任命的四个海关的主管人员（以后统称为海关监督），是由中央户部直接管理，其人选也由户部题请钦定，并且部院长官须对其所举荐的人员负责。同时，清政府还针对海关监督设立了相应的管理制度，用以督促海关官员们恪尽职守。

此外，清朝是由关外少数民族建立的政权，自古是以游牧作为其主要的生产生活方式，缺少管理海外贸易的相关经验。同时，明清时期采用的是八股取士，要从那些通过科举入仕的官员们中挑选出适合管理对外贸易的人才自是困难。与其如此，还不如就地挑选出经验丰富的商人，组成行商或商总，管理外贸。同时，许可甚至鼓励发展官商，凸显其在行商或商总中的领导地位，逐渐形成垄断地位。这样，"以官制商，以商制夷"，成效明显更佳，同时，也在一定程度上减轻了政府的负担。不可否认，以官商为贸易桥梁是吸纳商人为大一统的政府效力的一种制度创新。它既满足了商人的经济发展要求，也保障了官僚集团的政治利益和经济利益。②

从财务的角度上看，海关税收收入在清政府财政收入来源中所占地位举足轻重。为了保证国家税收而凸显海关在海外贸易中的垄断地位，也是清朝前期统治者们从其自身经济利益上考虑的结果。

---

① 江敬虞：《论清代前期的禁海闭关》，载《近代中外经济关系史论集》，方志出版社2006年版，第135页。

② 隋福民：《清代"广东十三行"的贸易制度演化》，《社会科学战线》2007年第1期。

从历史的角度上看，中国封建社会经历了漫长的时期，每每改朝换代时，新产生的封建政权就会借鉴前朝统治者的经验得失，以使本朝统治长治久安。清代前期对待海外贸易的时开时禁，一定意义上说，是与明朝统治者们的海外贸易政策密切相关的。明朝时期的中国，在经济实力仍然是世界第一，然而，明朝统治者们却在这一大的背景之下，逐渐放弃了郑和下西洋这种与外国互通关系、增进友谊的手段，转而固守"夷夏之防"，在清代的统治者们看来，明朝采取这种政策不能说是全无道理。而从这种逻辑思维来看，清朝在对外开放，允许通商时，也须谨慎行之。因此，加强海关的控制力度就显得十分名正言顺。

而这种垄断局面下国家对海外贸易的控制之严，政治对商业活动的影响之大，一方面或许增强了国家对海外贸易的控制力，增加了税收；另一方面增加了商人的负担，遏制了正常的自由的对外经济活动。可以说清代对外实行的仍是一种闭关锁国的政策，总体是不利于海外贸易的发展的。

三、海关的职能

1. 监管进出口商人、商船及货物

如前所述，清王朝对进出口船舶大小、随船携带物品、商人出港程序、进出口商品种类等均有明确规定，海关依例进行监管。

2. 征收关税

清前期全国各口岸关税制度不尽统一，大体上海关征变的关税主要有：船舶税、货税、附加税三种。

船舶税又称为船钞，或梁头税，是按货船体积分等征收。货税又称商税，或进出口税，清海关将货物分为几个等级，按货物的多少从量计征，个别商品从价计征。附加税即杂税，又称规礼，是正税以外的各种杂费，名目繁多，诸如规银、船规、分头、担头、耗羡等等。杂税征收带有随意性，弊端丛生，所征收税额经常超过正税数倍之多，构成进出口贸易发展重大障碍。其中税额最大的是规银，雍正四年（1726 年）规银纳入关税征收则例，外国商船进港每船需纳规银 1125.96 两，出口规银 533 两。杂税征收带有随意性，弊端丛生，所征税额经常超过正税数倍之多，构成进出口贸易发展的重大障碍。

四、海上管理措施

清朝管理海外贸易的具体措施，从演变趋势上基本表现为对于本国商民出海贸易的管理逐渐放宽，而对于外国商人来华贸易的管理却在逐渐加强。然而，细察清朝对于海外贸易管理措施的具体内容，对本国商人出海贸易的管理却远远严格于对外商来华贸易的管理。为了达到上述几个目的，清政府所采用的具体办法如下：

清朝对于本国商民出海贸易的管理措施，在康熙二十三年（1684年）开海之初，曾规定有商人在出海前取具保结，从所在地方领取印票执照，只能打造单桅并且是五百石以下船只，禁止携带枪炮等武器等出洋。到康熙四十二年（1703年），出海商船才许用双桅，但仍有梁头尺寸和船员人数的限制。雍正时期，虽然出海商人携带军器的禁令一度被取消，但却仍有限制，如每艘商船火炮不得超过二位，火药不得超过三十斤等。直到乾隆末年，这一携带有限的火炮措施才得以被许可。乾隆十二年（1747年），清朝还曾规定：福建省牯仔头，桅高篷大，利于走风，未便任其置造，以致偷漏，永行禁止，以重海防。嘉庆十四年（1809年）又规定：商、渔船只，各按海道远近人数多寡，每人每日带食米一升之外，并带余米一升，以防风信阻滞。若有多带米谷以及麦豆杂粮，即系偷运。由于上述措施的执行，使得本国海商在航海能力（帆船桅杆数量、米粮供应能力）、载重量、安全防卫能力（携带枪炮、刀具等武器数量）等方面，无法与外商展开竞争。

中国海商在本国大宗商品的外销经营上也受到清朝的严格限制。乾隆二十年（1755年），清朝为了维护"以商制夷"的广州洋行体制，曾规定外商在广州所购买的生丝和茶叶，一律由行商采购，其他商人不得染指。为了维护广州行商的采购制度，清朝又严禁闽、皖、浙等省出产的茶叶从海路运销广州或海外。

从清朝对来华贸易外商的管理措施看，康熙开海之初就采取了行商管理体制。外商来到清朝设关港口后，即入住洋行商馆，并由行商评定物价和代交关税，签订贸易合同。乾隆中期限定外商在广州一口贸易后，强调了行商对外商的管理责任，清朝政府也连续颁布章程，对来粤外商加强管理和防范。不过，清朝对外商的管理和防范措施，主要是针对他们在华的活动所做出的限制，如外商必须投宿行商的商馆，不得在内河闲游，不得带外国妇女进广州城，不得在广州过冬，不得携带枪炮火药进入广州，外商雇用人夫也是先受禁止后受限制，外商遇事也必须用禀帖形式通过行商转递给广东地方政府等。这些限制，基本上与贸易本身无关。关于这一点，连西方商人也承认，虽然在广州的生活受到一定限制，但比起能积累一笔可观资财的前景来，根本算不了一回事。因此，在鸦片战争前夕不少西方商人都曾承认，在广州做生意，比在世界其他任何地方，都更加容易和安全。而且，清朝对外商欠本国行商的债务不闻不问。所以，在鸦片战争前，也有一些不讲信誉的西方商人在广州留下大量债务后，往往溜之大吉，本国行商则无从追讨。由此也可认定，清朝行商体制虽有"防夷"意图，实际上也采取了利惠外商的片面的措施。

根据上述三个方面的考察，清朝无论是在海外贸易的基本政策上，还是在关税政策和具体的管理制度方面，都呈现出一种限制本国商人要远远甚于来华外商的政策特征，而外商从清朝那里所得到的贸易利益待遇也远远高于中国本国商人，甚至还以牺牲本商商人利益来成就来华外商的利益。从这些内容上来看，清朝在海外贸易政策方面可以说是"排内"而不"排外"。

然而，当西方商人在本国军舰保护下向东方开拓时，中国的海外贸易并未得到真正鼓励，清政府的开海令附加了许多限制性规定，此后颁布的一系列法令对出口贸易的商人，商船，来华贸易的外商船只的限定越来越严格。如清朝规定，沿海百姓出海贸易，必须"呈明地方官，登记姓名，取具保结，给发执照，将船身烙号刊名，令守口官员查验，准其出入贸易"。[1]同时禁止500石以上，双桅船出洋：出洋商人三年内必须回国，否则永远不准回籍；外商来华必须先到澳门，经批准才可到广州。兵器、硝磺、金、银、铜、铁及铁器、粮食、蚕丝等禁止出口。

与美国积极鼓励对华贸易的态度恰好相反，清政府对发展包括美国在内的海外贸易采取十分消极的态度。对内，规定本国出海商船只准单桅，载重量不得超过40吨，从而使中国商船无法远渡重洋，开展对外贸易。对外，对于美

---

① 清代官修《大清会典》卷21。

国商人及其他国家的商人来华贸易，清政府则采取了严厉管制的政策：一是只允许外商在广州一个口岸通商；二是对外商入境和居住给予种种限制。在"中国皇后"号来华的前两年，清政府又正式确立了对外贸易中的"公行"制度。公行的商行的责任有两方面：一是作为商业职能，是进出口贸易的垄断者，二是政治职能，使中国政府及海关与外商之间联系的中介人。清道光年间广州有13家著名的行商，简称"十三行"①。美国商船从进入黄埔卸货到船上装好回程货物的这段时间里，美国商人的一切都得听从行商的安排，如不听命或违反有关规定，广州当局和行商有权给予种种惩罚直至终止贸易。

与严格管制外商相适应，清玫府对美国输华商品也征收了各种名目繁多的税费。美国商人除要缴纳进口商品的关税外，还要付"船料"费、"规礼"费、"饮水费"和"杂项费用"。这些都形成了中美贸易的障碍，使美国商人颇为不满，不过他们看在对华贸易的厚利，面对"委屈"也就不那么在意了。

清政府这种消极态度是当时中国国情使然。首先，中国长期以来是一个封建自然经济占统治地位的社会，自给自足为主体的自然经济不要求进行海外贸易，清政府才把闭关自守作为对外关系的基本政策。其次，构成大清国库收入的主要来源是田赋，鱼、盐、矿、商等税只起辅助作用，清政府没有通过发展外贸、多收关税来充实国库的要求。再次，清朝统治者为了防范中国人与外国人联合掀起反清运动，坚决实行排外政策。最后，在文化上，清朝统治者长期以来把自己的国度看作是世界的中心，把一切和自己不同的文化传统都视为劣贱的标记，其他民族都属于蛮夷，中外关系被看作是主从关系，而非平等关系。由此种种，清政府才制定了一系列限制外商的措施。只是后来在外国重炮和廉价商品的轰击下，这些壁垒才一一被冲破。

五、"海贼之薮"与"天子南车"——海关控制海外贸易的状况及原因

在开放海禁之前，顺治十三年（1656年）《申严海禁敕谕》曰"海逆郑成

---

① 十三行最为鼎盛的乾隆时期，洋行数多达几十家。尤以四大巨富潘启、卢观恒、伍秉鉴、叶上林创办的同文行、广利行、怡和行、义成行最著名。如今，人们还可以从广州同文路、怡和大街、宝顺大街、普源街、仁安街、善安街等这些由洋行名改成的街名中，寻觅到十三行曾经一度辉煌的历史痕迹。

功等窜伏海隅……若不立法严禁，海氛何由廓清？"顺治十八年（1661年）更下"迁海"令。康熙初年大臣疏请开海禁，也被"奸贼趁此与贼交通""海寇猖獗""南洋海贼之数"等理由遭拒。后清朝平定台湾，以"海内一统，寰宇宁谧"，宣布满汉人民俱可出洋贸易。然而实行时仍诸多禁忌，海外贸易基本垄断于四大海关。康熙末年，部分由于对"海贼海寇"的忧患，部分由于对西方殖民势力的怀疑与警惕，康熙再次禁海（包括南洋禁航令、严查偷渡等），对贸易活动加强了控制，后来雍、乾等时期效之，使东南沿海渐渐活跃的商品经济受阻。

这期间海禁有松有紧，但海外贸易并未断绝，而是通过深受中央控制的海关持续进行。仅有的四个海关垄断了整个清王朝的海外贸易。受到这样严格的限制似乎还不足，1757年，乾隆皇帝宣布："口岸定于广东，洋船只准在广东收泊贸易。"引发这条上谕的是英商不畏税额增加也要到以往并不繁荣的浙海关贸易，急于进行打开中国内地大门的试探。熟悉广东外贸事务的两广总督杨应琚被调任闽浙总督。他上呈的调查报告，结论是对外通商应限于广东粤海一关，而理由就是浙江洋面天险、防务均不如广东，又是江南财富重地，洋船高大如屋来去无常，更装载炮械，对清军海防威胁巨大。乾隆不以为是，上谕说"虎门、黄埔在在设有官兵，较之宁波之可以扬帆直至者形势亦异"。广州的粤海关远离中央政府心脏，又有虎门"金锁铜关"的天险。以海关特别是粤海关垄断海外贸易，无疑有着海防方面的考虑。联系清朝前期的海禁之因（防备明朝遗民），满人"以异族入主中原"的事实，也增强了他们的不安全感和对海外贸易及其所带来的海防问题的戒心。

四海关贸易时期，大致格局如下：松江的江海关主要对国内沿海各港贸易；宁波的浙海关主要对日贸易；厦门的闽海关主要对南洋各国贸易；广州的粤海关，垄断了对西方各国的贸易。其中粤海关的海外贸易，所占比重最大，这也是乾隆闭关时粤海关硕果仅存的一个重要原因。清政府开放四海关后，"署吏以（莅）之"，其中粤海关是皇帝钦定海关监督专管，由皇帝的家奴——内务府亲信包衣出任，而其他海关则由地方大吏兼任。

康熙二十五年（1686年），正式在粤海关设立洋货行，承揽外洋贩来或出海贸易的货物。这大概是粤海关最早主持对外贸易的商人组织，亦即清代广东十三行的最早名称。早期十三行，除具有封建牙行性质外，它的行商还具有官商特点。这同中国历代封建王朝对贸易进行垄断的传统是密切相关的，特别是对外贸易，一般都被视为朝廷特权，如明朝"归其权于中官"。清朝虽然表面没有官员的直接干预，却通过设立海关监督，牢牢握住了海外贸易的大权，通过海关垄断了海外贸易。早期十三行这种明显的官办牙行性质，使中国内地商人无法同外商直接接触，垄断了商品流通的中间环节。这是行商赢利的方式，也是各级官吏甚至皇帝本人染指其间，从中谋利的原因。利用特权谋取对海外贸易的垄断，商业资本和封建权利的结合，已经是一种很自然的发展趋势。

在四口并开期间，早期的洋货行可说是十分普遍的，不仅在广州的粤海关，即便是厦门的闽海关，亦用此种形式实现对海外贸易的垄断。

乾隆二十二年（1757 年），因英国通事洪任辉案及其显露的其他问题，只许广州一地通商，取消了其余三个海关。乾隆皇帝甚至不待户部决议形成，就在南巡回京路上断然命令沿海封关，对广州单口同通商的决策和与英国首次通使的处理上都独断专行，由一人之好恶导致国家重大决策的失误。两年后，"防范外夷规条"颁布，既明文确定了行商对中西贸易的唯一经营权，又使他们承担管理、帮助、防范、约束外国商人的职责，使之的经济职能扩充到政治领域。这些职能本属于政府，但是由"中外之防，首重体制"的观念，"贸易事件应由商人转禀"，清政府只是通过行商间接管理。

这一时期，包括承商制度、揽商制度、保商制度、总商制度的行商制度日臻完善。承商制度使富有行商无法免除这些政治职责；揽商制度保证了行商的一些垄断特权；保商制度旨在使行商互相监督与扶助，一损俱损的共同清偿债务规定，却违背商业的基本原则；总商制度更多的是一种名分，各行商并无统一资金，与外商贸易时也是分散经营，虽然有过成立公行的努力，却均告流产。这些制度一方面保证了行商对海外贸易的诸多垄断特权，一方面也为十三行的衰落埋下了伏笔。

清朝承袭历代天朝上国意识，对外关系上重"名誉"而不计利益，标榜不与小邦争利，甚至领土亦"赏给"于"恭顺之邦"。和平宽厚的外交政策固然充满道德的荣光，却也折射出故步自封的愚昧。在这种"天朝体制"下，清政府有防范外夷的规章，却无保护本国贸易发展的政策；有对欠课行商严厉制裁的法律，却无维护中国商人经济利益的措施；有强令行商作保，为外商损失负责、分摊破产行商债务的制度，却无向外商追索欠款的"狭隘"举措……十三行虽然占了垄断海外贸易之便，但在清王朝的严密控制之下，只是在保证向国家上缴关税的方面是统一机构，进行海外贸易时却是连自我保护的行业规章都没有的各自为政。

从皇帝私人生活来看，广东的洋货贡品，可以为宫廷带来前所未见的"奇巧玩物"，地方大吏每逢节庆都要进献当地物产给天子以博取欢心。清朝这种行为实际可说已衍生为一种制度，虽然皇帝也曾多次下诏号称谨行节俭、不必时常进献贵重方物，但实际口是心非，仍然"集天下物用，享人间富贵"。而广东巡抚、粤海关监督这两名大吏，便依靠十三行这一全国唯一的大型洋货市场，竞相采购新奇的西洋工业制品，从而带来了宫廷内的洋货热。广东被誉为"金山珠海""天子南库"。乾隆年间，十三行每年"采办官物"上千件，乾隆造圆明园中西洋楼时，曾指示粤海关采办西洋奇异陈设"皆可不必惜费"。而这些价值连城的珍奇之物，为宫廷提供了奢靡的物质享受。

除了物质享受，粤海关还直接为宫廷提供可观的财源，成为皇家"自筹资金"的重要途径之一。乾隆初年开始，粤海关每年向内务府造办处送交白银五万五千两的固定资金，每年更有 24% 的税银划归宫廷内务府，支持皇室财政的运转，简直可说是皇室的一个"小金库"。[①]

海关特别是粤海关对海外贸易的垄断，意味着与粤海关相关的执掌均是"皇权下的美差"。粤海关的关税收入发展极快，自 1783 年以来，跃居全国户部税关之首，占全国关税总收入的 1/4，占全国财政收入的 1/40。这对以农业立国的中国来说，简直是一个前所未有的高比例。除了从关税中贪污牟利，官员还可以通过对行商的敲诈勒索获得各种好处。当时的行商，可说是在与外国

---

① 以上各段参见李国荣主编，覃波、李炳编著：《帝国商行：广州十三行》，九州出版社 2007年版，第 7—41 页；戴逸主编，吴建雍著：《18 世纪的中国与世界》（对外关系卷），辽海出版社 1999 年版，第 8—47 页；傅衣凌：《明清时代商人及商业资本》，中华书局 2007 年版，第 188—203 页；陈烨：《清代财政与社会经济发展》，载《康乾盛世历史报告》，中国言实出版社 2002 年版，第 156—159 页；吴建雍：《康乾盛世时期的中西贸易》，中国言实出版社 2002 年版，第 387—391 页；姜胜利：《清史纪事本末》（第三卷康熙朝），第 945 页；郭成康：《康乾盛世的成就与隐患》，第 70—76 页。

商人和本国官僚的夹缝中艰难地周旋着。乾隆时期查贪极严却贪风尤甚，举国简直无官不贪。海关这一块"肥肉"，自然也有着重重黑幕。

从当时的贸易入超、白银内流的角度，可以为贪污现象找到一个片面的解释：白银的流入已经增加了流通中的货币总量，而"银与钱相为表里，以钱辅银，亦以银权钱"的白银、制钱二品法定货币制下，白银的大量流入，银多钱少，势必导致银钱比价变化，为平抑钱价大量增加制钱的投入量，又使流通中的货币总量进一步增加；以及随着社会经济恢复、商业活动发展带来的货币流动速度的增加；两者均为导致通货膨胀的因素，叠加之下，银钱数量攀比上升，银钱俱贱，粮食百物俱贵，而官员的俸禄却未见有多大增长。为了生计——这或许也是官员贪污的部分客观原因。[1]

总而言之，造成1840年前海关垄断海外贸易及其种种状况的，有海防上的考虑；有满族统治者特别的戒心；有中国国家控制商业活动的传统；有君主中饱私囊的享乐需要；有传统"天朝上国"的自满情绪；有皇权专制决断的影响；有通货膨胀压力下官员的贪污风气……这其中最主要的，是海防和君主的私人需要，造成了海关垄断海外贸易的事实本身。

六、"吸引全世界白银的唧筒"——海关控制海外贸易的效益及其问题

当世界不同区域的市场最初沟通时，中国经济的优势使她在国际贸易中处于出超地位，优质的茶叶、精美的丝绸、独特的瓷器，换来了大量的白银。一些西方学者认为在17—18世纪，中国是世界经济秩序的中心，因为随着大量白银的开采（"把白银看作是全球贸易兴起的一个关键性动力"），需要与货币相应的能够满足世界市场需求的商品。正是中国有效地提供了这种商品供给，因此可说是"近代早期全球贸易的推动力"。这段时期从明末一直到清朝的康乾盛世之后，而在清朝，这些海外贸易，主要就是在海关垄断之下完成的。雍正末年时，粤海关的税收只有20万两左右，乾隆中期达到50万—60万两，到嘉庆年间已猛增为150万两。关税的增加，从一个侧面反映了海外贸易的发展速度。中国凭借其在海外贸易上的优势，被称为"吸引全世界白银的唧筒"。

---

[1] 参见张研、牛贯杰：《清史十五讲》，北京大学出版社2004年版，第140—147页。

白银入关，财政收入增加，都促进了中国商品经济的发展，刺激了中国自身经济的繁荣。"康乾盛世"的出现，与海外贸易的发展是分不开的。而海关垄断这样一种形式，充分体现了清政府对海外贸易的控制力，在规范商业活动、管理关税、巩固边防等方面，都有着较为积极的意义。康熙在开放海禁的谕令中说："向令开海贸易，谓于闽、粤边海民生有益，若此二省民用充阜，财货流通，各省俱有裨益。且出海贸易，非贫民所能，富商大贾，懋迁有无，薄征其税，不致累民，可充闽、粤兵饷，以免腹里省份转输协济之劳；腹里省份钱粮有余。小民又获安养，故令开海贸易。"似乎已经初步认识到海外贸易不仅对沿海省份经济发展有利，而且可以带动内地省份，全国形成一盘活棋。①

同时，从海关垄断的实际执行机构——帝国洋行的种种制度中，可以看到清朝对外商和平宽厚与严防死守并存。当时的中国因为贸易问题和宗教问题等等，在与西方的关系上也有对立和冲突。但是凭借强大的实力和有利的国际形势（开始各欧洲强国还比较均势，无暇也无力东侵），这些前嫌都在帝国华美的出口产品间冰释了。

在与外商的交易之中，代表着官方垄断海外贸易的行商们，因着自己特别的身份，也非常慷慨及守信，赢得了好评和大量的回头客。甚至当《南京条约》签订以后，十三行制度结束了，海关垄断海外贸易结束了，大量不明来路的丝茶商人、毫无信誉的自由商人、直接对外开放的中国官府取代了过去那些职业道德崇高办事可信赖的行商们。本来在遐想中为约束严格的十三行制度结束而兴奋的外国商人们，面对种种陌生的现实，很快抱怨道："每个人都已惯于通过行商进行贸易，开放以后，商人们随时准备欠账不还，一切都无章可循。它不像旧的公行制度那样令人喜欢，在我们的交易中再也没有同样的安全感了。"②

但是若说海关垄断海外贸易的效益，也许它使清政府乃至皇室更直接地掌握了新增的关税收入，在中央的敛财上具有一定的高效益；但在中国社会真正

---

①　吴建雍：《康乾盛世时期的中西贸易》，中国言实出版社2002年版，第351—401页。

②　李国荣主编，覃波、李炳编著：《帝国商行：广州十三行》，九州出版社2007年版，第293页。

的发展上，这仍然是一种闭关锁国的消极政策，使中国失去了机会，渐渐落后于西方。海关垄断，是清朝采取的一种在经济上低效益的海外贸易政策。

对出海贸易的限制乃至禁止，使中国在海外贸易中失去了先机。清代的海洋政策虽以"防范外夷"为宗旨，但其主要内容却是限制本国人民出洋贸易。海洋使不同区域之间的全球性沟通和真正意义上的国际贸易，最初都是靠海洋运输实现的。能否在这全球联系不断加强的时代，快速发展航海能力，增加出海贸易，是中国经济能否适应历史趋势的关键。但且不论清初的严格禁海，康熙开放海禁后，就跟着公布了一系列限制，在船只规格、人员配备、携带的武器和粮食数量方面都有各种严格的限定。这些针对本国国民的限制，体现出作为"异族入主中原"的满族统治者对出洋人的强烈不信任感，是中国商船完全无法进行远洋航行。甚至连传统的与南洋的通商也在严格的限制下渐渐绝迹，商路及其利益被拱手让给荷兰人、西班牙人和葡萄牙人。清政府还严禁商民寓居国外，若逾三年不回则视为"甘心流移外方"，使海外商民失去了本国政府的保护，孤立无援，甚至国内各海港间的贸易也多被强行要求行经陆路。这些闭关锁国的政策都使中国的航海和海运，从明代尚领先于世界的地位上，逐渐跌落了。相反，此时的西方各国却积极地发展远洋贸易，到达中国的外国商船，一年比一年迅速增加。外国船只数目、种类的增加，装备、质量上的进步，清政府却视而不见。

即使是海外贸易中占最大比重的中英贸易，表面看来中国获得了源源不断的白银，实际中西贸易对清朝的有益作用远不如对英国。清朝在海外贸易中始终处于被动地位，获得的白银总量或许很多，获得的商业利润却远远小于当时的世界平均水平，总是"高买低卖"，实际上一直做着"亏本生意"。中国没有运输，这样的贸易，对西方来说是远洋贸易，对中国来说只是在本土进行的对外通商，有来无往。中国本应享有的海运权都被拱手让给了西方殖民者，虽然贸易规模不断扩大，可是中国的商品出口全靠别国运走，商品进口也取决于别人运来什么。这正是盛世繁荣的贸易景象背后潜藏的悲剧。

在清朝的海外贸易中，也不乏具有世界眼光的商人，有些行商更是凭他们的能力获得了国际声誉，甚至很可能是当时的世界首富，如潘振承家族（西洋人称为"潘启官"）、伍秉鉴家族（西洋人称为"伍浩官"）。但是他们毕竟处于清朝的海关垄断之下，纵使在与外界接触的过程中有了新的观念，也无力施展。清朝官员对于商人的欺压勒索，也是非常严重的。货币资本不足本就是中国行商的先天弱点，再加上官员的勒索、各种"捐输"和实际也由行商出资的向清廷进献洋货等等，使得行商们手头更为紧张，很少有足够的现金，海外贸易的进行往往依赖外国资金的周转。这种经济上的依赖性和从属性，也使行商由封建官商转向买办性商人，非但无法促进中国商业的发展，反而成为伙同洋商要挟其他行商、欺压内地商人的"洋商代理人"。

举例来说，十三行的最终破产，就和这些原因密不可分。直接来看，行商们的破产源于"商欠"，这又有因受外商高利贷盘剥而欠债、因承揽的大量英国纺织品滞销而亏本欠债、在与英国散商的不等价交换中受勒索而举债这三个原因。但是清朝的错误政策对这些商人产生的伤害，也是非常严重的，可以说是导致行商衰落的内在原因。如海禁导致的利润率低，"天朝上国"心态使政府在贸易纠纷中偏袒外商而损害本国商人，行商制度使行商不仅要疲于应付外商、本国官员，难以退休，还导致行商要帮同行还债，一家破产家家危，十三行曾经的辉煌就此全部暗淡下来。①

再以清代前期主要进行对日贸易的洋铜商为例，他们也是典型的官僚资本，其获利有着明显的政治因素，就是得到清政府保障的垄断特权。但其营业范围乃至方式，也都由政府限制了。他们在当时的中国社会里，虽拥有雄厚的财力，甚至有比广州十三行商人更广泛的经济活动范围（兼营内地各种经济活动），却对中国社会经济无甚有益的影响。究其原因，又可说是因为政府的过度且错误的干预。官员对商人的敲诈自还存在；国内设置的重重关卡又使国内生产的铜时常比洋铜还贵，无形中限制了生产的扩大；时不时的矿禁；铜商既由于利益的需要和政府关系紧密，又因此受到政府强制收购政策制约，商本往往亏损，并非在进行正常的自由商业活动；铜商每多兼营其他垄断性业务，如军需、漕运等，这都极易受到政治的影响。反观同时的日本，幕府却要求特定铜商不仅管理、统制铜的流通，还进一步地直接参加生产行程，初步完成了以

---

① 以上各段参见李国荣主编，覃波、李炳编著：《帝国商行：广州十三行》，九州出版社 2007 年版，第 224—293 页；戴逸主编：《18 世纪的中国与世界》（对外关系卷），第 48—61 页。

商人直接把握生产机构、向现代工商业生产方式转变的任务。如日本的铜山王——住友财阀，就是当时得到幕府的铜输出特权的一家，但其经济基础并非单纯建立在商品流通上，还主要在于直接参与生产行程的改进。据说其致富之基，就是对铜精炼术的运用。[1]

综上所述，虽然中国是当时世界上最大的贸易入超国，但海外贸易垄断于海关、对海上交通的放弃、对出海贸易的种种限制、对商人的抑制、生产和资本脱节……这一切都使中国的海外贸易效益底下，开始落后于野心勃勃的西方，为之后的衰落埋下了伏笔。

长期以来，史学界不乏对清代前期对外贸易与开放政策方面的研究，而一般将其概括为"设关通商、轻税怀柔、严格管理、官商垄断"的"开海贸易"政策。其中，对于清政府实施海关垄断海外贸易政策方面，一些专家学者们认为是清代前期商品经济日益发展与封建官府对商品经济干预加强的产物；一些专家则认为统治者对政策的选择是与其当时所处的政治、经济环境密不可分的，是他们进行利弊权衡的结果。总之，清代前期的海外贸易之所以发展成为海关垄断型的海外贸易制度是有其历史原因的，且也在一定程度上带来了很好的收益。

第二节　清代广州十三行垄断海外贸易的原因及其效果

一、"帝国商行"广东十三行的创立

康熙二十三年（1684 年）统一台湾后，开始开放海禁，允许中国商民出海贸易，并指定广州、漳州、宁波、云台山作为对外通商口岸，但规定禁止炮械、军器、火药、硝磺的贸易。清初粤海关设立通商的当年，广州商人经营华洋贸易二者不分，没有专营外贸的商行。康熙二十五年（1686 年），两广总督吴兴祚、广东巡抚李士桢和粤海关监督宜尔格图共同商议决定，设立专门经营外贸的洋货行，以划清国内商税和海关贸易货税的界限。广州洋行制度由此

---

[1]　傅衣凌：《明清时代商人及商业资本》，中华书局 2007 年版，第 168—187 页。

创始。①

康熙五十六年（1717 年），因为担心本国商人到南洋勾结海寇进行反清活动，除东洋贸易外，严禁中国商人至南洋贸易，只许外商来华贸易。

雍正五年（1727 年）解除这项禁令，至乾隆十二年（1747 年）又复行禁止。后来，因发现到宁波的英国商船数量不断增加，并带有大量武器，清政府担心"洋船至宁波者甚多，将来番船云集，留住日久，将又成一粤省之澳门矣"②，遂以"浙民习俗易嚣，洋商错处，必致滋事"③为由，于乾隆二十二年（1757 年）下令停止厦门、宁波、云台山等港口的贸易，只留广州一个港口与外商贸易，并规定外商不得直接与官府交往，由"广州十三行"办理一切有关外商的交涉事宜。对出口货物的品种也加以限制，除原先规定的不许军火出口外，粮食、五金、书籍也严禁出口，丝茶的出口品种和数量也有一定限制。但是，由于受自大心理的阻碍，中国的对外贸易受到极大的限制，按乾隆帝的说法：我中原数万里版舆，百产丰盈，并不借助夷货，外来之物皆不过以供玩好，可有可无。中国不必与西方互通有无，开放广州为贸易之区，只不过是大清帝王施恩异域，不忍对外来谋生之人过于严厉，断绝他们的生计罢了。正是由于这种观念支配，当外国商船越来越多地向宁波聚集的情况下，清政府认为江浙是华夏文化礼教之乡，而且物产富庶，如果让外国势力打进去，会对其统治不利。于是在乾隆二十二年（1757 年）十一月，清政府宣布封闭闽、浙、江三海关，仅保留广州城对外通商。从此，广州便成为全国对外通商的唯一口岸，全国的进出口商品交易都由广州一地经营。十三行也成了清代对外贸易的缩影。

乾隆二十四年（1759 年），两广总督李侍尧又制定《防夷五事》，规定外国商人在广州必须住在政府指定的行商的会馆中，并不许在广州过冬，中国商

---

① 有关十三行的信息参见：齐书春：《十三行：中国首家外贸街的风雨百年》；雷晓宇：《广州十三行传奇》，《中国企业家》2006 年第 11 期；刘丰、汪洋：《广州十三行：大清帝国的海之门》，《中国中小企业》2007 年第 5 期；宾静：《乾隆年间的广州十三行首领潘启》，《江苏商论》2007 年第 4 期；夏秀瑞、孙玉琴：《中国对外贸易史》，对外经济贸易大学出版社 2001 年版。

② 梁廷枏：《粤海关志》卷 8，广东人民出版社 2002 年版。

③ 《清高宗圣训》卷 281。

人不得向外国商人借款或受雇于外商，不得代外商打听商业行情。

清代对贸易商船的管理，主要是实行总商稽查制和行商制度。前者主要针对赴日贸易商船，在江浙海关实行；后者主要针对西洋来华商船，一般在粤海关实行。这些制度都在一定程度上带有官商的性质。在粤海关，政府不直接和外商发生关系，而是通过中介行商进行，"以官制商，以商制夷"。其中最具代表性的便是广东十三行。

从上面可以知道，这百年间清朝对外是在开放与闭关间徘徊的。同样是在乾隆时期，乾隆二十年（1755 年），广州成为了中国唯一的开放港口，广州城中的公行^①自然越来越多，公行的数量得到了扩大，十三并非一个确数，而仅为一个概数，可见当时公行数量之多，对外国家面之广。

康熙二十四年（1685 年）设关通商时，沿袭明代前例，用牙行商人主持经营对外贸易。十三行产生于粤海设关的第二年（1686 年）。既有前所未有的商机，又逢极佳的经商环境，这些都注定了这片海面将不再平静，东西方之间建立频繁的商贸联系，已成为了一种势不可当的强大趋势。当时国内外运到广东海口的商货很多，行商却很少，造成货物"壅滞"。为了加强管理，适应开关后发展着的对外贸易的需要，保证关税的征收，广东巡抚李士桢会同两广总督和粤海关监督（关长）商酌决定，用广东巡抚的名义以法令形式发布"分别住行货税"的文告，把从事国内沿海贸易的商人和从事对外进出口贸易商人的活动范围及其性质划分开来，设立金丝行、洋货行。如"来广省本地兴贩，一切落地货物，分别住税报单，皆投金丝行，赴税货司纳税。其外洋贩来货物及出海贸易货物，分为行税报单，皆投洋货行，俟出海时，洋商自赴［粤海］关部纳税"。由此，从事国内外贸易的商行被区分为"金丝行"和"洋货行"两类不同性质的商行，明确规定"洋货行"是专门经营对外进出口贸易的机构。这样，经营对外贸易就成了一种专门行业，从事该项贸易的行商就具有官商性质，从而形成了垄断对外贸易的特殊制度——行商制度。以上就是广东十三行的由来。洋货行即是十三行。十三行是在粤海关设立的第二年，即康熙二十五年（1686 年）四月建立的。地址就在如今的广州文化公元至海珠南路一带。

---

① 公行最早应出现在康熙年间，而形成规模能被成为十三行应该是在乾隆年间。

十三行实际是一个拥有商业特权的官商团体，由多家商行、洋行组成。组成十三行的商行数目经常变化，开始是十三家，它们是怡和行、广利行、同文行、同兴行、天宝行、兴泰行、中和行、顺泰行、仁和行、同顺行、义成行、东昌行、安昌行。乾隆初年，"金丝行"改名"海南行"，"洋货行"改叫"外洋行"，简称"洋行"。

广州十三行创始于康熙二十五年（1686 年）四月，是清代设立于广州的经营对外贸易的专业商行，又称洋货行、洋行、外洋行、洋货十三行。洋货十三行成为经营外贸的专业商行。名义上虽称"十三"，其实并无定数。旧有十三行"沿明之习"的说法，是从《粤海关志》抄袭篡改《澳门纪略》的杜撰之词，属讹传。从康熙到乾隆年间，政府通过一系列策略的施行使得官商在对外贸易中的垄断地位愈加突出。乾隆二十二年（1757 年）广州成为唯一的对外贸易口岸，清政府指定了一些商行专门和外国进行贸易，称为公行。在某一时期，这种公行有十三个，所以就称为"十三行"。[①] 这些公行设有夷馆（或称商馆）租给外商。

广东十三行（又称广州十三行），是封建社会商品经济发展和清朝对外贸易政策的产物。清廷既要"严华夷之大防"，又要保证对外贸易的顺利开展，于是广东官府便组织和指定一些商人专管广东对外进出口贸易。这就是广东十三行商人出现的重要背景。十三行的出现是清政府对外开放政策和态度的产物。它的兴衰与清政府的行为息息相关。可以说，广州十三行就是当时清朝整个国家对外开放政策的缩影。

十三行在创建时，广州官府规定它是一个既能经营进口洋货又能经营出口土货（包括广货琼货）的中介贸易商行。洋货十三行最初的贸易对象实际包括外洋、本港和海南三部分内容，但此后经历了一系列的演变。据乾隆十八年（1753 年）记载，洋货行建立 60 多年后，业务曾一分为二。专营外洋各国来广州贸易的叫外洋行，经营出海贸易的称为海南行。乾隆二十五年（1760）起，外洋行不再兼办本港贸易的事务，另由几家行商专营，称为本港行；而海南行又改称福潮行，经营包括广东潮州及福建商民往来买卖税务。

---

① 　徐俊鸣等：《广州史话》，上海人民出版社 1984 年版，第 22 页。

这时来到广州海口的商船渐多，贸易发展，"众商皆分行各办"。各行口商人资本稍厚者，经办外洋货税，其次者办本港船只货税，再次者办福潮船只货税。

对于外国商队，清政府一向限制颇多。十三行作为清政府官方指定的对外贸易经纪，总揽了与外国商队的贸易，它要负责承保缴纳外商船货关税，还要负责转达、承办官府与外商的一切交涉。外国商人到广州之后，他们的买卖只能够由清政府特许的行商负责，甚至起居行动也要由行商管理，在广州他们只能居住于行商修建的"夷馆"中。外商在广州更是有诸多限制：不得带武器入夷馆；夷妇不得带入广州，不得进广州城，不得游河船，不得坐轿，不得外出游玩，其只准在限定的时间内由行商带到夷馆对岸的海幢寺和花地游玩，日落之前一定要回到夷馆；还规定外国人不能在夷馆过冬。因业务不能离开的外国人只能到澳门过冬，待次年商船到时才能从澳门返回十三行夷馆。乾隆十年（1745年），清政府又进一步加强了对行商的管理。官府从广州20多家行商中选择殷实的5家为保商，建立保商制度。保商的责任是承保外国商船到广州贸易和纳税等事，承销进口洋货，采办出口丝茶，为外商提供仓库住房，代雇通事工役。保商对于承保的外国商船货物因享有优先的权利，在其他分销货物的行商交不出进口货税时，保商必须先行垫付。凡外商有向官府交涉禀报的事，责令保商通事代为转递，并负责约束外商不法行为。由于保商制度对外商贸易的进一步限制，再加之少数保商为一己私利而投机取巧，欺骗敲诈，外商一再投递呈词对保商制度表示不满，清政府则一直加以维护。在长达近一个世纪的时间里，这项政策始终相沿未改。

清朝廷闭关锁国政策，偌大的中国，只允许广州一口岸对外通商，造成广州的商船来往日益增多，国课日益兴旺，对外贸易得天独厚。

但是，清廷继承了明朝的传统，既要广州对外通商，又规定外国商人不得与其他中国商人发生直接买卖关系，外国商人来华朝廷交易，都要找指定的行商作为贸易的经纪和代理，这些指定的行商所开设的对外贸易行店，俗称"十三行"。据亨特在《广州番鬼录》中说："每个前来贸易的国家，最初各以一所大房子作为居住贸易之所，由此形成商馆，每座商馆都包括许多相联的房屋，一间接一间……一共有 13 座商馆。这些商馆背后是一条长而狭窄的重要街道，从东到西，名叫'十三行街'"。[①] 外国人称此街为"十三商馆街"。此街建于 1777 年。到 1926 年扩建为马路，初称为"十三行马路"，现称"十三行路"。追溯具有 200 多年历史的十三行，今之十三行路是最有价值的证据。

十三行主要是"承销外商进口商品；代表外商缴纳关税；代表政府管束外国商人，传达政令，办理一切与外商交涉事宜"，所以十三行既是私商贸易组织，又是代表官方管理贸易和外事的机构。

例如，十三行中第三、第四、第五家是英国的保和行、丰太行、隆顺行；第六、第七家是中和行；第十一家是法国的高公行；第十二家是西班牙的吕宋行；第十三家是丹麦的黄旗。

十三行鼎盛时期最多达几十家，其中以四大巨富——潘启官、卢观恒、伍秉鉴、叶上林创办的同文行、广利行、怡和行、义成行最为著名。如今，人们仍然可以从广州西关的同文路、怡和大街、宝顺大街、普源街、仁安街这些由洋行名改成的街名中，寻觅到当年十三行一度辉煌的历史痕迹。

十三行制度是当时清政府实行一口通商的核心和枢纽，是清代中国最主要的对外贸易区，位于今广州城东至仁济路、西至杉木栏路、南至珠江岸边、北至十三行路的一片地区。它是封建社会商品经济发展和清朝对外贸易政策的产物。创始于康熙二十五年（1686 年）四月，清廷既要"严华夷之大防"，又要保证对外贸易的顺利开展，于是广东官府便组织和指定一些商人专管广东对外进出口贸易。这就是广东十三行商人出现和行商制度创建的重要背景。它由封建官府势力"招商承充"并加以扶植，成为对外贸易的代理人，具有官商的社会身份，也是清代重要的商人资本集团。洋货十三行作为清代官设的对外贸易特许商，要代海关征收进出口洋船各项税饷，并代官府管理外商和执行外事任务。所以十三行兼有贸易和外交的功能。

"清政府对于十三行的管理基本上是以官制商，以商制夷，主要依靠两个制度：公行总商制度和保商连坐制度。公行总商制度就是在所有十三行商中成立公行，公行由粤海关任命总商，进行广州对外贸易的一系列管理，承揽

---

① ［美］亨特著，冯树铁译：《广州番鬼录》，广东人民出版社 1993 年版。

西欧货税、裁定贸易商品价格，甚至负责交涉广东官府和外商的往来文件交涉。"""保商连坐制度则来自于封建保甲制度，就是说，来广州做生意的外国商人必须有一位十三行商人做保商，要是出了什么麻烦，责任由保商来负。"①

十三行中有类似于《红楼梦》中的四大家族：伍、潘、卢、叶。其中，卢家和叶家的繁荣时期比较短，真正有实力的是伍家和潘家。十三行总商的位置潘家做了39年、伍家做了28年。据目前可找到的资料显示"伍家的当家伍秉鉴1834年资产约有2600万两白银，几乎相当于清政府一年的财政收入"。2001年，美国《亚洲华尔街日报》将伍氏商人评为千年来全球最富有的50人之一。而潘家的当家叫潘振承（名启），人称潘启官，十三行受任总商，当时流行的说法是"夷人到粤必见潘启官"。他所创立的同文行主要做茶叶和生丝的生意，"丝大概垄断了全国生丝贸易的一半"②。

二、公行定制

康熙五十九年（1720年），广州开海贸之后，不同背景下的官商各自争夺对外贸易的垄断，这种相互斗争的结果最终只能是有利于外国人浑水摸鱼，造成中国商人自身利益受损。为此，广州商人决定联合起来，建立公行。是年十一月二十六日，广州十三行的洋商集中起来，共同缔结了行规：

（一）许华夷商民，同属食毛践土，应一体仰戴皇仁，誓图报称。

（二）为使公私利益界划清楚起见，爰立行规，共相遵守。

（三）华夷商民一视同仁，倘夷商得买贱卖贵，则行商必致亏折，且恐发生鱼目混珠之弊，故各行商应与夷商相聚一堂，共同议价，其有单独行为者应受处罚。

（四）他处或他省商人来省与夷商交易时，本行应与之协定货价，俾卖价公道；有自行订定货价或暗中购入货物者罚。

（五）货价既经协议妥帖之后，货物应力求道地，有以劣货欺瞒夷商者应受处罚。

---

① 雷晓宇：《广州十三行传奇》，《中国企业家》2006年第10期。
② 雷晓宇：《广州十三行传奇》，《中国企业家》2006年第10期。

（六）为防止私贩起见，凡落货夷船时均须填册；有故意规避或手续不清者应受罚。

（七）手工业品如扇、漆器、刺绣、图画之类，得由普通商家任意经营贩卖之。

（八）瓷器有待特别鉴定者（指古瓷），任何人不得自行贩卖，但卖者无论盈亏，均须以卖价百分之三十纳交本行。

（九）绿茶净量应从实呈报，违者处罚。

（一〇）自夷船卸货及缔订装货合同时，均须先期交款，以后并须将余款交清，违者处罚。

（一一）夷船欲专择某商交易时，该商得承受此船货物之一半，但其他一半归本行同仁摊分之；有独揽全船之货物者处罚。

（一二）行商对于公行负责最重及担任经费最大者，许其外洋贸易占一全股，次者占半股，其余则占一股之四分之一。

（一三）头等行，即占一全股者，凡五，二等者五，三等六；新入公行者，应纳银 1000 两作为公共开支经费，并列入三等行内。[①]

从广州洋行体制的层面看，表面上可能构成对外商来华贸易的限制。因为在这种体制之下，行商基本上垄断了与来华外商的主要贸易业务，束缚了外商与行外商人的自由交易。然而，清朝之所以设立洋行体制来具体管理外商的来华贸易，则是带有保护外商贸易利益的目的。在清朝统治者看来，"商得其人，则市易平而而夷情洽；商不得人，则逋负积而饷课亏。"由此来看，清朝设立行商制度的目的，有着通过稳定市场秩序使"夷情"融洽和完成关税的双重任务。

康熙五十九年（1720 年），行商发展到十六家。他们为统一贸易规程，减少内部竞争和限制行外散商，在广东官府支持下，成立了垄断性的"公行"，它具有行会的性质。乾隆二十年（1755 年），清廷又重申行商承揽茶叶、生丝、布匹、绸缎、糖、大黄、白铅等大宗出口货的贸易，只有扇、刺绣、皮靴、瓷器、牙雕等八种手工业品允许行外散商、铺商在行商加保的条件下与外商交

---

① 梁嘉彬：《广东十三行考》，广东人民出版社 1999 年版，第 84—87 页。

易，违禁则要受到惩罚。这就进一步加强了十三行对外贸的垄断。

从雍正年间开始，以英国为首的西方殖民者在我国沿海大肆活动，与沿海奸商相勾结，使清朝统治者深感不安。在乾隆二十二年（1757年），清廷重新实行严格限制对外贸易的闭关政策，封闭了江、浙、闽海关，只留粤海关一口通商。广州成了全国唯一通商口岸，广州十三行也就一跃而为垄断全国对外贸易的组织了。从上述可知，十三行是拥有垄断中外贸易特权的商业组织，又是清皇朝控制中外通商的枢纽和保障关税收入、防范外国人的工具。广东行商制度是清皇朝管理对外贸易的重要制度，是构成清皇朝严格限制对外贸易政策的重要内容，反映了当时清朝对外贸易的封建垄断性质。

广东十三行是靠海外贸易发展起来，并逐渐上升到垄断地位的庞大商业集团，在清代对外贸易中占有很重要的地位。十三行早期的贸易对象，有荷兰、英国、丹麦、西班牙等西欧国家和东南亚诸国，其中和暹罗（今泰国）交易最多。18世纪中叶以后，十三行的贸易对象，主要是英国、美国、法国、荷兰、西班牙等欧美国家，贸易量较大。十三行商人主要通过向这些国家出售茶叶、生丝、丝绸和土布，换取棉毛织品、金属制品、奢侈品、棉花和大量白银。18世纪80年代英国东印度公司取得英国对华贸易垄断权后，十三行的贸易对象主要是英国。福建、徽州等地的茶叶，是行商们向英国东印度公司和英国散商出售的最大量的商品。由于英国货在中国销路不广，英国商人主要用白银和行商交易。

与十三行商的营业所相适应的，还有十三"夷馆"（即商馆）。它是由行商专设的接待外商住宿、储货和交易场所（每所租金，乾隆年间每年约六百两银），实际上是洋行的一部分。"夷馆"是"夷人寓馆"的简称，设在十三行街附近，商馆数目通常为十三，这与十三行的"十三"相同纯属巧合。这些商馆被许多街巷分隔开。据外国书籍记载，外商与十三行互市之初，外舶至广东时，每舶俱"占"有"夷馆"一所，每舶俱有一"行"为其主顾。外商和行商的交易一般在商馆进行，外商又把这种贸易称为"商馆贸易"。

三、十三行的经营特点

十三行的商业资本，具有复杂的属性和特点。十三行原来纯属牙行性质的代理商，由于清政府赋予他特权，它就变成了专门包办对外贸易的具有官商性质的商人，成为封建的垄断机构。

十三行存在于中国封建社会的"末世"。对于清朝统治者来说，有限度的对外贸易，主要是为了增加国库收入和满足他们的奢侈生活。鸦片战争前，进口的洋货中，珠宝、毛呢和玩物之类占了极大比重，而出口货中，则以丝、茶和瓷器等大宗商品为主。因此，清朝统治者所需的外贸机构，是由政府控制的、独揽中外交易的行商组织，这就赋予了十三行以封建性。充当行商需要政府批准，总商由政府指定。行商除了垄断贸易、承保税饷、管束外商、取缔运入的违禁货物等任务外，还要承担外商与政府间的文书传递，甚至陪审中外涉讼案件，在外事工作中代表着政府。这就使他们具有不同于一般牙行的亦官亦商的双重性格。此外，行商中多数人自身就是商人地主。总理洋行数十年的怡和行伍氏家族，通过捐纳钻营，同朝廷和地方官员建立了极密切的关系，获得大量官衔、官职。他们把相当部分商业利润用来购买土地，从事封建性地租剥削。伍家不仅和同文行的潘家一样，在福建有巨大的地产，而且还开设了银号数家，进行高利贷剥削。这些都增强了行商资本的封建性，同时，限制了商业资本的积累和向产业资本的转化。

十三行与清皇朝在经济上也有着密切的关系。粤海关的税收是庞大的，而十三行则是粤海关征税的总枢纽。粤海关所征收的税饷，有90%是经行商承保输纳的。十三行经手的这些税款，主要是为清皇朝以及皇室的财政开支服务的。据统计，道光十九年（1839年）一年，粤海关共征银1448558两。移交广东布政司藩库和留在粤海关作费用的一共才占百分之六，其余百分之九十四解往户部和内务府。另外，十三行历年交给清政府、皇室和各级官吏的捐输、报效和贡银，数量也十分巨大。

行商依赖官府，但又与清朝统治者有矛盾。清朝统治者对行商的掠夺和压迫，是造成大多数行商破产的极重要原因。

清朝统治者给行商以外贸特权，主要是想从他们身上取得更多的钱财。行商的封建负担，最经常性的是每年都要采办贡品和例进"常贡"银两，乾隆年间开始，每年两广总督、广东巡抚和粤海关监督，要向皇帝进献大批价值昂贵的各种珠宝珍玩，如钟表、镶嵌挂屏、花瓶、珐琅器皿、雕牙器皿、玻璃镜、千里镜、日晷等等。这些东西都是"委托"行商采办，价值亦由行商"赔垫"。乾隆皇帝也承认："从前广东巡抚及粤海关监督，每年呈进贡品，俱令洋行采办物件，赔垫价值，积习相沿，商人遂形苦累"。行商贡银始于乾隆五十一年（1786 年），每年为五万五千两，至嘉庆六年（1801 年），粤海关监督佶山为讨好皇帝，拟"加增九万五千两，共成十五万之数"。

四、十三行的兴盛

鸦片战争前，广东十三行中的很多行商、买办成为了西方资本的附庸，是中国买办资产阶级的前身。行商资本已成为近代买办资本的胚胎。

广州十三行较快的发展开始于 18 世纪初。1720 年以后，清朝廷在对外贸易中命令各地行商实行一种"保商"制度，外国商船到岸，必须找一家行商保商，保商对船的货物有优选购买的权利。十三行保商制度是于乾隆十九年（1754 年），清政府进一步规定将洋船税、贡银、各种手续费等、统一由行商负责，重新禁止非行商团体参与对外贸易。这一决定确立了十三行的保商制度。是年七月二十九日，两广总督召集广州各国商人的大班开会，宣布了十三行的保商制度，即由十三行总揽一切对外贸易；向清政府承担洋船进出口货税的责任；另外，外商需要的其他商品，由洋行统一负责购买；外商违法，洋行要负连带责任。广州十三行保商制度兼有商务与外交双重性质。

十三行的兴盛还得力于一口通商。乾隆二十二年（1757 年），英国商人"移市入浙"，其推直接打开中国丝茶产区的市场，使宁波成为另一个澳门。清政府认为，浙江是华夏文明礼教之乡，而且物产富庶，如果让外国势力渗入，会影响其统治。因此，乾隆皇帝首先下令增加浙海关税收。为防止官吏"私加暗扣"，乾隆皇帝于二月二十二日发出上谕，强调增加税收的目的，乾隆皇帝上谕称："向来洋船俱由广州收口，经澳门关稽查征税，其浙省之宁波不过偶然一至。近年奸牙勾串渔利，洋船至宁波者甚多，将来番舶云集，留住日久，将又成粤省之澳门矣，于海疆重地风土民俗均有关系。是以更定章程，视粤稍重，则洋商无所利而不来，以示限制，意并不在增税也。将此明白晓喻知之。"乾隆的用意是，通过增加浙江关税，迫使洋商只在粤贸易。虽有乾隆的增税谕令，但抵制外船北上的实际效果并不大。于是，乾隆皇帝又于十一月分别给广东、浙江下达谕旨，仅保留广东一地对外通商。乾隆二十二年（1757年），清朝廷实行了闭关锁国政策，并关闭了福建、浙江、江苏三处海关，这使得广州成为中国唯一对外通商的口岸。不仅如此，清朝廷还规定所有进出口物品必须由十三行行商办理。朝廷的这一政策和特别授权，使得十三行一下便实际垄断了中国的外贸业务。如茶叶贸易，全国的茶叶出口因此全部集中在广州，另外还有丝绸、陶瓷等。

从此，偌大的清帝国只剩下广州一处口岸延续对外贸易。十三行也因此开始迅速地发展起来。清乾隆至嘉庆年间是十三行的鼎盛时期。自1757年之后的85年间，广州成为大清国唯一的对外通商口岸，十三行也随之成为全国最繁华的贸易地，商行最多时达几十家。此时的十三行内外店铺林立，幡旗飞扬，商人们熙熙攘攘，绸缎绫罗、茶叶、陶瓷堆积如山，和十三行有贸易来往的有英国、法国、丹麦、瑞典、荷兰、巴西、俄国、葡萄牙、西班牙和东南亚数十个国家，十三行也因而获得了富可敌国的财富。

1745年9月12日，瑞典东印度公司的商船"哥德堡"号在距离哥德堡港口只有一海里的地方触礁沉没。一次穿越了南中国海、印度洋和好望角，长达8个月的辛苦航程以如此不幸的方式结束。但是，这之后的数百年间，人们的打捞行动从未间断——30门大炮、30吨茶叶、1260匹丝绸，大量饮茶和咖啡用的精美瓷器，以及比星星还要多的瓷器碎片。这些宝物来自一个遥远、神秘、富庶的财富特区：大清帝国广州十三行。

十三行曾是整个大清国的对外贸易中心，每天流动的财富动以百千万两白银计，流动的茶叶、陶瓷等更是难以计数，其繁华程度在当时的整个清帝国也可谓独领风骚。十三行的百年兴衰可以说是清代对外贸易的一个缩影。

十三行的辉煌，也造就了一些富商大贾，其中以四大巨富最为著名，分别是潘启官、卢观恒、伍秉鉴、叶上林，他们分别经营同文行、广利行、怡和行及义成行。而这四大家族中又以潘氏家族和伍氏家族为最。潘启官及之后三代均以经营丝、茶为主。在数十年的时间内，潘氏家族受到这里很多的华商士绅拥戴，并连续被选为十三行首领。

据说当时潘家在珠江南岸有一豪宅，其中的古玩、珠翠琳琅满目。潘家经常在宅内大摆筵席，宴请权贵和商贾，并且这里还有能容纳百人的表演剧场，以供娱乐之用。

在十三行经营怡和行的伍秉鉴，32 岁时接手了恰和行的业务，并使其迅速崛起。伍家发迹虽稍迟于潘家，但后来居上，并取代同文行成为十三行的领袖。伍秉鉴不仅是广州首屈一指的富商，而且还是当时世界上少有的富翁之一，伍家所积累的财富更令人吃惊，据 1834 年伍家自己的估计，他们的财产就已有 2600 万银元（约相当于今天的 50 亿元人民币），几乎相当于清政府一年的财政收入。其建在珠江岸边的伍家豪宅，据说可与《红楼梦》中的大观园媲美。在西方人眼里，伍秉鉴是当时名副其实的世界首富，他不但在国内拥有地产、房产、茶山、店铺和巨款，而且在美国投资铁路、证券交易和保险业务等，美国《华尔街时报》就称他有"世界上最大的商业资产"，是"天下第一大富翁"。

十三行的鼎盛时期是清乾隆至嘉庆年间。乾隆二十二年（1757 年）清廷关闭了福建、浙江、江苏三处海关，广州成为中国唯一一个对外通商口岸，规定所有进出口物品必须由十三行行商办理。如茶叶贸易，全国的茶叶出口集中在广州，皖、闽、粤、浙等省的茶商都须汇聚广州，通过十三行行商与外商进行茶叶交易。十三行这一特权官商实际垄断了中国的外贸市场。十三行从此迅速发展并达到顶峰。

十三行的对外贸易，促进了社会经济的发展。十三行每年进出口总值在 18 世纪末期已达 1300 万至 1800 万银元，到 19 世纪 30 年代则约值 4000 万元。这就促进了商品生产和货币关系以及沿海城镇的发展。广东、福建、江西等省专为出口而生产的行业，特别是丝织业、种茶业十分兴盛。由于贸易的繁荣，广州工商业得到了高度的发展。当时在广州有直接或间接和进出口贸易有关的商家近千户，另有茶商一千多家，手工业如丝织业技术上达到很高水平，广东的澄海"自展复以来"，各种货物"千艘万舶"，由此输送到各地。这些都刺激了资本主义萌芽的成长，密切了内地与边远地区、城市和农村的联系。

五、十三行的衰落和独揽外国贸易制度的结束

自《南京条约》签订以后，一口通商的局面被打破，十三行失去了其在行业内原有的地位。同时，由于外商以及行内一些零散的小商人对垄断的反对，

再加上商行内部存在严重商欠，十三行走向衰落。清廷由于在鸦片战争中战败，于道光二十二年七月二十四日（1842 年 8 月 29 日），与英国侵略者签订屈辱的《中英江宁条约》（即《南京条约》）。条约中第五条规定："凡大英商民在粤贸易，向例全归额设行商承办，今大皇帝准以嗣后不必照向例，凡有英商等赴各口贸易者，无论与何商交易，均听其便"。这样，十三行独揽对外贸易制度遂告废除。原十三行改称茶行，继续经营茶、丝等大宗贸易。至咸丰六年（1856 年），英国侵略者制造"亚罗号事件"，再次进攻广州。广州守城的兵勇及居民，愤恨外国侵略者的横暴，"出城烧十三洋行，毁灭英、美、法商馆"。十三行使在大火中寿终正寝了。十三行见证了广州一口通商的历史，是当时中国与海外贸易的窗口。

十三行的繁荣，很大程度上是由于清朝的闭关锁国政策造成的，皇朝的垄断特权让十三行家族积累了大量的财富、声望，但最终他们也被政府的"官商贸易政策"所拖累，湮灭在那个时代。

广州十三行虽然辉煌一时，但他脱胎于垄断的官商背景，自诞生就常常要承担朝廷各种朝贡摊派，还时常遭受贪官污吏勒索。十三行行商几乎都以悲剧收场，在行商盛行的那个年代，不断有行商破产，被发配到伊犁充军。就连担任十三行行商"总商"长达 39 年的行商首富潘氏家族也因官府苛敛勒索日益加重，营商环境愈加恶劣，而对经商心生倦意。1808 年潘家甚至以 10 万银两贿赂海关以求获准退商，以避开营商的困难时期。

1842 年，清政府被迫与英国政府签订了不平等的《南京条约》，其中规定，英商可赴中国沿海五口自由贸易，广州行商垄断外贸的特权从此被取消。1856 年，一场大火又将拥有 100 多年历史的行商商馆化为灰烬。广州十三行从此消失于商业舞台。

随着 1840 年鸦片战争的爆发，中国国门的"打开"，中国的对外贸易制度也彻底地改变了。道光二十二年七月二十四日（1842 年 8 月 29 日），清政府签订了可耻的中英《南京条约》，广州十三行独揽外国贸易的制度宣告结束。咸丰六年（1856 年）十月，英法联军发动了第二次鸦片战争，十月二十五日，广州沿江炮台均被攻破，英海军上将西马率军驻扎十三行地区。十一月初，清军为便于防守十三行地区，组织中国军民对外国商馆的袭击，拆毁了十三行地区周围大片民房，并派兵扼守西边新豆栏街。十二月十四日深夜，痛恨侵略者的广州民众，从被拆毁的铺屋残址上点火，火势蔓延至十三行地区。据当时南海知县华延杰在《触藩始末》一书中描写："夜间遥望火光，五颜六色，光芒闪耀，据说是珠宝烧烈所至。"就此，广州十三行结束了它的历史。

从广州十三行的兴衰历史，不难看出清政府的外贸政策。清政府在禁海、开海的反复过程中，既表现出它害怕外来事物对自身统治的威胁，又表现出当时统治者及人民对外界的向往。

由此来看，在大清国实行自我封闭，商行没有国家支持，没有法制保障，再加上商行自身条件的限制，一些商业集团要想真正发展起来是非常艰难的，随着历史的演变，十三行的衰落也在情理之中。

第十章　清代对外开放及其社会影响

清朝实行开海贸易后，与中国进行海上贸易的国家已由过去的亚、非国家扩展到亚、非、欧、美多国，中国与世界各国的交流也日益增多。清前期对外开放已经呈现出一定的宏观经济效益，对中国社会产生了深远的影响。如东南沿海港口的发展、商帮的崛起及对外贸易的扩大、美洲粮食作物的传入等。

第一节　东南沿海港口的发展

清代外贸的经济效益首先体现在东南沿海贸易港口扩大和北方外贸城市的发展。根据《清代前期海外贸易的发展》[①] 中的描述，开海后除四处规定的口岸外，广东省就有大大小小40余处口岸，江苏、浙江、天津、山东、辽宁都有海上贸易往来。

清朝初年，由于清廷在东南沿海的统治还没稳固，反清势力在东南沿海仍然十分强大，南海各国对清廷多采取不合作、不接触态度，并且郑成功攻占台湾，建立起强大的反清复明的基地，严重威胁了清廷在东南沿海的统治。因此，清朝初年实行海禁，严禁民众下海。但在巨大的利益诱使下，珠三角并没有完全断绝跟海外的联系，走私活动颇为猖獗。李士桢《议覆粤东增豁税饷疏》谓："自康熙元年奉文禁海，外番船只不至，即有沈上达等，勾结党棍，打造海船，私通外洋，一次可得利四五万两，一年之中，十船往还，可得利银四、五十万两，其获利甚大也。"[②] 平南王尚可喜"紧紧地控制住了当地的贸易，对前来广州的荷兰、英国、葡萄牙以及中国走私商船征收商税，发放贸易

---

① 黄启臣：《清代前期海外贸易的发展》，《历史研究》1986年第4期。
② 李士桢：《抚粤政略》卷7《奏疏》，载《近代中国史料丛刊三编》，台北文海出版公司1994年版，第813—814页。

许可证"①。

一、广州

15—19 世纪初，中国明清政府基本上实行"时开时禁，以禁为主"的海外贸易政策，禁止沿海商人出海贸易。但是，却对广东实行特殊政策。"康熙二十四年（1685 年），清统一台湾后，第二年放松海洋之禁，指定广州、漳州、宁波、云台山四地为对外通商口岸。""乾隆二十二年（1757 年），清政府出于加强封建统治的考虑，实行一口通商政策，只准外国商船在广州停靠。"②可见，广州至此成为全国唯一的通商口岸，在对外贸易中更具有举足轻重的地位。

嘉靖元年（1522），"遂革福建、浙江二市舶司，惟存广东市舶司"③。1685年，康熙帝下令：废除明朝以来的禁海令，设立粤、闽、江、浙四大海关。虽然表面上是四口通商，但由于贸易量有限，其实外洋商人大多只在广州一口贸易。乾隆二十二年（1757），规定外国番商"将来只许在广东收泊交易"。④乾隆帝一道"一口通商"的上谕，实际是闭关锁国的命令，却把广东推向了发展的通途。1760 年，十三行向清政府呈请设立外洋行（公行），成为专营中西贸易的封建垄断贸易机构。因此，自嘉靖元年至道光二十年（1522—1840 年），广东一直是中国合法对外贸易的省区，省会广州则成为全国合法进出口贸易的第一大港，而且是"印度支那到漳州沿海最大的商业中心。全国水陆两路的大量货物都卸在广州"。⑤因此，全世界各国商人到中国贸易，都萃集到广州。嘉庆三年（1798 年），瑞典人龙思泰（Anders Liungstedt）就记述外国商人来广州做生意的实况："广州的位置和中国的政策，加上其他各种原因，使这座城市成为数额很大的国内外贸易舞台……中华帝国与西方各国之间的全部贸

---

① 李士桢：《抚粤政略》卷 7《奏疏》，载《近代中国史料丛刊三编》，台北文海出版公司 1994 年版，第 813—814 页。
② 陈桦：《清代区域社会经济研究》，中国人民大学出版社 1996 年版。
③ 《明史》卷 75《职官四》。
④ 《高宗实录》卷 550。
⑤ 考太苏：《皮莱期的远东概览》第 1 卷。

易，都以此地为中心。中国各地的产品，在这里都可以找到……东京、交趾支那、柬埔寨、暹罗、马六甲或马来半岛、东方群岛、印度各港口、欧洲各国、南北美洲各国和太平洋诸岛等地的商品，都被运到这里"。①

总之，明清时期广州对外贸易发展很快，特别是清乾隆二十二年（1757年）朝廷下令罢全国各口，独留广州一口贸易，广州对外贸易迅速发展，市场一派繁荣。清代，以广州为起点的"海上丝绸之路"已向全球扩展，实现了广州与世界的海上运输大循环。广州成为中国唯一的对外通商口岸、东西方交往的中心。清政府对广州实行对外开放的特殊政策。清初在实行海禁的 28 年间，清政府与外国的往来主要还是沿袭明代的朝贡贸易。为管理日趋兴旺的中外贸易，处理与此有关的各种交涉和交往，清廷在广州设立粤海关，建立洋行制度。开海贸易后，粤海关便成为全国唯一的海关。中国和西方列强的全部贸易都云集在广州。这一时期，长达 156 年之久，广州以其得天独厚的地位，处于对外交往高度发展的黄金时代。

广州作为黄金口岸有它独特的魅力，黄埔港口河面开阔，水深适宜，是个天然良港，洋船云集，商贾辐辏，可以通往亚洲、欧洲、美洲各主要港口。为了规范贸易和保证税收，广东官府公开招募较有实力的商家，指定他们与洋船上的外商做生意，同时代海关征缴关税。这就是广州十三洋行建立的标志。洋行数目因贸易形势的起伏而变动不定，最多时有 26 家，最少时只有四家。同时期的英国的东印度公司。作为英国官方的外贸垄断团体，发生于这二者间（东印度公司与广州十三行）的贸易，引发了两个大国间漫长的碰撞。然而，几十年的贸易昌盛时期，值得人们回味的还是风光的广州十三洋行。一口通商国策后，广州十三行一度成为清政府唯一合法的中西贸易特区。行商们顽强地生存于官府和外商的夹缝中。他们以开放和兼容的姿态面向世界，推开中国走向世界的门。行商与外商交易往往数额巨大，但除双方各自记账外，从无其他记录。外商完全凭样品来决定货物的购买和装船，没有书面协议和收据。行商总是忠实地履行承诺，从未发生过毁约事件。外商无须考虑货物的数量和质

---

① Chinses Repository, Vo1 Ⅱ , p.289，1833 年 11 月号，《早期澳门史》，吴义雄等译，东方出版社 1998 年版。

量。这就是中国外贸生意人最原始的商业作风。当时广州商界的潘家、伍家均能跻身当时世界首富排行前列，凭借的也正是诚实守信果断的特质。

据不完全统计，从康熙二十年至乾隆二十二年（1685—1757年）的72年间，到广州贸易的欧、美各国商船有312艘；[①]乾隆二十三年至道光十八年（1758—1838年）有5107艘，平均每年为63.8艘。与此同时，中国各地和广东省内各地的商人也集中到广州进行进出口贸易，名曰"走广"。[②]1629年（崇祯二年），荷兰驻台湾第三任长官讷茨（Nuyts）在给其国王的一份报告中也记述：

> 中国人把货物从全国各地运到他们认为最有现款购买他们货物的市镇和海港……后来他们运往广州市集上的货品的数量如此之大，以致葡萄牙人没有足够的资金购买……参加这些市集的商人们看到他们的货卖不出去，就用他们自己的船，责任自负地把货运往马尼拉、暹罗、望加锡等地去。

龙思泰于1798年（在嘉庆朝）来到广州，也看到中国内地商人云集广州经商的情形：中国各地的产品，在这里（广州）都可以找到；来自全国各省的商人和代理人，在这里做着兴旺的、有利可图的生意。[③]

2007年1月底的荷兰首都阿姆斯特丹对全球收藏界来说无疑是一大热点——约7.6万件在越南海域打捞上来的中国清代青花瓷器于29日至31日在索斯比拍卖行进行拍卖。这批"海捞瓷"是从一艘沉睡在南海海底近300年的中国商船上打捞上来的，在船上发现一枚有"潘廷采印"字样的私人印章，证明了船主人的身份，专家推测，他来自中国广州著名外贸中心"十三行"。广州是清代中国贸易的中心市场。因而十三行在其中扮演了重头角色，独揽对外贸易85年，这为广东商人的成长壮大提供了丰厚的土壤。

清政府为了发展集中于广州的对外贸易，除了设置粤海关进行管理外，还"官设牙行，与民贸易"[④]，以至后来发展成为专门从事对外贸易的商业团体

---

① 黄启臣：《清代前期海外贸易的发展》，《历史研究》1986年第4期。
② 胡宗宪：《筹海图编》卷12。
③ 吴义雄等译，《早期澳门史》，东方出版社1998年版。
④ 王圻：《续文献通考》卷31。

"十三行"等，同外国商人直接贸易。在当时外国商人不熟悉中国情况、不懂汉语以及不了解中国政府管理外贸制度的情况下，此种商业团体的设置，成为外商与中国商人进行贸易的中介者，使外贸做得更活更好。所以，当时外国商人普遍感到在广州做生意比世界其他地方更方便、更好做。正如英国议会于1830年（道光十年）对广州贸易的英国商人进行调查后得出结论：

> 外国商人对于这整个广州制度（它在实践中经过种种修正）是怎样看待呢？ 1830年英国下议院关于对华贸易的极为重要的审查委员会会议中，几乎所有出席的证人都承认，在广州做生意比在世界上任何其他地方都更加方便和容易。①

这么一来，16世纪中叶至19世纪初叶，世界各个国家和地区的商人络绎不绝前来广州做生意，使广州呈现出对外贸易一片繁盛的景象，正如时人赋诗称颂云：

> 广州城郭天下雄，岛夷鳞次居其中。
> 香珠银钱堆满市，火布羽缎哆哪绒。
> 碧眼蕃官占楼住，红毛鬼子经年寓。
> 濠畔街连西角楼，洋货如山纷杂处。
> 洋船争出是官商，十字门开向二洋。
> 五丝八丝广缎好，银钱堆满十三行。②

到底是什么商品在吸引着这些外国商船不远万里，携带大量白银来到中国呢？茶叶是18世纪国际贸易最重要的货品。17世纪，中国茶叶与阿拉伯咖啡一起登陆英伦，茶叶作为礼品赠送英国女王，据称它"香味隽永作用柔和"，使咖啡黯然失色。但茶价异常昂贵，有"掷银三块，饮茶一盅"的说法。以后，茶叶神话般地征服了英吉利民族，在苏格兰，最卑微的家庭都要饮茶。英国每个家庭平均每年要用十分之一的收入购置茶叶。十三行贸易季节随每年五六月新茶上市开始时，西南季候风就把洋船吹送到口岸，七八月间内地茶叶运抵洋行货栈，九十月海上东北季风盛行，正是洋船满载，扬帆西归的时节。

---

① ［英］格林堡：《鸦片战争前中英通商史》，康成译，商务印书馆1964年版。
② 屈大均：《广东新语》卷15《货语》。

这天时地利的完善结合，在当时的西方人看来"似乎是中国的龙和他们的上帝的特意安排"。当时的欧洲对茶叶质量十分挑剔，1816年，行商提供的茶叶在伦敦拍卖会上出售，竟分为21种价格等级。正因为这样，十三行涌现出了一批享誉海外的国际名牌茶叶。行商伍秉鉴供应的茶叶曾被英国公司鉴定为最好的色种茶，标以最高价。以后，凡是装箱后盖有伍家戳记的茶叶，在国际市场上就能卖得出高价。

然而，尽管粤商有着种种的优势，广州作为外贸港的光环还是被上海所超过。1832年，英国人胡夏米奉命偷航上海，当他在吴淞口看到7天之内就有400余艘100—400吨来自天津和奉天的船只经驶入上海，每天又有三四十艘船只从福建、台湾、广东以及东南亚国家驶入上海时，他认为仅仅就国内贸易而言，上海已经超过广州，我国最大的沿海贸易港已出现向江南北移的趋势，开埠前上海崛起为沿海最大的贸易港是这一趋势的最终体现。在鸦片战争之前，广州无疑是全国对外贸易的中心，但由于清政府限令某些货物如丝、茶等只准由内陆前往广州，不得经由海运。使得广州的沿海航运反不如上海、厦门最盛时发达。鸦片战争前中国沿海的对外贸易规模较小，因此，即使考虑到外贸因素，广州港的吞吐量也不会超过上海港鸦片战争以前的规模。当1840年以后西方列强的洋枪洋炮改变了长期存在的广州一口通商的局面，我国最大的外贸港口数年后便移到上海。此后，我国最大的国内贸易港和最大的国际贸易港都在上海。

二、厦门

清朝开国之初，政局不定。清兵入关后，曾先后遭到各地农民起义军和汉人的激烈反抗，刚刚建立的政权风雨飘摇。加之后来为了对付占据东南沿海的南明反清势力以及迫使据守台湾的郑氏集团就范，清廷于顺治十二年、十三年①，及康熙元年、康熙四年、康熙十四年和康熙五十六年等多次颁布"禁海"令，顺治十七年及康熙元年及康熙十七年三次下达"迁海"令，企图断绝大陆人民对台湾郑成功集团的支援，禁止沿海地区从事海上贸易。海禁政

---

① 顺治十三年（1656年），清政府颁布了严格的"海禁"政策，规定"片帆不得入海"。

策严重阻碍了海上对外贸易的发展，并严重影响政府的财政收入，这也给沿海人民的生产和生活带来了不可估量的损失。特别是迁海政策的实行使白银枯竭，靳辅在其《生财裕铜第二疏》中有"即我朝定鼎之初，商民出洋者，亦俱有禁，然虽禁不严，而商舶之往来亦自若也。后因海逆郑成功负险抗顺，更于顺治十六年突犯江南，于是申严海禁，将沿边之民迁之内地，不许片板入海，经今二十年矣，流通之银日销，而壅滞之货莫售，臣屡闻江浙士民之言，谓顺治初年，江浙等处一切丝粟布帛器具谷物，价值涌贵而买者甚多，民间资财流通不乏，商贾俱获厚利，人情莫不安恬，近来各物价颇贱而买者反少，民情拮据，商贾亏折，大非二十年前可比"等语。①

然而，尽管康熙帝自己颁布的政令，也并未完全严格遵守。康熙六十一年（1722 年）六月，逢暹罗国王进贡，康熙帝颁旨："朕闻暹罗国米甚丰足，价亦甚贱，若于福建、广东、宁波三处，各运米使万石来此贸易，于地方有益。此三十万石米，系为公前来，不必收税。"②无独有偶，康熙年间的"禁海"使得东南沿海人民大量失业，基本生活都难以维系。福建、广东的封疆大吏意识到"地狭人稠，自平定台湾以来，生齿日增，本地所产不敷食用"，多次上书雍正帝"惟开洋一途，藉贸易之赢余，佐耕耘之不足，贫富均有裨益"，"酌量带米回闽，实为便益"，雍正听取了大臣们的意见，"依议，米谷不必上税，著为例"。

康熙二十二年（1683 年）清朝统一了台湾，这为废除"海禁"创造了条件。同年，康熙帝又下令展界，虽然仅是"开展沿海边界"，"令民耕种采捕"③，但展界势必促进开海贸易的实施。自康熙二十三年到康熙二十五年，清政府先后在福建、广东、江南、浙江四省设立了闽海关、粤海关、江海关、浙海关。开海之后，随着海关在厦门等地设立征税口岸，这些港口焕发出巨大的发展潜力。

资料显示，1684—1687 年间，英国东印度公司所有商船都是开往厦门的。

---

① 《靳文襄公奏疏》卷 7《生财裕铜第二疏》，《续修四库全书》第 430 册，上海古籍出版社 1995 年版，第 681 页。

② 《世宗皇帝实录》卷 54。

③ 《清圣祖实录卷》卷 116，康熙二十三年七月乙亥条，中华书局 1986 年版，第 205 页。

1689年英国公司从厦门直接运茶，十年后，成功地从广州运出茶叶，此后，广州和厦门成为英国出口茶叶的两个中心。[1] 大清朝虽曾先后奉行过"海禁"政策，但厦门作为一个随着国家政策变迁而兴衰交替的东南重镇，其战略和经济地位的重要性以及成为重要的对外贸易港的巨大潜力已经开始显露。

雍正五年（1727年），清朝政府接受了开禁派的意见，取消了南洋禁航令，使福建与南亚各国的贸易又逐步地繁荣起来。福建本来有许多外贸港口，自雍正五年开始，只剩下厦门一港作为唯一合法的港口。乾隆年间，福建洋船仍然只能在厦门口出入，"其余各口俱不准其收泊"。所以此时的厦门港，夷泊洋船，辐辏港口，厦门港崛起起成为福建海外贸易的中心。

雍正六年（1728年），"暹罗国王诚心向化，遣该过商人运载米石货物直达厦门，请听其在厦门发卖"，雍正帝下旨"米谷不必上税，著为例"。[2]

由于闽地"产米无多，福建不敷尤甚，每岁民食半籍台湾"，"番地出米最多"，"吕宋米时常至厦门"。[3] 福建地方官员极力鼓励福建的大米进口，并上奏朝廷实行南洋大米进口的减免税收政策如，如乾隆七年（1742年），暹罗船商萨士隆率船队载米万石及零星压舱铅锡到厦门出售，经闽海关监督沈之仁奏准免征船货税银。其后，署福建巡抚周学健奏请"带米一万石以上者，免其船货税银十分之五，带米五千石以上者，免其货税银十分之三"，得到乾隆皇帝的批准。这一减免大米进口税收的政策使暹罗大米商频繁来厦门港贸易，使厦门成了"大小帆墙之集凑，远近贸易之都会"[4]。

当时从厦门开船"往南洋贸易"的地区十分广泛，"其地为噶喇吧、三宝垅、实力、马辰、暹罗、柔佛、六坤、宋居膀、丁家卢、宿雾、苏禄、东浦、安南、吕宋诸国。其出洋货物则漳之丝、绸、纱、绢，永春窑之瓷器及各处所出雨伞、木屐、布匹、纸扎等物"。[5]

---

①　弨友海：《清朝康顺雍时期对澳门的政策与管理》，山东大学2005年硕士学位论文。

②　梁廷枏：《粤海关志》卷11《贡舶》，广东人民出版社2002年版。

③　道光《厦门志》。

④　张静：《清代前期闽海关的设置与福建沿海城市的兴盛》，福建师范大学2005年硕士学位论文。

⑤　道光《厦门志》卷5《船政略》。

不仅南洋商船到厦门贸易，而且福建商船也驶往南洋各国，如 1829 年到新加坡中国商船共 8 艘，其中 3 艘来自厦门，"它们载重量自 250 吨至 400 吨不等"，"来自厦门的货物主要是陶器、砖瓦、花岗岩石板、纸伞、粉条、干果、线香、纸钱、烟草，以及一些土布、生丝之类，据说值三千元至六千元之间"。1830 年中国帆船进口 9 艘，其中来自厦门 4 艘，"共载货四千七百担，即约三千吨"，1831 年本年到达新加坡有 18 艘之多，其中"两艘来自福建厦门，一艘载重三百吨，一艘二百五十吨"。安南、巴达维亚也是福建海商经常去的地方，据福建总督高其悼奏折："查福建往安南贸易之洋船，多有往南洋去者。今据厦门同知将备各员察称，有往安南贸易洋船两只回厦，实系往噶吧回来，所带货物系海参、苏木等物，亦带回米三百余石"。[①]

自开海设关之后，厦门的对外贸易的发展进入了新的高潮。随着对外贸易的兴盛，关口所在城市和周边市镇得到了迅速的发展。主要表现在以下两个方面：一、对外贸易凸显了沿海口岸城市交通转运和商品集散的经济功能特点。二、由于对外贸易的需求，沿海城市手工业生产的得到一定的发展，并将这种发展趋势延伸到福建腹地，推动了福建山区与沿海的经济交流，在区域范围内形成了区域内的经济分工，转而进一步促进了沿海城市的发展。总之，沿海城市对外贸易的发展，扩大了这些城市的商业活动范围，有力地促进了口岸城市及其周边地区的商品经济发展。

开放的政策对一国一地的影响是全方位的，事实也证明如此。在其后的二百多年中，这些城市沿着一种开放的海洋经济的模式在发展和转变，直至 19 世纪下半叶，这些城市在结构和功能上大多已经突破或正在突破传统城市的模式，或者成为上海那样以移民为动力发展起来的经济中心和文化中心，或者成为广州那样集政治经济中心于一体的多功能城市。可以这么说，正是开海设关给这些沿海城市的近代化带来了最原始的动力。

自 1684 年起成立厦门海关在此后的 60 年里，有 50 余艘的英国贸易船只到达厦门，这些商人带有数万不等的现款，在厦门购买大量的丝织品和茶叶。1757 年，由于洪任辉事件，清政府下令关闭各通商口岸，仅剩下广州一口，

---

① 《官中档雍正朝奏折》第八辑，第 524 页。

禁止除吕宋、西班牙船以外的西洋船到其他各口贸易，从此福建的对外贸易受到限制。

总而言之，因为对外贸易的兴盛，关口所在城市和周边市镇得到了迅速的发展，而在福建沿海地区，海外贸易是沿海城市发展的主要动力。它不仅扩大了这些城市的商业活动范围，也有力地促进了城市及其周边地区的商品经济发展。

三、澳门

澳门在清代对外贸易中，是作为广东海外贸易的中转港发展起来的。广东地方政府批准其于每年春夏两季到广州参加为期数周的定期市（交易会），直接与在广州贸易的中国商人购买丝货、瓷器、茶叶等商品运往澳门，然后转运到日本、东南亚、欧、美国家出售。同时，清政府也明文规定：凡外国商船来广州进行贸易，必须向澳门的中国海关（清代粤海关设在澳门的分支机构）领取进入广州的"部票"（入港许可证），并缴纳关税，聘请通事、买办和引水员，最后由引水员引航进入广州贸易。这样一来，澳门就成为中国广州对外贸易的外港和贸易全球化的中转港。所以，从6世纪中叶至19世纪初叶香港崛起之前的280多年间，世界各个国家到中国和中国到世界各国贸易所开辟的航线，都必须经澳门港中转。其中著名的有：

1. 广州—澳门—果阿—里斯本欧洲航线

这是16世纪中叶通往欧洲的最长航线，全程为11890海里。从广州经澳门出口到印度果阿和欧洲的商品有生丝、各种颜色的细丝、绸缎、瓷器、砂糖、中药、手工制被单等，其中以生丝为最大宗。由里斯本经澳门输入广州的商品有胡椒、苏木、象牙、檀香和银子，其中以银子为最大宗，仅1585—1591年，经澳门运入广州的白银约20万两。

2. 广州—澳门—望加锡—帝汶航线

这是广州与东南亚国家贸易的老航线，明清时期进一步巩固和发展。

3. 广州—澳门—纽约航线

这是1784年由美国丹尼尔·巴驾（Danie1 Paker）为首的一群纽约商人合资购买一艘定名为"中国皇后"号（The Emperss of China）的300吨木帆

船，于 1784 年 2 月 22 日从纽约起航，8 月 23 日到达澳门，办好入广州港手续，于 28 日到达广州黄埔港，航程达 13000 英里。同年 12 月返航，于次年抵达纽约。从纽约运来的商品是 40 多吨的花旗参和一批皮货、羽绒、棉花、胡椒等商品，从广州采购运回纽约的是丝绸、茶叶和瓷器等。美国商人从中赚利 30721 美元。这是中美直接贸易的开始。

4.广州—澳门—俄国航线

嘉庆八年（1803 年） 5 月，沙皇组织了一个以克鲁任斯泰伦为指挥官、率领"希望"号和"涅瓦"号两艘舰船从喀琅斯塔港起航，横过大西洋，于 1804 年 7 月绕南美洲的合恩角进入太平洋，向西方向航行抵夏威夷，再渡太平洋到马尼拉，于 1805 年 11 月到达澳门，因等待清政府的批准谕旨，至 1806 年 1 月才得以入广州贸易。俄国商人运来价值 19 万西班牙银元的毛皮货在广州销售，然后购买价值数万西班牙银元的中国茶叶、生丝等商品，于 2 月 7 日离开黄埔港返航。从此，打开了广州到俄国的海上贸易商路。

5.广州—澳门—大洋洲航线

嘉庆二十四年（1819 年），新到广州贸易的英国商人詹姆士·孖地臣，在广州购买大量中国茶叶，装满在一艘名为"哈斯西侯爵"号（MarquisOf Hasting）的船上，从广州起航经澳门开往新南威尔士的杰克逊港（Port Jackson）。至道光十年（1830 年），另一商人威廉·查顿，在广州购买了一批生丝和茶叶，用"奥斯丁"号（Austin）三桅船装运驶往大洋洲的贺巴特城（Hobart Town）和悉尼（Sydney）。

第二节　商帮崛起及其对外贸易

商帮[①] 即经商集团。商帮由亲缘组织扩展开来，是以地缘关系为基础的地缘组织。由于籍贯相同并具有相同的口音、相同的生活习惯，甚至相同的价值取向，从而形成同乡间特有的亲近感。传统中国人的乡土观念是极为浓厚的，

---

① 《现代汉语词典》中没有"商帮"一词。《辞海》中解释"商人行会"，称其为中国旧时的"商帮"，其实行会是同行业的联合组织，其意与我们所说的"晋商""徽商""冀商"的商帮相去甚远。

商帮就是建立在地缘基础上的商人组织。商帮的特点，一是地区性，以国、以省、以市均可论之，如日本商业集团、晋商、温州商人等。二是集团性，或者叫团队性，表现为成员关系、活动范围、合作措施、利润分配等。三是专营性，即经营项目相对集中并占有垄断性的或较大的市场份额。四是人文性，即经营理论、策略、风格、影响等。这四大要素不可或缺，浑然一体，尤以人文性为世人瞩目，作为区别商帮的重要标志。

历史上的商帮大体崛起于明清时期。在明清之际曾引发了一场"商业革命"，在这场"革命"中相继崛起了十大商帮。其中，晋商、徽商、闽商、粤商为势力最大、影响最远的商帮。都有历经明清两代至民国初年的几百年的历史，其鼎盛时期可谓富可敌国，行迹九州，名满天下。下文将以这四个商帮为例，介绍其对外贸易情况。

一、晋商的对外贸易

晋商崛起于明而鼎盛于清。晋商在当时已是一支与徽商共执中国商界牛耳之劲旅。有清一代，晋商势力臻于顶峰。晋商足迹遍布中国大陆，并远涉俄国、朝鲜、日本和新加坡，为中国经济的发展和繁荣作出了不可磨灭的贡献。晋商活跃时间之长、活动范围之广、积累财富之多、影响之大，实属罕见。

晋商凭地利以及自身不畏艰险、勇于拓取的精神，崛起于明初"开中制"，鼎盛于清朝中叶，一跃成为国内势力最大的商帮。同时积极开展对外贸易，垄断对俄恰克图贸易达 200 年之久，是当时国际贸易中的一大商人集团，为中国对外贸易史书写了光辉的一笔，在世界商业史上占有一定的历史地位。山西商人经营商品之多、投入资金之多、从业人员之多，在其他所有的商帮里面都是首屈一指的。晋商控制了几个重要的行业，金融业完全由晋商来控制，他们在当时商人中的地位是非常高的。从蒙古草原上的骆驼商队，到吴淞口正在出海的商船，都有山西人在计价核算，从呼伦贝尔的醋，到贵州茅台的酒，都有山西人在叫卖。无怪有人说："凡是有麻雀的地方，都有晋商"。

山西商人开拓了国外市场，是我国从陆路对俄贸易最早最多的商帮。它的商路踪迹遍布全国和近邻俄国、日本等国，并远涉欧洲、东南亚和阿拉伯国家。在莫斯科、圣彼得堡等 10 多个俄国城市，都有过山西人开办的商号或分号。在朝鲜、日本，山西商人的贸易也很活跃，榆次常家从中国输出夏布，从朝鲜输入人参，被称作"人参财主"；介休范家，几乎垄断了对日本的生铜进口和百货输出。此外，从南自香港、加尔各答，北到伊尔库茨克、西伯利亚、莫斯科、圣彼得堡，东起大阪、神户、长崎、仁川，西到塔尔巴哈台、伊犁、喀什噶尔，都留下了山西商人的足迹。有些商人甚至能用蒙古语、哈萨克语、维吾尔语、俄语同北方少数民族和俄国人对答如流。

（一）晋商崛起的原因

山西人是怎么样积累起如此庞大、数量惊人的财富，怎样创造了晋商国内外贸易的兴旺辉煌呢？山西的地理资源条件造就了晋商的传奇：

首先，山西在当时处于南北交通的要道，占地利之便，南来北往的货物都要途经山西。燕王朱棣迁都北京，北方政治中心的地位又重新确立起来，经济发展格局受到很大影响。山西正好是北京到陕西必经的陆路交通要道，而包括平遥、祁县和太谷地的太原周围地区，地处黄河第二大支流汾河的谷地，所以水陆交通十分发达，该地区经济也随之发展起来。

其次，山西地产丰富，矿产加工业当时已初具规模，这为晋商发展提供了物质基础。

再次，汾河两岸人口稠密，但由于地处黄河高原，农耕用地相对贫乏。人多地少，单纯的农业生产已经不足于供养增殖的人口，使得山西人不得不走出家门去从商。《太原县志》记载："太谷地脊，人民耕种外惟恃经商。"光绪《五台新志》反映晋商发达的原因时说："晋俗以商股为重，非弃本而逐末。土狭人满，田不足于耕也。"山西自然条件差，"土瘠贫寒，生物鲜少"，自明清以来，山西人改变了旧的观念，认为因贫求富，农不如工，工不如商，遂成商业人才之渊薮[①]。于是他们大量外出经商，结果使不少山西人的生计改观，甚至成为富甲一方的大商。

世界经济史学界把晋商和意大利商人相提并论，给予很高的评价。同样，晋商在我国经济史上占据重要地位。明代时，晋商兴起，从此绵延繁荣达 500 年之久；当时北京城曾流传一句话"京师大贾数晋人"。发展到清代，它已成

---

① 严慎修：《晋商盛衰记》，转引自张正明：《晋商兴衰史》，山西古籍出版社 2001 年版。

为国内势力最雄厚的商帮，经营盐、铁、棉、丝绸、茶叶等的商号遍及全国各地，从晋商中产生的金融机构票号，执晚清中国金融牛耳百余年，号称"汇通天下"。

到乾隆年间，恰克图被清政府定为中俄贸易的唯一地点。中俄贸易的庞大交易都被压缩到了恰克图。常万达看出了其中蕴藏的巨大商机，他将张家口经营的"大德玉"字号改为茶庄，倾其资财来到恰克图，实现了由内贸到外贸的转变。常万达向俄商出口茶叶，兼营绸缎，由俄方引进皮毛、银锭，有出有进，获利甚丰。常万达"满而不盈，视有若无"，不断培厚资本，为常家外贸事业的发展奠定了坚实基础。随着事业的发展和资本的增加，常氏先后增设大升玉、大泉玉、大美玉、独慎玉商号，形成了常氏"玉字"连号，遍布苏州、上海、汉口等地，独慎玉还在莫斯科设立了分店。

商业的发展不仅给人们带来了财富，而且也改变了当时人们多少年"学而优则仕"的观念。他们都说"家有万两银，不如茶庄上有个人；当官入了阁，不如茶票庄上当了客"。茶庄票号正是当时非常热门的行业。这一时期，晋商雄居中华，饮誉欧亚，辉煌业绩中外瞩目。特别值得指出的是在晋商称雄过程中，晋商一共树有 3 座丰碑，那就是驼帮、船帮和票号。

（二）晋商的商业发展

驼帮是晋商中以骆驼运输为主从事贸易活动的重要商帮之一，他们主要经营的产品为茶叶。当时南来"烟酒糖布茶"，北来"牛羊骆驼马"。晋商经营茶叶的独到之处，就是运销一条龙。晋商在福建、两湖、安徽、浙江、江苏一带购买茶山，同时收购上茶叶以后就地加工成砖茶，然后经陆路、水路两条路线运往其各个分号。晋商的茶叶主要销往蒙古及俄国一带。在销往蒙古的时候要路过杀虎口。遗址在现在的朔州的右玉县，当时运销茶叶非常艰险。

"茶叶之路"是基于中、俄两国经济繁荣、互市要求日益迫切，从明穆宗隆庆元年（1567 年）直到清雍正五年（1727 年），经 160 年此消彼长的经历，才在两国政府与商人，特别是山西商人努力下，开辟的一条国际商贸通道。这条通道，南起中国福建、江浙、两湖等省，北至俄国及欧亚诸国，长达数万余里，在时间段上，起之于雍正初年，毕之于清末，长达近 200 年。这个巨大的历史机遇，山西人改变了旧的观念，认为因贫求富，农不如工，工不如商，遂成商业人才之渊薮①，使得明朝以来就开始兴起的山西商人，将其事业发展到了令人目眩的辉煌顶点。

从明朝到清朝初年，山西商人势力得到进一步发展。明代全国较大的商业城市有 33 个，山西就有太原、平阳、蒲州（永济）三处。这时，山西商人的资本积累已相当可观。明代末期，山西商人已进入了东北地区，和后金进行着贸易活动。康熙中期，山西商人进入外蒙古草原贸易。从此，东北的松辽平原和内外蒙古草原，就成为山西商人贩运贸易的新市场。当时，张家口的八大名商都是山西人，其中最大的企业是祁县范家开设的"兴隆魁"，是清代中国对俄国贸易的第二大企业。在对蒙贸易的西口——杀虎口，山西的行商得到清政府的特殊照顾，获得了很高的利润。这些行商会说蒙语的被称为"通事行"，其中最大的"通事行"就是山西人开办的"大盛魁"，人们曾形容"大盛魁"的财产能用五十两重的银元宝从库伦到北京铺一条路。在宁夏，名药材枸杞半数掌握在山西人开的"庆泰亨"手中。在青海，山西商人以西宁为根据地活动于各州县。在北京，粮食米面行多是祁县人经营；油盐酒店多是襄陵人经营；纸张商店，多是临汾人经营；布行多为翼城人经营；此外，山西商人还到四川、云南、贵州、湖北、湖南、江西、安徽、广东等地贸易和经商。除了国内贸易外，山西商人还开拓了国外市场，我国从陆路对俄贸易最早最多的是山西人，在莫斯科、圣彼得堡等十多个俄国城市，都有过山西人开办的商号或分号。在朝鲜、日本，山西商人的贸易也很活跃，榆次常家从中国输出夏布，从朝鲜输入人参，被称作"人参财主"；介休范家，几乎垄断了对日本的生铜进口和百货输出。②

由于张家口处于华北平原、蒙古高原、黄土高原等地理单元的交汇点，"具有陆地商埠之天然形势"，从张家口大境门外延伸出去的"张库大道"，更是一条曾经载金驮银的国际商道。张库大道是从张家口出发，通往蒙古草原腹地城市库伦（今乌兰巴托）的一条贸易运销路线，它曾被称为"北方丝绸之路"或"草原茶叶之路"。正是通过张库大道，我国内地的茶叶、丝绸、布匹

---

① 严慎修：《晋商盛衰记》，转引自张正明：《晋商兴衰史》，山西古籍出版社 2001 年版。

② 吕叔春：《晋商——中国第一商帮的经营之道》，中国华侨出版社 2006 年版，第 40 页。

等源源不断地运销到蒙古草原甚至俄国，而蒙古草原的马匹、牛羊、皮革也随之进入内地。

随着清政府对俄贸易的全面开放①，张家口出现了更多"跑草地"的买卖人，其中有皇封御赐的八大皇商"山西帮"，有联手经营的束鹿、深州、饶阳、辛集、南宫等"直隶帮"，也有拿着国家俸禄的旗人组成的"京帮"，有小本经营的蔚县、阳原、怀安、万全、涿鹿的"本地帮"。这些商人初时统称通驿站，清末改称旅蒙商②。

船帮出现在清代中叶，随着商品经济的发展，货币流通量猛增，但当时我国产铜量极低，仅靠云南一地产的滇铜远远满足不了铸币需求。在这种情况下，山西商人组织船帮对日贸易采办洋铜。介休范家就是最为突出的代表。范毓宾时期，范家的商业发展到了鼎盛时期，被人们称为著名的"洋铜商"。晋商在利用"驼帮""船帮"经商的过程中，真可谓是"船帮乘风破浪，东渡扶桑，商帮驼铃声声，传播四方"，写下了部部艰辛的创业史，但是山西商人并没有只盯着洋铜和茶叶，山西商人的最大的创举是票号。

由海上出口茶叶，比如运往印尼的茶，都是由山西人在产地收购，运往广州，由潮帮商人从山西商人手中购进再转运南洋的。至于长江中下游一带，扬州的盐商、江西和福建的茶商以及由长江口出海与日本的贸易，也数山西人最为活跃。

山西票号的产生是商品经济发展与货币金融运行的结果。商品经济的发展是票号产生的前提，而拥有雄厚的商业资本是票号产生的基础与保障，遍布各地的商业机构、良好的商业信誉和熟悉金融业务的专业人才也是票号产生的基本条件。晋商正是由于这些，使其商业活动"遍天下"，其商业网络遍布全国

① 《蒙古族简史》（内蒙古人民出版社 1979 年版）：张家口"康熙初只有对蒙商店约十户，雍正时增至九十余店，乾隆六十年又增至一百九十余店，而至嘉庆二十五年则二百三十余店"。

② 旅蒙商大致分为两个集团：一个集团是以八大皇商为首的"山西帮"和以八旗王公贵族组成的"京帮"。他们手中有雄厚的资本，其主要的销售目的地是乌兰巴托、恰克图、乌里雅苏台、科布多，甚至还包括莫斯科。旅蒙巨商们一般以整批大宗货物的批发交换为主，兼零散交易。另一集团是本地的买卖人和"直隶"帮。他们资本少，人数却多，往往自备骆驼和老倌车，每次出发必是成帮结伙，进入销售交易目的地后再分开。

大江南北，并延伸到整个北亚地区。

中国历史上第一家票号是由平遥李家独资创办的日升昌票号，地址在平遥的西大街上，现在已开发为"中国票号博物馆"。当时在日升昌票号的带动下，平遥、祁县、太谷人群起仿效，形成了平遥帮、祁县帮、太谷帮。祁太平三帮曾有一度"执全国金融界之牛耳"的美誉。当时全国 51 家大的票号中，山西商人开设有 43 家，晋中人开设了 41 家，而祁县就开设了 12 家。在这些票号中值得一提的是祁县的第一家票号合盛元。1907 年时，合盛元票号不惧风险，远涉重洋，在日本的东京、大阪、横滨、神户以及朝鲜的新义州等地，设立了票号分庄，从事国际汇兑业务，开设了我国金融机构向海外设庄的新纪元。

经营金融业比经营商业需要更多的资本，经过二三百年的经营，晋商已经逐渐具备了这一条件。同时，晋商在长期经营过程中，建立良好的信誉。其经商"虽以盈利为目的，凡事则以道德信义为根据……才能通有无……近悦远来"[①]。晋商早期经营典当、银号、钱庄、帐局等金融组织，为经营票号积累了大量金融经验，而且培养了大量专业人才。

日升昌票号：票号与山西商品经济特别是平遥县颜料业的发展关系极为密切。随着商品经济的发展，丝绸和棉织业有所发展，也带动了颜料和染坊业的发展。在清朝乾隆时期，棉织印染业是全国比较发达一个行业。织染业的发展推动着制造和销售颜料业的发展。山西平遥县颜料商就是在这样的历史条件下产生发展起来的。在经营颜料买卖的过程中，实力雄厚的西裕成大掌柜雷履泰深感平遥、京师间贷款靠起镖运现，既费时费资又担风险，一旦路途银两有失，就会给经营带来困难。于是，借鉴京师商号和商人经营汇票的经验，萌生了在京晋的晋商之间用拨兑法代替运现的想法。后来，越来越多的人看到了拨兑的好处，要求拨兑者越来越多，西裕成兼营汇票已不能适应客观需求，鉴于此，雷履泰与财东商量，决定增加资本，将颜料庄改营汇票，字号取名"日升昌"。取名"日升昌"，一来标志新盈利途径的开辟，二来予以汇票业务的繁荣昌盛。

日升昌票号的创办，标志着在中国这个古老的东方国度里，产生了起源于

---

① 张正明：《山西工商业史拾掇》，山西人民出版社 1987 年版。

经营埠际间汇兑业的中国旧式银行业——山西票号。日升昌号的创立对中国社会特别是商品经济的发展起着积极的推动作用。后来，又有几家绸缎布庄改组为票号，成为山西史上著名的"蔚字五联号"。随着票号家数的增多和业务发展，其活动地区也逐渐扩大，接着又设立许多分号，给南北各地商业交往带来了空前的便利。有人道："今山西钱贾，一家辄分十数铺，散布各省，汇票出入，处处可通。"① 这种说法虽然有些夸张，但票号在促进社会资金流动、商品经济活跃以及资本主义萌芽的发展上所发挥的作用，已经逐渐为人们所认同。

山西钱业方面，经营放贷的票号、帐局、典当行号称三大支柱，其中典当行规模宏大，蔚为壮观，史称全国之"典肆，江以南皆徽人，曰徽商。江以北皆晋人，曰晋商"。② 清代山西是全国开设典当行最多的省份，雍正年间约占全国总数的 26％，乾隆年间占全国总数的 28.6％。山西人开设的典铺，分布极广，尤其是北方城市，晋商更是占有举足轻重的地位。"清代天津、北平、山东、河南、河北等地，其典当几乎全系晋商所经营。"③

晋商在北方各省的典当业中占据支配地位，其足迹还到达南方，尤其是江浙地区。山西典铺除资本雄厚、规模庞大外，还有多元化的业务。典当为了扩大资本吸收社会上的闲散资金，还兼营存款业务，客户借以生息，典当借以增加资本扩大典当业务。随着货币经济的发展，山西典当又开始经营钱票发行。钱票是由当铺签发的一种兑换券，用它代替货币在市场流通，扩大经营，同时又可赚取一定的利息，典当发行钱票由来已久，已得到官府的默许。据《晋商盛衰记》记载："清乾嘉年间，晋商在长江各埠设典当四五百家，皆出自纸币，做现生息，每当只四五万资本，而上架 20 余万，不贷客款分文，以纸币供周转，绰有余裕。"

晋商在典当行中取得如此地位，与晋人丰富的业典知识、灵活的经营方式是分不开的。当铺经常会遇到以次充好、以劣充优、以伪充真、以近充古之事，因此经营典当铺需要多方面的知识和能力，山西典商就是世代积累了大量知识，形成了一套经营典当的方法，用灵活的方法经营当铺，才获得大家的好

① 李燧：《晋游日记》卷 3，山西人民出版社 1989 年版。
② 陆国香：《山西之当质业》，《民族》第 4 卷第 6 期。
③ 杨晓民：《徽商》，人民文学出版社 2005 年版，第 46 页。

评，获得成功。

（三）晋商对中国社会发展的影响

晋商对中国社会发展的影响可以由下面五个方面来体现：

其一，晋商通过他们的商业经营和金融活动，促进了地区间的联系，扩大了国内外贸易市场，对中国社会经济、文化的发展起到了推动和促进作用。例如，旅蒙晋商深入蒙古大草原贩运商品，又把蒙古地方的畜牧土特产品贩运到全国各地，密切了蒙民与内地的联系。旅蒙晋商进入蒙古以后，自觉不自觉地把汉族的生活方式、科学技术文化传给游牧民族，对蒙古牧民的生计产生了影响。互通有无的经济联系，也促进了内地经济的发展。蒙古草原成了内地手工业、农产品销售的广阔市场，同时也刺激了内地加工业的发展与繁荣。正如明人李长鼎所说："燕、赵、秦、晋、齐、梁、江淮之货，日夜商贩而南；蛮海、闽广、豫章、楚、瓯越、新安之货，日夜商贩而北"，南北区域经济文化的交流，加强了相互间的了解和认识。

其二，促进了城镇的发展。例如，塞外包头城原非城镇，是山西祁县乔姓商人先在该地开设复盛公等商号后，才逐渐形成城镇，致有"先有复盛公，后有包头城"之说。恰克图、库伦（乌兰巴托）、乌里雅苏台、科布多、多伦诺尔、归化（呼和浩特）、张家口、集宁、卜奎（齐齐哈尔）、朝阳等城镇，都是在晋商的推动下而兴起。晋商对内地城镇的繁荣也起到了推动作用，如明代军事重镇大同，由于山西商人在这一带经商，使大同"繁华富庶，不下江南"。此外，运城、平遥、太谷、祁县，以至北京、天津、上海、重庆、南京等商埠，都是晋商十分活跃的地方，这些城市的繁荣和发展，晋商同样起到了推动作用。

其三，对于中国近代工业的产生起了一定的推动作用。明清时期曾有一些晋商，将其积累起来的资本投向近代生产领域，开始向早期资产转化。如明代已有晋商在贩运收购松江布的基础上，发展到投资开设工场，招募工匠，从事染色加工。清乾隆时有山西商人在新疆开采铅矿，甚至聚千人开金厂。清末还投资铁路建设，如山西同蒲铁路山西商人认股100万两。山西最早的私人近代工业，是山西票号商渠本翘开办的双福火柴公司。特别是由山西商人、士绅组织的保晋矿务有限公司，已是当时有相当规模的近代采煤企业。

其四，引起社会风尚的变化。以山西来说，元末明初是一个男耕女织、自然经济结构比较典型的社会。但是随着山西商人的兴起，商品经济的发展，山西民风从明中叶逐渐发生变化，"商贾之家亦雕龙绣拱，玉勒金鞍，埒王公矣"。入清以后，由于山西人经商风气盛行，传统的士农工商职业观念在山西发生了变化，人们把商业排在了首位。雍正帝朱批称："山右大约商贾居首，其次者犹肯力农，再次者谋入营伍，最下者方令读书"。

其五，丰富了晋文化。山西商人的民居建筑比较集中地体现了我国北方民居建筑的独特风格，具有建筑高大恢宏，院园错落有序，建筑构件及装饰设计华美、工艺精良，集实用与艺术高度统一的特点，体现了中国传统文化的深厚内涵。晋商对山西地方戏曲的发展也有着一定影响。明清时期晋商"足迹遍天下"，并在全国各地兴建了许多山西会馆。为了满足山西人外出经商的精神需求，晋商经常出资邀请家乡戏班到各地山西会馆演出。晋商还出资兴办戏班。商路即戏路，山西戏曲在晋商的推动下得到了长足发展。山西是中国的面食之乡，各种面食据不完全统计有百余种，这些面食的发展都与晋商的大力推动有着密切关系。

二、徽商的海外贸易

徽商——徽州商人。传统意义上的徽州地处皖南的崇山峻岭之中，位于皖、浙、赣三省交界处，包括今安徽的绩溪、歙县、休宁、黟县以及今江西的婺源。这重峦叠峰、烟云缭绕、河流清澈，林木深秀的地方，走出了明清之际中国商业舞台的第一大商帮。徽商不仅在中国大地上创造出了一个商业神话——雄霸中国商业舞台近400年，而且以自己雄厚的财力物力，促进了中国的对外贸易。

（一）清代徽商富甲一方的体现

在很多明清小说中，徽商频频出现。古今第一奇书《金瓶梅》中的主人公西门庆就是以徽商中的盐业大亨、"百妾主人"吴天行为原型的。明代传奇小说家冯梦龙编写的《醒世恒言》中，有脍炙人口的名篇"杜十娘怒沉百宝箱"，富商孙富便是一位徽州盐商，哄骗李甲其把杜十娘卖给自己。蒋兴哥重会珍珠衫》便是《喻世明言》的首篇，外出经商的蒋兴哥将新婚的妻子王三巧独自留在家中，其妻被偶然从窗外眺望的徽商陈商一眼相中，而这个陈商是位从徽州到此贩卖米豆的。这些文学作品中徽商的身影，足见他们在当时社会生活中的地位不容忽视。

明清徽商的研究也引起史学界的广泛关注。安徽师范大学皖南文化研究中心推出《徽商》《明清徽商资料选编》《徽商与经营文化》《徽商家风》等一系列的书，其中王世华教授出版过《富甲一方的徽商》一书，并正在主持国家社科基金重大项目"六百年来徽商资料整理与研究"。

清代徽商的富甲一方有什么具体的表现呢？其一，体现在资产之巨，有"海内十分宝，徽商藏三分"之说。乾隆年间，仅徽州盐商的总资本就可抵得上全国一年财政的总收入；扬州从事盐业的徽商资本有四五千万两银子，而清朝最鼎盛时的国库存银不过七千万。乾隆末期，中国对外贸易有巨额顺差，大宗出口商品当中由徽商垄断经营的茶叶位居第一。

其二，徽商的富甲一方体现在经商的活动范围非常大，足迹遍天下，有"无徽不成镇""钻天洞庭遍地徽"说法。乾隆年间，徽人在北京开设大大小小的茶行茶店则达数千家，北京最著名的两家老字号吴裕泰和张一元，其创办者都是徽州歙县人。在整个东南沿海凡是交易频繁的地方都有徽商出没；徽商的足迹还远至日本、东南亚各国以及葡萄牙等地。

其三，明清徽商之富，还体现在出现了许多大富商和红顶商人。和其他商帮比较，徽商的官商特色非常突出。清代盐商江春，徽州歙县人。也许江春算不上最有名气的，但是官位最高的红顶商人。江春深谙官商结合的道理。"以布衣上交天子"，乾隆对他颇有好感，为他手书"怡性堂"匾额，授正一品光禄大夫、布政使之衔。

其四，徽商的富甲一方体现在文化影响之深远。经济带动文化的繁荣，再加上徽商是儒商，重视教育，文化和艺术修养较高，徽商是徽文化内在的经济支撑。徽商成功后大多回乡建宅邸、置田产、办书院、修族谱，进而推动了徽剧、徽州建筑、徽州版画、徽州文书、新安理学、新安画派等徽州文化的发展。在江浙不少地方至今保留着浓郁的徽派建筑和徽派园林，依稀可见当年徽商富甲一方的荣耀。

腰缠十万贯，骑鹤下扬州。在明清时期，支撑扬州繁华的基础是盐务和漕运，而这两项基本都由徽商垄断。明清流传"这扬州城原是徽州殖民地"的说辞。徽商们的生活方式引领潮流，南北地方戏都以在盐商的庭院中献艺为荣，京剧艺术就是乾隆八十大寿徽商带领的四大徽班进京而正式诞生的。

（二）徽商积极投身对外贸易和走私活动

明嘉靖年间以后，徽州从事商贾的人数大增并逐渐发展为中国商界一支劲旅，活跃于长江南北，黄河两岸乃至日本、东南亚各国和葡萄牙。明代统治者厉行海禁，徽州歙县人许栋、汪直等为了追求超额的商业利润，甘冒枭首的危险去进行武装走私贸易，"造巨舰，收带硝磺、丝绵等违禁之物，抵日本、暹罗、西洋等国，往来互市"，甚至在日本五岛建立了商业殖民地进行海上贸易扩张。①"亦商亦盗"这是徽州商人海上贸易的一个显著特点，也是一个时代悲剧。

16世纪，这是西方重商主义盛行，海洋贸易发生历史性巨变的时代，初步形成了横跨亚、非、欧、美四大洲的世界性海洋贸易圈。徽州海商某种程度上是在回应世界市场对中国传统商品的巨大需求，显示了商品经济社会中徽商求生存、求发展的超强意志力。徽商可以说是中国海上贸易的先行者。但在明专制政权的残酷打击下，喧嚣一时的徽州海商受到抑制。这是封建势力对中国资本主义萌芽的扼杀，封建统治者无视世界贸易的发展趋势，以及国内特别是沿海一带商品经济的发展，商品交换的规模和范围的日益扩大和越来越强烈的对外贸易的需求。在中西方的第一次碰撞中，中国与世界失之交臂。除了进行海上对外贸易，同时徽海商积极参与边境茶马贸易。边疆的一些少数民族因为主食牛羊肉和乳制品，对茶叶的需求量极大，在通往西南或西北的漫漫长途中，也能看到徽商的常年奔波的身影。

往来于大海的徽商承担着巨大的风险：

首先，清朝统治者长期厉行海禁，规定"敢有私下诸番互市者，必置之重罚"②。海禁之严在徽州地方志里也有反映。徽商毕懋政"尝游闽……见某贾折赀，将航海。是时航海之罚甚峻，懋政给道里费，挈之归"③。毕商资助同乡

---

① 张研：《清代经济简史》，中州古籍出版社1998年版。
② 《歙县志》卷9《人物义行》。
③ （嘉庆）《歙棠樾鲍氏宣忠堂支谱》卷21《鲍君文玉传》。

商人，使他免受"航海之罚"，被归入"义行"类，足见法网之周密了。

其次，徽州海商承担的风险还来自航海的艰险。

海外贸易易遭海盗的劫掠是常有的事。徽商鲍文玉"行贾于外，转徙瓯粤间。是时市舶出洋，遭劫掠者无算。文玉数往为，属有天幸，独不遇"。劫掠之频频，以至《鲍君文玉传》的作者将鲍商未受劫掠，称之为"天幸""游海上往往得神助云"①。

最后，游弋海上，由于自然条件恶劣，极易染病。

《湖栾杂记》载有一则事例："清时休宁赵贾出海病疽，同舟者弃之海岛……（偶遇一僧被救得归）贾还，捐赀造建初寺，画神僧之事于壁，以彰佛力。"

而且，还有为飓风迫离航道以致倾覆者。据《乾隆实录》载，乾隆初年往来于中日的海商，被风飘入朝鲜国境的前后共达几百人，这些人免遭灭顶之灾当属天幸。

尽管有着重重风险，徽商对海外贸易和走私活动仍然趋之若鹜，原因就在于海外贸易获利极高。上述鲍文玉在海外，"货委于地，人皆争取，无积滞，又数得息"。又徽商许辰江，"航大海，驾沧江，优游自得，而膏沃充腴，铿锵金贝，诚古逸民中之良贾也"②。正是在高额利润的驱使下，越来越多的徽商铤而走险，远扬于大海。

（三）徽商从事海外贸易的经营方式

远离桑梓之地的徽商竟然能与闽、浙的海商相抗衡，并一度成为走私贸易的中坚力量，这有着深刻的原因。"前世不修，生在徽州。十三四岁，往外一丢。"贫瘠的地理环境，移民的文化心理基因，使得出生在徽州的人天生具有冒险精神，徽州的男子少年时代就出门谋生，徽州商帮集团便在一系列社会、文化变迁中孕育而生，在盐业、茶业、木业、典当业等方面取得了非凡的业绩。程朱理学的耳濡目染又使其崇文重理，亦贾亦儒，特别是强烈的宗族意识，使徽商即使富甲天下，也要回乡立祠修宅。徽州人在南宋时便开始了漫漫

---

① （隆庆）《新安歙北许氏东支世谱》卷5《练辰江则叙》。
② 《清律府例》卷15，《私出外境及违禁下海条》。

经商路，至清朝时期迅速崛起，并对当时中国商业以外的文化创造、艺术革新、社会风俗产生重大影响。

透过徽商的经营活动，可以看到徽商并非是孤悬海外的，他们的力量来自于同徽州行商、坐贾和手工作坊主的紧密联系。从广义上说，徽商的经营活动并不限于海上，而是包含有三个层次。其核心层次是指直接雄飞于海上的徽商；其外围层次则是由广泛分布于江南市镇的徽州坐贾和手工业作坊主构成；居于这两个层次之间的中间层次是徽州行商。这三个层次共同构成一个对外贸易的整体，形成强大的力量，有力推动了徽商的对外贸易活动。

徽商的经营是受下述条件制约的，其一是必须面对封建统治者的海禁网罗；其二是必须要有雄厚的资本。当时建造一条海船需要"千金"，雇佣伙计、船工、舵手等以及海船的维修均需要大量资金，因此，独资经营者不多，更多的徽商是合资经营甚至是集团经营。

徽商的经营是双向的，他们将中国生产的丝绵、丝绸、瓷器、棉布、铁器、茶叶和药材等运往日本、东南亚各地，又将海外出产的胡椒、象牙、犀角、玳瑁和银币等输送回国。海外贸易的流通过程由三个环节构成，即收购、运输和销售。在海外的收购、销售自然不受清王朝海禁的影响，相反还备受海外各国的欢迎，然而，就运输环节而言，单独或合伙经营的海商是无力抵抗清王朝的武力镇压的。尽管如此，由于清朝的海上防务方略仍然是传统的，因此独立或合伙经营的海商仍能得以借助于武装海商集团的庇护从而进行海上的对外贸易和走私。最关键的是第三个环节，也就是在中国沿海、内陆的收购和销售。清政府在相当长的时期内严格限制对外贸易，一方面是严禁将违禁物销往海外，另一方面又不准在内地销售舶来品。浙闽粤地区在清政府的严密控制之下，而第三个环节又不得不在这里进行，徽商进行海外贸易的难点即在于此。这一环节如不能打通，则其余两个环节也不能活动起来。而为打通这第三个环节，徽商武装集团主要采用了以下两种方法。

其一，占据海岛，以此作为海外贸易的交易场所，吸引外商和独资、合伙经营的中国商人来海岛交易各自的货物。海商武装集团保障海上通道及交易的安全，充当"为商夷所信服"。①

其二，直接到大陆采购货物。海商集团有一部分人分工潜往大陆采办，他们凭借财力和武力，打通关节，"入关无盘阻，公然纷错苏杭之间"，"潜与内地奸民交通贸易"。

在清政府实行严厉海禁的时候，私商总能找到各种途径进行走私贸易。这其中，徽州商帮表现得很明显。徽商有一个整体的特征，其以宗族组织为主体。这个特点不仅使得其在任何一个侨寓之地很快兴盛起来，而且，"这种'以众帮众'的精神，也是其有能力冲破海禁的落网，从而使走私贸易发展起来。在清朝那样的情形下，走私贸易是无法杜绝的。"康熙即位后曾说："向虽严海禁，其私者何尝断绝？"也不得不承认这个事实。

那么，在如此严厉的海禁时期，走私贸易怎样能发展得这么迅速呢？

首先，历史的发展趋势是趋向开放，趋向专业化分工的，海禁政策明显就是逆势而为，实行锁国政策已经不符合时代潮流。另外，明清时期新思想的产生与发展，人们的思想已经渐渐开化，尤其是一些弃农经商的破产农民，经商是他们的求生之道。而当时的海禁，虽然一定程度上封锁了郑氏集团，但是严厉的迁海政策也产生了极大的负面效应：康熙十二年（1673 年），福建总督范承谟在奏疏中说："自迁界以来，民田废弃二万余顷，亏减总共约计 20 余万之多，以致赋税日缺，国用不足。"同时，沿海居民多流离失所，渔盐业也多停顿。同时，郑氏集团也没有坐以待毙，而是不断地进行着"反迁海"的斗争。派遣大量商人潜入大陆，进行秘密交易。

（四）徽商外贸成功的原因

徽商之所以能称雄于海外，一个重要原因就是徽州行商源源不断地向他们提供充足的货源，并将舶来品推销于江南富庶地区及全国各地。徽商欲打通在中国沿海、内陆的收购和销售这一环节别无他途，只有与行商密切合作，从行商处得到外销的货物，并将舶来品转给行商。走私贸易的徽商到内地购销不仅有被捕受严惩的危险，而且也不利于海船周转以取得更大的经济效益。走私的海商如果受到告发则有身家性命之危，因此他们与行商之间的贸易是秘密进行

---

① 顾炎武：《天下郡国利病书》卷 119《海外诸番日本条》。

的，而且往往带有血缘和地缘的色彩，于是徽州海商接触的也多是徽州行商。

徽州行商往来穿梭于江南丝绸、棉布、瓷器产地与浙闽粤沿海之间，使南北流通的渠道畅通，他们的活动对海商是至关重要的，他们之间的乡族情谊在厉行海禁的时代条件下是走私贸易得以安全进行的可靠保证。同时，徽州行商还借助乡党族亲关系与客居江南的徽州坐贾、手工作坊主保持密切的联系，从而易于得到禁止出口的商品和脱手舶来品。作为生产与海外流通中介的徽州行商具有周转快、利润高的优势，这就把更多的徽商吸引到与走私贸易相关的南北贩运贸易的行列中来。

徽商成功的一个很重要的因素，就是以血缘和地缘结成商业团体，并借助这样的关系形成专业经营、开展商业竞争、沟通商业信息、传授商业经验。徽州由于独特的地理因素，再加上北方"外来户"强烈的宗族意识和儒家朱熹学派的影响，形成了地缘和血缘的关系。出门谋生、独闯商海，困难可想而知。徽州人外出经商，时常是同族或同地的人，三五成群结伴而行，彼此有个照应。因为血缘关系，他们具有较强的凝聚力、向心力，易于结成牢固的团体。而同一的地缘关系，相互之间十分了解，容易建立起相互信赖的关系。随着徽州商人商业的扩大，又不断吸收同族同地的人参加，逐渐形成了同一血缘、地缘的人从事同一种类的商业且在同一地经营的现象，形成了行业宗族化和地缘化的特点。由于有了"两缘"的关系，徽商之间有着很强的亲情认同感，非常乐于彼此提供商业信息；由于有了血缘和地缘的关系，商业的成败、兴衰直接与本族、本地的利益息息相关，所以前人就非常乐意向后人传授商业经验，从而减少了经商的困难、增加了成功的把握。

同时，徽商以勤奋和吃苦耐劳而著称，在外经营，三年一归，新婚离别，习以故常。而且徽商深谙政治势力对于商业经营的重大影响，依附官府且善于运用政治势力为其商业活动谋利。大盐商江春与红顶商人胡雪岩都是将这一手段运用到极致的代表。然而徽商在依附官府的同时，又坚守诚信的经商理念，形成其独特的商业文化。

正是凭借这些优势和经验，徽商取得了巨大的成功，明朝中叶到清朝中叶，徽商保持了三四百年的鼎盛辉煌时期；清朝中叶，徽商一跃成为中国十大商帮之首。

清朝早期，经济萧条，在明清之际的战火中，徽商遭到了沉重的打击。顺治中叶以后，随着社会的安定、经济的恢复和发展，尤其是清廷采取了一系列"恤商裕课"的措施，以盐业为龙头的徽州商帮开始全面复苏，茶叶贸易也走出明末困境，进入一个全新的发展时期。到清代乾隆年间，仅徽州盐商的总资本就可抵上全国一年的财政总收入。扬州从事盐业的徽商资本有 6000 万两银子左右，而清朝最鼎盛时期的国库有银不过 7000 万两。徽商在"盐、茶、木、典四大宗"贸易等方面取得了不凡的成就。康乾年间，沿江流域流传着"无徽不成镇"的谚语。这一时期徽商的商业资本之巨，从贾人数之众，活动区域之广，经营行业之多，经营能力之强，都是其他商帮所无法匹敌的，徽商进入了鼎盛时期。有两则例子足以证明：

第一，当年苏州的徽州人汪溢美每年组织两万批绸缎运往英国皇宫，30万匹绸缎出口，这与当时英国上流社会对中国丝绸的偏爱有关。1708 年美国的《每周评论》上说，连英国女王也爱穿"汪溢美"的中国丝绸。当时法国巴黎、里昂的丝绸商人，为了迎合本国人的嗜好，将他们自己织造的丝绸贴上中国的商标，并仿制中国龙的图案，但终究远逊于中国丝绸而打不开销路。现在我们从美国或欧洲的博物馆里，还可以看到清代织造的出口丝织品。①

第二，以前，俄国人在欧洲散布一种偏见说什么由商队运来的茶叶比由海上由广州向欧洲进口的要好。因为海上运输会损害茶叶的香味。这些都是诡计。无论商队运来的茶叶，还是由海上从广州输出的茶叶，都是来自同一种灌木，同一些茶场：红茶主要来自福建，花茶和绿茶主要来自安徽省。

徽商进行茶叶贸易是收购、加工、运输、销售一条龙经营，而销售方式又分为内销和外销。其中内销"茶北达燕京，南极广粤，获利颇赊"②，而外销茶则是通过通商口岸销往海外。在这样广阔的国际大舞台上，徽州茶商长袖善舞，迅速崛起。

1757 年后，清廷规定西方各国来华贸易，"一律在广东收泊交易"，徽州茶商纷纷奔赴广州，时人称之为"漂广东""发洋财"。很多发了洋财回来的

---

① 潘小平：《徽商——正说明清第一商帮》，中国广播电视出版社 2005 年版，第 65 页。
② 周晓光：《清代徽商与茶叶贸易》，《安徽师范大学学报》2000 年第 3 期。原文注明引自（清）许承尧：《歙事闲谈》。

徽州人形容到广州去做外国人的茶生意，就像到河滩上弯腰捡块鹅卵石一样便当。[①] 乾隆末年，中国对外贸易有巨额顺差，关税盈余每年85万两银子，出口商品中由徽商垄断经营的茶叶位居第一[②]。

外销的茶叶俗称"洋庄"，是适应中外贸易形势发展而兴盛起来的徽茶最重要的销售渠道。光绪年间，外销茶在徽茶中的比例高达80%—90%。[③] 徽商一般通过茶栈将茶叶卖于洋行。值得注意的一个细节是"徽州茶商对成品茶叶还要进行包装。洋庄茶内用锡罐，外装彩画板箱，每箱可装细茶40余斤，粗茶30余斤；内销茶专以篓袋盛储，其中茶朴、茶梗、茶子居多"。[④] 可见徽商对外销茶的重视，还有一些现代的经营理念。

作为地处商品经济发达的江南地区的商帮，徽商是清代最为强大的商帮之一，而且具有典型的意义，徽商努力从正当的对外贸易中追求更大的商品市场，从中谋取利润，同时也在利益的驱使下参与到对外走私活动中。徽商的对外贸易和走私情况是整个清朝对外交流的缩影和代表，对此的分析和了解有利于加深对清朝对外交流情况的深入认识。

（五）徽商精神

自万山丛中的徽商，凭什么得到历史如此的青睐和眷顾？一言以蔽之，凭的是"徽商精神"。"徽商精神"涵盖了爱国敬业诚信友善等等。它既蕴含了市场经济的规律，又融合了中华民族的优秀品格。

1.赴国急难、民族自立的爱国精神

明朝建立之初，为了防备蒙古残余势力，官府号召商人将粮食运往边境支援守军，官政府发给盐引，到内地支盐行销。不少徽州人千里迢迢，运粮输边。

徽商中最有名的当是胡光墉，也就是胡雪岩。胡雪岩，祖籍绩溪、出身寒门，恰逢晚清内忧外患的动荡岁月。善于审时度势的他，以太平天国、洋务运动和西疆筹边为契机，由一个在杭州钱庄里跑堂的小伙计，成长清朝历史上唯

---

① 潘小平：《徽商——正说明清中国第一商帮》，中国广播电视出版社2005年版，第57页。

② 杨晓民：《徽商》，人民文学出版社、中国广播电视出版社2005年版，第16页。

③ 周晓光：《清代徽商与茶叶贸易》，《安徽师范大学学报》2000年第3期。

④ 周晓光：《清代徽商与茶叶贸易》，《安徽师范大学学报》2000年第3期。

一的一个既有红顶戴又获得黄马褂的官商。成功后的胡雪岩，一度操纵江浙商业，个人资产最高时突破 2000 万两白银。他时刻不忘报效国家和朝廷，采办军火和粮食运往杭州支援与太平军激战的清军。协助左宗棠组"常捷军"和福州船政局。俄国占据伊犁，左宗棠西征粮饷不足时，胡雪岩鼎力相助，先后六次向英国银行借款，支撑了巨大的军费开支，一年后全境收复，使 160 万平方公里的新疆失而复得，为近代史上最扬眉吐气的一件大事，从中可以看见爱国的拳拳之心。

2. 开拓进取、矢志不渝的敬业精神

胡适曾把徽商比喻成"徽骆驼"，讲的是徽商拥有的拼搏进取、忍辱负重、百折不挠、吃苦耐劳的"徽骆驼"精神，徽商是从历史的夹缝中脱颖而出的，既要面对重农抑商的时代大环境，又要面对徽州山区地少粮缺的客观事实。徽州民谚："前世不修，生在徽州。十三四岁，往外一丢。"徽商绝大多数是小本起家，不少妇女慷慨卖掉自己的嫁妆支持丈夫经商。历经艰辛，终成大业。身处逆境的徽州人终究还是化不利因素为有利因素，闯出了一个"无徽不成商"的境界。

3. 以德治商、援义取利的诚信精神

有儒商美称的徽商，笃信儒家诚信的理念，运用到商业经营中。清末胡开文墨店发现有批墨锭不符质量要求，老板胡开文发现后立即令所属各店停止制售此墨，并将流向市场的部分高价收回，倒入池塘销毁。"北有同仁堂，南有庆余堂"，是句闻名遐迩的广告语。

4. 乐善好施、热心公益的友善精神

致富之后，徽商不忘回报社会，积极捐资兴办社会公益事业，建义仓、设族田，修水利、筑道路、兴学校等，赢得了灾民的普遍信赖，树立良好声誉。

牌坊是封建社会最高的荣誉象征。徽州棠樾牌坊群是其中的代表。棠樾牌坊群共有 7 座，分表标榜"忠孝节义"。中间为乐善好施坊。嘉庆年间，鲍氏家族的鲍漱芳，官至两淮盐运使司，掌握江南盐业命脉。黄河、淮河大水灾，洪泽湖决堤，他先后便捐粮 10 万担、捐银 3 万两，修筑河堤 800 里、发放三省军饷。此举获得朝廷恩准，为"乐善好施"的义字牌坊。紫阳书院就是得到鲍漱芳捐款才得以重建。乾隆皇帝曾亲笔为鲍家祠堂写了"慈孝天下无双里，锦绣江南第一乡"的对联。

在重农抑商的传统社会，徽商的胆识、勇气和商业经营理念，让当时的朝野上下，深深震动。又通过爱国敬业诚信友善的徽商精神凝聚团队，实现了个人财富积累，实现了社会价值和家国抱负，促进了社会的进步。

三、闽商的海外贸易

（一）重商的历史渊源

福建的简称是"闽"，"闽"是"门"字里面有个"虫"，但这个"虫"没几个甘心躲在门里面的，因为他们知道，在门内的，永远是条虫，所以他们不惜一切地要"破门而出飞天，冲门而出翔海"。他们的先辈先"浪迹"东南亚，再漂洋过海遍布世界各地，一旦他们出去，许多人就由虫变成了龙。追寻闽商的足迹，如同翻觅一本厚重的史实。福建是个具有悠久经商传统的地方。远在4千多年前，昙石山文化已显现海洋文明的特征；宋元时期，泉州成为"海上丝绸之路"的重要发源地；近代，厦门、福州位居五口通商之列，马尾船政文化辉煌一时。可以说，海洋、商贸、开放、移民等因子，早已融入福建人的血液，成为福建文化特有的禀赋。

闽商闯荡全球最早可追溯至唐宋时期。自东晋迄唐宋五代以来，中国战乱不止，加上黄河地区气候寒冷，自然条件恶劣，因此许多北方人南迁，导致闽粤人口激增，形成人口过剩的局面。同时，闽南和粤东北地处山区，土地贫瘠，"漳泉诸府，负山环海，田少民多，出米不敷民食"。农民没有土地是移民的主要原因。因此，当地民众只能出洋谋生，以寻求生路。"福建地狭人稠"导致闽人外迁的原因。因为福建三面环山，一面朝海，长期积淀了贸易航海的经验，所以东南亚成为避患求存的首选之地。

粤闽沿海地区，自汉唐以来，一直是中国对外贸易的中心地区之一，海上贸易繁荣兴旺。闽人崇商盛于元代。唐宋时期，迁徙的闽人为了谋生从家乡带着丝绸、药物、糖、纸、手工艺品等特产搭上商船从泉州出发，顺着"海上丝绸之路"漂洋过海，将这些商品销往各地区甚至世界各国。

明中叶以后，商业资本十分活跃。全国各地有许多商人和商业资本集团。也正是在那时，以明代社会经济大发展为背景，以本地发达的手工业为依托，闽商开始大规模地进行海内外贸易活动。万历年间李光绪说："（泉州）安平市贾行遍郡国，北贾燕，南贾粤，西贾巴蜀，或冲风突浪，争利于海岛渔夷之墟。"明代福建山区商人依托本地土特产品也开始出现在省外市场上。如闽北延、邵两府纸商在万历时期销纸于北京，并捐资兴建延、邵会馆。闽西连城在明代印刷业就很兴盛，"以书版为业，刷就发贩，几半天下，而关征从及之，其获利亦不少矣"。

在海外诸国商人不断涌入中国进行贸易的同时，以粤商为首的中国商人集团也不断远涉重洋，开拓海外贸易市场。特别是清朝时期粤商的海外贸易与经营更为发展。粤商集团在异国他乡，克服种种困难，积极发展贸易经营活动，为促进海外诸国，尤其是东亚各国与地区的经济发展，作出了重大的贡献。进一步加强了中外经济文化的交流与联系，对于广东沿海地区商品经济的活跃发展，也具有深远的意义。

而真正具有现代意义的闽商则崛起于 19 世纪后半期。

明清时期闽商在省外主要的活动区域是江浙沿海地区。广东也是闽商活动的重要区域，这里对外贸易发达，外商众多，它是闽商南下东南亚的中转站。广州、澳门、佛山、潮州等城市都是闽商分布较集中的地方。清康熙年间，北洋航海开通，闽商大举北上，闽船北上华北、东北的商货以糖、茶叶、木材、纸张为大宗，南下的商货以大豆、芝麻、瓜子等农副产品为大宗。闽商北上贩运有力地加强了南北的经济交流。《厦门志》称："海商以贩海为利薮，视汪洋巨浸如衽席，北至宁波、上海、天津、锦州，南至粤东，对渡台湾，一岁往来数次。"明清时期，福建海外贸易较发达，这不仅为福建注入大量资金，而且还带来许多海外洋货，充足的资金和丰富的洋货为闽商从事国内贸易提供了客观条件。

闽商商帮的形成有独特的社会历史背景。中国古代重农抑商，士农工商"四民"之中，商人被排在末位。一旦从商，则不得仕官为吏。但福建由于远离中原文化区，受中原风气影响相对较弱，商人的地位不仅未受到挑战，反而使中原那种贬抑商人的传统制度和观念受到强有力冲击。至明清，闽商中的许多商帮由于得到地方势力和乡族势力的有力支持，成为左右地方的不可忽视的力量。

（二）海商的特点

明清时期，闽帮就是中国十大商帮之一，与晋商、徽商等商帮齐名，成为极为著名的外商、海商，具有五大特点：

一是从商历史悠久，人数众多。宋代福建商人遍布全国沿海各地，同时随着泉州港地位的日益重要，福建海商盛极一时。明清时期，由于沿海人口向海外流动与山区农民向外省迁移，产生了大量经商者，从商人数不断增加。明清之际，福建商人对全国各地大量渗透。

二是以血缘为核心，以家族为凝聚力，家庭经营较为普遍。这是为了更好地管理，也是为了商业机密不外泄。据有关族谱宗亲资料统计，早在唐代，福建就有家族经商的传统。如永春颜氏家族从商者约占总数40%，其家族成员几乎都往南洋槟榔屿从商，或"泛商安南"，或"往商南洋"等。在商业发达的晋江一带，家庭式经营更为普遍，父业子承，形成风尚，且致富后能和睦乡里，贡献于家族。

三是不同区域商人特点不同。最有影响的是闽南商帮、福州商帮、兴化商帮，此外还有龙岩、汀州、永安、福安、延平、闽清、永泰等地的商帮。福建不同区域人的不同性格对他们从商的成就大小造成了直接影响。其中，晋江、石狮一带商人，不仅敢冒险，还善于经商，有敏锐的商业头脑，有着强烈的竞争意识，且气派大，目光远，所以泉南商人中成大富翁的远远比其他几个区域商人多。

四是有独特地位。由于远离中原文化区，福建受中原风气影响相对弱些，再加上商人的势力和影响，闽南一带更是推崇"商能致富""商胜于工，商胜于农"，"以商为荣"观念深入人心。至明清，一些大商人集团由于得到地方势力和乡族势力的有力支持，为了安抚这些势力，朝廷不得不多加拉拢和让步，这也是其他省的商人所不曾有的。

五是妈祖崇拜成为最典型的文化标记。几乎凡有闽商到过的地方，都建有这位"海神"的歇身之处。据不完全统计，目前，全国仍有300多个县、市保存着天后宫或妈祖庙，世界范围内的天后宫或妈祖庙仍有近5000座。

最后，闽南人的性格特征主要有强悍拼搏，甚至敢于冒险犯禁；重商务实，讲求实利、讲究实际，既有获取高额利润的愿望和要求，又有勤勤恳恳、脚踏实地的实干精神；包容和合，具有较大的包容性、开放性和"海纳百川"的胸怀。而正是在这样的文化土壤里，孕育出了闽商这朵历百年风雨依然盛开不败的鲜花。

四、粤商的海外贸易

（一）"天子南库"背后的无奈——生存于朝廷与洋商夹缝中的压力和不安

1757年，乾隆颁布"一口通商"的旨意，这一政策的变动从1684年开始的中国四大海关对外通商的对外格局，将对外贸易集中于广东。谕旨上说"口岸定于广东，洋船不得再赴浙省"，"如此办理，则来浙番船永远禁绝，不特浙省海防得以肃清，且与粤民生计并赣、韶等关均有裨益"[①]。旨意表明，实施"一口通商"的原因一是为了浙江海防，减少外寇烦扰，二是为了发展广东及其周边地区的经济。但事实上，还有一个重要的原因就是广东的收入与天子之间存在特殊的联系。

清代的广东在历史上被称为"金山珠海，天子南库"，这一评价并非空穴来风。广东地靠海岸，对外贸易发达，且粤商们行商经验丰富，有较强的组织性和纪律性，对外贸易更是为天下先，于是，朝廷里天子妃嫔、王公大臣们对舶来品的需求便完全落在了广东巡抚、粤海关官员等人的身上，而这一任务又转嫁到对粤商们的高压政策上。所以，当时的粤商不仅要从事对外贸易，还要承担对朝廷贡品的采购任务。据史料记载，乾隆曾下谕粤海关有采买贡品"皆可不必惜费"[②]。1751年，粤海关监督唐英曾花3700两为万寿节采办一批洋货，不仅不被皇上嘉奖，更被批示"采办贡物，理宜拣选头等品物贡进。嗣后务必采买京内少有西洋稀奇物件"[③]。从中可见朝廷对贡品要求之严，采办贡品的粤商们压力之大。

除了承担朝廷贡品之外，粤海关每年还要上缴巨额金银，而这笔钱是由皇帝直接监管的，皇帝自然对粤海关的商贸关注备至。作为粤海关主要收入的粤商在当时的背景下已不单单只是作为一个商人的角色了，他们还是朝廷与西方

① 李国荣、林伟森主编：《清代广州十三行纪略》，广东人民出版社2006年版，第49页。
② 李国荣、林伟森主编：《清代广州十三行纪略》，广东人民出版社2006年版，第49页。
③ 李国荣主编：《广州十三行——帝国商行》，九州出版社2007年版，第38页。

国家的重要连接。他们是洋人进入中国后第一个接触的，也是最多接触的群体，所以在某种程度上，他们也代表了中国带给世界的印象。作为重要连接的粤商，他们所承受的压力是空前巨大的。他们那种被迫周旋于官商之间、中外之间的尴尬场面，实际上也是中华历史上从未有过的一个崭新局面的衍生物。清政府在当时为了获得高额的财政收入，同时与洋人打好关系，对粤商施行"以官制商，以商制夷"①的链条式管理办法，这使得粤商们在经营好自己生意的同时，还要调节好官府与外商的关系，二者发生冲突时，他们还得要两者兼顾。而在这其中，十三行商人所受的压迫是最典型的，当时的清廷规定，行商是不能自由退出的，也就是说，他们连最基本的人身自由也不能拥有，即使遭遇残酷的压迫，也只能代代延续地隐忍下去。更有甚者，十三行从1745年开始就实施了保商连坐制度。一旦其他商行出现欠债、欠税、破产或者发生政治纠纷，其他商行必须共同承担。在这种制度之下，当时商人们都噤若寒蝉，特别是一些大行商，经常出现了事故他们都要作为领头出面弥补解决。他们承受的压力可想而知。这也难怪潘启之孙潘正亨曾自嘲地讲出"宁为一只狗，不为洋商首"②之言。可见在清代粤商们风光的表象下，多的是不为人知的辛酸，这句看似玩笑话却在某种程度上道出了整个清代粤商群体的无奈与沧桑。

粤商中曾流行"洋货东西至，帆乘万里风""百货通洋舶，诸夷接海天"的谚语，老广东亦有诗："广州城郭天下雄，岛夷鳞次居其中。香珠银钱堆满市，火布羽缎哆哪绒。碧眼番官占楼住，红毛鬼子经年寓。壕畔街连西角楼，洋货如山纷杂处"。③这描述的正是中外商贸文明在这里交汇，被容纳，并由此带来富饶繁荣之景。但是，清代对外贸易的"独市"除了带给粤商们丰厚的收入之外，随之而来的是与洋人打交道的压力。他们所面对的客人是来自大洋彼岸的异族人，与自己的国家民族都迥然不同，中西文化上的巨大差异使他们在商贸往来中必然会产生各种各样的问题，而他们遇到的也是没有前例可以仿照的。

清朝的"闭关锁国"政策使国家长期积弱，清政府对洋人颇为忌惮，在问

① 刘正刚：《话说粤商》，中华工商联合出版社2007年版，第47页。
② 刘正刚：《话说粤商》，中华工商联合出版社2007年版，第47页。
③ 刘正刚：《话说粤商》，中华工商联合出版社2007年版，第37页。

题的裁决上大多向他们倾斜，除此之外，自以为"天朝上国"的清廷一直把对外贸易看作是一种政治活动，不只是单纯的经济来往，而是"招徕远人，宣扬圣德"之举。《帝国商行》一书曾有记载："清帝在中外纠纷中，往往喜欢扮演一种'朕统万方，天下一统'的裁判角色，为体现出怀柔政策，甚至多偏向于外方。"① 由此可见，在对外贸易中粤商和洋人并不处于同一基准线上，这种地位上的倾斜使粤商们在贸易中即使被欺负也大多只能把苦水往肚子里咽，如"1780 年，泰和洋行颜时瑛、裕源洋行张天球等 4 家欠外债高达 380 万元。他们原本借的实数仅为 107 万元，经过利滚利的折腾，竟然翻出 3 倍多……此次，乾隆帝唯恐拖欠银两被外人耻笑，有损天朝尊严，指示刑部审办治罪，罚令颜、张二人变卖家产，充军伊犁，全部债款照原本加一倍偿还，债务由其他行商分 10 年还清，外商由此得到了一笔意外的收获"②。对于这样的情况，粤商们虽然颇有微词，但面对皇权至上的清廷和洋人的势力，他们也只能默默继续忍受罢了。

在长期处于朝廷和洋人的双重压力和压迫之下，粤商们如履薄冰，举步维艰，难免在心理上产生不安和自怜之情，而对外经商本身就具有巨大的风险性，这些令他们时刻充满了焦虑与不安。在粤商们的商业行为中，他们要在商铺中摆设神龛，每天清香三炷叩祀各路神祇，祈祷平安顺利、生意兴隆；依然笃信着种种商业禁忌，在出船之前不可以翻鱼、在开铺的时候不可以说"蚀""输"等禁忌用语等等。这种种的讲究正是因为他们比其他行业工作者面临更大的压力、更多的变化、更大的风险，从而也有着更多的沉迷，更多的执拗。这些行为，从心理意义上来说，正是一种压力的疏解和不安心理的寄托。

（二）粤商的海外贸易

粤商的经营非常活跃。福建的茶农、南京地区的蚕丝产户和广州的手工业者连同他们的中间人，都必须依靠广州港的对外贸易。鸦片战争前广州的洋商还出现了茶叶加工性质的工厂。英国人汉密尔顿曾谈到他在广东柔佛的所见所闻，指出当时在柔佛地区的华人约有千家，绝大部分从事外贸经营活动。他们

---

① 李国荣主编：《广州十三行——帝国商行》，九州出版社 2007 年版，第 226 页。

② 李国荣主编：《广州十三行——帝国商行》，九州出版社 2007 年版，第 226 页。

的海外贸易活动经营范围广泛，经营形式多样，从而能在相当长的历史时期内，在海外贸易经营，尤其是在东南亚地区，保持较大的贸易优势。其形式主要有：

（1）直接由国内向海外诸国输出货物商品。抵达目的地后，向所在国有关当局交纳赋税，或向地方统治权势人物进贡礼物，或者有船舶贸易，粤闽海商直接在船上与海外诸国进行交易活动等。由广州出口的茶叶、生丝、瓷器，给国家带来关税和内地税的巨大收益。广州是江南茶叶出口的重要基地。甚至人说"美国在广州的政策是以保持茶叶的源源供应和贸易路线的畅通无阻为主要的关心点"[1]。再如，著名的浙江平水茶，"清嘉道间……已有输往国外，当时由广东出口，其茶市价格之涨落，有驿马为之递报"[2]。

（2）中转贸易。粤商作为中介，把中国来的货品转售批发给海外的华商或外商，由他们再转贩他地或他国，也有把海外诸国的商品或加工品中转至国内或其他国家。其贸易形式也呈现了多样化。中转贸易还包括粤闽海商在海外诸国中进行的一二级市场的交易活动，特别是东南亚诸国沿海与内地的商品交易活动。如爪哇，几乎所有的内地贸易，即使中级市场，都是在中国人的控制下。值得指出的是，其贸易活动表现了相当的规律性，反映了粤商的贸易活动已纳入海外诸国的经济运作之中。

粤商的成功中包含着各种各样的因素。他们善于审时度势，注重调整自己的经销策略与经营商品。他们所经营的商品种类繁多，范围广泛，而且适销对路；粤商在海外贸易经营活动中，注重合作精神。在必要的时候，他们善于合作，群体作战，积少成多。这样不但可以避免资金不足之虞，也可以降低商业风险，加强商业竞争能力。如爪哇的粤商，"如果一旦货物价钱太贵，单一个体的中国商人，难以承受财政上的困难，他们常几个人联合一起，把这些价值较高的货物买下，并且按个人投入的资本多少划分利润。这种联合方式，令他们可以不用欧洲商人的援助也能打开爪哇的市场，并且减低他们的商业交易的麻烦与风险"。这甚至类似近代的股份制合作模式。

---

① ［美］泰勒·丹涅特：《美国人在东亚》，商务印书馆 1959 年版。
② 彭泽益：《中国近代手工业史资料》第 1 卷，生活·读书·新知三联书店 1957 年版。

（三）长期海外贸易孕育出的商业观念

1. 重商观

"重农抑商"是中国古代上千年的封建王朝所一直延续的传统观念，并且按照官方所推崇的等级观"士农工商"，商为最末等，最被人瞧不起的职业，不同朝代的帝王们也都曾在不同程度上实施打压商贾的政策，无论多富有的商人，总是在身份上低人一等。相反，只有读书入仕才是出人头地的正道。但是，明清时期，广东地区的商人及其后代却并不以从商为耻，甚至存在重商心理。如顺德胡氏宗训中有云："……凡我子孙有读不成，身家淡薄者，勿以明农为嫌，勿以商贾为耻。苟能居积致富，则礼义可兴，亦足振家声，勉之勉之。"① 又如南海商人梁玉成，"公其长也，性孝友，事亲得其欢，其父朴斋公家本中资，自公伐治生计，部署悉当父意，业遂隆起，百倍于昔，析产时尽与两弟均"②。从中能够看出，在当地商人甚至普通居民心中，读书不再是振兴家族、光耀门楣的唯一途径，对个人来说也不再是实现人生价值的唯一方法，虽然人们还是没有完全摆脱传统观念，但各业平等，从商亦是正业的观念也逐渐扎根于人们心中。

探究这种观念的原因，最主要便来自于长期的海外贸易。广东位于沿海地区，是海上丝绸之路的发源地，其独特的地理位置使当地商人大多以从事海上贸易为主，将中国的茶叶，丝绸，瓷器等卖给乘船而来的外国商人，从中牟取丰厚的利润。高额的利润使商人们能够迅速发家致富，逐利的本性促使当地的对外商业贸易蓬勃发展。如道光《南海县志》记载："广州望县，人多务贾，当时逐，趋利如鹜。"这种单纯地为了追逐利润的经商动机最符合商人的商业精神。在长期与外国商人的交易中，粤商受这种利益观念影响很深，心理因此渐渐转变，形成重商观念。

2. 困境中剑走偏锋闯出的冒险精神

明初，政府开始推行海禁政策及朝贡贸易制度，这种与西方经济发展截然不同的政策极为不利，特别是对资本主义萌芽已出现的中国来说，阻碍了与外

---

① 顺德胡氏:《四房谱》卷8，光绪二十六年述德堂刻本。
② 粤海梁氏:《支谱》卷3，咸丰五年刻本。

商进行经济交流的重要机会。而已经收获海外贸易利益和工商业得到较好发展的广东沿海地区，特别是海商阶层，开始了与政府海禁政策及朝贡贸易制度的激烈对抗。有记载称：沿海地区许多饶有心计者与孔武有力者，往往以海波为阡陌，倚帆樯为耒耜，甚至靠捕鱼撒网为生的渔民也弃渔从商。有钱的人家出赀出货，而贫穷的人们帮佣出力，伙同结党，远航海外，用中国出产的物品，换回各国的货物而归，获利可达十倍，因而人们乐而为之。虽然政府严厉禁绝，捕杀相继，但是人们为利所驱，往往明知故犯，前仆后继，吃苦仍甘，渐成习俗。到了正德、嘉靖年间，我国东南沿海的私人海上走私贸易已完全冲破了政府的朝贡贸易体制，控制了中国与海外各国贸易的主动权。明前中期海商这种不断扩大的海上走私贸易无法为当朝政府所容忍。在政府更加严厉的打击下，许多商人因商道受阻，失其生计，于是转而为寇，与海盗同伙，走上武装反抗之路，广东的海商、海盗集团主要集中在汕头的南澳岛、阳江的海陵岛、东莞海上的老万山及琼州海峡等。海禁愈严，贼伙愈盛。海商既是买卖货物的商人，也可能是杀人越货的海盗。明代就有人指出：东南沿海地区，寇与商同是人，市通则寇转为商，市禁则商转为寇。寇与商的相互转化，原因在于政府政策的制定和实施，政府对海上贸易的禁严与禁弛，是广东海商与海盗身份相互转化的关键。再这样铤而走险的海外贸易中，粤商既要面对海上自然灾害的风险，又要面对不同国家、民族、部落的社会风险，从世界中世纪海商发展史的角度看，亦商亦盗的武装贸易形式也是世界海商集团普遍采取的形式。

梁启超曾说："海也者，能发人进取之雄心；陆居者以怀土之故，而种种主系累生焉。试一观海，忽觉趋然万累之表，而行思想，皆得无限自由，彼航海者，其所求固在利也，然求利之始，却不可不先置利害以度外，以性命财产为孤注，冒万险而一掷之。故久居海上者，能使其精神曰以勇气，曰以高尚，比于陆居活气较胜，进取较锐。"[①]对于粤商来说，这种长期的"犯禁式"的经营观念造就了他们敢于冒险、勇于开拓的精神。这种精神长期影响着粤商，并形成了"敢为天下先"的核心品质，他们很能适应各种环境，敢于冲破一个个传

---

① 　梁启超：《饮冰室文集》，中华书局 1989 年版。

统禁区，无所畏惧。这种品质在后来，在改革开放中，粤商更是表现得淋漓尽致，他们靠着冒险、进取，闯出了令人瞠目结舌的奇迹。

由于其特殊的地理位置，粤商在明清时期是中西文化交流的重要连接，在这一交流过程中，粤商除了扮演商人的角色外，还在心理上深受影响。这些心理影响从心理渗透进精神，并被不断发展、完善，成为粤商文化的某些侧面，辐射之深。虽然本书此处只选择了粤商这一个特殊群体进行研究，且只研究心理层面，只能反映中西文化交流的一个很小的侧面，但从探究结果来看，中西文化交流对当时的整个中国来说，影响的深度和广度远不止于此。

总之，清朝粤商的海外贸易经营活动十分发达。既有直接贸易、中转贸易，也有行商经营、海陆联运、跨国贸易，具有国际性意义；还以点带面，网络延伸，形成了海外诸国特别是东南亚地区大小不一的区域性商业市场；而他们所具有的良好的经营策略与稳健的经营作风，更为海外贸易的发展带来重要的影响。在海外贸易经营的活动中，发扬中国传统优秀的经营思想与策略，形成了别具特色的经营特点，从而在海外商业市场的竞争中能够站稳脚跟，不断发展。

五、冀商的海外贸易

冀商是河北商人。冀商那时在张家口做生意的人，来自各地。山西人做买卖比较大，多做茶货生意，资本比较大，有自己的门面和库房，销得也比较远，除了到蒙古，还能到俄国。冀商们无法以之相比，做的多是些小资本的买卖，所以当时都叫"走碎销"或者"跑草地"。当时"走碎销"主要是往蒙古库伦（今乌兰巴托）运销烟、酒、茶、糖，还有蒙靴、小量的茶砖、褡裢布、烟袋杆等生活用品，还有一些"细货"，如珊瑚、玉器等。虽然"走碎销"能给商人们带来数倍的利润，但这里面的辛苦与艰难也是常人难以体会的。"去库伦，一年里最多只能走两趟，如果到恰克图，一年也就走一趟，大部分时间都在路上。"除了路途的跋涉与艰辛，还要抵御恶劣的天气和土匪，"有的时候甚至有生命危险"。

在张家口经商的河北商人，虽然也是为着一个财富梦想，但一直贯穿着

"义利相通"的经营理念。据史料显示，在张库大道①②上经营的以张家口为基地的商户，清初有 80 家，道光年间是 260 家，同治年间多达 1027 家。到了民国初年，仅大境门外的店铺就达 1500 多家，上下两堡专做旅蒙业买卖的多达 700 余家。

第三节　美洲粮食作物传入中国

进入明清时期，"粮食危机"一直是困扰国人的头等大事。我国的人口持续快速增加，但耕地面积增幅有限，由此造成人均耕地面积急剧下降，粮食短缺问题日益严重，"广济民食"的社会需要推动玉米、番薯、番茄、南瓜、花生的引进与传播。这些高产作物有效地缓解了因人口增长而致的粮食短缺的压力，为经济和社会的发展作出重要贡献。比如，玉米能在世界各地发挥巨大的作用，今天是仅次于小麦、水稻的第三大粮食作物。摩尔根称赞玉米是世界最好的一种谷物，种植玉米对于人类命运的影响极为巨大，并说"所有其他谷物加到一起，也不如玉米这一资源对推动人类早期进步这样有利"。③

玉米等高产作物的传入丰富了农作物种类，提高了粮食产量，缓解了人口压力同时也有利于人口数量的增长，还为经济作物的种植腾出了不少的空间。总之，美洲粮食作物的传入给我国的社会经济各个方面都带来了深远的影响。在这一方面，曹玲、宋军令、闵宗殿、佟屏亚、陈亚平、何炳棣、韩茂莉、龚胜生等专家都曾作出过深入的研究④。

---

① 《河北省公路史志资料》载："张库大道历史悠久，早在元代，便辟为驿路，明清两代又辟为官马大道。当时运送物资所走路线，多依驿站。这运输物资的驿站，官马大道就是后来的张库大道。"

② 李桂仁著《明清时代我国北方的国际运输线——张库商道》中说："这条商道作为贸易之途，大约在汉唐时代已经开始。出现茶的贸易，大约不晚于宋元时代。"

③ 摩尔根：《古代社会》上册，商务印书馆 1992 年版，第 24 页。

④ 相关研究有：曹玲：《美洲粮食作物的传入对我国农业生产和社会经济的影响》，《古今农业》2005 年第 3 期；龚胜生：《清代两湖地区的玉米和甘薯》，《中国农史》1993 年第 3 期；[美] 何炳棣：《美洲作物的引进、传播及其对中国粮食生产的影响》，《历史论丛》（第 5 辑），齐鲁书社 1985 年版；陈树平：《玉米和番薯在中国传播情况研究》，《中国社会科学》1980 年第 3 期；郭松义：《玉米、番薯在中国传播中的一些问题》，《清史论丛》（第 7 辑）；

一、美洲粮食作物传播的国际国内背景

1492 年哥伦布发现了新大陆后，打破了美洲与世隔绝的局面，于是一些美洲原产的农作物开始向世界各地传播，对世界和中国产生了重大的影响。

而有清一代，我国人口增殖很快，在 17 世纪中期不过 1 亿左右，18 世纪时出现人口爆炸，乾隆六年（1741 年）全国人口总数为 1.43 亿，乾隆二十七年（1762 年）为 2 亿，乾隆五十五年（1790 年）为 3.01 亿，道光十四年（1834 年）更是达到 4.01 亿。与此同时人均耕地急剧下降，洪武十四年（1331 年），人均耕地为 6.13 亩，清初康熙二十四年（1685 年）人均耕地 5.77 亩，到清末光绪十三年（1887 年）人均耕地仅为 2.13 亩。[①] 从而在全国范围内，形成了人多地少、耕地不足、粮食奇缺的严重矛盾。这时，也正中西交通相当发达的时期，为了解决粮食的不足，一些海外新作物开始大量引入我国，这才使人口压力有所缓和，同时也使我国粮食结构发生了新的变化。粮食作物玉米、番薯等的传入、推广种植以及在饮食生活中的利用，造成了“中国粮食生产的第二次革命”[②]。

明朝时期我国人口增长很快，与此同时耕地面积增幅不大，由此造成人均耕地急剧下降，粮食短缺问题成为日益严重的社会矛盾，而此时也正是中西交通相对发达时期。一方面，明朝郑和下西洋，畅通了亚非远洋交通网，海上和路上丝绸之路的畅通为粮食作物的传入提供了有利的条件。且清前期也实行了

曹树基:《玉米、番薯传入中国路线新探》,《中国社会经济史研究》1988 年第 4 期;宋军令:《明清时期美洲农作物在中国的传种及其影响研究》, 河南大学 2007 年博士学位论文;曹玲:《明清美洲粮食作物传入中国研究综述》,《古今农业》2004 年第 2 期;闵宗殿:《海外农作物的传入和对我国农业生产的影响》,《古今农业》1991 年第 1 期;佟屏亚:《玉米传入对中国近代农业生产的影响》,《古今农业》2001 年第 2 期;陈亚平:《玉米与明清的移民开发》,《读书》2003 年第 1 期;韩茂莉:《近五百年来玉米在中国境内的传播》,《中国文化研究》2007 年第 1 期。

① 梁方仲:《中国历代户口、山地、田赋统计》, 上海人民出版社 1980 年版;何清涟:《中国近代农村经济破产和人口压力的关系》,《中国农史》1987 年第 4 期。

② ［美］何炳棣:《美洲作物的引进、传播及其对中国粮食生产的影响》,《历史论丛》第 5 辑, 齐鲁书社 1985 年版。另注:中国粮食生产上的第一次革命是宋代引种的“耐水旱而成实早”的早熟稻“占城稻”。

"开海设关，多口通商"的贸易政策①。另一方面，番薯和玉米等这些粮食作物对自然条件要求不高，在干旱的丘陵、山地及沿海沙丘均可种植，有利于传入后大规模地传播。

二、美洲粮食作物传入的外贸路径

从1644—1840年的清前期近200年间，针对尖锐的满汉民族矛盾、西方国家的殖民扩张，清王朝继承并强化了对外贸易的严格限制政策。随着外部环境的变化，清代中国贸易限制政策又经历了"从开海到禁海、从开海设关，多口通商到一口通商"的演变过程。②虽然政府在可能的情况下绝不放松"海禁政策"，但有清一代，涌入的各种外来文化对于社会的冲击是史无前例的，清康熙年间的"礼仪之争""历法之争"③，就是一个东西方文化冲突的产物。但是文化的传播并不是用围墙可以挡住的，很多的植物都是无声无息地落户中国。

一般来看，外来植物基本会通过贸易、进贡、传教士这三条途径传入。在此，仅从贸易的途径介绍美洲粮食传入中国。清朝时期，出现了基本上将世界连为一体的贸易路线。主要包括澳门与印度果阿直到里斯本、澳门与日本长崎、澳门与马尼拉直至墨西哥和澳门与望加锡至帝汶的国际贸易线路。④这四条航线把亚洲、欧洲、美洲、非洲联系在一起，这是人类历史上的进步，世界文化的交流也从这个时候变得通畅。植物并不能为商人带来利润，自然不能成为贸易的主体，并且关于植物的记载也是少之又少，但是从零星的片段可以推测，具有经济头脑的商人们一定不会忽略农作物这一块可以给人们的日常生活带来巨大改变的领域，从而使得贸易路线的开拓成为不可避免的植物传入的途径。

明清时期原产美洲的粮食作物玉米、番薯、马铃薯传入我国，其产生的影响重大而深远：增加了我国作物的种类，对我国农业生产产生了不可忽视的影响，有利于我国缺粮问题的解决，使人口压力有所缓和，也使我国粮食结构发

---

① 孙玉琴：《中国对外贸易史教程》，对外经济贸易大学出版社2005年版。
② 孙玉琴：《中国对外贸易史教程》，对外经济贸易大学出版社2005年版，第192页。
③ 张研、牛贯杰：《清史十五讲》，北京大学出版社2001年版，第40—42页。
④ 黄启臣：《广东海上丝绸之路》，广东高等教育出版社2003年版，第50页。

生了新的变化，对我国社会经济发展也起到了一定的推动作用。有人称之为我国第二个"粮食生产革命"。

番薯从 16 世纪后期起，分多次从东南亚传入我国东南沿海的闽广两省，并局限于闽广将近一个世纪，17 世纪后期开始向江西、湖南等省及浙江、江苏沿海地区扩展，18 世纪中叶遍及南方各省并向黄河流域及其以北地区扩展。番薯传入我国后，到清乾隆、嘉庆年间在各地迅速推广，发展到清末，已经跃居我国主要大田作物行列，它为我国的农业生产和社会经济发展作出了巨大贡献。清代番薯分布较集中的地区有闽广两省、闽浙赣皖低山丘陵区、鄂南湘南山区、四川盆地及山东中南部。

由于史料的缺乏，马铃薯传入我国的时间和路线尚未有统一定论，有的说法是 17 世纪中叶荷兰人把马铃薯带到台湾，然后传到我国东南沿海地区；也有的说法是 18 世纪由传教士、商人将马铃薯普通栽培种从欧洲带到我国。马铃薯传播范围直到 19 世纪初仍非常有限，其真正扩大种植面积，在农业生产中起重要作用还是到了新中国成立后。清代马铃薯的集中产区有以川陕鄂甘交界的山区为中心并向周围传播形成的西南马铃薯生产区、以晋北为中心的华北马铃薯生产区，东北马铃薯主产区是在民国后形成的。马铃薯由于受生态适应性的影响，多是种植在我国的部分高寒山区，直到新中国成立后，才开始大规模发展，因此，相对于玉米和番薯，清代马铃薯发挥的作用还是十分有限的。

玉米的传入争议最小。其实早在明中后期就已经传入了中国。玉米约于 16 世纪中叶分 3 路传入我国，分别是西北陆路自波斯、中亚至我国甘肃，然后流传到黄河流域；西南陆路自印度、缅甸至云南，然后流传到川黔；以及东南海路由东南亚至沿海闽广等省，然后向内地扩展。[①] 然而，从明中叶到清乾隆前，这近两百年时间里玉米仅限于在我国个别省份小范围种植，尚处于被大众认识阶段。而乾隆中期到嘉庆、道光年间，是玉米大规模推广时期，此时人们开始认识到玉米的广泛适应性和高产意义，纷纷种植。嘉庆以后，玉米在全国普遍栽培，其中流民在玉米传播中发挥重要作用。清代玉米传播，大多先在

---

① 　曹玲：《明清美洲粮食作物传入中国研究综述》，《古今农业》2004 年第 2 期。

山地丘陵地区栽培，然后渐及平原地区；先在不发达地区，后发达地区；南方多于北方，山地多于平原。清代玉米集中产区是中部的陕鄂川湘桂山区、西南的黔滇山区、东南的皖浙赣部分山区。从玉米的传播路线可以发现主要是沿丝绸之路传播。

三、美洲粮食作物对中国农业生产和社会经济的重大影响

美洲粮食作物的传入带来的负面影响，主要表现在对生态环境的破坏上。在人口压力下为了扩大种植面积，而滥开山区，毁坏林木，导致水土流失，对生态平衡造成的破坏作用，越到后来就越明显，尤其是玉米的这种负效应更突出。在当时落后的生产条件下，流民的垦殖方式主要以毁林烧山为主，山区丰富的森林资源遭到破坏，自然植被大量消失，引起水土流失，使地力衰竭，无法耕种，流失的沙石殃及近山平地，毁坏良田屋舍，下游河流泥沙淤积，洪涝灾害频繁。

玉米等高产作物的传入对我国农业产生的影响是巨大的，对于一农业为主的古代中国，这无疑是一场粮食革命，这些农作物适应力强、容易种植、产量高，这对于耕地面积扩大、粮食产量的提高、经济作物种植的扩大等诸多方面都产生了一定的影响，而随着这些影响而来的则是我国农作物结构的改变。

（一）耕地面积的扩大

首先，体现在对耕地面积增加的作用上。在人口急剧增长的压力下，人们需要扩大耕地和提高单位面积产量，以增加粮食产量，由于人们总是先耕种好地，以后逐步扩大到较次的耕地。过去并不适合作物生长的高岗山坡地、瘠土砂砾，因为番薯和玉米这些适应性较强的作物的引进，成为宜农土地，耕地范围扩大。玉米等农作物对于环境的要求低，在一些贫瘠的土地上也能生长，因而使得之前的一些荒地也得到了开发，可耕地的面积增加。从《中国历代户口、田地、田赋统计》[1]中的一个表中可以看出，这些农作物的传入对耕地面积带来的影响：

---

① 梁方仲:《中国历代户口、田地、田赋统计》，上海人民出版社 1980 年版。

表 10-1 清代各朝田地数

（单位：千亩）

	顺治十八年(1661)	乾隆十八年(1753)	嘉庆十七年(1812)	光绪十三年(1887)
面积	86808	146828	150728	152451

玉米、番薯、马铃薯这些耐旱抗涝、适应性较强的作物引进，使过去并不适合粮食作物生长的沙砾土和高岗山坡地成为宜农土地。随着玉米栽培面积的扩大，长江流域以南过去长期闲置的丘陵地带和不宜种植水稻的旱地被迅速开发利用，同时在黄河以北的广大地区，玉米也逐步取代了原有的低产作物，成为主要的旱地农作物。番薯的推广使我国东南各省大量滨海沙地和南方丘陵山区得到开发利用。而那些土壤十分贫瘠、气温较低、连玉米都不易生长的高寒山区，马铃薯则可以很好地生长。所以，这几种作物，对沙地及贫瘠不能灌溉的丘陵山地，甚至高寒山区的利用，宜农耕地面积的增加，作出了很大的贡献。

（二）粮食产量的提高

粮食产量的提高是有多方面原因的：

第一，体现在对粮食亩产量提高的作用上。玉米番薯作为高产作物，在清代大量推广后，对提高单位面积产量具有一定的作用。比如，有学者研究得出：种植玉米番薯使粮食亩产增加了 21.14 市斤，其中玉米使亩产增加 10.37 市斤，番薯使亩产增加 10.77 市斤（见表 10-2）；在这增加的 21.14 市斤中有 2.38市斤是明代就增加的（玉米 1.3 市斤，番薯 1.08 市斤）。归纳言之，乾隆时亩产比明代所增加的：玉米番薯约占一半，其余为南北耕作集约化程度及复种指数提高的作用共占一半。以下是一个摘自《清代粮食亩产量研究》[①] 的表格：

表 10-2 清代玉米、番薯的播种面积比例和亩产增加情况

	种植面积占垦田总数比例	亩产量	亩产增加斤数
玉米	6%	180 市斤（相当于粟 2 石）	10.37 市斤
番薯	2%	约千斤（相当于粟 3.109 石）	10.77 市斤

---

① 赵冈：《清代粮食亩产量研究》，中国农业出版社 1995 年版。

第二，随着耕地面积的扩大，种植的粮食作物自然增多，这在提高粮食总产量上也是有帮助的。

第三，粮食产量的提高会促使人口的增多，而人口的增多即劳动力的增长势必会带来农业生产的发展，粮食生产便会提高了，这两者形成了一个良性循环。玉米和番薯在清代大量推广使许多丘陵山地、沙地得到开发，从而增加了耕地面积，同时也对提高单位面积产量具有一定的作用，这两方面合起来，促进了粮食总产量的提高，为社会提供了更多的粮食，对缓解长期因粮食短缺而产生的社会矛盾起了一定作用。

（三）促进经济作物种植的发展

随着粮食作物产量的增多，特别是亩产的增多，使得人们的吃饭问题得到解决，用于粮食作物的耕地会相应的减少，这样就可以腾出一定的土地和劳动力来用于经济作物，如棉花等的种植，而这又势必会促进粮食的商品化，从而促进商品经济的发展。

美洲粮食作物的推广为经济作物的发展创造了有利条件。在清前期的传统农业区，为适应经济作物的发展和人口的增加，农民主要靠精耕细作来提高水稻单位面积产量，求得粮食总产的增加，到清中后期，随着人口的急剧增加，人地矛盾日益突出，使清前期引入的玉米、番薯等旱粮作物部分地成为主食。人民基本食粮问题的解决，使人们有可能腾出更多的土地、省出更多的劳力去发展经济作物。所以美洲粮食作物的推广有效地保证了经济作物的大面积种植，这对促进商品生产，推动经济的发展，具有积极的意义。

（四）农作物结构的改变

清乾嘉年间，玉米番薯这些粮食作物在全国范围迅速推广，种植面积不断扩大，从而使粮食作物结构发生了变化。明代，我国粮食构成基本延续宋元时期以稻麦为主的格局，而清后期至民国年间，华北平原上玉米种植面积不断扩大，其他传统杂粮作物的种植面积则迅速缩小。番薯也因其甜美可口、对气候适应性强、产量高的优势在国内传播很快，不久就以其独特的优势压倒传统薯类，不仅在薯类作物中占绝对优势，而且在粮食作物中跃居重要地位。另外，番薯的传入和推广迅速取代了传统薯类如芋头、山药等的粮食功用，使它们退居蔬类行列。

玉米、番薯等作物的引进和传播使粮食构成和作物构成发生新变动。清代前期，由于这些作物种植不多，影响还不明显。到了清乾隆、嘉庆时期，由于人口激增，民食紧张，这些来自美洲的旱作高产作物得到重视，开始在全国范围迅速推广开来，种植面积不断扩大，从而使作物结构发生了变化。明末宋应星在《天工开物》中说："今天下育民人者，稻居十七，而来牟（麦类）黍稷居十三。麻菽二者，功用已全入蔬饵膏馔之中……四海之内，燕、秦、晋、豫、齐、鲁诸道，民粒食，小麦居半，而黍稷稻粱仅居半，西极川、云，东至闽、浙、吴、楚腹焉，方长六千里中，种小麦者，二十分之一。"可以看出此时的粮食作物结构是水稻占 70%，小麦占 15% 强，黍稷（粟）粱等作物共占 15% 弱①。

从这里可以看出，中国传统上是以稻麦的种植占绝对优势的，农作物以粮食作物为主。然而由于玉米、番薯等的传入，农作物结构也在悄然发生着改变，一是，随着玉米等的推广种植，粮食作物上，稻麦不得不分出不少的比例给玉米、番薯这些外来作物，到后来玉米等粮食作物甚至成了我国主要的粮食作物之一；二是，经济作物种植的扩大化，棉花、花生等的种植，经济作物也开始在农作物结构中扮演重要角色。

最后，体现在有利于农业可持续发展上。中国素有施用农家有机肥的优良传统，这也是中国的农田虽经数千年耕种仍能地力常新的重要原因。玉米、番薯等美洲作物的传播与发展，丰富了我国有机肥的来源，为增加农业产量、改土壤、促进农业可持续发展起到了积极的促进作用。

（五）对饮食文化的影响

南京农业大学的曹玲在其论文《美洲粮食作物的传入、传播及其影响的研究》中从饮食角度考察分析了这三种外来作物产生的影响。认为，在美洲粮食作物广泛推广的数百年间，这些作物首先成为山区人民的主食，后来渐渐也使中国其他地区的传统主食结构发生了改变，玉米和番薯很大程度上代替了多种传统低产杂粮的种植，在向来以稻麦黍稷为主要作物的传统农业区成为杂粮的

---

① 曹玲：《美洲粮食作物的传入对我国农业生产和社会经济的影响》，《古今农业》2005 年第 3 期。

主力军，为贫苦农民的饮食生活提供了更为廉价的选择。玉米番薯成为贫民的主粮，一方面反映了农业危机的加深，另一方面也在一定程度上推动了商品粮贸易。可见，由于美洲粮食作物的引入和推广所带来的中国劳动人民饮食体系变化，进而使这些作物进一步为当今人民生活服务。

（六）有利于我国山区的开发

玉米、番薯由于耐旱又高产，能够在山区栽培。这些作物的引种是当时农业垦殖扩张的重要条件，如果没有玉米、番薯的种植，山区农民的基本生存条件就不具备，山区经济的发展更是无从谈起。美洲粮食作物的传入使山区经济进一步开发成为可能，而流民垦殖山区也促进了新作物的推广传播。其次，有利于粮食商品化的发展。玉米和番薯的推广，增加了粮食供应量，在满足人民口粮需要的同时，也有利于粮食商品化的发展。农民种植玉米、番薯一部分是专为用来出售的。最后，促进经济作物种植的发展。清乾嘉以来，高产的玉米、番薯和马铃薯在山区迅速推广，成为主要的粮食作物，流民粮食供应得到保证，经济作物栽培面积也随之扩大，很多流民开荒垦殖的地方都变成为新兴的经济作物区。

农业，作为经济的一个重要组成部分，它的发展势必也会带动整个社会经济的发展，有以下几点：

首先，促进了垦荒，带动了荒地的开发。

这三种作物耐旱又高产，适宜于比较贫瘠的丘陵山区种植。在一些不能生长稻麦的荒地，玉米、番薯等恰好能填补这个空缺，这样就使得原先许多荒地得到利用与开发。山区种植稻麦必然得不到好的收成，但番薯就不会了，番薯即使是长在山地也会获得良好的收益，这样，山区得到开发，山区人民的生活也有了基本的保障。在丘陵地区的，玉米等的传入促进了经济作物种植的扩大，这样，在某些稻麦不能生长的丘陵，经济作物就得到了其种植的空间，这也促进了荒地的开发。

对于促进山区经济的开发，缓解长期因缺粮而产生的矛盾，起了一定作用。关于玉米、番薯济食作用的记载不胜枚举。作为高产作物，玉米本身的亩产量已经较高，平均亩产可达180市斤，折合粟2石，相当于春粟中产量较高者。番薯也是绝对的高产作物，亩产鲜薯可达千斤，相当于稻谷500斤或3.84

石，粟谷 417 斤或 3.09 石，这是甘薯本身的高产，如与麦、春谷、豆、稻复种，则单位耕地产量的提高更为显著①。这对于养活更多的人口，作用是毋庸置疑的。

陕鄂川三省交界山区原是人迹罕至的深山密林，乾嘉时期，大量外省流民迁入垦山，因新开垦的都是坡度很高的山地，只能种植生长力强的玉米，于是"漫山遍野皆种包谷"，卢坤《秦疆治略》称："南山崇岗叠嶂，已往居民尚少，近数十年，川广游民沓来纷至。……租山垦地，播种包谷"；在鄂西山区"坡陂硗确之处多种包谷"，川北和川东南山区也是"蜀中南北诸山皆种（玉米）"总之，"山居则玉蜀黍为主"。

其次，促进了粮食的商品化，从而进一步促进了商品经济的发展。

玉米、番薯等作物的引进可以提高粮食产量，产量提高了，自然会有剩余产品的出现，剩余产品便会衍生出商品交换。于是商品粮的规模就这样得到扩大，粮食商品化程度得到提高。

就以湖南为例，古语曰："湖广熟，天下足。"清代湖南是全国重要的商品粮基地，湘粮大量东运江浙，一个重要因素就是农民留粗粜精，农民"多以杂粮自食，以谷售人"，番薯是湖南的主要杂粮，不仅山区种植很多，连盛产稻米的洞庭湖平原也大量分布，"湖南洞庭湖土需（番薯）尤盛"。20 世纪初，湖南番薯种植面积为 130 万亩，按单产 6 石计，可产粮食 780 万石，可养活人口约 190 万人。众多农民以番薯接济民食，从而湘粮得以从民众口粮转化为商品粮，促进了粮食商品化的发展。

玉米、番薯的种植大多是用于农民自食，剩余的部分用来出售，如在湖南永顺府，玉米种植较多，"垦山为陇，列植相望，舟运出粜为利甚溥"②。番薯也是如此，明代刚传入福建时，"食者尚少"，发展到清乾隆时，"其用较广于稻谷"。"泉地（福建泉州）不给多贩载自他郡……故而为干，藏以待乏者"③。可见在粮食增产、自给有余的情况下，一方面可作为商品粮流通；另一方面加工成"薯干"藏之，以待岁荒，这是当时粮食商品化和社会经济发展的表现。

---

① 　赵冈:《清代粮食亩产量研究》，中国农业出版社 1995 年版。

② 　乾隆《沅州府志·物产》。

③ 　乾隆《泉州府志》卷 19。

再次，促进了手工业和商业的发展。

玉米等作物的价值不仅仅体现在提供粮食这一方面，人们在引进美洲作物后，也利用玉米、番薯等来进行酿酒、喂猪、制粉等活动，这些在严如熤《三省边防备览》记载，在陕鄂川三省交界地区，"山中多包谷之家，取包谷煮酒，其糟喂猪，一户中喂猪十余口，卖之客贩，或赶赴市集"[1]；民国《开阳县志稿·工业》中均有记载："洋芋粉在本县消耗最少，几于全部输出，为本县第五区大出口亦主要农村副业，销行极远，为近十五年来新兴工业。"[2]这势必会促进手工业和商业的发展。

山区垦殖后扩种玉米从而发展农村副业和手工业。玉米的生产与酿酒、养猪的副业相结合，养猪积肥又利于粮食作物的种植。严如熤《三省边防备览》卷8记载，在陕鄂川三省交界地区，"山中多包谷之家，取包谷煮酒，其糟喂猪，一户中喂猪十余口，卖之客贩，或赶赴市集"，收益十分可观。另外，玉米不仅可作粮食和饲料，还可供作发展手工业的原料，以至于玉米丰歉直接影响手工业作坊的盛衰。

最后，养活更多人口，缓解人口的压力。玉米、番薯等美洲粮食作物的传入在影响着我国经济的同时，也对我国社会产生了深远的影响，社会变得更加安定，人口也得以快速增长。

人民的温饱问题的解决使得由粮食引起的社会矛盾得到缓和，社会安定、和谐，王朝的统治得到巩固。高产农作物也带来了人口的快速增长，使得清朝时期人口出现了一个高峰，清初人口不过八九千万，但是到了乾隆四十一年（1776年）便增加到26800万。正如前面所提到的，人口的增长与经济的发展也形成了一个良性循环。

综上所述，清代外贸中粮食作物的传入对我国农业和社会经济产生了重大影响。这些粮食作物的传入不仅扩大了粮食产量，解决了民食问题，使我国传统的粮食作物结构发生了变化。更难得的是，其促进了粮食商品化和商品经济的发展，一定程度上有利于资本主义萌芽的发展。[3]虽然积极的影响是主体，

---

① 严如熤：《三省边防备览》卷8。

② 《开阳县志稿·工业》。

③ 孙玉琴：《中国对外贸易史教程》，对外经济贸易大学出版社2005年版。

但是在人口压力下，对生态环境造成了破坏，这一负面影响也是不可忽视的。

四、美洲粮食作物的传入所带来的负面影响

随着粮食产量的增加，在生存的压力或者是商品粮带来的利益驱动下，人们盲目的进行垦殖，对山区进行乱砍滥伐，植被遭到严重破坏，进而带来了严重的水土流失，土壤遭到破坏，最终也会带来农业生产的损失。如湖北鹤峰州："田少山多，坡陂硗确之处皆种包谷。初垦时不粪自肥，阅年即久，浮土为雨潦洗尽，佳壤尚可粪种，瘠处终岁辛苦，所获无几。"

主要表现在对生态环境的破坏上。在人口压力下为了扩大种植面积，滥开山区，毁坏林木，流失水土，对生态平衡造成的破坏作用，越到后来就愈益明显，尤其是玉米的这种负效应更突出。在当时落后的生产条件下，流民的垦殖方式主要以毁林烧山为主，山区丰富的森林资源遭到破坏，自然植被大量消失，引起水土流失，使地力衰竭，无法耕种，流失的沙石殃及近山平地，毁坏良田屋舍，下游河流泥沙淤积，洪涝灾害频繁。

人们滥垦山区，毁林开荒，导致水土流失加剧，对生态平衡造成的破坏作用越到后来就越明显。生态环境遭到破坏又成为粮食生产不利条件之一，这在一定程度上导致了清后期粮食亩产下降，农业产出减少。在农业开发过程中一定要吸取历史教训，遵循自然规律，短期提高产量不应以长期粮食生产和生态环境为代价，要坚持可持续发展原则，以实现农业的持续稳定发展。

综上，美洲粮食作物的传入给我国农业带来了重大影响，耕地面积扩大、粮食增产，这有利于人民生活得到保障，同时使得经济作物得到更广泛的种植，也在一定程度上改变了我国传统的农作物结构。相应的，这也就给经济造成了一定影响，促使了粮食的商品化，商品经济得到发展，商业手工业也得到了应有的保障；粮食问题的解决，社会经济的繁荣，巩固了王朝的统治，也带来了人口的增长和社会的繁荣。但是，由于人们认识不足，再加上生存压力与商品经济利益驱动的影响，造成了一些盲目垦殖，使得生态环境遭到严重的破坏，最后反过来又对农作物产量造成影响。

总之，清代的丝路贸易对当时的社会经济产生较大影响：

（1）从海外各国输入中国的商品种类和数量相当丰富。包括各种香料、药

材、胡椒、大米、棉花、棉布、海味品，各种矿产品、手工业品、皮货、白银等。特别是大米的输入，不但缓解了东南沿海地区民食不足，改善了人民生活，而且稳定了粮价市场，对安定社会秩序起到了积极作用。

（2）西方为了平衡贸易收支，将大量白银输入中国。很大程度上促进了当时中国商品经济与货币经济的发展，缓解了国内粮荒危机，增加了国家贵金属的储备量，并为实物地租向货币地租的转化与封建赋役制度的彻底改革奠定了基础。但是，受当时生产力发展的程度限制，即日益滋生的人口，引起了物价的猛烈上涨。18世纪，中国物价上涨了四倍多，从而又冲击了社会秩序的稳定。

（3）明清海外贸易的发展，带来了巨大的关税收入。这些关税收入，除了交纳地方政府财库用作地方财政开支外，还被用作军饷、采办各种贡品的"备贡银"等。对明清政府的财政特别是当时的军事开支提供了重要来源。

（4）刺激了东南沿海地区外向型经济成分的出现。在农业方面，一些地区农民专门根据海外市场的需求来安排生产，手工业规模也有所扩大。

（5）海外贸易的繁盛造就了大批富商。随着对外贸易的扩大，产生了一批地方商人，比较出名的如晋商，徽商，当然，也少不了靠海外贸易发家的沿海商人。

（6）随着海外贸易的繁盛，与商业贸易相关的各种产业也发展起来，其中牙行的发展最为显著。以中介为主的牙行，发展到清代，变得更加细化，这其中就有一种在沿海地区产生，在交易双方起担保责任，保证商品交易顺利完成的牙行，一般称为"保税"，或者"保载行"，堪称清代的"保险公司"。这些牙行有固定的客房、货栈为商人提供食宿、存放货物，并代客纳税、过税关登记，代雇船只，介绍买主、负责押送等综合服务。即便是在现代社会，也难于看到服务如此周全的中介公司。

结　论

明清两代共存在了 500 多年，对中国历史产生了重大影响。明清时期是中国封建社会不断发展并达到顶峰的历史阶段。这一时期的中西文化交流不断增多，而整个世界也发生了巨大的变迁。

一、明清丝路贸易总揽

郑和率领巨大的船队进行了人类历史上史无前例的大航海之后，欧洲人发现了绕过好望角的新航路，发现了美洲大陆并逐渐实现向美洲的殖民，美洲的白银被输入欧洲、亚洲，带来欧亚经济体系和社会文化结构的大变革，整个世界日益紧密地联系起来，人类的生存和发展方式进入了一个新的历史时期；同样，在明清海禁给统治者带来一时的安宁的同时，西方社会日新月异的发展也为日后中西交往过程中的激烈碰撞埋下了种子。

清朝和西方国家的贸易，无论是海上或者陆路，都在逐渐扩大。清朝和海上邻国的贸易，包括日本、朝鲜、琉球以及印度以东，伊里安岛、菲律宾群岛以西的大片地区。其中马来半岛、苏门答腊以东的南洋地区，海上贸易有比较显著的发展。有些地方则出现相对的衰落。另外，中国与四邻国家的民间贸易，同时也促进了经济关系的发展；而在加强这种相互的经济关系上，华侨在海外的活动，作出了很大的贡献。

清朝的丝路贸易多采用"进贡"的形式，并且由清廷指定在接壤地区的"开通市"或者指定的海关。清朝允许民间贸易，但是对之严加管理。为了控制流动商人，清廷实行"专卖制度"并且指定"特权商人"。这个举措，破坏了正常的市场竞争，以致打击了一大批中小商人。在商品流通领域则实行"牙行制度"。但是也因此产生了许多的"行霸"，阻碍了商品经济的正常发展。

在海上丝路贸易，实行"洋行"制度。洋行垄断，控制着中外的贸易，制约了进出口商品的种类和数量。当时，中国出口商品主要为传统的茶叶，瓷器以及丝巾等手工艺品，在西方销路很好。而进口的商品除了一些供奢侈消费的珍玩宝器之外，就是棉花，布匹等在中国没有多大市场的外货了。自从19世纪20年代以后，棉花贸易长期处于萧条状态。欧美等国的对华贸易长期入超。为了扭转这一现状，打开中国市场，以英国为首的一些殖民国家开始进行了邪恶的鸦片贸易，弹响了外国入侵中国的前奏。

在海上，为了打开中国市场，扭转贸易逆差，殖民者国家多次违例北上贸易，强行要求各地开埠，并以武力相威胁。嘉庆十四年（1809年），英国从印度派遣"单拿"号等三只兵船，强行驶入内洋，停泊在三门炮台对面的岸上，进行武力恫吓。英国兵船还多次在中国洋面上捕俘外国贸易商船，破坏清朝与其他国家的贸易。此外，在资本领域，通过放高利贷，对中国进行着资本输出，并且采用贷款给一些行商的手段，达到在洋行"安插代理人"从而达到"控制洋行"目的。

随着中外贸易的发展，欧洲殖民主义者的行径引起清王朝的疑惧，中外冲突不断增加。由于历史及地理的原因，在多口通商时期，欧洲国家商人来华贸易主要集中于广州。随着中国与欧美国家贸易规模的扩大，清前期的进出口商品结构也发生了明显的变化。18世纪中叶以前，中国进口商品依然是以奢侈品为主；出口的主要是茶叶、生丝等土特产品。随着中国与欧美国家贸易规模的扩大，清前期的进出口商品构成也发生了明显的变化。18世纪中叶以前，进口商品依然是以奢侈品为主。18世纪中叶以后，进口商品构成转移棉花等为大宗。毛织品时中英贸易初期由英国输入的主要商货。但因其售价高、实用性差，难以在中国打开销路。棉花是鸦片战争前清代进口的新商货，早在1768年，印棉就开始流入中国。印度棉花生产规模巨大，英国利用其殖民统治以掠夺性低价收购，贩卖到中国可获取厚利，以弥补其对华贸易逆差。此外，还有棉布、棉纱、鸦片。出口商品主要有茶叶、生丝、绸缎、土布等，其中土布出口在18世纪中叶以后呈增长趋势。

由于中国自给自足经济的抵抗力，西方国家对中国的输出，在数量上和扩展的速度上，受到一定的限制。西方国家的商人把他们的欲望得不到满足的原因，归咎于清王朝的人为障碍。然而，这200年中，不但贸易量在不断扩大，而且和贸易发生联系的金融活动，包括汇兑和放款，也有所发展。清朝在平等互利的基础上和友邻国家的贸易，加强了中国和友邻国家的经济联系，促进了和友邻国家人民的友好往来，其中包括中亚地区国家、缅甸、朝鲜等国。

总之，在 1840 年以前的中国，社会经济以及生产力等方面，相对于前朝有了很大的发展，但是由于政治、体制、环境等因素的限制，仍停留于自给自足的自然经济，资本主义经济难以得到发展，因此使中国大大落后于西方资本主义国家。在对外贸易方面，中国并不是一味地闭关锁国，但是为了保护领土，对于对外贸易等方面制定了较为严厉的政策，这也在一定程度上阻碍了中国与其他国家的交流与沟通，但对外贸易方面相对于以前也是有了较大的发展。在防范外国商人的非法活动方面，定了严格的管理制度；在商品的进出口方面，作了许多的限制措施。这时，中国的自给自足的经济结构还很牢固，西方产业也不够发达，中外贸易虽然有一定的增长，但只能维持比较小的速度和规模。中国对友邻国家，特别是对南洋群岛和东南亚国家的和平贸易，有悠久的历史传统。清王朝为防范西方的侵略，对这一部分民间的和平贸易，也加以限制。尽管如此，它在这 200 年中，仍然有所发展。从事这些贸易的华侨，在缺乏本国政府保护的情况下，对中外关系的增进，作出了自己的贡献。

二、明清丝路贸易的发展特色

明清时期的丝路贸易主要特色有：

（1）明清时期的对外贸易空前发展；（2）明清时期占绝对优势的海外贸易受西方排挤，但仍有物美价廉的竞争实力；（3）明清时期，政府的海外贸易政策以禁为主，实际的海外贸易不乏出现高潮；（4）明清时期把中国传统的朝贡贸易发展到了极点。

（一）从纵向比较看，明清丝路贸易空前发展

纵向比较是将明清时期的对外贸易与其前代作一比较。先秦时代中外关系处于萌生阶段；秦汉时期有所发展；唐代中国的封建政治、经济达到极盛，对外关系迅速发展，长安成为当时的国际化大都市，以长安为中心的对外路线辐射四方，尤其是秦汉以来开辟的丝绸之路发展空前。宋元时期，由于地方割据，陆路交通不如昔日，加上除丝绸外，瓷器的外销量急剧增长，陆上运输量

少且极为不便，海上贸易的重要性显得越来越突出。但总的看来，唐宋元时期的对外贸易仍以陆路为主，海上贸易还处在开创始发阶段，这与明清时期以海上对外贸易为主的销售量与销售额相比，是不可同日而语的。因为对外贸易的规模大小与海陆运输密切相关，陆运以车、马、驼为主要工具，长途跋涉需要准备大量的粮草，商队庞大而运货不多且风险较大，只能以周边国家为主，贸易种类与范围受到极大的限制；而海外贸易用船，装载多，数量大，种类繁多，沿海各国可直达，这大大开拓了贸易范围，因此贸易额剧增。明清两朝不仅与亚洲各国，而且与欧美一些国家也发生了贸易联系，其海上贸易可谓全球化了。例如，康熙二十三年（1684 年）开海贸易后的几十年里，向中外商人开放的大大小小的港口记有一百多处，遍及沿海南北。几乎所有亚洲、欧洲、美洲的主要国家都与中国发生了直接贸易关系。相比之下，我国宋代与欧美各国贸易主要是间接的，即使明代也多限于南洋各国。清代高船的数量不断增加，进出口的商品数量也不断增加，而且种类繁多，因而贸易商品流通值呈直线上升可见。从秦汉至明清，中国古代的对外贸易在政策上积极开放的是汉唐，而实际贸易量、贸易额、贸易种类、贸易范围等居优势的是明清，明清时期对外贸易在纵向上的发展是空前的。

（二）从横向比较看，明清海上丝绸之路贸易有绝对优势

横向比较是将明清与同一时期的西方贸易作比较。明清时期，中西都产生了资本主义萌芽，封建的生产方式走向解体。这一时期的对外贸易，尤其是航海贸易的发展，具有非常重要的意义。它不但在某种程度上决定了世界历史发展的格局，而且深刻影响着各国历史发展的性质。因西欧各国普遍采取大力发展航海贸易的政策，甚至连海盗劫掠也受到政府保护。西欧各国在向亚洲、非洲和美洲进行殖民扩张过程中，积聚了大量的资本，迅速促进了封建主义向资本主义的过渡。中国在明中叶也产生了资本主义萌芽，但政府非但不鼓励，反而由于倭寇等原因极力禁止海外贸易，资本主义萌芽缺乏海外贸易的刺激，第一次萌芽随着明王朝的灭亡而夭折；清朝资本主义再度萌芽，但清王朝更加固步自封，不懂世界知识，不知发展趋势，对具有重大意义的海外贸易，态度消极，甚至闭关禁海，致使西欧航海贸易势力进入西太平洋而压倒了中国航海贸易势力。明清前期的航海贸易，中国之所以还占绝对优势，是因为中国的社会生产力在宋代已经达到的高水平上惯性向前发展的结果，自给自足的自然经济虽没有新的突破，但当时的中国地大物博，人口众多，相对于西欧甚至整个世界各国来讲是富饶大国，由于生产力水平较高，手工业品工艺精湛，中国输出的商品不仅门类齐全，品种繁多，而且物美价廉，在世界市场上成为抢手货。因而在同西欧各国的贸易中，中国长期处于有利的出超地位。正如英国学者格林堡指出的：近代使东方和西方发生接触的是商业，但事实是自16—19世纪的300年中西交往中，最显著的事实是，西方人希求东方的物质，西方人在技术上的优势使它能够把整个世界变成一个单一经济之前，在大多数工业技艺方面比较先进的还是东方。[①] 在纺织业、冶金业、农业等重大行业方面尤其如此。例如，中国的生丝色泽艳丽，至于中国织造丝的技艺，更是同时代欧洲人所望尘莫及的。中国商品在世界市场上有重要地位，尤其是为中国—菲律宾—拉丁美洲大三角贸易的蓬勃发展奠定了物质基础。然而明清时期衰败的封建政治制度严重阻碍着生产力的发展，束缚着海外贸易的进行，统治阶层对倭寇的消极防御、缺乏世界眼光，对官民海外贸易严格限制与打击，致使海外贸易坐失良机，原有的优势渐失。因而在中西贸易的竞争中，中国逐渐由优势变为劣势，不可逆转。由于中西方海外贸易的政策、形式、性质等不同，因此其后果迥异。

三、全球化和工业化背景下的明清对外开放和文化交流

明清之际的中国无论是在经济，还是在社会生活、思想文化等方面都发生了深刻而复杂的变化。中西文化交流在明清之际也进入了一个新的历史时期，出现了新的时代特征，对中国社会发展和世界历史进程产生了重要影响。在中西文化的交流与碰撞中，明清时期的中国社会的各个层面都呈现出何种景象？对外开放的进程又将如何

一般来说，对外开放大都采取两种形式。一种是独立自主的对外开放；一种是被迫无奈的对外开放，不同文化系统之间通过横向的扩展和传播、冲撞和

---

① ［英］格林堡：《鸦片战争前中英通商史》，商务印书馆1961年版，载侯毅：《英国首次使臣来华的夭折——卡斯卡特使团来华始末》，《兰州学刊》2009年第7期。

融合，给原有传统注入新的内涵和活力，表现出文化系统的开放和兼容性，这是另一种形式。明清之际，明清的对外开放，便属于这后一种类型。它是地理大发现以后的那个时代，世界历史由封建主义向资本主义过渡时期中，人们的物质生活和精神生活，逐渐突破自给自足和闭关自守的状态，超越地域和民族的限制，而日益具有世界性、全球性的反映。另外丝路贸易也促进了明清中外文化交流。

明清丝路贸易和对外开放始终是跟世界历史的近代化进程紧密联系在一起的，并有力地促进了中国与其他国家的社会变革。就中国而言，最初的资本主义生产关系已经出现，社会经济结构的调整正在进行，而经济的发展却同政治腐败及各种社会矛盾的激化形成很大的反差。从西方第一次工业革命开始。具体是先有珍妮纺织机，再有瓦特蒸汽机，后来各地是工厂开始兴起。远洋航路的推动、国家民间的支持、学术的兴起等诸多因素的影响。最终自18世纪中期开始了工业化进程，这也对中外丝路贸易和中国的对外开放产生了较为直接的影响。另外，在普遍要求社会变革的呼声中，为了强化已被腐蚀的传统价值，需要寻求一种新的学术风气。剔除陈腐，振兴道德，纠正浮躁，树立崇尚经世致用学风，给衰落的传统科学注入复兴的生机和活力。为此适应社会变革的"实学"思潮蔚为壮观之际，"西学"的传播正是适逢其会。通过"西学为实学"的文化交融，西学有可能成为促进近代中国社会变革的一股力量，也成为冲击中国国门，致使明清对外开放的原因之一，当然有关中西文化交流与明清对外开放的内容还有待于日后进一步加强研究。明清时期，海、陆"丝绸之路"，以贸易为契机，联通中外，推进社会的进步、经济的发展的同时，也带来一些消极的影响，在大力倡导"一带一路"建设的今天，应借鉴明清丝路贸易的经验与教训，发展友好关系，加强经贸合作，拓展对外开放的格局。

参考文献

古　籍

《明太祖实录》。

《明太宗实录》。

《明世宗实录》，台北"中央研究院"历史语言研究所 1966—1967 年版。

《明成祖实录》。

谷应泰：《明史纪事本末》。

《明世宗实录》。

《明宪宗实录》。

周延儒等：《明神宗实录》。

《明经世文编》。

《明宣宗实录》。

张廷玉等：《明史》。

《大明律》。

郑晓：《吾学编》。

王圻：《续文献通考》。

吴俊、扬仪：《明良记》，（续说郛丛书本）

严从简著，余思黎点校：《殊域周咨录·日本》，中外交通史籍丛刊，中华书局 2000 年版。

巩珍：《西洋番国志》，中外交通史籍丛刊，中华书局 2000 年版。

倪岳：《止夷贡疏》，《明经世文编》，中华书局影印本 1962 年版。

张燮：《东西洋考》。

谢杰：《虔台倭纂》。

顾炎武：《天下郡国利病书》。

胡宗宪：《筹海图编》。

黄叔璥：《台海使槎录》丛书集成初编本。

周凯：《厦门志》鹭江出版社 1996 年重印本。

朱国帧：《涌幢小品》。

李廷机：《李文节集》明人文集丛刊本，台湾文海出版社 1970 年版。

徐学聚：《初报红毛番疏》，《明经世文编》，中华书局 1962 年版。

何乔远：《闽书》福建人民出版社 1995 年版。

严从简《殊域周咨录》。

万历《南海县志》。

张瀚：《松窗梦语》。

《神宗实录》。

顾炎武：《日知录》。

陆人龙：《三刻拍案惊奇》。

兰陵笑笑生：《金瓶梅词话》，人民文学出版社 1995 年版。

申时行：《明会典》，中华书局 1988 年版。

周玄：《泾林续记》，涵芬楼秘笈本《学海类编》记同，仅略有异文。

《海澄县志》。

《安海志》（新编）。

许浮远：《敬和堂集》疏，疏通海禁疏，明刊本。

肖基：《东西洋考小引》。

陈瑛等：乾隆《海澄县志》乾隆二十七年刊本。

刘天授：嘉靖《龙溪县志》。

陈子龙等：《明经世文编》。

宋应星：《天工开物》。

陈懋仁：《泉南杂志》。

张居正等：《明世宗实录》。

包何：《送泉州李使君之任》，《全唐诗》。

王象之：《舆地纪胜》，上海古籍出版社 1995 年版。

郑若曾：《筹海图编》。

(万历)《江西省大志》。

谢肇淛：《五杂俎》。

《郑和航海图》，载于（明）茅元仪《武备志》中。

严如熤：《洋防辑要》。

《霍免斋集》。

仇池石：《羊城古钞》。

丁元荐：《西山日记》卷上，《续修四库全书·子部·杂家类》，第1172册。

谷应泰：《明史纪事本末》

王杰修：《钦定大清会典事例》。

王先谦：《十朝东华录》。

宋文蔚等纂，张寿镛编：《皇朝掌故汇编》，江苏广陵古籍刻印社1987年版。

《明清史料》己编。

江日升：《台湾外纪》。

《清圣祖实录》。

《清实录·圣祖实录》，中华书局1987年版。

《清高宗实录》。

张廷玉：《清文献通考》。

《清世祖实录》，台湾银行经济研究室1963年版。

夏琳：《闽海纪要》，台湾省文献委员会1995年版。

贺长龄：《皇朝经世文编》。

邓淳：（字粹如）《岭南丛述》。

乾隆《清朝文献通考》。

李士桢：《抚粤政略》，文海出版社1988年版。

席裕福等纂：《皇朝政典类纂》，文海出版社1982年版。

(乾隆)《清朝文献通考》，上海古籍出版社1988年版。

赵之恒等编：《大清圣祖仁皇帝圣训》，燕山出版社1998年版。

《大清会典》。

施琅：《靖海纪事》。

《清世祖章皇帝实录》。

《康熙起居注》。

蒋良冀：《东华录》。

《大清律例》，天津古籍出版社 1993 年版。

何秋涛：《朔方备乘》。

中国第一历史档案馆编：《清代中俄关系档案史料选编》第 1 编上册，中华书局 1981 年版。

《顺治实录》，中华书局 1985 年版。

中国第一历史档案馆编：《清代中俄关系档案史料选编》第 1 编下册，中华书局 1981 年版。

周凯：《厦门志》，《风俗记》，鹭江出版社 1996 年重印本。

梁廷枏：《粤海关志》，广东人民出版社 2002 年版。

王庆云：《石渠余纪》，北京古籍出版社 1985 年版。

魏源：《魏源集》。

萧一山：《清代通史》，中华书局 1986 年版。

李圭：《鸦片事略》，上海古籍出版社 1997 年版。

《中国近代史资料丛刊·鸦片战争》，上海人民出版社 2000 年版。

乾隆《沅州府志·物产》。

乾隆《泉州府志》。

《开阳县志稿·工业》。

冯桂芬：《显志堂稿》，上海古籍出版社 2002 年版。

李燧：《晋游日记》，山西人民出版社 1989 年版。

《歙县志·人物义行》。

(嘉庆)《歙棠樾鲍氏宣忠堂支谱》，《鲍君文玉传》。

(隆庆)《新安歙北许氏东支世谱》，《练辰江则叙》。

《清律府例》。

吴义雄等译，《早期澳门史》，东方出版社 1998 年版。

王圻：《续文献通考》。

屈大均:《广东新语》,《货语》。

《续修四库全书》,上海古籍出版社 1995 年版。

《宫中档雍正朝奏折》。

道光《厦门志》。

许承尧:《歙事闲谈》。

顺德胡氏:《四房谱》,光绪二十六年述德堂刻本。

粤海梁氏:《支谱》,咸丰五年刻本。

梁启超:《饮冰室文集》,中华书局 1989 年版。

《军机处录副奏折》。

吴嘉宾:《求自得之室文钞》。

王士祯:《北归志》,《四库全书总目提要》。

清代官修《大清会典》卷 21。

民国《潮州志·实业·金融·侨汇》。

民国《潮州志·实业·商业》。

李士桢:《抚粤政略》,《近代中国史料丛刊三编》,文海出版社 1994 年版。

张荫桓:《三洲日记》,见《晚清海外笔记选》。

光绪《闽县乡土志·地形·商务·输出货》。

著　作

[德] 贡德·弗兰克:《白银资本——重视经济全球化中的东方》,中央编译出版社 2000 年版。

安·罗伯逊:《菲律宾群岛》第 12 卷,克利夫兰,1903—1909 年。

[俄] 尼古拉·班蒂什·卡缅斯基著,中国人民大学俄语教研室译:《俄中两国外交文献汇编 1619—1792》,商务印书馆 1982 年版。

[俄] 瓦西里耶夫:《外贝加尔的哥萨克》,商务印书馆 1979 年版。

[俄] 柯克萨克:《俄中通商历史统计概览》(俄文本),喀山,1857 年版。

[俄] 库德里亚夫采夫:《布蒙古史》(中译本)。

[俄] 特鲁谢维奇著:《俄中通使与通商关系(19 世纪前)》(俄文本),喀

山，1857 年版。

福斯特：《莫斯科人与清朝官员——俄国的对华贸易及其背景》，美国 1969 年英文版。

[法] 加斯东·加恩：《彼得大帝时期俄中关系史》。

[法] 葛斯顿·加恩著，江载华译：《早期中俄关系史（1689—1730)》，》 商务印书馆 1961 年版。

[法] 加恩：《彼得大帝时期的俄中关系史》，中译本。

[菲] 欧·马·阿利普：《华人在马尼剌》，译文载《中外关系史译丛》第一辑，上海译文出版社 1934 年版。

[苏] 斯拉科夫斯基：《俄国各族人民同中国贸易经济关系史（1917 年前)》，社会科学文献出版社 2008 年版。

[苏] 斯拉得科夫斯基：《苏中经济关系概要》，莫斯科出版 1957 年版。

[日] 大庭脩：《江户时代日中秘话》，中华书局 1980 年版。

[日] 木宫泰彦：《日中文化交流史》，商务印书馆 1980 年版。

[日] 田中健夫：《东亚国际交往关系格局的形成与发展》，中外关系史学会编《中外关系史译丛》第二辑，上海译文出版社 1985 年版。

[美] 何伟亚：《怀柔远人：马戛尔尼使华的中英礼仪冲突》，社会科学文献出版社。

[美] 施坚雅著，史建云、徐秀丽译：《中国农村的市场和社会结构》，中国社会科学出版社 1998 年版。

[美] 约瑟夫·塞比斯：《耶稣会士徐日升关于中俄尼布楚谈判的日记》，商务印书馆 1973 年版。

[菲] 陈台民：《中菲关系与菲律宾华侨》，香港朝阳出版社 1985 年版。

[美] 费正清：《剑桥中国晚清史（1800—1911)》，中国社会科学院出版社 2006 年版。

[美] 费正清：《剑桥中国晚清史》上卷，中国社会科学出版社 1985 年版。

[美] 泰勒·丹涅特：《美国人在东亚》，商务印书馆 1959 年版。

[英] 约·弗·巴德利：《俄国·蒙古·中国》，下卷，第 2 册，商务印书馆 1981 年版。

［英］斯当东：《英使谒见乾隆纪实》，上海书店出版社。

［英］格林堡著，康成译：《鸦片战争前中英通商史》，商务印书馆1964年版。

［印尼］林天知著，李学民等译：《三宝垄历史（1416—1931）》，暨南大学华侨研究所1984年版。

［墨］维·罗·加西亚：《马尼拉帆船（1739—1745）》，《中外关系史译丛》第一辑，上海译文出版社1984年版。

《列宁全集》卷3，人民出版社1984年版。

［意］利玛窦、金尼阁：《利玛窦中国札记》，中华书局2005年版。

［意大利］马国贤著，李天纲译编：《清廷十三年：马国贤在华回忆录》，附《康熙与罗马使节关系文书》，上海古籍出版社2004年版。

《马克思恩格斯选集》，人民出版社1972年版。

马克思：《中国革命和欧洲革命》(1853年)，《马克思恩格斯选集》第2卷。

马克思：《资本论》第1卷，人民出版社1975年版。

丁名楠：《帝国主义侵华史》，科学出版社出版1958年版。

复旦大学历史系编著：《沙俄侵华史》，人民出版社1976年版。

马士：《中华帝国对外关系史》第1卷，生活·读书·新知三联书店1963年版。

摩尔根：《古代社会》上册，商务印书馆1992年版。

戴逸：《简明清史》，中国人民大学出版社2006年版。

戴逸：《乾隆帝及其时代》，中国人民大学出版社1992年版。

戴逸：《18世纪的中国与世界》（对外关系卷），辽海出版社1999年版。

宿丰林：《早期中俄关系史研究》。

张研：《清代经济简史》，中州古籍出版社1998年版。

张研、牛贯杰：《清史十五讲》，北京大学出版社2004年版。

张研：《17—19世纪中国人口与生存环境》，黄山书社2006年版。

张研：《郑和下西洋》，台湾云龙出版社1993年版。

王世华：《富甲一方的徽商》，浙江人民出版社1997年版。

张海鹏、王廷元主编，唐力行、王世华编：《明清徽商资料选编》，黄山书社 1985 年版。

张海鹏、王世华：《中国十大商帮》，黄山书社 1993 年版。

王廷元、王世华：《徽商》，安徽人民出版社 2005 年版。

陈桦：《清代财政与社会经济发展》，中国言实出版社 2002 年版。

陈桦：《清代区域社会经济研究》，中国人民大学出版社 1996 年版。

孙玉琴、赵崔莉：《中国对外开放史》（第一卷），对外经济贸易大学出版社 2014 年版。

晁中辰：《明代海禁与海外贸易》，人民出版社 2005 年版。

郑一均：《郑和全传》，中国青年出版社 2005 年版。

郑一钧：《论郑和下西洋》，海洋出版社 1985 年版。

束世澂：《郑和南征记》，青年出版社 1941 年版。

郑鹤声、郑一钧编：《郑和下西洋资料汇编》下册，齐鲁书社 1989 年版。

傅衣凌：《明清时代商人及商业资本》，人民出版社 1980 年版。

陈翰笙等：《华工出国史料》4 辑，中华书局 1985 年版。

中国第一历史档案馆：《清代中琉关系档案选编》，中华书局、中国档案出版社 1993 年版。

汪向荣、汪皓：《中世纪的中日关系》，中国青年出版社 2001 年版。

张振声：《中日关系史》，林文史出版社 1996 年版。

黄尊严：《中日关系史专题要论》，天津社会科学院出版社 1996 年版。

王勇：《日本文化》，高等教育出版社 2001 年版。

沙丁、杨典求、焦震衡等：《中国和拉丁美洲关系简史》，河南人民出版社 1986 年版。

何芳川：《澳门与葡萄牙大商帆》，北京大学出版社 1966 年版。

《澳门与葡萄牙大商帆——葡萄牙与近代早期太平洋贸易网的形成》，北京大学出版社 1996 年版。

张维华：《明史欧洲四国传注释》，上海古籍出版社 1982 年版。

刘大年等：《台湾历史概述》，生活·读书·新知三联书店 1956 年版。

汉升：《中国经济史论丛》，新亚研究所。

北京大陆桥文化传媒编：《丝绸之路》，中国青年出版社 2008 年版。

许必华：《漫游印地安之邦》，安徽人民出版社 1981 年版。

吴量恺主编：《中国经济通史》第七卷，湖南人民出版社 2002 年版。

孙玉琴：《中国对外贸易史教程》，对外经济贸易大学出版社 2006 年版

孙玉琴主编：《中国对外贸易史》，对外经济贸易大学出版社 2001 年版。

张海鹏、王廷元等编：《明清徽商资料选编》，黄山书社 1985 年版。

严中平：《科学研究方法十讲——中国近代经济史专业硕士研究生参考讲义》，人民出版社 1986 年版。

李长傅：《南洋华侨史》，上海书店出版社 1984 年版，据中华民国三十二年版影印。

沈光耀：《中国古代对外贸易史》，广东人民出版社 1985 年版。

唐文基、罗庆泗：《乾隆传》，人民出版社 2003 年版。

严中平等：《中国近代经济史统计资料选辑》，科学出版社 1958 年版。

蔡美彪：《中国通史》第 9 卷，人民出版社 1996 年版。

陈诗启：《中国近代海关史》，人民出版社 1993 年版。

黄国盛：《鸦片战争前的东南四省海关》。

林仁川：《福建对外贸易与海关史》，鹭江出版社 1991 年版。

杨天宏：《口岸开放与社会变革——近代中国自开商埠研究》，中华书局 2002 年版。

覃波、李炳：《帝国商行——广州十三行》，九州出版社 2007 年版。

袁丁：《晚清侨务与中外交涉》，西北大学出版社 1994 年版。

仇华飞：《早期中美关系研究（1784—1844)》，人民出版社 2005 年版。

宿丰林：《早期中俄关系史研究》，黑龙江人民出版社 1999 年版。

孟宪章：《中苏经济贸易史》，黑龙江人民出版社 1992 年版。

武夷山市志编纂委员会编：《武夷山市志》，中国统计出版社 1994 年版。

《四国新档——英国档》上卷，"中央研究院"近代史研究所 1966 年版。

夏家馂：《清朝史话》，北京出版社 1985 年版。

中国金融出版社编：《中国金融通史》，第 1 卷，中国金融出版社 2008 年版。

中国金融出版社编：《中国金融通史》第 2 卷，中国金融出版社 2008 年版。

严中平等编：《中国近代经济史统计资料选辑》，科学出版社 1955 年版。

傅衣凌：《明清时代商人及商业资本》，中华书局 2007 年版。

吴建雍：《康乾盛世时期的中西贸易》，中国言实出版社 2002 年版。

梁嘉彬：《广东十三行考》，广东人民出版社 1999 年版。

吴晗：《吴晗文集》第一卷，北京出版社 1988 年版。

吴建雍：《康乾盛世时期的中西贸易》，中国言实出版社 2002 年版。

夏秀瑞、孙玉琴：《中国对外贸易史》，对外经济贸易大学出版社 2001 年版。

吕文利：《丝路记忆："一带一路"历史人物》，人民出版社 2016 年版。

潘小平：《徽商——正说明清中国第一商帮》，中国广播电视出版社 2005 年版。

杨晓民：《徽商》，人民文学出版社、中国广播电视出版社 2005 年版。

刘正刚：《话说粤商》，中华工商联合出版社 2007 年版。

李国荣主编：《广州十三行——帝国商行》，九州出版社 2007 年版。

彭泽益：《中国近代手工业史资料》第 1 卷，生活·读书·新知三联书店 1957 年版。

吕叔春：《晋商——中国第一商帮的经营之道》，中国华侨出版社 2006 年版。

梁方仲：《中国历代户口、田地、田赋统计》，上海人民出版社 1980 年版。

宁靖主编：《鸦片战争史论文专集·续编》，人民出版社 1984 年版。

赵冈：《清代粮食亩产量研究》，中国农业出版社 1995 年版。

陈翰笙主编：《华工出国史料汇编》第一辑第一册，中华书局 1981 年版。

张正明：《山西工商业史拾掇》，山西人民出版社 1987 年版。

汤显恩主编：《清代区域社会经济研究》，中华书局 1992 年版，

论　文

[美] 施坚雅：《古代的暹罗华侨》，《南洋问题资料译丛》1962 年第 2 期。

[日] 岩生成一：《下港（万丹）唐人街盛衰变迁考》，《南洋问题资料译丛》

1957 年第 4 期。

凌文峰：《明代朝贡贸易衰败的经济原因探析》，《株洲师范高等专科学校学报》2006 年第 3 期。

《鸦片战争前清代社会的自然经济与资本主义萌芽》，《中国社会经济史研究》1982 年第 1 期。

曾少聪：《明清海洋移民菲律宾的变迁》，《中国社会经济史研究》1997 年第 2 期。

谢必震：《明清时期的中琉贸易及其影响》，《南洋问题研究》1997 年第 2 期。

黄尊严、王芳：《浅议古代中日官方贸易的特点》，《青岛大学师范学院学报》2004 年第 4 期。

李金明：《明朝对日本贸易政策的演变》，《福建论坛（人文社会科学版)》2007 年第 2 期。

时晓红：《明代的中日勘合贸易与倭寇》，《文史哲》2002 年第 4 期。

段妍：《明万历年间中菲关系初探》，《东南亚》2000 年第 2 期。

焦诠：《论 18 世纪末期中西贸易的变化》，《江海学刊》2008 年第 2 期。

聂蒲生：《论中朝边境贸易的历史渊源》，《北方经贸》2001 年第 10 期。

费驰：《清代中朝边境互市贸易的演变探析（1636—1894)》，《东北师大学报》2006 年第 3 期。

雷晓宇：《广州十三行传奇》，《中国企业家》2006 年第 11 期。

刘丰、汪洋：《广州十三行：大清帝国的海之门》，《中国中小企业》2007 年第 5 期。

宾静：《乾隆年间的广州十三行首领潘启》，《江苏商论》2007 年第 4 期。

陈炎：《略论"海上丝绸之路"》，《历史研究》1982 年第 3 期。

黄启臣：《明代广州的海外贸易》，《中国经济史研究》1990 年第 4 期。

梁方仲：《明代的国际贸易与银的输出入》，《中国社会经济史集刊》第 6 卷，1939 年第 2 期。

万明：《明代白银货币化：中国与世界连接的新视角》，《河北学刊》2004 年第 3 期。

周晓光：《清代徽商与茶叶贸易》，《安徽师范大学学报》2000 年第 3 期。

王裕巽：《明代白银国内开采与国外流入数额试考》，《中国钱币》1998 年第 3 期。

王静芳：《浅析康熙晚期禁海的原因》，《前沿》2005 年第 7 期。

李想、杨维波：《论清朝前期海外贸易政策的"非闭关性"》，《湛江师范学院学报》2008 年第 4 期。

汪敬虞：《论清朝前期的禁海闭关》，《中国社会经济史研究》1983 年第 2 期。

张光灿：《论清朝前期的闭关政策》，《宁夏大学学报》1985 年第 2 期。

陈东林、李丹慧：《乾隆限令广州一口通商政策及英商洪任辉事件述论》，《历史档案》1987 年第 1 期。

朱雍：《洪仁辉事件与乾隆的限关政策》，《故宫博物院院刊》1988 年第 4 期。

王先明：《论清代的"禁教"与"防夷"——"闭关主义"政策再认识》，《近代史研究》1993 年第 2 期。

吴建雍：《清前期对外政策的性质及其对社会发展的影响》，《北京社会科学》1989 年第 1 期。

向玉成：《清代华夷观念的变化与闭关政策的形成》，《四川师大学报》1996 年第 1 期。

万明：《明代白银货币化的初步考察》，《中国经济史研究》2003 年第 2 期。

张卫华：《浅析银两在明代得以盛行的原因》，《经纪人学报》2006 年第 2 期。

吴承明：《18 与 19 世纪上叶的中国市场》，《货殖》第 3 辑。

梅新育：《略论明代对外贸易与银本位、货币财政制度》，《学术研究》1999 年第 2 期。

金国平、吴志良：《〈1421 年——中国发现世界〉中葡萄亚史源之分析》，《九州学林》2 卷 1 期，2004 年春季号。

张增香：《试论明清时期对外贸易的特色》，《延边大学学报（社会科学版)》2004 年第 1 期。

王士鹤：《明代后期中国—马尼拉—墨西哥贸易的发展》，《地理集刊》1964 年第 7 期。

黄启臣、邓开颂：《明代澳门对外贸易的发展》，《文化杂志》1987 年第 5 期。

陈桦、卢忠民：《客观认识清代社会的经济与发展》，《学术月刊》2007 年第 12 期。

曹玲：《美洲粮食作物的传入对我国农业生产和社会经济的影响》，《古今农业》2005 年第 3 期。

龚胜生：《清代两湖地区的玉米和甘薯》，《中国农史》1993 年第 3 期。

陈树平：《玉米和番薯在中国传播情况研究》，《中国社会科学》1980 年第 3 期。

郭松义：《玉米、番薯在中国传播中的一些问题》，《清史论丛》（第 7 辑）。

曹树基：《玉米、番薯传入中国路线新探》，《中国社会经济史研究》1988 年第 4 期。

曹玲：《明清美洲粮食作物传入中国研究综述》，《古今农业》2004 年第 2 期。

闵宗殿：《海外农作物的传入和对我国农业生产的影响》，《古今农业》1991 年第 1 期。

佟屏亚：《玉米传入对中国近代农业生产的影响》，《古今农业》2001 年第 2 期。

陈亚平：《玉米与明清的移民开发》，《读书》2003 年第 1 期。

韩茂莉：《近五百年来玉米在中国境内的传播》，《中国文化研究》2007 年第 1 期。

何清涟：《中国近代农村经济破产和人口压力的关系》，《中国农史》1987 年第 4 期。

魏金玉：《高峰、发展与落后：清代前期封建经济发展的特点与水平》，《中国经济史研究》2003 年第 2 期。

胡思庸：《清朝的闭关政策和蒙昧主义》，《吉林师大学报》1979 年第 2 期。

郭蕴静：《清代对外贸易政策的变化》，《天津社会科学》1982 年第 3 期。

黄启臣：《清代前期海外贸易的发展》，《历史研究》1986 年第 4 期。

王永曾：《清代顺康雍时期对外政策论略》，《社会科学》（甘肃）1984 年第 5 期。

叶恩显：《清代广东水运与社会经济》，《中国社会经济史研究》1987 年第 4 期。

彭泽益：《清初四榷关地点和贸易量的考察》，《社会科学战线》1984 年第

3 期。

王超：《清代海外贸易政策演变》，《辽宁师范大学学报》2001 年第 1 期。

陈尚胜：《也论清前期的海外贸易——与黄启臣先生商榷》，《中国经济史研究》1993 年第 4 期。

陈尚胜：《明与清前期海外贸易政策比较——从万明〈中国融入世界的步履〉一书谈起》，《历史研究》2003 年第 6 期。

郭蕴静：《清代对外贸易政策的变化——兼谈清代是否闭关锁国》，《天津社会科学》1982 年第 3 期。

隋福民：《清代"广东十三行"的贸易制度演化》，《社会科学战线》2007 年第 1 期。

张天护：《清代法国对华贸易问题之研究》，《外交月报》第 8 卷第 6 期。

姚礼林、姚钢：《清初南洋铜商与中日贸易》，《牡丹江师范学院学报》2003 年第 5 期。

李金明：《清初中日长崎贸易》，《中国社会经济史研究》2005 年第 3 期。

李伯祥等：《近代上海南洋庄和南洋贸易》，《中国社会经济史研究》1986 年第 3 期。

陆国香：《山西之当质业》，《民族》第 4 卷第 6 期。

后 记

2005 年夏季，我来到对外经济贸易大学任教。为结合学校国际化和培养国际儒商的办学理念，我在研究上开始关注对外贸易史和对外开放史。2006 年我在本校开设了一门新的课程《中外文化交流史》，促进了我对明清文化交流史的了解和关注。此后，我开始对明清对外开放史进行研究，并对我校的民国海关资料进行整理。2014 年，我参与合著的《中国对外开放史》获得北京市第十三届哲学社会科学优秀成果奖一等奖。2016 年，欣逢我校荣获"北京高校中国特色社会主义理论研究协同创新中心"，即"建设开放型经济强国的理论与实践研究"协同创新中心，使得我萌生了把数年前的成果整理出版。而此书就是在以上一系列学术活动的结晶。

本书邀请到对外经济贸易大学全球化与中国现代化问题研究所所长王志民教授为本书做序。王教授是对外开放和"一带一路"方面的知名专家，承担多项国家社科和省部级项目，也是我十几年的同事。他治学严谨、思维活跃、勤于著述、热情鼓励提携我等后学之辈。

对外经济贸易大学思政教研部李景瑜主任为人谦和、关注科研，经常鼓励年轻教师在承担繁重教学任务的同时，鼓励支持学术探索，对本书的出版给予了大力支持。

感谢荣真、管淑侠、刘妙奇、刘建萍、曹永栋、栗书英、马巍、沈丹丹以及公管学院吕维霞教授、国际关系学院戴长征教授等新老同事对我的关心和帮助！

我的硕士生导师安徽师范大学王世华教授、安徽大学周晓光教授、厦门大学林枫教授、中国人民大学夏明方教授、刘凤云教授、陈桦教授、北京师范大学孙燕京教授、首都师范大学李松林教授、梁景和教授对我的治学有良好的影响和促进。

　　赵圣涛博士担任本书的责任编辑，对本书提出了开拓性的建议，让我颇受启发。

　　本书借鉴了大量前辈的研究成果，站在巨人的肩膀上，使我获得了丰富的素材和较为宽阔的视野，在此向他们一并深深谢过。

　　此书的后期审稿适逢暑假探亲期间，我的家人亲友给予了我无私的支持。我的先生刘新卫博士和我交流了相关问题的看法，在出谋划策上不遗余力，甚至连幼子刘逸成也经常关切地询问："妈妈，论文看好了吗？我不打扰你了"。这一切使得我在较为紧促的时间里如期完成审稿！在此期间，十余天的乡居生活和实地考察触动我的内心，促使我进一步思考工业化、城镇化进程中中国传统乡村的未来，并赋打油诗《回乡偶书》一首："烟村一两座，灯火三四点。稚童五六岁，老者七八旬。九子皆进城，十里寂无声。此处非昔比，何觅桑梓情。"随后，我在安徽合肥考察了安徽博物院。在观看了"天下徽商"和"徽州古建筑"文物后，再次见证了明清徽商的不朽传奇，并口占一首《咏徽商》："青山碧水马头墙，粉墙黛瓦小花窗。宗祠牌坊古村落，犹说当年红顶商。"也许，既要充分发挥中华优秀传统文化的优势，同时积极借鉴外国先进的乡村治理经验，促使对外开放的触角延伸到中国最传统的村落，是一块值得探索的领域。

赵崔莉

2016 年炎夏于安徽合肥

责任编辑：赵圣涛

封面设计：林芝玉

责任校对：吕　飞

图书在版编目（CIP）数据

明清丝路贸易与对外开放／赵崔莉　著 . —— 北京：人民出版社，2016.8

ISBN 978 - 7 - 01 - 016488 - 5

I. ①明…　Ⅱ. ①赵…　Ⅲ. ①对外贸易 - 贸易史 - 研究 - 中国 - 明清时代

　Ⅳ. ① F752.9

中国版本图书馆 CIP 数据核字（2016）第 167374 号

明清丝路贸易与对外开放

MINGQING SILU MAOYI YU DUIWAI KAIFANG

赵崔莉　著

人民出版社 出版发行

（100706　北京市东城区隆福寺街 99 号）

北京中科印刷有限公司印刷　新华书店经销

2016 年 8 月第 1 版　2016 年 8 月北京第 1 次印刷

开本：710 毫米 × 1000 毫米 1/16　印张：23

字数：370 千字　印数：0,001-4,000 册

ISBN 978 - 7 - 01 - 016488 - 5　定价：80.00 元

邮购地址 100706　北京市东城区隆福寺街 99 号

人民东方图书销售中心　电话：（010）65250042　65289539